善于思考是大学人的特点，注重思考的方法是大学管理的应有之意。大学管理实践要更加注重文化的渗透、思想的统一和方法的运用。

管理的实现离不开三种基本形式——会议、文件、媒体。

有会议就有讲话，讲话是会议之需，更是管理之需。讲话需要对形势的变化有清醒的认识和清晰的把握，有敏锐的感悟和科学的判断。对形势的准确分析和科学判断能力，需要在管理实践中去学习、培养、历练和提升。

只有具备了系统化的思维方式和工程化的操作能力，才能做好管理实践中的规划等制定工作。这就需要“两头吃透”，既要吃透上级文件精神、吃透上级领导意图，又要吃透本单位的现实状况、吃透本单位的发展目标。

媒体是现代化的产物。每一个具有现代思维、符合时代要求的管理者，都会十分重视媒体的作用，都会自觉运用并善于运用媒体来为自身的管理实践服务，帮助其达成管理意愿，实现管理目标。

管理之思

大学管理实践的方法性思考

王永友◎著

哈尔滨工程大学出版社

内容简介

本书对大学管理实践的方法性问题进行了思考和探索。全书共分四篇，从当代管理实现的三个基本形式：会议、文件和媒体入手，对如何形成不同类别、不同形式的会议讲话、会议主持等的思想方法、思考路径以及具体思路进行了剖析——讲话之思；对如何制定规划、形成方案、作出计划等的思想方法、思考路径以及具体思路进行了讨论——规划之思；对如何总结提炼经验、进行汇报、形成报奖文稿等的思想方法、思考路径以及具体思路进行了详解——经验之思；对如何善用媒体撰写系列评论、专题评论、节庆评论等的思想方法、思考路径以及具体思路进行了解读——评论之思，其着眼于如何提升管理能力与管理水平。本书以大学的管理实践为载体展开，其中的“方法”具有普适性，对学校、机关、企事业单位领导干部的管理实践具有一定的启示意义，对具体负责有关文稿撰写的读者具有指导作用。

本书还可作为行政管理、公共事业管理学生的学习参考书。

图书在版编目(CIP)数据

管理之思：大学管理实践的方法性思考/王永友著.
—哈尔滨：哈尔滨工程大学出版社，2013.12
ISBN 978-7-5661-0729-9

Ⅰ.①管…　Ⅱ.①王…　Ⅲ.①高等学校-学校管理-研究　Ⅳ.①G647

中国版本图书馆 CIP 数据核字(2013)第 313316 号

出版发行　哈尔滨工程大学出版社
社　　址　哈尔滨市南岗区东大直街 124 号
邮政编码　150001
发行电话　0451-82519328
传　　真　0451-82519699
经　　销　新华书店
印　　刷　哈尔滨市石桥印务有限公司
开　　本　787mm×960mm　1/16
印　　张　24
字　　数　404 千字
版　　次　2013 年 12 月第 1 版
印　　次　2013 年 12 月第 1 次印刷
定　　价　45.00 元
http://www.hrbeupress.com
E-mail:heupress@hrbeu.edu.cn

自序 Preface

管理无处不在。思考无处不在。关于管理的思考也是无处不在。

我以为，管理是对人之管、对事之理，即“管人理事”。“管人”，并非只是简单地要把人管住甚至管死，而应该是管好、管活，应该是指导人、引导人。“理事”，也并非只是简单地把事情理清、理顺，而应该是从做事的目的出发，理明目标、理清思路、理顺方法、理出成效、理出经验。根据这一理解，我以为无论古今，还是中外，管理的实现都离不开两种基本形式——会议和文件，只是这两种基本形式在不同的时期、不同的国家、不同的地域、不同的单位，具体表现形式有所不同而已，这是写作本书的一个基本判断，也是构建本书框架的基本逻辑所在。社会发展到今天，我认为管理的实现有了第三种基本形式——媒体。

会议是实现管理的第一种基本形式。在今天看来，会议无处不在，在管理中更是缺一不可。管理者通过各种形式、各种规格的会议对所属人员进行“管”和对各种事项进行“理”。尽管中央三令五申要求减少各种形式的会议，但试想如果没有了会议，我们的管理该如何进行？所以，在中央的一再要求下，各种大型会议、全员会议确实减少了，公开会议、无关会议确实减少了，但是小型会议、小范围会议、临时会议却并未减少。只要有会议，就会有领导讲话。讲话既是会议之必需，也是管理之必需。那么，为什么有会议就有讲话呢，领导在会上讲话的目的是什么呢，会议讲话又是如何发挥管理之功效的呢？事实上，领导者通过讲话是要对下级和下属单位的工作进行指导，是要对本单位、本部门的工作进行指导，如果说讲话没有指导意义，或者说没有发挥指导作用，讲话失去了指导性，那么，这样的讲话就没有用，就是可讲可不讲，对于参会者来说就是可听可不听，这样的会议也就成了可开可不开的会议，会议的管理功效就没有发挥出来。因此，讲话对于会议来说很重要，讲话不仅体现出领导干部的个人魅力，更体现出一个单位的管理能力和管理水平。也就是说，领导干部的讲话，既体现了对人之管，也体现了对事之理。一般来说，领导干部都很重视自己的讲话，特别是一些重要场合、大型集会上的讲话，讲话讲什么，直接反映着领导干部管理水平的高低。

文件是实现管理的第二种基本形式。在今天的管理实践中，文件也是不可或缺的。管理者通过下发各种形式、各个层面的文件对所属人员进行管和对各种事项进行理。同样，中央也一再要求少发文件，杜绝文山会海，但是，如果没有了文件，今天的管理同样无法进行，越大的组织系统越是如此。在中央的要求下，各种无用的文件、无目的的文件确实是减少了，但是该发的文件一个也没少。在各种文件中，对实现管理的目标而言，最有价值的文件当属规划、方案、计划、报告、经验等。规划、方案、计划等属于上对下的工作指导性文件，报告、经验等属于下对上的工作汇报或同行之间的工作交流性文件。如果规划、方案、计划等文件不能对下级单位或下属人员的工作起到指导作用，或者说指导性不强，下级单位或下属就不能根据这类文件进行工作实践，或者说这类文件的操作性不强，那么，这样的文件就没有用，就是可发可不发的文件，对下级单位或下属来说，就是可看可不看、可执行可不执行的文件。如果报告、经验等文件不能起到让上级或同行了解本单位工作，对本单位工作作出肯定性评价的作用，或者说了解不够、不能据此作出充分的肯定性评价，那么，这样的文件也没有用，就是可上报可不上报、可交流可不交流的文件，对上级单位或同行来说，就是可看可不看、可学可不学的文件，无论哪种情况，文件的管理功效都失去了。因此，规划与方案的制订与实施、报告与经验的凝练与提升十分重要，不仅反映出一个组织系统的管理能力，也体现着一个组织系统的管理水平。

媒体是实现管理的第三种基本形式。对今天的管理者而言，媒体是一种有效的形式，是时代发展的产物，有经验的管理者都善于利用媒体来进行管理。善用媒体，也体现着一个单位、一个领导干部的管理思想、管理理念与管理水平。通过媒体刊发社论、评论以及先进典型经验与做法等，能够有效引导干部群众对相关工作进行思考、学习和借鉴，能够对一个单位的管理实践起到思想引领、政策解读、开阔思路、营造氛围、典型引路等作用。因此，媒体是加强一个组织系统管理、提升管理效能的有效资源。社论与评论是媒体的宝塔尖，如果媒体刊发的社论或评论不能深刻地解析一个组织系统的中心工作，不能有效地支持决策层对一个组织系统的管理发挥引导作用，不能有效发挥统一思想、凝聚共识、团结力量、振奋精神的作用，那么，这样的社论或评论对媒体来说就是可发可不发，对读者来说就是可看可不看，这样的社论或评论就没有什么用，只是无病呻吟或者说是绣花枕头，没有什么实际意义。因此，社论或评论既反映出媒体的引导能力，也体现着一个组织系统内决策层善用媒体进行管理的驾驭力。

大学的管理与机关、企事业单位有相同之处，都要遵循管理的基本规律，都要通过会议、文件、媒体等形式来实现，因此，大学的管理在思想方法上与机关、企事业单位的管理具有同一性，在管理实践上与机关、企事业单位具有共通性。同时，大学管理，也有其自身所特有的要求，它是对大学发展的思考和实践。大学是一个文化人集中的地方，也是一个文化味很浓的地方，更是一个文化场很强的地方。大学的管理既有比机关、企事业单位的管理更简单更容易的地方；同时又有比机关、企事业单位的管理难度更大、更复杂的地方。其他组织系统管理中遇到的问题，可能在大学就不是什么问题；而其他组织系统管理中没有的问题，可能在大学却显得很重要。有人说，管理工厂靠感情，管理机关靠制度。我们认为，管理大学更要靠文化。因此，大学的管理实践要更加注重文化的渗透、思想的统一和方法的运用。善于思考是大学人的特点，注重思考的方法是大学管理的应有之意，也是大学管理的一个重要特征。

管理大师彼得·德鲁克认为，领导的“第一要务是思考并定义组织的使命”，并“将组织的使命转化为明确具体的行动目标”；“目标必须服从使命”，也“必须和环境相适应”；必须“时刻关注事态的变化发展”，特别是要“把分析外部环境变化作为新的出发点”，“如果只关注内部现状，组织将会走向穷途末路”。这里，德鲁克强调了几个关键概念：思考、使命、目标以及组织的内外环境、内外形势等，这些概念也是本书中重点分析和讨论的概念。本书紧紧抓住管理者应如何“思”这一关键问题，从实现管理的三种基本形式——会议、文件、媒体出发，选取了作者过去 8 年时间起草和修改完成的具有一定代表性的会议讲话、典型文件和媒体评论案例共 62 篇，对管理者应如何思考、如何确定目标、如何判断形势等问题，结合起草和修改这些讲话、文件、评论等的背景、过程进行了探讨，特别就管理者如何站在全局、站在战略角度去思考管理实践问题及其蕴含其中的方法性问题进行了案例分析。

全书共分会议——讲话之思、文件——规划之思、文件——经验之思、媒体——评论之思4篇9章，每篇开始都配以“思想思语”，分别对讲话、规划、经验、评论等的规律性与方法性的思想进行论述；每章开始都配以“思考思语”，分别对每一章的共性规律与思考方法进行论述；每节开始都配以“思路思语”，分别对每一次讲话、每一个规划、每一篇经验、每一次评论的思路是如何形成的进行论述，并附上相应的案例文稿；每篇结束都配以“思索思语”，分别对每一部分所论及的问题进行延伸分析，帮助读者提升自己分析和思考的能力。关于思维方式与思考方法的问题，不仅是大学管理实践中带有一定共性的方法性问题，也是政府机关、企事业单位等在管理实践中经常遇到的方法性问题。学习、了解并掌握这些思考问题的方法，对提高管理者的能力和素质、提高管理的水平和成效是有益的。

本书是作者长期进行大学管理实践思考的心血凝聚，也是第一次从实现管理的基本形式出发研究管理实践的处女之作。虽然主要是针对大学管理实践的方法性思考，但其中思考问题的方法，对于政府机关、企事业单位等可提供一种借鉴，对于学习和从事行政管理、公共事业管理的学生可提供一定指导，对于正在从事管理工作的干部和工作人员可提供一定参考。

虽然作者已倾其心力，但对于本书所涉及问题的思考和探索还远远不够，希望得到更多读者的赐教和指正。

著　者

2013年9月

目录 Contents

第 1 篇　会议——讲话之思

第 2 篇　文件——规划之思

第 3 篇　文件——经验之思

第 4 篇　媒体——评论之思

第1篇
会议——讲话之思

思想思语

无论是政府机关，还是企事业单位，抑或是学校或者是社团组织等，都需要通过各种形式的会议对下级或下属单位进行管理，都需要通过各种形式的会议对本单位本部门人员的工作进行指导。有会议存在，就会有会议讲话。无论会议大小，要达到管理之目的，实现指导工作之目标，其会议讲话就必须明确以下6方面问题：一是要明确会议的定位，即本次会议的目的是什么，是一次什么主题的会议；二是要明确参会的对象，即参加会议的主体人员是谁，是面向谁召开的会议；三是要明确会议的任务，即会议的主要内容是什么，上级领导对这次会议有何要求；四是要明确会议的形势，即根据会议召开的时间和会议的任务，分析当前面临的形势是什么，具体都面临哪些形势，形势可能带来的机遇和挑战是什么；五是要明确解决的问题，即会议想要解决什么问题，怎样解决这些问题，面临哪些困难和风险；六是明确讲话的领导，即哪位领导讲话，讲话领导的身份和分管工作的范围是什么。只有上述6个方面的问题，都有了明确的答案，根据这些问题的答案，才能确定会议讲话的基本思路和基本框架。也就是说，这6个方面中任何一个方面发生变化，讲话的内容都会发生变化。

事实上，不同的会议，有不同的定位。同一个会议，不同时期召开，会议的定位也会不同。只有明确了会议的定位，才能把握好会议要达到什么目的，才能明确会议要实现什么目标，才能给会议讲话定好调子。面对不同的参会对象，领导者要说的话是不一样的，要根据参会对象的身份、类别、层次，决定讲话的深浅、语言的风格、说话的方式等。不同时期召开的会议，面临的形势不一样，面对的矛盾和问题不一样，可能的机遇与挑战不一样，这便决定了会议的任务也会不一样，从而对讲话的要求就会不同。领导的角色不同，分管的工作不同，讲话的内容、形式、要求也会不同。也就是说，同一主题的会议，不同角色的领导去讲，讲话的内容会不同；同一主题的会议，今年召开和明年召开（形势发生变化了），讲话的内容会不同；同一主题的会议，不同的领导要求不同，讲话的内容会不同；同一主题的会议，面对不同的参会对象和场合，讲话的内容会不同。只有针对每一次会议，做到对这6个方面问题的准确把握，讲话才能有的放矢，才能有针对性，才能解决真问题，才能对具体工作有指导性。当然，有些小型会议，如会议任务比较单一的讨论会，上述6个方面的问题不一定都会涉及。但是，会议的定位、会议的任务、要解决的问题是必须要明确的，会议讲话对这几个方面也是必须要明确的，否则就不可能达到召开会议的目的，就不可能对某一方面工作产生指导作用，听者就会一头雾水，会议开与不开一个样。

一般而言，对于比较正式的会议，在大多数情况下，进行会议讲话时总要先对当前会议的基本情况或过去一段时期的工作情况等进行总结，然后再转入到本次会议讲话的核心内容或中心内容上。那么，如何转承、如何通过承上启下使讲话自然过渡到这次会议要讲的中心内容上来呢？转承得好不好，不仅体现了讲话者的能力和水平，影响一篇讲话的质量，也体现出不同的思维方式。转承得好，讲话就会很自然，逻辑上就会通顺；转承得不好，讲话就会显得突兀，逻辑上也会明显不顺。根据作者多年管理实践的体会，转承方式主要有3种，一是从面临的形势切入进行转承，即根据我们当前面临的形势，有哪些机遇和挑战，这些机遇和挑战对我们提出了哪些要求，转入本次会议要讲的中心内容；二是从历史的经验切入进行转承，即结合我们历史发展的成就，有哪些经验或教训，这些经验或教训对我们有哪些启示，从这些启示中要求我们下一步应该做什么，转入本次会议要讲的中心内容；三是从本次会议的定位直接切入转承，即按照本次会议的明确定位和会议本身的目标和任务，要求我们下一步应该做什么，转入本次会议要讲的中心内容。这3种转承方式，对于不同主题的会议，同一主题不同时期的会议，有不同的运用方式，需要在实践中探索灵活多样的运用方法。

对于不同类型的会议，如何形成讲话的思路，将在“思考思语”和“思路思语”中进行剖析。讲话的基本思路和基本框架形成后，讲话完成了一半。要把一个好的讲话思路转变为一篇好的讲话，还需要对提出的每一个观点进行符合逻辑的论证，这一论证过程就构成了一篇完整的讲话。那么，如何进行符合逻辑的论证，换句话说，如何让论证有说服力呢？这也涉及思维方式的问题。事实上，讲话要有说服力，就必须要符合人类思考问题的最基本的思维方式，即“三个W”，按照“是什么（What）、为什么（Why）、怎么办（How）”这一基本思维方式进行思考，这就是逻辑的力量！会议讲话，不是作理论研究或理论探讨，即要向参会对象说明的不是认知类问题，而是筹划类问题，核心是回答怎么办。但是，回答怎么办，首先要向听者讲清管理者打算怎么办的观点是什么，以及为什么要这么做，然后才是到底要怎么做。也就是说，确定了讲话的基本思路后，对每一观点的论证过程，从理论上讲，一是应该回答这一观点是什么意思，要对其内涵进行阐释；二是应该回答为什么要持这一观点，持这一观点有什么用；三是应该回答如何去坚持这一观点，坚持这一观点应该做什么。当然，这一逻辑思维的论证方法在实际运用过程中，有许多需要灵活处理的地方，如有时对于是什么的问题属显然，可能就一句话或不加任何阐释，直接论证为什么；有时对于为什么的问题属显然，可能就跳过不说，直接论证怎么办；有时根据讲话场合的需要，可能都不需要作严密的论证，只需观点明确即可。什么情况下需要充分论证，什么情况下作简要论证，什么情况下不需论证，这既要具体问题具体分析，又要看对这一逻辑思维方法掌握的牢固程度和运用的熟练程度，运用得好，通篇讲话便如行云流水，又充满了逻辑的力量。

读者可能还发现，在一篇好的讲话中，会经常看到很多排比句，而且感觉排比得很好，很有逻辑的力量。事实上，排比在讲话中十分重要，是使讲话论证的逻辑力量得以更充分体现的一种有效手段。一篇好的讲话中，一些新思想、新判断、新语言，往往都体现在好的排比句当中。在讲话中，能够说出好的排比句，需要有很强的思维能力和很高的思想水平，需要对一个事物有比较系统、比较彻底的认识，需要对政论文这一话语体系所用的管理语言有很强的驾驭能力。一篇好的讲话，制约因素还有很多，但有一点需要再强调一下，就是对大形势和小形势的科学判断能力，对讲话所涉及领域的理解程度和把握能力，以及较强的敏感性和细微之处的洞察力。对大学而言，这里讲的大形势，主要是指高等教育在国家战略层面的形势变化、大学发展面临的宏观环境、大学之间的竞争与合作态势等；小形势主要是指学校当前所处的发展阶段、所走的发展道路、面临的发展难题等，讲话对这些形势的变化都要有清醒的认识和清晰的把握，都要有敏锐的感悟和科学的判断，对形势的准确分析和科学判断能力，需要在管理实践中去学习、培养、历练和提升。

这里，我们选取了面对“民众代表”讲话、面对“骨干精英”讲话、“专项会议”讲话以及各类“会议主持词”4 个类别进行剖析，选择了作者在 2005 年至 2011 年起草和修改完成的 28 篇讲话文稿和会议主持词。希望读者通过阅读这些文稿，可以从中体会到一篇会议讲话或主持词都包含哪些要素，不同的会议有哪些不同的要求，一篇好的讲话是怎样形成的，领导者又是如何通过讲话去实施管理和指导工作的。

第1章

面对“民众代表”讲话

思考思语

民众代表，对于地方政府而言，即人民代表；对于企业而言，即职工代表；对于事业单位而言，即职员代表；对学校而言，即教职工代表。面对“民众代表”召开的会议，可能是“人代会”“职代会”“工代会”“教代会”等。这样的“民众代表”会议，一般来说每年都要召开一次，代表们要对相应的政府、企业、学校、事业单位等行政负责人所作的年度工作报告进行审议，对过去一年的工作情况进行讨论，对未来一年的工作提出意见和建议，其是一个充分发扬民主、集中民意、汇聚民智的会议。

对于这样的会议，面对广大民众代表，作为某级政府或某个企业、单位或学校的一把手，在会议即将结束时应该对代表们讲些什么，而如何把握好这一年一次的契机，是很重要的。应该说，这样的“民众代表”会议，对于广泛调动民众的积极性、主动性，充分凝聚广大民众代表的智慧和力量，最大限度争取广大民众的理解和支持具有重要意义。因此，一把手在“民众代表”会议闭幕式上的讲话，只有紧密结合一个地方、一个单位、一个企业或者一个学校当前发展阶段的实际，对自身发展面临的形势和任务作出科学准确的判断，对下一阶段发展要解决的重大关键问题作出实事求是的分析，才能满足广大民众对发展的关切、关心和关注，才能体现领导班子驾驭发展全局的能力，才能通过这一会议真正发挥领导者对广大民众的政策引导和工作指导作用。

需要特别强调的是，既然是“民众代表”会议，讲话的口吻一定要是在对大众说话，是在对员工提要求。切不可让听者感觉到讲话的对象不明确，甚至感觉到讲话的对象发生错误。讲话必须有针对性，做到有的放矢。要让广大民众代表愿意听、能听懂、听得进。

对大学而言，“民众代表”会议就是教代会，就是对广大教师讲话，要让广大教师听完讲话后能够比较清楚地了解当前学校发展的形势，能够比较清楚地知道学校下一步发展的任务是什么，能够明白自己今后需要做什么、怎么做才能满足学校发展的需要。这里，选取了 5 篇作者起草和修改完成的党委书记在教代会闭幕式上面对广大教师代表的讲话，希望读者能从中感受到这类讲话的特点，体会这类讲话的思考方法和思维方式。

案例一 ║ 3 届 5 次教代会

思路思语

本次会议是 2005 年 3 月召开的，是在学校刚刚召开二次党代会、科学制定了学校未来 5 年乃至更长时间的发展蓝图后召开的一次重要会议。二次党代会提出了创建高水平研究型大学的目标和推动这一目标实现的“四大”发展战略以及“三海一核”特色办学理念。学校正面临着在二次党代会精神的指引下，如何科学制定“十一五”规划、迎接教育部本科教学工作水平评估等一系列艰巨任务。党委书记在这次教代会闭幕式上的讲话，就应该面向全校教师从宏观上回答如何实现创建高水平研究型大学宏伟目标的问题，解广大教师对如何创建研究型大学之惑，这既是会议的定位，也是会议要达到的目的。

为此，讲话确定了《振奋精神、转变思维、提升能力，把创建研究型大学的宏伟事业不断推向前进》的主题，并形成了以下三个方面的讲话思路：一是必须要有不断超越的精神状态，如果还是老样子，没有一种更加强烈的进取心和超越的意识，二次党代会确定的目标是不可能实现的，应该说，这是新事业向广大教师提出的新要求；二是必须要转变思维方式，如果还是原有思维模式，不能用适应研究型大学发展要求的思维方式去思考和解决问题，二次党代会确定的目标也是不可能实现的，应该说，这是新目标向广大教师提出的新要求；三是必须要提升能力，如果广大干部教师的能力不提升，没有识别和把握机遇的能力，没有认识和把握研究型大学发展规律的能力，没有谋划改革与发展的能力，二次党代会确定的目标也是不可能实现的，而这应该是新任务对广大教师提出的新要求。上述三个方面的内容构成了这篇讲话的核心。

从形成这一思路的思考过程来看，如果我们具备正确思考问题的方法和科学的思维方式，就会很自然地思考这样一个问题：从提出创建研究型大学宏伟目标的二次党代会，到召开这次教代会，才刚刚过去两个月，那么这一新事业、新目标以及由此要完成的新任务，对广大教师的要求与过去有什么不同呢？能够这样想问题，首先要具有科学的思维方式；能够从新事业、新目标、新任务角度去思考这一问题，还需要具有系统的思维方式，并形成系统思考问题的习惯。其中，很重要的一点，就是时刻都要考虑我们面临的形势发生了怎样的变化，这种变化具体是什么，给我们带来了什么样的机遇和挑战，我们应该如何去把握好形势发展带来的机遇，如何更好地应对形势变化带来的挑战。

振奋精神　转变思维　提升能力
把创建研究型大学的宏伟事业不断推向前进

2005 年 3 月 27 日

各位代表、同志们：

第三届教职工代表大会第五次会议已经圆满完成各项会议议程。这次会议，对全面贯彻校第二次党代会精神，创建特色鲜明的高水平研究型大学，实现学校新的历史性跨越具有十分重要的意义。代表们认真审议了校长工作报告，审议了教代会工作报告，和《关于 2004 年预算执行情况和 2005 年预算草案的报告》，听取了本科教学评估有关工作的汇报。代表们认为，本次会议实事求是地总结了 2004 年的工作，客观地分析了学校当前面临的形势和任务，对 2005 年工作进行了全面部署，工作目标明确、思路清晰、措施有力。同时，代表们以高度负责的主人翁态度，认真研讨了学校发展中存在的问题，提出了许多建设性意见和建议，特别是对坚持"三海一核"特色办学理念，紧紧抓住创建高水平研究型大学这一基本线索，实施"四大"发展战略，按照"985 工程"的思路和标准作好"十一五"规划，迎接 2006 年的本科教学评估等方面提出了很好的意见和建议。这些意见和建议，学校将进行认真研究。

近年来，学校的社会主义民主政治建设明显加强，依法治校能力明显提高，教职工参与民主管理、民主监督的意识明显增强，团结、民主、和谐的良好氛围基本形成。通过强化教代会职能，推进二级教代会建设和校务公开工作，保障了广大教职工对学校发展建设的知情权、参与权、决策权和监督权的有效行使，促进了学校管理与决策的民主化、科学化和规范化。学校第二次党代会提出了创建特色鲜明的高水平研究型大学的奋斗目标，实现这一目标，必须继续坚持贯彻全心全意依靠广大教职员工的方针，坚持为全校师生员工服务的宗旨，充分发挥广大教职员工的积极性、主动性和创造性，努力维护全校师生员工的合法权益，自觉接受广大教职员工的监督，不断探索民主管理、民主监督、民主办学的新的更加有效的形式，进一步提高依法治校的水平和民主办学的能力。

各位代表，同志们！二次党代会是学校发展史上具有重要里程碑意义的一次大会，它标志着××大学人已经开始了向研究型大学进军的宏伟征程。在这个征程中，我们面临着非常难得的历史性机遇，同时也面临着前所未有的严峻挑战。我们这代人肩负着神圣而艰巨的历史使命。要完成好这个使命，我们必须有不断超越的精神状态，不断创新的思维方式，不断提升的能力水平。只有这样，我们才能把创建研究型大学的事业不断推向前进。

创建研究型大学，是一项宏伟而又艰巨的事业，需要我们始终保持一种旺盛的精神状态。这个精神状态，就是一种不断超越的精神状态，超越前人、超越对手、超越自我。这种超越，是创建研究型大学的重要精神动力。超越前人，就是要敢于和善于突破前人，做前人没有做过的事情，做前人想做而没有条件做成的事情；超越对手，就是要敢于和善于与对手竞争，追求异峰突起，出奇制胜；超越自我，就是要不断自我加压，与时俱进。今天的××大学比以往任何时候都更需要这种“超越”的精神和理念。因循守旧，不思进取，不可能有研究型大学；小富即安，小进即满，也不可能有研究型大学；患得患失，被动应付，更不可能有研究型大学。如果我们各级领导干部和全校教职员工都能够以一种崭新的精神面貌去工作，都能够尽职尽责把自己的潜能发挥到极致，都能在自己的岗位上干出一番事业，都能把为学校做贡献当成一种幸福，那么我们创建研究型大学的事业就大有希望。

创建研究型大学还需要有适应研究型大学的思维方式。这种思维方式的核心，就是以“研究型”为基本线索的思维方式。我们必须迅速地完成这种思维方式的转变。创建研究型大学，是落实科学发展观、以人为本的具体体现，符合广大教职员工的根本利益。各层次决策必须从属于研究型大学这个定位，一切工作必须服务于研究型大学这个战略，各项事业必须贡献于研究型大学这个目标。全校教职员工都要对自身有一个明确的全新定位，不断调整自己，实现思维方式的更新；各个学院、各个部门都要给自己一个准确的自觉定位，各方面的小道理都要服从创建研究型大学这个大道理。各级领导干部都要确立创建研究型大学的自觉意识，要围绕“研究型”这个定位和目标来研究和处理事务，以研究型大学的要求作为标准来思考和决策，把自己分管的事业和承担的工作自觉纳入到研究型大学的总体框架中。如果我们每一个人的思维方式都能够满足研究型大学的要求，每一个干部都能够适应并积极推动研究型大学的发展，每一个教师都有创新的激情，我们每一个学生都有求新的渴望，创建研究型大学的事业就有了坚实的基础。

提升能力，是创建研究型大学的关键。创建研究型大学需要我们不断提升识别、把握机遇的能力，提升认识、把握研究型大学发展规律的能力，提升谋划改革与发展的能力。提升识别和把握机遇的能力，要求我们必须有战略头脑，以危机和使命意识认识机遇，以超前意识和战略意识研究机遇，以竞争和超越意识抢抓机遇；把对机遇的识别和把握与创建研究型大学结合起来，进而把我们的战略思维系统化，体现到规划上、落实到行动上。提升认识和把握研究型大学发展规律的能力，要求我们必须深刻理解研究型大学的内涵和实质，认真思考研究型大学在组织目标、社会职能和办学水平上的根本要求，深入分析研究型大学在投入、运作、产出等方面的主要特征，准确把握国内外研究型大学发展的基本规律；把对研究型大学发展规律的认识和把握与实际工作结合起来，进而认清我们的优势和不足，增强紧迫感和责任感。提升谋划改革与发展的能力，要求我们必须正确把握改革方向，制定切实可行的措施，找准改革的战略突破口；实现体制与机制创新，建立起完善的竞争机制和科学的评价体系，在某些重点领域率先实现改革的新突破和发展的新跨越；以竞争推动创新，产生新活力，形成新优势，以评价形成正确导向，推动公平竞争，产生激励、强化制约。如果我们的思维和理念能够与形势的变化相适应，战略与规划能够与研究型大学的要求相符合，政策与行动能够与发展的目标相一致，那么我们驾驭研究型大学的能力就会不断得以提升，创建研究型大学的目标就一定会实现。

创建研究型大学的事业，是一项光荣而神圣的事业。作为承载这一事业的主人，我们感到无比骄傲和自豪。今天，××大学这艘航船，已经扬起希望的风帆，载着几代人的梦想，向着特色鲜明的高水平研究型大学的目标起航。让我们全体××大学人携起手来，团结一心，励志图强，乘风破浪，奋勇前进，把我们的激情与汗水、智慧与力量全部投入到创建研究型大学的宏伟事业中去。特色鲜明的高水平研究型大学一定能够在我们这一代××大学人的奋斗中诞生！

案例二 4届1次教代会

思路思语

本次会议是2007年1月召开的，是在创建研究型大学实践两年后召开的一次换届会议。两年来，一些师生对要不要创建研究型大学、创建5年后是个什么样子提出了疑问，因此，在这次会议上，对5年后研究型大学的基本框架进行了阐释和描绘，对“十一五”规划进行了全面部署；同时，党的十六届六中全会通过了《关于构建社会主义和谐社会若干重大问题的决定》，提出了推进社会和谐的问题。一方面，学校正处于向研究型大学转型的关键时期，如何向研究型大学转型；另一方面，在这样一个特殊时期，如何构建和谐校园。根据以上形势的变化，党委书记在这次教代会闭幕式上的讲话，就应该面向广大教师从理念上回答如何向研究型大学转型、如何建设和谐校园的问题，解广大教师对如何向研究型大学转型之惑，这就是这次会议的定位和要达到的目的。

为此，讲话确定了《牢固树立特色、创新、跨越、和谐理念，把创建研究型大学的宏伟事业不断推向新阶段》的主题，并形成了以下四个方面的讲话思路：一是必须始终坚持特色理念，如果不能始终坚持“三海一核”特色办学理念，“研究型”就不会有竞争力，也就是说，我们要建设的“研究型”是以坚持特色为前提的“研究型”；二是必须始终坚持创新理念，如果不能始终坚持创新发展的理念，“研究型”就不会是高水平，也就是说，要建成“研究型”，就离不开创新发展；三是必须始终坚持跨越理念，如果不能始终坚持跨越发展的理念，就不可能建成高水平的“研究型”，也就是说，以学校目前的基础，要建成“研究型”，就要走跨越发展之路；四是必须始终坚持和谐理念，如果不能始终坚持和谐发展的理念，就不能为研究型大学建设创造一个良好的环境，也就是说，建设“研究型”大学，需要有一个和谐的校园环境；建成“研究型”大学，和谐校园是一个重要标志。上述四个方面的内容构成了这篇讲话的核心。

这一讲话思路的形成，从思维方法上讲，仍然需要运用系统思维和科学思维对会议的定位、形势等问题进行综合思考，特别是结合学校的实际状况，如“三海一核”特色的问题等，从系统角度思考，要怎样建设研究型大学，才可能提出以上四个方面需要坚持的理念，并由此形成一个相对完整的软系统。

牢固树立特色、创新、跨越、和谐理念 把创建研究型大学的宏伟事业不断推向新阶段

2007年1月23日

各位代表，同志们：

第四届教职工代表大会第一次会议暨第六次工会代表大会已经圆满完成各项议程即将落下帷幕。这次会议，对贯彻落实十六大和十六届三中、四中、五中、六中全会精神，全面贯彻落实科学发展观，贯彻落实上级主管部门“十一五”规划纲要和学校第二次党代会精神，加速推进创建特色鲜明的高水平研究型大学，实现学校新的历史性跨越具有十分重要的意义。代表们认真审议了校长工作报告，审议了教代会、工会工作报告。代表们一致认为，本次会议实事求是地总结了三届一次教代会以来6年的工作，客观地分析了学校当前面临的形势和任务，对“十一五”和2007年的工作进行了全面部署，对“十一五”研究型大学的基本框架进行了阐释和描绘，目标明确、思路清晰、措施有力。同时，代表们以高度负责的主人翁态度，研究讨论了学校发展中存在的问题，提出了许多建设性意见和建议。这些意见和建议，学校将进行认真研究。在此，我代表学校党委对大会圆满完成各项议程表示热烈的祝贺，对各位代表和参加会议的同志们表示衷心的感谢！

多年的实践证明，依法治校、民主管理、民主监督是办好让人民群众满意大学的重要基础。学校始终坚持以教代会为基本形式，大力推进二级教代会建设和校务公开工作，保障了广大教职工对学校发展建设的知情权、参与权、决策权和监督权，促进了学校管理与决策的民主化、科学化和规范化，教职工参与民主管理、民主监督的意识明显增强，依法治校、依法治教、依法治学的能力明显提高，形成了团结、民主、和谐的良好氛围。在创建特色鲜明的高水平研究型大学的历史征程中，我们必须始终坚持全心全意依靠师生员工的方针，坚持为师生员工服

务的宗旨，充分发挥师生员工的积极性、主动性和创造性，努力维护师生员工的合法权益，自觉接受师生员工的监督，不断探索民主管理、民主监督、民主办学的新的更加有效的形式，进一步提高依法治校的水平和民主办学的能力，开创学校社会主义民主政治建设的新局面。

各位代表，同志们！二次党代会确定了创建特色鲜明的高水平研究型大学的宏伟目标，目前，我们正处于向研究型大学转型的极其重要时期。同时，我们也处在高等教育深刻变革的历史进程中，大学的分层次化建设步伐明显加快，开放式、国际化发展趋势愈加迅猛。经验告诉我们，越是处于变化迅速、竞争激烈的时期，发展的理念就越加重要。实施“211 工程”以来，特别是新世纪以来的办学实践给我们以深刻启示，这就是：创建高水平研究型大学，必须坚持特色理念，这是提升学校核心竞争力的战略选择；必须坚持创新理念，这是增强学校自主创新能力的本质要求；必须坚持跨越理念，这是实现学校战略目标的必由之路；必须坚持和谐理念，这是办好让人民满意大学的重要保证。

始终坚持特色理念，是贯彻科学发展观、落实二次党代会精神、全面推进特色鲜明的高水平研究型大学建设的必然要求。二次党代会对“三海一核”特色理念进行了系统阐述。“三海一核”特色办学理念，就是把“三海一核”作为我校服务主体领域的理念，就是以这些领域的人才培养和科学研究的需求为牵引来构造我们主体学科的理念，就是以这些主体学科率先发展进而带动其他学科共同发展的理念，就是把“三海一核”服务领域作为学校立身之本的理念。这个理念，是学校办学理念的核心和灵魂。坚持这一理念，是我们在激烈竞争中提升可持续发展能力、实现科学发展的关键。我们要建设的研究型大学，是有特色的研究型，离开了“三海一核”这一特色领域，我们的研究型就会失去竞争力。坚持特色理念，必须继续坚持有所为、有所不为，在战略规划层面突出特色，在战略举措层面体现特色，在战略实践层面实现特色，紧紧围绕“三海一核”，集中优势资源加大重点投入和重点建设，进一步巩固和强化我们在“三海一核”领域的优势地位，保持和发展我们在“三海一核”领域的核心竞争力，实现“主体超越、整体升级”。坚持特色理念，就必须经常地深入思考：我们如何才能抓住“三海一核”领域的新机遇，如何主动迎接“三海一核”领域的新挑战，如何在“三海一核”

领域不断实现新突破。一句话，就是如何才能在这些领域抢占先机。我们必须更好地发挥已有高端人才的作用，汇聚校外高端人才的力量，进一步凝练我们的高端方向，争取首先在“三海一核”的某些领域形成高峰，代表国家站到这些领域的世界高端，形成我们的特色品牌，进而带动学校在其他服务领域和方向的发展。坚持特色理念，还必须根据形势与环境的变化，不断从国家战略需要的高度和国际竞争的视野来思考特色、选择特色、发展特色，追求异峰突起、出奇制胜。我们所有的学科专业都要追求特色、找准特色、保持特色，所有的工作都要干出特色、凝练特色、创造特色，以特色争一流、以特色创一流、以特色超一流。

始终坚持创新理念，是贯彻落实科学发展观、加速推进高水平研究型大学建设的本质要求。创新，是发展的灵魂，更是研究型大学建设的灵魂。创新的理念，就是以创新为导向建设研究型大学的理念，就是以创新为动力推动学校快速发展的理念，就是以创新为标准检验各项工作成效的理念。这个理念，是我们不断发展进步的理念，是不断提升我们发展能力的理念，更是不断增强我们发展动力的理念。没有创新，就不可能有学校事业的跨越发展；没有创新，就不可能有研究型大学，更不可能有高水平的研究型大学。坚持创新理念，就必须树立创新的思维，增强创新的责任感和紧迫感，以我们正在从事的事业为中心，着眼于重大现实问题的理论思考，适应时代的新变化，研究现实的新情况，探索发展的新规律，形成发展的新思路，推出工作的新举措，开创事业的新局面。坚持创新理念，就必须提升开拓创新的能力，做到制度创新上先人一步，体制创新上优人一着，机制创新上高人一筹，通过教育创新、科技创新和管理创新，不断增强自主创新能力、提升人才培养质量、提高办学水平和办学效益。坚持创新理念，就必须坚持以创新为重要标准，鼓励一切有价值的创新活动，建立起注重创新的用人机制、竞争机制与评价机制，按照创新的标准考核工作，依据创新的实绩使用干部，树立创新的典型引导干事创业，把创新理念贯穿于创建研究型大学的全过程，弘扬创新精神，追求创新思想，释放创新激情，崇尚创新行为，建设创新文化。

始终坚持跨越理念，是我们坚持发展这个第一要务、实现又好又快发展、赶超一流、实现创建高水平研究型大学奋斗目标的必由之路。跨越，是一种发展模式，是一种思想方法，一种精神状态。跨越理念，就是跨越某个阶段的超常规发展理念，就是突破传统思维方式的理念，就是追求卓越、勇创一流、敢争第一的理念。这个理念，是创建研究型大学的战略选择，是在激烈的竞争环境中取胜的重要方法，是实现更高战略目标的愿景动力。当今时代，高等学校你追我赶、争先恐后、百舸争流，如果没有跨越，我们就不可能建成高水平研究型大学。坚持跨越理念，就必须善于洞察和捕捉时代发展的大趋势带来的机遇，潜心研究和充分利用各种挑战和困难中蕴含的机遇，在国际国内大环境的变化中识别和创造机遇。机遇是战略资源，抓住一次机遇，就可能赢得一次跨越。我们只要善于把握机遇，开阔视野，筹划思路，就能推动新发展，实现新跨越。坚持跨越理念，就必须解放思想，转变发展观念，创新发展模式，优化发展战略。只要我们树立超常规的思维、付出超常规的努力、采取超常规的举措，超越传统的常规，超越对手的常规，超越自我的常规，就一定能够跨越发展障碍、跨越发展阻力，实现跨越式发展。坚持跨越理念，就必须主动把自己置身于国际国内高校发展的大坐标系中，以一流水平为参照系，树立创一流的勇气，坚定成为一流的信念。只要我们有大志气、大理想，善于挖掘潜在优势，发挥现有优势，创造新的优势，就一定能够实现跨越式发展。

始终坚持和谐理念，是构建社会主义和谐社会、建设和谐校园的根本要求。和谐，既是对发展目标的追求，也是实现发展目标的重要保证。和谐理念，就是用和谐的思维认识事物的理念，就是用和谐的态度对待问题的理念，就是用和谐的原则处理矛盾的理念。这个理念，是高等学校自觉担负构建和谐社会这一崇高使命所赋予的社会责任的理念，是我们进一步提升构建和谐校园能力的理念，是我们推进和谐校园文化建设、充分享受和谐成果的理念。高校和谐，对和谐社会建设起着引领、促进和示范作用。同时，我们创建研究型大学的事业，比以往任何时候都更需要一个和谐的发展环境。坚持和谐理念，就必须充分认识建设社会主义和谐校园的重大意义，把坚持社会主义办学方向、用马克思主义中国化的最新成果武装师生员工头脑作为首要任务，把提高人才培养质量、提高师生员工的思想道德素质和心理健康素质作为重要基础，把坚持发展是第一要务、抓好队伍建设、繁荣校园文化作为核心内容。坚持和谐理念，建设和谐校园，就必须肩负起党和国家赋予我们的历史责任，实现学校发展与国家发展、社会进步的和谐统一。始终坚持“以祖国需要为第一需要，以国防需求为第一使命，以人民满意为第一标准”的办学境界，不断提高教育质量和办学水平，进一步增强自主创新能力，为国防工业和国民经济建设培养更多更优秀的高素质创新人才，产出更多的高水平科技成果，做到国家满意、社会满意、家长满意、学生满意。坚持和谐理念，建设和谐校园，就必须进一步提升我们构建和谐校园的能力。当前，学校正处于高速发展期、转型期，我们进行的各项改革、作出的各项决策，都必须遵循办人民满意大学这个标准，正确兼顾不同的利益关系，从源头上减少矛盾，增强改革决策的科学性和改革措施的协调性，把改革的力度、发展的速度与师生员工可承受的程度统一起来，以改革促进和谐、以发展巩固和谐、以稳定保障和谐；把和谐的思想和观念熔铸到创建研究型大学的全过程中，把全校师生员工的智慧和力量凝聚和引导到创建研究型大学的事业上来，使全校师生员工心往一处想、劲往一处使、目标往一处奔。坚持和谐理念，建设和谐校园，就必须始终坚持以人为本，把师生员工的根本利益实现好、维护好、发展好。师生员工满意是人民群众满意标准的一个重要体现，各级领导班子要善于倾听师生员工的意见和呼声，关注师生员工的困难和需求，着力解决师生员工最关心、最直接、最现实的问题，着力建设和谐的领导关系、干群关系与师生关系，着力建设人心思进、团结协作、共促发展的和谐文化，使师生员工始终保持人气旺、心气顺、士气高、劲头足的良好精神状态。

各位代表、同志们，我们创建研究型大学这一宏伟事业的航船，正承载着祖国的需要、国防的使命、人民的要求扬帆远航。让我们在上级主管部门和省委的正确领导下，以邓小平理论和“三个代表”重要思想为指导，全面贯彻落实科学发展观，沿着学校二次党代会确定的目标和方向，始终保持高度的政治责任感和历史使命感，始终保持蓬勃朝气和昂扬锐气，始终保持争先创优的雄心壮志，团结一心，众志成城，乘风破浪，奋勇前进，把创建特色鲜明的高水平研究型大学的宏伟事业推向新的阶段！

案例三 ║ 4届3次教代会

思路思语

本次会议是2009年5月下旬召开的，是在学习实践科学发展观活动全面深入展开之际召开的一次重要会议。通过二次党代会4年多来办学实践的探索，特别是在学习实践科学发展观活动中的深入思考和系统凝练，学校的办学思想、办学理念更加系统完善。一方面，学校如何在未来创建研究型大学的发展进程中推进办学理念的创新，使办学理念能够落地，实现对办学理念的“工程化”破解；另一方面，刚刚到任的新任党委书记在调研中特别强调制度建设和文化建设问题。那么，党委书记在这次教代会闭幕式上的讲话，就应该面向全校师生回答如何通过理念创新进一步推进办学理念的落地问题，如何解决学校在制度建设和文化建设中存在的问题，解广大教师如何进一步推动发展之惑，这就是这次会议的定位和要达到的目的。

为此，讲话确定了《进一步推进理念创新、制度创新和文化创新，把研究型大学建设不断推升到更高水平》的主题，并形成了以下三个方面的讲话思路：要把研究型大学建设不断推升到更高水平，就必须充分认识创新在科学发展上水平中的决定性作用，一是进一步推进理念创新，以理念创新引领科学发展方向；二是进一步推进制度创新，以制度创新激发科学发展动力；三是进一步推进文化创新，以文化创新凝聚科学发展力量。上述三个方面的内容构成了这篇讲话的核心。

这一讲话思路的形成，仍然是通过对学校当时面临的形势发生了哪些变化进行科学分析和判断，结合学校当时发展面临的实际状态系统思考的结果。在对讲话中提出的三方面观点进行具体论证的过程中，还运用到了科学思维方式和工程思维方式，从这里可以看出，在论证讲话观点的具体实践过程中，往往是多种思维方式综合运用的结果。

进一步推进理念创新、制度创新和文化创新 把研究型大学建设不断推升到更高水平

2009年5月22日

各位代表、同志们:

第四届教职工代表大会第三次会议已经圆满完成各项议程，即将落下帷幕。这次会议的召开，正值我校学习实践科学发展观活动全面深入展开之时，充分体现了前一阶段学习实践活动所取得的成果，对全面贯彻党的十七大和十七届三中全会精神，深入贯彻落实科学发展观，落实部党组工作部署，提升服务工业化、信息化和国防现代化的能力，把研究型大学建设推升到更高水平具有十分重要的意义。代表们认真审议了校长工作报告，审议了教代会工作报告，审议了2008年预算执行情况和2009年预算草案的报告。代表们认为，本次会议实事求是地总结了四届二次教代会以来的工作，客观地分析了学校当前面临的形势和任务，工作目标明确、思路清晰、措施有力。同时，代表们以高度负责的主人翁态度，认真研讨了学校发展中存在的问题，提出了许多建设性意见和建议。这些意见和建议，学校将结合学习实践活动认真研究。在此，我代表学校党委对各位代表和参加会议的同志们表示衷心的感谢!

实践证明，坚持以教代会为基本形式，全心全意依靠广大教职工，充分保障广大教职工对学校发展建设的知情权、参与权、决策权和监督权，是实现学校管理与决策民主化、科学化和规范化的重要保证。近年来，学校大力推进二级教代会建设和校务公开工作，教职工参与民主管理、民主监督的意识得到进一步增强，依法治校、依法治教、依法治学的能力得到进一步提高，全校上下形成了团结、民主、和谐的良好氛围。我们必须始终坚持全心全意依靠师生员工的方针，坚持全心全意为师生员工服务的宗旨，广泛调动师生员工的积极性、主动性和创造性，全力维护师生员工的合法权益，自觉接受师生员工监督，不断探索民主管理、民

主监督、民主办学的新的更加有效的形式，进一步提升依法治校的水平和民主办学的能力，不断开创学校民主政治建设的新局面，为把研究型大学建设推升到更高水平奠定坚实的民主政治基础。

各位代表，同志们！我校是一所具有光荣历史传统的大学，是一所肩负重要历史使命与社会责任的大学，是一所特色鲜明、成果丰硕、贡献突出的大学，是一所具有丰厚理念、制度和文化遗存的大学。在学校发展所取得的每一个进步中，都融注了每一位师生员工的努力与汗水、辛劳与付出。当前，我校的发展正处于重大战略机遇期，使命更加艰巨、任务更加繁重、竞争更加激烈，我们必须始终坚持以科学发展观统揽学校发展全局，自觉肩负起服务工业化、信息化和国防现代化的历史使命，积极应对国内外大学之间更加激烈的竞争，主动适应师生员工实现发展新跨越的迫切愿望，更充分地认识到创新在科学发展上水平中的决定性作用，进一步推进理念创新、制度创新和文化创新，以理念创新引领科学发展方向，以制度创新激发科学发展动力，以文化创新凝聚科学发展力量，把研究型大学建设推升到一个更高的水平。

进一步推进理念创新，就是结合学校面临的新形势和新任务、新情况和新问题，遵循科学发展观的要求，在决策层面对办学理念的进一步丰富和完善，在执行层面对办学理念的进一步深化和发展，在办学实践过程中更大、更深地发挥办学理念的引领作用。进一步推进理念创新，是学校各项事业始终保持正确发展方向的必然要求，也是学校在新形势新阶段履行新使命、实现新跨越的必然要求。学校自“211 工程”实施以来，形成了包括“三海一核”特色理念、精英人才培养理念、特色学科专业体系建设理念、“顶天立地”的科研发展理念、学生工作指导思想等在内的比较完整的理念体系。这个理念体系，是学校党委践行科学发展观的重要理论成果，在学校的发展建设中发挥了重要作用。进一步推进理念创新，就是要按照科学发展观的要求审视我们正在进行的各项事业，促进学校在人才培养、科学研究、社会服务等办学理念上的进一步丰富和完善，更好地发挥办学理念在办学实践中的旗帜和方向作用。进一步推进理念创新，就是要使办学理念在执行层面上进一步深化和发展，使办学理念在机关职能部门得以更系统的贯彻，在二级办学实体这个层次上得以创造性的发挥。进一步推进理念创新，就是要把理念创新作为提升领导干部理论思维和战略思维水平的重要途径，使各级领导干部进一步增强推进理念创新的意识，不断提升理念创新的能力。只要我们坚持发展理念的与时俱进，就一定会使研究型大学的建设始终保持科学发展的前进方向。

进一步推进制度创新，就是着眼于制约科学发展上水平的制度瓶颈问题，在组织架构上进一步完善管理体制和运行机制，在管理工作上进一步建立健全与人才培养、科学研究、社会服务等相关的制度体系，在办学实践中更好、更准地发挥制度的驱动作用。进一步推进制度创新，是顺应高等教育发展环境变化的迫切需要，也是学校新时期产生发展新动力、新阶段实现发展新跨越的迫切需要。近十年来，学校相继推行了人事分配制度改革、教育教学改革、干部任用改革、后勤服务改革等一系列体制机制改革，启动了基层学术组织改革，正在推进院系二级办学实体化，出台了一系列管理工作制度，促进了师生员工思想观念的变化，推动了学校各项事业的全面发展，为构建现代大学制度奠定了良好基础。进一步推进制度创新，就是要按照构建现代大学制度的要求，坚持和完善党委领导下的校长负责制，进一步促进学术权力与行政权力的平衡和谐，进一步促进人才培养与科学研究的有机结合，建立起充满活力的基层学术组织结构和干部、教师考核评价机制，更充分地激发和调动各级组织和师生员工的智慧和潜能。进一步推进制度创新，就是要以突破制约和影响学校发展的制度性障碍为重点，进一步理顺学校各层次管理体制，更好地促进学校、机关、院系之间的协调、高效运转；进一步完善院系绩效考核评价机制，着力推进院系二级办学实体化，更好地发挥院系的办学积极性和主动性。进一步推进制度创新，就是要按照依法办学、依法治校的要求，在对现有各项管理工作制度进行全面清理的基础上，适应学校内涵发展的需要，进一步完善相关制度、清除失效制度，加强各项制度的执行与监督，更好地发挥制度在推动学校内涵发展中的驱动作用。只要我们坚持以改革创新的精神，进一步推进制度创新，就一定会为研究型大学建设注入新的动力。

进一步推进文化创新，就是从核心竞争力的高度，按照可持续发展的要求，在文化建设中进一步凝练和建设校园文化核心价值体系，在办学过程中进一步贯穿和践行校园文化核心价值体系，在办学实践中更充分更持续地发挥校园文化的支撑作用。进一步推进文化创新，是我们建设社会主义核心价值体系、构建社会主义和谐校园的根本要求，也是学校加快内涵式发展、增强软实力的现实需要，是学校自觉履行服务工业化、信息化和国防现代化这一历史使命的现实需要。近年来，学校在总结哈军工历史与文化传统的基础上，凝练推出了“大工至善、大学至真”校训、“三海一核”特色办学理念、“以祖国需要为第一需要、以国防需求为第一使命、以人民满意为第一标准”的大学精神以及校歌、校风、教风、学风等，形成了“以‘忠诚’为灵魂、以‘工学’为境界、以‘海防’为特色”的校园文化核心价值体系。这个核心价值体系是社会主义核心价值体系与我校办学具体实践相结合的产物，已成为教育、引导、凝聚和激励广大师生员工推动学校发展的重要精神支撑。进一步推进文化创新，就是要更加自觉地传扬哈军工文化，结合学校发展目标、发展形势与发展成就的变化，继续总结凝练校园文化核心价值体系，在继续发挥精神文化的作用的基础上，进一步总结概括学校的行为文化、学术文化和制度文化，不断丰富校园文化核心价值体系中各层次的内涵，更好地发挥校园文化核心价值体系在学校文化建设中的先导作用。进一步推进文化创新，就是要更加主动地将校园文化核心价值体系贯穿于广大教师的教育教学与科学研究、广大学生的成长成才与就业创业、学校的管理服务与校园建设等办学的全过程中，使校风、校训、特色理念等核心价值体系的要素，进一步内化于心、固化于制、外化于形。进一步推进文化创新，就是要按照构建社会主义和谐校园的要求，结合“三型”校园建设实际，在办学实践中更加系统地践行校园文化核心价值体系，实现从校园文化建设向文化型校园的发展。只要我们进一步推进文化创新，不断蓄积更加深厚的文化底蕴，就一定会使研究型大学建设获得持续不断的推动力量。

各位代表、同志们！加快内涵式发展、创建研究型大学是××大学人为完成所肩负的光荣使命，对发展模式和发展目标作出的历史性选择。深入学习实践科学发展观活动，使我们对这一选择有了更深刻的认识，使我们对实现这一选择的信心更加坚定。让我们在部党组和省委、省政府的坚强领导下，深入贯彻落实科学发展观，以敢于创新的勇气、乐于创新的激情、善于创新的智慧和勤于创新的实践，进一步推进理念创新、制度创新和文化创新，形成推动科学发展新跨越的强大合力，团结一心，众志成城，乘风破浪，加速前进，把研究型大学建设推升到一个更高水平，不断谱写××大学事业发展的新篇章！

案例四 4 届 4 次教代会

思路思语

本次会议是 2010 年 5 月下旬召开的，是在学校即将迎来上级主管部门“党建创优工程”评估验收和学习实践科学发展观活动整改落实情况检查的时候召开的一次重要会议。自学习实践活动开展以来，学校对未来的发展目标、所处的发展阶段、所走的发展道路、面临的发展难题等进行了认真审视和研究。一方面，学校近年来的发展中还存在不符合科学发展观要求的东西，发展中还面临许多难题没有破解；另一方面，二次党代会召开 5 年来，学校发展能力和水平的提升还不能满足上级的要求和师生的期待。那么，党委书记在这次教代会闭幕式上的讲话，就应该面向全校教师回答如何才能推动学校科学发展、如何破解发展中遇到的难题、如何进一步提升发展的能力等问题，解广大师生关心学校发展之惑，这就是这次会议的定位和要达到的目的。

为此，讲话确定了《牢固树立科学发展理念，集中精力破解发展难题，着力提升科学发展能力，推动学校各项事业迈出科学发展新步伐》的主题，并形成了以下三个方面的讲话思路：要推动学校各项事业实现科学发展，一是必须牢固树立科学发展理念，始终保持理念对事业发展的强大方向引领作用；二是必须集中精力破解发展难题，努力取得一批突出的发展成果；三是必须着力提升科学发展能力，即提升培养行业精英、增强自主创新和服务社会发展的能力。

上述三个方面的内容构成了这篇讲话的核心。从形成这篇讲话的思路来看，系统思维方式和工程思维方式始终在共同起作用，而且还能看出既有对上一年甚至前几年讲话思想的一个继承，也有结合当前形势的一个发展，并且提出的要求从“工程”角度越来越接近于实际操作的状态。

牢固树立科学发展理念　集中精力破解发展难题 着力提升科学发展能力 推动学校各项事业迈出科学发展新步伐

2010 年 5 月 24 日

各位代表、同志们：

我校第四届教职工代表大会第四次会议，经过全体与会代表和同志们的共同努力，顺利完成了大会预定的各项议程即将落下帷幕。在此，我代表学校党委向大会的圆满召开表示热烈祝贺！向全体与会代表和工作人员表示衷心感谢！

几天来，全体与会代表以高度负责的主人翁精神，认真审议了校长工作报告、教代会工作报告和 2009 年预算执行情况及 2010 年预算草案的报告，听取了关于学校产业情况的汇报。同时，与会代表还紧紧围绕学校改革发展大局，从关心学校、爱护学校的角度出发，畅所欲言、建言献策，提出了许多宝贵的意见和建议，反映出大家热爱学校的深厚感情和关心学校发展的热切期待，对大家的这些意见和建议，我们将进行认真研究。

各位代表、同志们！学校即将迎来上级主管部门“党建创优工程”评估验收和学习实践科学发展观活动整改落实情况检查，各项准备工作正在紧张有序进行。自学习实践活动开展以来，校党委对学校未来的发展目标、所处的发展阶段、所走的发展道路、面临的发展难题等进行了认真审视和研究。通过学习实践活动，使我们更加深刻地认识到，要实现创建高水平研究型大学的奋斗目标，谋划好学校“十二五”发展的宏伟蓝图，把我们的事业不断推升到新的高度，必须更加自觉地贯彻落实科学发展观，牢固树立科学发展理念，集中精力破解发展难题，着力提升科学发展能力，以更加执着的信念，更加昂扬的斗志，更加有为的精神面貌，攻坚克难，奋勇前进，推动学校各项事业迈出科学发展新步伐！这既是部党组、省委省政府对我们工作的新要求，也是全校师生员工对我们工作的新期待，更是我们各级领导干部和全体与会代表的崇高责任。

牢固树立科学发展理念，是进一步贯彻落实科学发展观、推动学校各项事业迈出科学发展新步伐的根本要求。牢固树立科学发展理念，就是遵循高等教育发展规律，紧密结合学校面临的发展形势和所处的发展阶段，继续坚持特色办学方略，坚定不移地走内涵式发展道路，实现学校更好更快发展。只有牢固树立科学发展理念，才能始终坚持用科学发展观指引学校发展，使我们的思想、观念始终与形势的变化相适应，使我们的政策、制度始终与发展的阶段相协调，使我们的思路、举措始终与既定的目标相一致。近年来，我们在推进研究型大学建设的办学实践中，经过深入探索和系统凝练，不断丰富和发展学校的办学理念。特别是通过去年的学习实践活动，我们在集中民意、汇集民智的基础上，对学校的办学思路进行了系统梳理和深入总结，进一步凝练形成了一个比较完整的办学理念体系。牢固树立科学发展理念，就必须在办学实践中，充分发挥这个理念体系的旗帜和方向作用，在实际行动中进一步深化和发展这个理念体系；就必须更加强化这个理念体系的上下贯通，既要在决策全局的战略层面实现方向性引领，也要在决定胜负的战役层面实现工程化破解，更要在具体执行的战术层面实现全方位推进，使之进一步成为广大师生共同谋划发展、主动参与发展、积极推动发展的判别标准和行动指南；就必须在这个理念体系的基础上不断创新，把发展观念从又好又快上升到更高更强、从超越自我上升到超越对手、从蓄势期远上升到蓄势竞发，使这个理念体系对我们事业的发展始终保持强大的方向引领作用。

集中精力破解发展难题，是进一步谋划好“十二五”发展蓝图、推动学校各项事业迈出科学发展新步伐的必然要求。集中精力破解发展难题，就是以兴校、强校的强烈使命感和责任感，清醒认识学校发展进程中面临的主要困难和存在的深层问题，准确把握学校发展的道路方向和阶段性目标，不断清除前进中遇到的各种障碍和约束，实现学校更好更快发展。只有集中精力破解了学校发展中遇到的突出问题，解决了学校前进中遇到的各种困难，才能使我们的发展更加顺畅、信心更加充足，使我们发展的目标更加明确、思路更加清晰，使我们发展的成果得以进一步彰显、水平得以进一步提升。近年来，学校在许多重要领域取得了一系列重要突破和标志性成果，特别是按照学习实践活动整改落实方案，集中解决了一批群众关心、事关发展的突出问题，100 多项整改措施得到有效落实。但是，我们也必须清醒地看到，学校在发展进程中面临的一些矛盾、困难和问题还需要着力加以解决。集中精力破解发展难题，必须按照科学发展观的要求认真审视我们正在进行的工作，站在服务国家工业化、信息化和国防现代化的使命高度深入研究我们工作中存在的不足，根据创建高水平研究型大学的目标进一步检验我们发展的差距有多大，并将审视研究检验的结果贯穿于“十二五”规划的制定中；就必须从实现学校科学发展的战略高度，进一步增强加快解决发展难题的紧迫感和压力感，进一步增强加快解决发展难题的信心和决心，进一步提升加快解决发展难题的能力和水平；就必须分清轻重缓急、紧抓重点难点，全力以赴打好攻坚战和歼灭战，尽快在制约学校科学发展的突出问题和广大师生强烈关注的热点问题上，取得一批高显示度、高关注度和高影响度的发展成果。

着力提升科学发展能力，是实现创建研究型大学目标、推动学校各项事业迈出科学发展新步伐的重要保证。着力提升科学发展能力，在当前就是着力提升培养行业精英的能力、增强自主创新的能力和服务社会发展的能力。只有不断提升科学发展能力，才能加快研究型大学建设步伐，更好地为国家工业化、信息化和国防现代化服务，满足广大师生员工对发展的更高的期待和迫切愿望。着力提升科学发展能力，就必须进一步提升我校精英人才，特别是船海核领域精英人才培养的质量和水平，进一步增强我校高端人才，特别是船海核领域高端人才的集聚效应和能力，努力把学校建设成为船海核领域精英人才培养和高端人才集聚的重要基地；就必须进一步提升我校的科技创新能力，特别是船海核领域科技创新的能力和水平，切实承担起支撑和引领船海核领域科技发展的重任，更好地发挥在国家科技创新体系建设中的重要作用，进一步巩固学校在相关领域的地位和优势；就必须进一步提升我校服务“三化”和区域经济发展的能力和水平，更加自觉、更加积极、更加主动地把学校的发展同社会经济发展紧密结合起来，充分融入国家工业化、信息化和国防现代化建设，深度融入“三海一核”等特色领域，主动融入全面振兴龙江建设。

各位代表、同志们！当前，我校研究型大学建设已进入转型升级的关键时期。把研究型大学建设事业不断推升到新的高度，是我们这一代人肩负的历史使命和承担的历史责任。让我们在部党组和省委省政府的坚强领导下，深入贯彻落实科学发展观，牢固树立科学发展理念，集中精力破解发展难题，着力提升科学发展能力，以蓄势竞发的责任感、科学跨越的使命感、只争朝夕的紧迫感，自我加压，奋力拼搏，加快推动学校各项事业迈出科学发展新步伐，以优异的发展成绩迎接学校第三次党代会的胜利召开！

案例五 ║ 4 届 5 次教代会

思路思语

本次会议是 2011 年 5 月初召开的，是在全面实施教育规划纲要、“十二五”开局、学校即将举行第三次党代会之际召开的一次重要会议。自二次党代会以来，学校发展取得了一些成绩，研究型大学框架基本构建，但与兄弟院校相比，在体现办学实力的若干关键性指标上还有着相当的差距。一方面，教师教学评价、青年教师成长、职工民生状况等问题亟待解决；另一方面，与兄弟院校之间的明显差距，使广大师生对学校加快向研究型大学转型升级的信心受到明显影响，对发展能力、发展水平担忧的情绪日渐突显。那么，党委书记在这次教代会闭幕式上的讲话，就应该面向全校师生回答如何更加坚定发展信念、不断增强发展能力、着力提升发展水平的问题，解广大师生担心学校未来发展之惑，这就是这次会议的定位和要达到的目的。

为此，讲话确定了《坚定发展信念，增强发展能力，提升发展水平，加快推进向高水平研究型大学转型升级的前进步伐》的主题，并形成了以下三个方面的讲话思路：要加快推进学校向研究型大学转型升级的步伐，一是必须更加坚定发展信念，坚守目标不动摇，坚定信心不退缩，坚信特色鲜明的高水平研究型大学奋斗目标一定能够实现；二是必须不断增强发展能力，增强驾驭形势、谋划发展、破解难题的能力，增强人才培养、科技创新和社会服务的能力，增强自主学习力、制度推动力和文化创新力；三是必须着力提升发展水平，在精英人才培养质量的提高、高水平科研成果的产出、国家重点学科的培育、体制机制创新和管理水平提升上不断取得新突破，真正实现向研究型大学的转型升级。上述三个方面的内容构成了这篇讲话的核心。

在对每一次会议进行定位、确定每一篇讲话的思路时，都要首先对形势的变化进行剖析，准确把握当前的形势是什么样，以及可能存在的机遇与可能带来的挑战是什么。可见，对形势的准确分析与科学判断非常重要，这是回答会议为什么是这样一个定位、讲话为什么是这样一个思路的原因。能否对形势作出准确分析和科学判断，往往是科学思维、系统思维、工程思维等多种思维方式综合作用的结果。在对形势进行准确分析与科学判断的基础上，结合当前的实际状态，通过对相关问题的系统思考，就可以形成讲话的基本思路和框架了。

坚定发展信念　增强发展能力　提升发展水平 加快推进向高水平研究型大学转型升级的前进步伐

2011 年 5 月 6 日

各位代表、同志们：

第四届教职工代表大会第五次会议，已经圆满完成各项议程，即将落下帷幕。这次会议，是学校站在“十一五”与“十二五”、二次党代会与三次党代会两个交汇点上召开的一次重要会议，对“十二五”开好局、起好步具有重要意义。

几天来，与会代表认真审议了校长工作报告，审议了教代会工作报告，审议了 2010 年预算执行情况和 2011 年预算草案的报告。代表们认为，本次会议实事求是地总结了四届四次教代会以来一年多的工作，科学分析和研判了学校当前面临的发展形势和发展任务，既充分肯定了学校“十一五”以来取得的发展成绩，又客观地指出了学校发展中面临的问题和困难，提出了应对的措施和办法。同时，各位代表还以高度负责的主人翁精神，积极为学校的发展建言献策，提出了许多宝贵的意见和建议。在此，我代表学校党委表示衷心的感谢！对代表们提出的意见和建议，学校将认真研究解决。其中，短期性的问题，将在年度工作计划中落实；中长期性的问题，将在完善“十二五”规划中加以系统考虑。

刚才，校长对大家提出的意见和建议作了说明，我都同意。在这里，我想就几个与教职工切身利益密切相关的问题再强调几点。关于教学表彰奖励问题，这是学校党委为提高人才培养质量，在教学评价制度改革上作出的一项重要决策，决策所针对的问题是清楚的，目的是明确的。但是对教师授课质量的评价，还需要进行深入系统的研究，要使评价的目标更加明确，评价的标准更加科学，评价的程序更加透明，评价的方法更加得当。也就是说，这件事还要继续做下去，但是好事要办好，好事要做对。只有这样，教学评价制度改革工作才能得到一线教师更广泛的支持和拥护。关于青年教师的问题。这是事关学校未来可持续发展的重要问题，各级领导干部要更多倾听青年教师的心声、更加关心青年教师的成长、更加关注青年教师的困难。学校党委对涉及青年教师成长的学术道路、进修培养及工作压力、工资增长、后勤保障等一系列问题，将会认真研究，拿出有效的办法，使广大青年教师都能安于做学问，安心做学问。关于第三生活小区改造问题。这是学校为解决教职工特别是青年教师住房困难的一项积极举措，虽然经过多方努力，但由于市里的政策和容积率等原因，还没能办成，希望广大教职工予以理解。学校党委将在“十二五”期间，把解决青年教职工住房困难问题作为一项重要的“民生工程”，千方百计使青年教师住房困难的状况得到根本改善。

各位代表、同志们！今年是全面实施教育规划纲要的第一年，是“十二五”的开局之年，也是我校研究型大学建设第二步的起步之年，学校即将迎来第三次党代会的召开。自“十一五”以来，学校沿着二次党代会确定的目标和方向，加速推进人才强校等四大战略，着力构建精英教育体系等六大体系，研究型大学框架基本形成，三步走战略第一步目标基本实现，“一提三优”工程以全优成绩通过，办学水平提升工程评估位列部属“211 工程”院校第二名。在取得显著成绩的同时，我们仍面临着严峻的挑战，与兄弟院校相比，在体现办学实力的若干关键性指标上还有着相当的差距。“十一五”的发展实践使我们更加深刻地认识到，要创建高水平研究型大学，全面落实学校“十二五”规划的目标和任务，必须更加坚定发展信念，不断增强发展能力，着力提升发展水平，加快推进向高水平研究型大学转型升级的前进步伐。这既是贯彻落实教育规划纲要和胡锦涛总书记在清华大学百年校庆时的讲话精神赋予我们的新使命、提出的新要求，也是部党组对我们的新希望、全校师生寄予我们的新期待，更是我们面对激烈竞争形势，争先进位，实现更好更快、更高更强发展的迫切需要。

坚定发展信念，是实现创建研究型大学目标的根本要求。坚定发展信念，就是坚信特色鲜明的高水平研究型大学奋斗目标一定能够实现。尽管在创建进程中我们遇到许多困难，但我们还是义无反顾、不遗余力、信心满怀，就是因为我们绝不能在高校新一轮的分级、分类过程中沦为二流甚至三流大学，我们就是要自我加压、主动追求，坚守目标不动摇，坚定信心不退缩。回顾学校近 60 年的发展历程，哈军工在很短的时间内就成为与清华、北大齐名的一流大学；×××时期，在极其艰难的条件下发展成为“文革”后首批全国重点大学；×××时期，在竞争十分严峻的态势下成为首批“211工程”建设院校，特别是“十一五”以来，学校经历了“一提三优”工程评估等一系列考验，靠的就是坚定的发展信念支撑我们、激励我们抓住一切机遇，凝聚一切力量，打赢了一场又一场攻坚战。今天，更加坚定发展信念，要求我们每一个××大学人都必须在充分认识研究型大学建设的长期性、复杂性的同时，更加深刻地认识到我们所确定的研究型大学奋斗目标的正确性和实现这一目标的紧迫性，更加积极地在研究型大学建设的实践中坚持不懈地奋斗下去；必须在充分认识走内涵式发展道路是我们的必然选择的同时，更加深刻地认识到实现学校内涵式发展的艰巨性，更加努力地在各自的教学、科研、管理与服务工作中沉下心去埋头苦干；必须在坚持“三海一核”特色办学理念是我们的核心办学理念的同时，更加深刻地认识到这一理念对学校人才培养、科学研究、学科建设等的引领和牵引作用，更加自觉地在办学实践中贯穿和践行这一根本理念。只要我们始终坚定发展信念不动摇，创建特色鲜明的高水平研究型大学宏伟目标就一定会实现。

增强发展能力，是实现创建研究型大学目标的根本保证。不断增强发展能力，在当前就是不断增强驾驭形势、谋划发展、破解难题的能力，就是不断增强人才培养、科技创新和社会服务的能力，就是不断增强自主学习力、制度推动力和文化创新力。归根结底，就是不断增强各级党组织和广大干部教师创先争优的能力。只有不断增强发展能力，我们才能在深化内涵建设的过程中更快地提升发展速度，更好地提高发展质量，更多地获得发展成果，真正做到争先进位。“十一五”时期，学校及时抢抓战略机遇，集中破解发展难题，各项事业取得了显著进步和快速发展，服务工业化、信息化、国防现代化，特别是服务“三海一核”战略领域的能力显著增强，逐步形成了学校独有的核心竞争力，这是我们不断增强发展能力的基本前提。今天，不断增强发展能力，要求我们必须全面贯彻落实教育规划纲要和胡锦涛总书记在清华大学百年校庆时的重要讲话精神，按照“以重点学科建设为基础，以体制机制改革为重点，以创新能力提高为突破”的原则要求推进高水平研究型大学建设，深度破解当前学校发展建设中的难题，超前谋划“一提三优”工程二期建设，不断增强国家重点学科、精英人才培养和重大科技创新等标志性成果的产出能力，进一步巩固和强化学校在“三海一核”领域的特色和优势地位；必须全面贯彻落实学校“十二五”规划提出的目标和任务，按照实现“三步走”战略第二步的目标要求，细化分解各项指标和任务，紧紧抓住“十二五”这个重要战略机遇期，不断增强抢抓机遇、果断决策、迅速行动的能力，进一步巩固和强化学校在服务“三化”过程中的不可替代性；必须进一步加强学习型党组织建设和深入开展创先争优活动，按照建设研究型大学的能力和素质的要求，切实增强忧患意识和危机意识，杜绝和防止“小富即安”和“小康即满”现象，提升思想境界，树立高远追求，不断增强领导干部的事业谋划力、工作指导力和决策执行力，不断增强广大教师的教学能力、研究能力和育人能力，不断增强管理服务人员的管理能力、服务能力和工作创新力。只要我们不断增强发展的能力，研究型大学建设的道路就一定会越走越宽广。

提升发展水平，是实现创建研究型大学目标的根本标志。着力提升科学发展水平，已经成为我们创建研究型大学道路上最关键、最核心、最紧迫的问题，是学校深化内涵建设、促进内涵式发展的根本目的和最终归宿。只有发展水平的提升，才能真正实现向研究型大学的转型升级。“十一五”时期，学校在国家级教学名师、精品课、实验教学示范中心、优博论文等表征发展水平的标志性成果上均取得了突破，在国家自然科学基金立项、授权发明专利、科研经费到款、学位留学生培养等体现发展速度的诸多方面均取得了明显的进步，这是我们进一步提升发展水平的重要基础。今天，着力提升发展水平，要求我们必须在精英人才培养质量的提高上下更大的功夫，着力在国家级教学名师、国家级精品课、全国优博论文等表征培养水平的标志上取得更大突破；必须在高水平科研成果的产出上下更大的功夫，着力在高水平科技奖励、高水平研究论文、高水平发明专利等表征科研质量的标志上取得更大突破；必须在培育国家重点学科上下更大的功夫，着力在院士、长江学者、杰青等高端领军人才和特色学科方向的引领地位等表征学科水平的标志上取得更大突破；必须在管理体制和运行机制的改革上下更大的功夫，着力在增强二级办学实体和基层学术组织的办学活力，激发干部师生的内在动力，形成科学有效的考核评价体系等表征管理水平的标志上取得更大突破。只要我们始终着力于发展水平的提升，研究型大学建设事业就一定会有更加美好的光明前景。

各位代表、同志们！站在新世纪第二个十年的起跑线上，更加坚定发展信念，不断增强发展能力，着力提升发展水平，加快推进向高水平研究型大学转型升级的前进步伐，是时代赋予我们的崇高使命和光荣责任。让我们在部党组的坚强领导下，深入贯彻落实科学发展观，全面贯彻教育规划纲要和学校今年的工作部署，始终坚持蓄势期远的战略思维，牢固树立只争朝夕的进取精神，以更加昂扬的斗志、更加努力的工作、更加优异的成绩，迎接学校第三次党代会的召开！

第2章

面对“骨干精英”讲话

思考思语

骨干精英，顾名思义，是一个单位、一个部门的核心成员。对于地方党委政府而言，主要包括党员和各级领导干部；对于企业而言，主要包括党员、中层管理人员和业务骨干；对于研究所等事业单位，主要包括党员、中层管理人员和技术骨干；对于大学而言，主要包括党员、中层管理干部和教学科研骨干等。面对“骨干精英”召开的会议，主要有全体党员大会、中层管理干部大会、业务骨干或技术骨干会议等。“骨干精英”，作为一个单位的中流砥柱，对事业的发展起着重要的支撑作用。召开“骨干精英”会议，面对各单位的党员、中层管理人员、业务或技术骨干，在不同时期领导者的讲话，根本目的就是要充分调动这些“骨干精英”的积极性、主动性，发挥“骨干精英”的示范带头作用，以更好地带领全体员工为一个单位的发展做出更大的贡献。

这里，我们以每年或每两年召开的建党纪念大会为例进行具体说明。每年的“七一”前后，除中央以外，很多组织，包括地方党委政府系统、大中型企业、行政事业单位以及大学等都会召开全体党员大会或者党员干部大会，纪念党的生日，逢 5 或 10 会更隆重些。一般来说，在这一会议上都要对先进基层党组织和优秀党员进行表彰，党委书记要对各基层党组织和广大党员提要求，这是一个党员干部凝心聚力的会议。对于这样的会议，面对的是广大党员和党务干部，党委书记作为党的一把手，在会上讲什么，对全体党员以及加强本组织党的建设工作至关重要。同时，由于我们共产党领导的社会主义国家，党的领导不仅是政治领导，还有工作领导，所以党委书记的讲话，就不仅仅是涉及党的建设问题，还会涉及各单位工作的全局性问题，以及如何调动广大党员干部的积极性，如何团结凝聚广大党员更好地发挥他们的作用为事业发展做贡献的问题。

对于大学而言，实行的是党委领导下的校长负责制，党委书记的讲话对于学校整个事业的发展至关重要，对于更好地发挥基层党组织的战斗堡垒作用，发挥全体党员的先锋模范作用，带领全校师生更好地为学校发展贡献智慧和力量具有重要意义。因此，党委书记在建党纪念大会上的讲话，只有紧跟中央关于党建工作的要求，紧密联系全国党建工作大局，紧密结合学校党建工作实际，站在学校发展大局的高度，对学校今后党的建设作出科学部署，对各基层党组织和广大党员提出明确要求，才能进一步加强学校党的建设，更充分地调动各基层党组织和广大党员的积极性、主动性，更充分地发挥各基层党组织和广大党员的能动性、创造性，更好地凝聚各基层党组织和广大党员，更好地团结带领全校师生自觉为学校事业发展做贡献。

这里还要强调一点，作为纪念建党大会，讲话的口吻一定是对基层党组织和广大党员说话，是对基层党组织和广大党员提要求；如果是中层管理干部会议，讲话的对象是管理人员，那么讲话的口吻一定是对广大中层管理人员说话，是对下属的各级组织和管理人员提要求；如果是业务或技术骨干会议，讲话的对象是业务人员或技术人员，那么讲话的口吻一定是对业务人员或技术人员说话，是对业务系统和技术系统以及业务人员和技术人员提要求，与第 1 章所讲面对“民众代表”讲话不同，也就是说，是面对“骨干精英”，而不是面对普通职工。

案例一 纪念建党 84 周年大会

思路思语

这次会议的背景形势，一是全党即将开始先进性教育，二是学校刚刚召开二次党代会确定了创建高水平研究型大学的奋斗目标。实现二次党代会确定的目标，对于学校来说是一个艰巨的过程，各级党组织和广大党员能否保持先进性，需要在哪些方面保持先进性，如何保持先进性，对于实现党代会确定的发展目标至关重要。党委书记在这次建党纪念大会上的讲话，就应该面向各基层党组织和广大党员回答保持哪些方面的先进性、如何保持先进性，才能带领全校师生实现发展目标的问题，这就是这次纪念大会的定位和会议要达到的目的。

为此，讲话确定了《保持政治思想、工作理念和实际行动的先进性，为实现创建高水平研究型大学的宏伟目标而努力奋斗》的主题，并形成了以下三个方面的讲话基本思路：要团结带领全校师生实现创建研究型大学的目标，一是自觉保持政治思想的先进性，坚持用邓小平理论和“三个代表”重要思想武装头脑，不断强化政治意识和大局意识，不断增强政治敏锐性和政治鉴别力，使创建研究型大学的事业沿着正确的方向前进；二是自觉保持工作理念的先进性，坚持用科学发展观指导工作，不断强化超前意识和竞争意识，不断增强思考的科学性和系统性，使创建研究型大学的道路越走越宽广；三是自觉保持实际行动的先进性，坚持求真务实的工作作风和与时俱进的精神状态，不断强化危机意识和使命意识，不断增强决策的前瞻性和执行的能力，带领全校师生早日实现创建研究型大学的宏伟目标。这三个方面的内容构成了这篇讲话的核心。

从形成这篇讲话思路的思考过程来看，是在对背景形势深刻把握的基础上，以一个党组织或党员应该在哪些方面保持先进的角度进行系统思考的结果，如果具备了这样一种系统思维方式，想到这样一个讲话的思路框架是不难的。对讲话提出的每一个方面的先进性进行论证，是“思想思语”中强调的科学思维方法的典型运用。

保持政治思想、工作理念、实际行动的先进性 为实现创建高水平研究型大学的宏伟目标而努力奋斗

2005 年 7 月 1 日

同志们：

今天，我们在这里召开大会，纪念中国共产党成立 84 周年。刚才，大会表彰了近年来在学校发展建设中涌现出来的 12 个先进基层党组织、66 名优秀共产党员和 12 位优秀党务工作者，他们是奋斗在学校各条战线上的先进代表，是全校各级党组织和全体共产党员学习的模范。我首先代表学校党委对受到表彰的先进集体和先进个人表示热烈的祝贺！对兢兢业业工作在学校各个岗位上的共产党员表示诚挚的问候！

近年来，在邓小平理论和“三个代表”重要思想的指引下，校党委带领全校师生员工共同努力奋斗，学校各级党组织的作用得到充分发挥，全体共产党员的先锋模范作用充分展现，不断加强党的建设与思想政治工作，推动改革，促进发展。充分发挥各级党组织的作用和广大共产党员的先锋模范作用，是我们在创建研究型大学的整个过程中必须始终坚持的基本经验。

同志们，创建特色鲜明的高水平研究型大学是校第二次党代会确立的宏伟目标。实现这个宏伟目标，是一个光荣而艰巨的历史过程。在这个过程中，各级党组织和广大共产党员必须始终保持政治思想上的先进性，保持工作理念上的先进性，保持实际行动上的先进性。只有这样，才能团结带领全校师生员工为实现我们的宏伟目标而不懈奋斗。

保持政治思想上的先进性，就要始终代表先进生产力的发展要求，代表先进文化的前进方向，代表广大人民的根本利益，这也是创建研究型大学对各级党组织和广大共产党员提出的根本要求。只有保持政治思想上的先进性，才能在重大原则问题上做到旗帜鲜明、立场坚定，与党中央保持高度一致；才能把我们的思

想认识统一到中央的重大决策上来，统一到学校党委的战略部署上来；才能站在全局的高度思考研究型大学的建设，妥善处理工作中遇到的各种复杂问题。要保持政治思想上的先进性，就必须坚持用邓小平理论和“三个代表”重要思想武装头脑，必须不断强化我们的政治意识和大局意识，必须不断增强我们的政治敏锐性和政治鉴别力。各级党组织和广大共产党员要勤于学习、善于学习，把“三个代表”重要思想贯穿于我们学习的全过程，在理论武装上达到一个新的高度。只要我们自觉保持政治思想上的先进性，创建研究型大学的事业就一定能够沿着正确的方向前进。

保持工作理念上的先进性，是实践“三个代表”重要思想、用理论指导我们实践的要求，也是创建研究型大学对各级党组织和广大共产党员提出的要求。只有保持工作理念上的先进性，才能使我们的思维与形势的变化相适应、我们的政策与师生员工的愿望相一致、我们的行动与创建研究型大学的目标相协调，我们才有可能突破前人、做前人没有做过的事情，才有可能超越对手、做对手没有做成的事情，才有可能提升自己、做自己原来不敢做的事情。要保持工作理念上的先进性，就必须坚持用科学发展观来指导我们的工作，必须不断强化超前意识和竞争意识，必须不断增强我们思考的科学性和系统性。各级党组织和广大共产党员要勤于思考，善于思考，把科学发展观贯穿于我们思考的全过程，在指导工作上追求一种新的境界。只要我们主动保持工作理念上的先进性，创建研究型大学的道路就一定能够越走越宽广。

保持实际行动上的先进性，是实践“三个代表”重要思想的根本落脚点，是检验我们各级党组织和广大共产党员先进性的最终标准，也是创建研究型大学对各级党组织和广大共产党员提出的要求。只有保持行动上的先进性，把思想、理念落实到行动上，才能把我们的事业不断推向前进，才能不断缩小我们与一流大学之间的差距，才能使我们创建研究型大学的目标得以最终实现。要保持行动上的先进性，就必须坚持求真务实的工作作风和与时俱进的精神状态，必须不断强化危机意识和使命意识，必须不断增强我们决策的前瞻性和执行的能力。全体共产党员要敢于争先、善于抢前，把求真务实的精神和作风贯穿于我们行动的始终，在务求实效上开创一种新的局面。只要各级党组织和广大共产党员能够始终保持行动上的先进性，就一定能带领全校师生员工早日实现创建研究型大学的目标。

同志们，创建研究型大学是××大学实践“三个代表”重要思想的根本体现和根本标志，是一项既艰难而又十分美好的事业。让我们在校党委的领导下，团结和带领全校师生员工，努力拼搏，锐意进取，扎实工作，全身心投入到创建研究型大学的事业中去，为实现我们的宏伟目标而努力奋斗！

案例二 ‖ 纪念建党 85 周年大会

思路思语

这次会议的背景形势，一是全党开展的先进性教育活动结束，二是学校 2006 年 9 月下旬即将迎来教育部本科教学工作水平评估。本科评估的结果对于学校来说十分重要，一方面上级主管部门实施的“一提三优”工程要求部属高校本科评估必须优秀，另一方面学校作为“211 工程”首批重点建设院校，本科教学也必须是优秀。时任党委书记当时明确要求，讲话主要想表达“巩固先进性教育成果，打赢迎评促建攻坚战”这样一个思想。那么，党委书记在这次建党纪念大会上的讲话，就应该面向各基层党组织和广大党员回答如何巩固先进性教育成果，才能打赢迎评促建攻坚战的问题，这就是这次会议的定位和要达到的目的。

为此，讲话确定了《巩固先进性教育成果，发挥先锋模范作用，为打赢本科教学迎评促建攻坚战做贡献》的主题，并形成了以下三个方面的讲话基本思路：一是要巩固先进性教育成果，发挥先锋模范作用，对迎评攻坚阶段任务的紧迫性、艰巨性、复杂性要有深刻认识；二是要巩固先进性教育成果，发挥先锋模范作用，对迎评攻坚阶段的攻坚目标、攻坚标准要能够准确把握；三是要巩固先进性教育成果，发挥先锋模范作用，坚定打赢迎评促建攻坚战的信心和决心。这三个方面的内容构成了这篇讲话的核心。

就当时的实际情形而言，形成这个讲话的基本思路是比较艰难的，主要问题就是时任党委书记布置这篇讲话起草任务时，否定了先前起草的讲话，且距离实际讲话时间不足两天。起草者首先必须要弄清楚领导者为什么会否定先前起草的讲话？先前起草的讲话什么地方不符合领导者的想法？针对这次会议面临的背景形势，党委书记到底应该讲些什么才能达到预期目的？只有想明白这样几个问题，形成的讲话思路才能符合这次会议定位的讲话思路。当然，这里还有一个背景没有交代，就是在几个月前的本科教学预评估中，专家们提出了许多问题需要整改，对学校而言，压力是很大的，确保评估优秀目标的实现也是艰难的。这次讲话距离正式进校现场考察不到 3 个月，可以说是时间紧、任务重，所以在这样一个时候，党委书记的讲话应该讲什么呢？经过这样的分析思考，起码可以明确有两点是肯定要讲的，一是应强调对任务紧迫性、艰巨性要有深刻的认识，二是应强调党员带头、坚定实现目标的信心，这样，就有了基本的思路，但形成最终的讲话思路，仍然需要系统思维发挥作用。经过系统思考，就可以发现，从总体上还缺少一个对所要实现目标及其标准的把握问题；具体到每一个方面，还需要进一步完善，如讲话的第一个方面如果仅仅讲对任务紧迫性和艰巨性的认识还不够，还有复杂性的问题。如果没有养成系统思维的习惯，就不容易想得到。

巩固先进性教育成果　发挥先锋模范作用 为打赢本科教学迎评促建攻坚战做贡献

2006 年 7 月 1 日

同志们，同学们：

今天，我们在这里隆重集会，庆祝中国共产党成立 85 周年。刚才，大会表彰了近年来在学校发展建设中涌现出来的优秀共产党员标兵、优秀党支部书记、优秀学生共产党员和青年师德师风先进个人，他们是工作、学习在各条战线的优秀代表，为学校的发展建设做出了突出贡献，是全体共产党员和全校师生员工学习的榜样。我代表学校党委对今天受到表彰的同志们、同学们表示热烈的祝贺！

近年来，校党委坚持以邓小平理论和“三个代表”重要思想为指导，全面贯彻落实科学发展观，紧紧围绕创建高水平研究型大学的宏伟目标，带领全校师生员工同心同德、不懈奋斗，保持了政治思想、工作理念和实际行动的先进性，学校各项事业蒸蒸日上、蓬勃发展。近日，校党委被省委授予先进基层党组织。始终保持政治思想、工作理念、实际行动的先进性，是我们在先进性教育活动中取得的基本经验。巩固先进性教育成果，就必须始终坚持这些基本经验，进一步巩固马克思主义在意识形态领域的指导地位，提高党在高校的执政能力，坚持党的教育方针，办人民满意的教育；进一步贯彻落实科学发展观，坚持以人为本，牢固树立精英教育理念，构建高素质创新人才培养体系，坚持自主创新理念，推动原始创新、集成创新与引进消化吸收再创新协调发展；进一步发挥各级党组织的战斗堡垒作用和广大共产党员的先锋模范作用，追求卓越，不断创造一流的工作业绩。

同志们、同学们，当前，迎接教育部本科教学工作水平评估是我们面临的头等大事。现在，距离专家进校考察只有短短80多天的时间，打赢这场迎评促建攻坚战是对我们各级党组织执政能力的重大考验，也是对广大共产党员先锋模范作用的重大考验。各级党组织和广大共产党员必须在这场攻坚战中起到模范带头作用，充分发挥主动性和创造性，巩固先进性教育成果，圆满完成上级组织交给我们的任务，不辜负全校师生员工对我们的期望。

巩固先进性教育成果，发挥先锋模范作用，要求广大共产党员对迎评攻坚阶段任务的紧迫性、艰巨性、复杂性要有深刻认识。在这个阶段，时间紧、责任重、难度大。评估体系中44个观测点构成一个系统，每一个观测点都牵一发而动全身，我们做的每一件事情都会对评估结果产生影响，我们每一位师生员工都与评估紧紧联系在一起。广大共产党员必须率先认识到迎评攻坚阶段的性质和任务，率先把党委的决策转化为迎评攻坚的实际行动，率先按照迎评攻坚的实际需要调整自身的工作状态，主动带领全校师生员工攻坚克难，进一步增强使命感和紧迫感，进一步增强危机意识和责任意识，进一步激发迎评攻坚的积极性和主动性，争分夺秒，为打赢迎评攻坚战奠定坚实的思想基础。

巩固先进性教育成果，发挥先锋模范作用，要求广大共产党员对迎评攻坚阶段的攻坚目标、攻坚标准能够准确把握。在这个阶段，我们应该干什么、干到什么程度、干成什么样都要十分明确，对每一件事情可能达到的预期目标都要十分清楚，对实现每一个目标的行动方案都要心中有数，对每一个细节可能产生的影响都要有清醒的认识。要把迎评促建的长远目标与短期目标结合起来，把建立迎评促建长效机制与制定迎评促建攻坚计划结合起来。广大共产党员必须率先把握攻坚的目标和标准，率先在实现目标的过程中发挥能动性和创造性，率先在指导工作的思路上、解决问题的方法上、标志性成果的凝练上实现创新，积极带领全校师生员工上好每一堂课、做好每一个实验、找出每一个亮点、打好每一场战役。教师要争做师德的表率、争当学术的先锋；学生要争做学习的典范，争当创新的标兵，努力为实现迎评攻坚目标做贡献。

巩固先进性教育成果，发挥先锋模范作用，要求广大共产党员必须坚定打赢迎评促建攻坚战的信心和决心。在这个阶段，我们对任何一个评估指标的结论都不能轻言放弃优秀，我们对评建工作的任何一个目标都不能降低要求，我们对评建过程的任何一个细节都不能放松检查。只要广大共产党员坚定必胜的信念，带领全校师生员工在迎评促建的主战场上顽强拼搏，忠诚奉献，坚决不松劲，认真把每一件事情做对，用心把每一件事情做好，保证每一项迎评工作都能做实做细、做深做透，每一个迎评目标都能最终实现，每一个迎评环节都能达到最佳状态，我们就一定能够打赢这场迎评促建攻坚战。我们的目标一定要达到，我们的目标一定能达到！

同志们、同学们，巩固先进性教育成果，发挥先锋模范作用，是对广大共产党员的根本要求，是我校迎评促建工作目标得以实现的重要保证。在学校发展的历史上，在历次发展的紧要关头，各级党组织和全体共产党员都经受住了严峻考验，做出了重要贡献。今天，学校的发展更迫切地需要我们各级党组织和全体共产党员挺身而出，做到心为师生员工所想、权为师生员工所用、情为师生员工所系、利为师生员工所谋，团结和带领全校师生员工，同心协力，奋力拼搏，全力以赴投入到迎评攻坚工作中，为打赢迎评促建攻坚战做出我们应有的贡献！

让我们共同祝愿：在伟大的中国共产党领导下，我们伟大的祖国更加繁荣昌盛！××大学的明天更加美好！

案例三 纪念建党86周年大会

思路思语

这次会议的背景形势，一是学校党委被授予全国先进基层党组织称号、本科评估获得教育部优秀评价等一系列重大标志性成果的取得；二是中央提出加强党的执政能力建设以来，巡视组正在学校巡视。这既是对学校党委过去办学治校能力的肯定，也是新形势下如何打赢创建研究型大学这场历史性战役，对学校党委办学治校能力提出的新挑战。同时，时任党委书记也明确提出要求，要认真思考和研究学校党委及各级党组织、党员干部的办学治校能力问题。那么，党委书记在这次建党纪念大会上的讲话，就应该回答如何使广大党员干部始终保持高昂的激情和斗志，把智慧和力量充分凝聚起来，去面对新形势、迎接新挑战，夺取创建研究型大学这场历史性战役的最终胜利的问题，这就是这次会议的定位和要达到的目的。

为此，讲话确定了《肩负崇高的兴校使命，树立科学的发展理念，进一步提升办学能力，把创建研究型大学的宏伟事业不断推向前进》的主题，并形成了以下三个方面的讲话基本思路：一是必须更加自觉地肩负起崇高的兴校使命，坚持不懈地追求“三个第一”的大学精神和办学境界，不断增强使命意识和责任意识，进一步坚定兴校的信心和决心，确保研究型大学建设事业具有更加强大而不竭的动力源泉；二是必须更加牢固地树立科学的发展理念，坚持科学发展、创新发展、特色发展、和谐发展，不断提高谋划发展、抢抓机遇、推动跨越的理论水平和政策水平，确保创建研究型大学的道路越走越宽广；三是必须进一步提升办学治校的能力，也就是巩固和发展马克思主义在高校的指导地位的能力、贯彻科学发展观的能力和构建社会主义和谐校园的能力，确保创建研究型大学的事业具有更加辉煌的前景。这三个方面的内容构成了这篇讲话的核心。

实际上，形成这样一个讲话思路，在紧密结合学校发展实践的基础上，是从“为什么执政——使命、怎么执政——理念、能不能执好政——能力”这样一个角度系统思考的结果，内容上既有对以前讲话思想的继承，又结合现实有新的发展。可见，系统思维和科学思维对于讲话有多么重要。

肩负崇高的兴校使命　树立科学的发展理念　进一步提升办学能力　把创建研究型大学的宏伟事业不断推向前进

2007 年 7 月 1 日

同志们、同学们：

今天，我们在这里召开大会，纪念中国共产党成立 86 周年。刚才，大会表彰了近年来在学校发展建设中涌现出来的 14 个先进基层党组织、73 名优秀共产党员和 10 位优秀党务工作者，他们是工作、学习在学校各条战线的优秀代表，为学校的发展建设做出了突出贡献，是全校各级党组织和全体师生员工学习的榜样。在此，我代表学校党委对今天受到表彰的先进集体和先进个人表示热烈的祝贺！

近年来，校党委坚持以邓小平理论和“三个代表”重要思想为指导，全面贯彻落实科学发展观，着力构建社会主义和谐校园，紧紧围绕创建高水平研究型大学的宏伟目标，带领全校师生员工同心同德、不懈奋斗，始终保持政治思想、工作理念和实际行动的先进性，学校各项事业蒸蒸日上、蓬勃发展，打赢了一场又一场战役，取得了一个又一个胜利，结出了一个又一个硕果。学校党委被中央授予全国先进基层党组织光荣称号，本科教学工作水平获得教育部优秀评价，学校成为国家国防武器装备科研生产一级保密资格单位，“四方”共建我校协议正式签署，教育部批准我校正式建立研究生院，《光明日报》头版头条以《在忠诚的旗帜下》为题对我校追求办人民满意教育的实践进行了报道。这一系列重要标志性成果是我们在上级主管部门和省委的正确领导下，全面贯彻落实科学发展观的重要成果；是我们深入贯彻落实学校第二次党代会确立的发展目标、方针和战略的重要成果；是全校各级党组织、广大共产党员和全体师生员工共同努力奋斗的重要成果；是××大学几代人励精图治、团结奋斗的结果；是校党委执政治校能力经受重大考验的结果。

当前，我们创建研究型大学的事业已进入到一个关键阶段，学校发展已进入到实现新的历史性跨越的重要时期。在这一时期，要求我们各级领导班子和广大党员干部必须进一步巩固先进性教育成果，更自觉地肩负起崇高的兴校使命，更牢固地树立科学的发展理念，不断提升办学能力。只有这样，才能团结带领全校师生员工打赢创建高水平研究型大学这场历史性战役，取得创建高水平研究型大学的最终胜利。

更自觉地肩负起崇高的兴校使命，是办人民满意大学、构建社会主义和谐校园的根本要求。更自觉地肩负起崇高的兴校使命，就是要坚持不懈地追求以祖国需要为第一需要、以国防需求为第一使命、以人民满意为第一标准的办学精神和办学境界。这一办学精神和办学境界，是我们在继承哈军工宝贵精神财富的基础上，总结几十年办学实践对兴校使命的新概括。实践证明，只有更自觉地肩负起崇高的兴校使命，才能始终坚持社会主义办学方向，不断增强贯彻党的教育方针的坚定性和贯彻落实上级党组织各项方针政策的自觉性；才能全心全意地为国防科技工业和国民经济发展服务，不断提高为国家战略性领域服务的积极性和主动性；才能聚精会神地抓发展建设，不断汇聚和激发蕴藏在广大师生员工中的发展能量；才能千方百计为师生员工着想，着力提升教育质量和科研水平，不断提高构建社会主义和谐校园的能动性和创造性。要肩负起崇高的兴校使命，就必须自觉把中央的重大决策和科工委党组的要求转化为办学的原则和任务；就必须把我们对党的教育事业的忠诚、对国防科技事业的使命转化为谋划发展的危机感、抢抓机遇的紧迫感；就必须继续建设“忠诚”文化，弘扬“忠诚、坚韧、团结、创新”的校风，全身心地投入到创建研究型大学的奋斗进程中去，把兴校的使命感转化为兴校的具体行动。各级领导班子和广大党员干部要胸怀更高远的理想和追求，不断增强使命意识和责任意识，进一步坚定兴校的信心和决心。只要我们始终肩负起崇高的使命，就会使各级党组织和广大共产党员产生出更大的凝聚力，就会使全校师生员工焕发出更加蓬勃向上的朝气和昂扬的锐气，创建研究型大学的事业就一定会拥有更加强大而不竭的动力源泉。

更牢固地树立科学的发展理念，是贯彻落实科学发展观、用党的创新理论指导我们办学实践的必然要求。树立科学的发展理念，就是遵循办人民满意大学的办学宗旨，坚持科学发展、创新发展、特色发展、和谐发展，走跨越式发展道路，实现又好又快发展。实践证明，只有树立科学的发展理念，才能始终坚持用科学发展观指引学校发展，使我们的思想、观念与形势的变化相适应，我们的政策、制度与发展的环境相协调，我们的行动、举措与既定的目标相一致；才能始终坚持用社会主义和谐校园的标准指导学校发展，促进我们的发展观念不断创新，发展思路不断开阔，发展举措不断完善。要树立科学的发展理念，就必须勤于思考、善于研究，用科学发展观的思维去观察问题、分析问题、解决问题，用科学发展观的思维审视发展理念；就必须勇于实践、锐意创新，在创新发展中提升发展理念；就必须坚持“三海一核”办学方略，在特色发展中强化发展理念；就必须坚持以人为本，在和谐发展中丰富发展理念。各级领导班子和广大党员干部要始终坚持用科学发展观武装头脑，不断提高谋划发展、抢抓机遇、推动跨越的理论水平和政策水平。只要我们牢固树立科学的发展理念，各级党组织和广大共产党员就一定会激发出更大的创造力，全校师生员工就一定会更加主动地融入到建设研究型大学的进程中来，创建研究型大学的道路就一定能够越走越宽广。

进一步提升办学能力，是建设“四好领导班子”的根本落脚点和检验“四好领导班子”建设成效的客观标准。进一步提升办学能力，在当前就是进一步提升巩固和发展马克思主义在高校的指导地位的能力、贯彻科学发展观的能力和构建社会主义和谐校园的能力，这些能力集中体现在我们创建研究型大学的实践之中。实践证明，只有具备更强的办学能力，把崇高的使命和科学的理念体现到办学能力上，才能加速推进“四大”战略、构建“六大”体系，实现我们创建高水平研究型大学的奋斗目标；才能加速推进“一提三优”工程，不断提高我们的办学质量和办学水平，为国防科技事业做出更大的贡献；才能不断推进社会主义和谐校园建设，努力办好让人民群众满意的大学。追求更强的办学能力，就必须以科学发展观为统领，遵循科学发展观完善办学的思路，依据科学发展观制定办学的举措，运用科学发展观检验办学的成效；就必须紧紧围绕创建研究型大学这一中心任务，激发我们的办学智慧，调动我们的办学资源，不断提升我们引领和驾驭研究型大学发展的能力；就必须按照“四好领导班子”的要求建设各级领导班子和干部队伍，不断增强各级领导班子和广大党员干部的决策执行能力，善于将学校党委的战略思想付诸于具体行动；就必须继续发扬“挑战自我、追求卓越、敢于胜利、勇创一流”的迎评创优精神，团结和带领全校师生员工，沿着学校二次党代会指引的方向奋勇拼搏、加速前进。全校各级领导班子和广大党员干部要按照科学发展观的要求不断提升办学的能力和水平，坚持终身学习、发扬优良作风、恪守严明纪律、追求一流业绩，做到思想上始终清醒、政治上始终坚定、作风上始终务实；全校各级党组织和全体共产党员要按照构建社会主义和谐校园的要求，真诚倾听师生员工的呼声，真实反映师生员工的愿望，真情关心师生员工的疾苦，真正做到权为师生员工所用、情为师生员工所系、利为师生员工所谋。只要我们始终追求更强的办学能力，各级党组织和广大共产党员就一定会表现出更强的战斗力，全校师生员工就一定会更加团结、充满活力，创建研究型大学的事业就一定具有更加辉煌的前景。

2007 年 6 月 25 日，胡锦涛总书记在中央党校发表重要讲话。讲话科学分析了当前我国面临的新形势新任务，全面阐述了以邓小平理论和“三个代表”重要思想为指导、深入贯彻科学发展观的基本要求，深刻回答了党和国家未来发展的一系列理论和实践问题，为党的十七大胜利召开奠定了重要的政治、思想和理论基础。全校共产党员特别是各级领导干部，要认真学习、深刻领会胡锦涛总书记的重要讲话，把思想和行动统一到讲话精神上来，把智慧和力量凝聚到坚持改革开放、推动科学发展、促进社会和谐、全面建设小康社会上来。

同志们、同学们，××大学是一所具有光荣历史传统的大学，是一所为国防科技事业和国民经济发展做出过重要贡献的大学，我们必须进一步深刻认识在全面建设小康社会的伟大征程中肩负的重要历史使命，在建设创新型国家、构建国防科技工业自主创新体系中承担的重要历史任务。创建特色鲜明的高水平研究型大学，是我们全体××大学人在国家需要面前做出的重大战略选择，是我们在新的历史时期肩负的重要历史责任，也是我们治校兴校的重要标志。在这一新的历史起点上，学校发展正面临新的机遇、新的挑战和新的任务，让我们更加紧密地团结在以胡锦涛同志为总书记的党中央周围，在上级主管部门和省委的正确领导下，更自觉地肩负起崇高的兴校使命，更牢固地树立科学的发展理念，不断追求更强的办学能力，把创建研究型大学的宏伟事业不断推向前进，以优异的成绩迎接党的十七大胜利召开！

案例四 纪念建党88周年大会

思路思语

这次会议的背景形势，一是全党正在进行的学习实践科学发展观活动分析检查阶段结束，学校进一步明确了办学思路和发展道路，对存在的主要问题和产生问题的主要原因进行了深刻剖析，提出了推进学校更好更快发展、解决突出问题的主要任务和举措；二是党的十七大提出推进党的建设新的伟大工程以来，即将召开的党的十七届四中全会将对新形势下如何进一步加强和改进党的建设进行专门研究。同时，新到任的党委书记在调研过程中对学校的党建工作提出了更高的要求，明确指出要围绕中心抓党建，要通过加强党的建设提高各级党组织的凝聚力、创造力和战斗力，更好地为研究型大学建设服务。如何加强学校党的建设工作，如何推进学校党建工作创新，党建工作如何为研究型大学建设提供政治思想保证，就成为当时迫切需要回答的重要课题，那么，党委书记在这次建党纪念大会上的讲话，就应该回答这一问题，解各级党组织和广大党员之惑，这也是这次会议的定位和要达到的目的。

为此，讲话确定了《着力推进党建工作理念创新、机制创新和载体创新，为研究型大学建设提供更坚强的思想、政治和组织保证》的主题，并形成了以下三个方面的讲话基本思路：一是必须着力推进党建工作的理念创新，按照中央对高校党的工作的根本任务定位和对基层党建工作的要求，紧密结合学校改革发展实际，推进党建工作的目标定位、功能定位、组织定位和工作定位的不断完善和创新；二是必须着力推进党建工作的机制创新，着眼于制约党建工作发展上水平的关键问题，紧密联系高校管理体制改革和高等教育事业发展的实际，形成科学化、规范化和制度化的工作机制；三是必须着力推进党建与思想政治工作的载体创新，根据高校党的根本任务、高等教育事业发展呈现的新特征和师生员工的新期待，推进党员教育、管理、活动及其思想政治教育方式方法的完善与创新。这三个方面的内容构成了本篇讲话的核心。

着力推进党建工作理念创新、机制创新和载体创新 为研究型大学建设提供坚强的思想、政治和组织保证

2009年7月1日

同志们、同学们：

今天，我们在这里召开大会，纪念中国共产党成立88周年。刚才，大会表彰了近年来在学校发展建设中涌现出来的13个先进基层党组织、92名优秀共产党员和11位优秀党务工作者，他们是工作、学习在学校各条战线的优秀代表，为学校的发展建设做出了突出贡献，是全校各级党组织和全体师生员工学习的榜样。在此，我代表学校党委对今天受到表彰的先进集体和先进个人表示热烈的祝贺！

近年来，校党委高举中国特色社会主义伟大旗帜，坚持以邓小平理论和"三个代表"重要思想为指导，全面贯彻落实科学发展观，着力构建社会主义和谐校园，紧紧围绕创建高水平研究型大学的宏伟目标，带领全校师生员工同心同德、不懈奋斗，学校各项事业蒸蒸日上、蓬勃发展。党建与思想政治工作不断加强，精英教育体系建设和人才培养工作取得丰富成果，科研工作保持快速持续发展态势，特色学科专业体系规划与建设全面实施，体制机制改革和人才队伍建设深入推进，国际化办学进程不断加快，校园基础设施和公服体系持续改善，和谐校园建设取得实效，并积极响应中央号召全力支持抗震救灾工作。除此之外，学校其他各方面的工作也都取得了可喜的成果。通过前一阶段的深入学习实践科学发展观活动，学校进一步坚定了发展目标和办学理念，进一步明确了办学思路和发展道路，对存在的主要问题和产生问题的主要原因进行了深刻剖析，提出了推进学校更好更快发展、解决突出问题的主要任务和举措，更加坚定了全校师生创建高水平研究型大学的信心和决心，分析检查报告得到了广大党员干部和全校师生的充分肯定。这一系列标志性成果是我们在部党组和省委省政府的正确领导下，全面贯彻落实科学发展观的重要成果；是我们深入贯彻落实第二次党代会确立的发

展战略的重要成果；是全校各级党组织、广大共产党员和全体师生员工共同努力奋斗的重要成果。回顾这些成果，使我们更加深切地感受到党的建设对巩固党在高校的领导地位和执政基础，促进学校改革发展稳定的重要作用；更加深切地感受到党建工作创新对保持和发展党员队伍的先进性，不断增强党组织的生机活力和对党员干部、广大师生的凝聚力和吸引力的重要作用；更加深切地感受到在学校发展进程中，各级党组织的战斗堡垒作用和广大党员的先锋模范作用。在此，对长期以来兢兢业业工作在学校各条战线的广大党员表示衷心的感谢！

当前，我校深入学习实践科学发展观活动已进入整改落实阶段。通过前一阶段的学习实践活动，我们更加深刻地认识到：深入贯彻落实科学发展观，必须把改革创新贯穿于办学兴校的各个环节，始终坚持以改革创新精神为统领，着力推进党建工作创新，这是确保党对高等学校的坚强领导、坚持社会主义办学方向的根本要求，是创建中国特色的高水平研究型大学的题中之意，是培养中国特色社会主义事业合格建设者和可靠接班人的根本保证。

推进党建工作创新，一是要着力推进党建工作的理念创新。党建工作理念创新，就是按照中央对高校党的工作的根本任务定位和对基层党建工作的要求，紧密结合学校改革发展实际，推进党建工作的目标定位、功能定位、组织定位和工作定位的不断完善和创新。推进党建工作的理念创新，是进一步贯彻落实中央加强高校党的建设工作精神的必然要求，是进一步发挥基层党组织政治核心作用和监督保障作用的必然选择，是进一步增强基层党组织凝聚力和战斗力的有效方式。推进党建工作的理念创新，就是要紧紧围绕中央关于“正确领导高校的改革发展稳定、巩固党在高校的领导地位和执政基础”这个高校党的工作的根本任务，进一步明确目标定位，促进党建工作与中心工作的深度结合，主动地践行“围绕中心抓党建、抓好党建促发展”的党建工作理念；就是要按照“推动发展、服务群众、凝聚人心、促进和谐”这一基层党建工作的要求，进一步明确功能定位，不断提升基层党建工作的能力和水平；就是要适应新的基层学术组织模式和创新人才培养方式的需要，进一步明确组织定位，更好地发挥党支部的战斗堡垒作用和党员的先锋模范作用；就是要进一步明确“围绕学习抓党建、抓好党建促成才”的学生党建工作定位，促进学生党建工作与大学生成长成才的紧密结合。

推进党建工作创新，二是要着力推进党建工作的机制创新。党建工作机制创新，就是着眼于制约党建工作发展上水平的关键问题，紧密联系高校管理体制改革和高等教育事业发展的实际，按照学校党建工作的目标定位、功能定位和组织定位，形成科学化、规范化和制度化的工作机制。推进党建工作的机制创新，是进一步激发基层党建工作的动力和活力的迫切需要，也是建立健全保持共产党员先进性长效机制的迫切需要。只有不断推进党建工作的机制创新，才能进一步强化基层党组织的政治责任，更好地体现和发挥基层党组织的政治核心作用；才能把党的组织优势进一步转化为团队的力量，更好地体现和发挥基层党组织的战斗堡垒作用；才能把党员义务进一步转化为工作的职责，更好地体现和发挥广大党员的先锋模范作用。推进党建工作的机制创新，就是要紧密联系党建工作的目标定位，不断完善目标机制和决策机制，实现党建工作目标与中心工作目标的有机统一，促进党建工作决策与中心工作决策的有机结合；就是要紧密联系基层党建工作的组织定位，不断完善组织机制和廉政保障机制，进一步增强党在师生员工中的威信和地位，更好地发挥基层党组织的监督保证作用；就是要紧密联系基层党组织的功能定位，不断完善考核评估机制和激励表彰机制，切实发挥考核评估与激励表彰在推动基层党建工作中的引导作用。

推进党建工作创新，三是要着力推进党建与思想政治工作的载体创新。党建工作载体创新，就是根据高校党的根本任务、高等教育事业发展呈现的新特征和师生员工的新期待，结合党建工作的目标要求和党员的发展需要，推进党员教育、管理、活动及其思想政治教育方式方法的完善与创新。推进党建工作的载体创新，是党建工作更好地体现时代性、把握规律性、富于创造性的现实需要，也是进一步增强党建工作的针对性和实效性的现实需要。只有不断推进党建工作的载体创新，才能紧紧围绕高校党的工作的根本任务，找准党建工作与业务工作的最佳结合点，把党建工作真正落到实处，使党的建设渗透、融合到学校的改革发展工作中去，切实提高党建工作的质量和效果，进一步体现和激发党建工作旺盛的生命力和党组织的内在活力，对广大党员和师生员工产生更大的吸引力和更有效的影响力。推进党建工作的载体创新，就是要不断创新党员教育、管理的载体和方式，进一步优化“党建工作创新计划”项目的内容设计，不断提升党建工作项目化运作的水平和辐射力；就是要不断创新党员活动、服务的载体和形式，把党建工作的目标与任务同党员的实际需要结合起来，不断增强党员活动与党员服务的实际效果；就是要进一步推进大学生思想政治理论课教学科研组织模式和教学模式的完善与创新，不断增强大学生思想政治理论课教学的实效性。

近年来，学校各级党组织和广大党务工作者，在党建工作实践中大胆探索，不断推进党建工作的理念创新、机制创新和载体创新，取得了许多很好的经验，如××学院的“微型党课”“党员答辩”，××学院的“321工程”“12345工作体系”，××学院按照“围绕中心抓党建、抓好党建促发展”的工作思路，推动人才培养、科学研究等中心工作取得明显成效，这些都是各级党组织推进党建工作创新取得的重要成果。我们必须按照中央的要求进一步推进党建工作创新，坚持以创新为导向、以创新为动力、以创新为标准，始终把创新贯穿于党建工作的全过程，推动学校党的建设工作再创新业绩、再上新水平。

同志们、同学们，面对新的形势和新的任务，学校肩负着推进“两化融合”、实现工业化、信息化和国防现代化的历史使命，让我们在部党组和省委省政府的正确领导下，以邓小平理论和“三个代表”重要思想为指导，全面贯彻落实科学发展观，始终保持高度的政治责任感和历史使命感，始终保持蓬勃朝气和昂扬锐气，始终保持争先创优的雄心壮志，团结一心，奋勇前进，为创建特色鲜明的高水平研究型大学做出新的更大贡献，以优异的成绩迎接学校第三次党代会的召开！

案例五 纪念建党 90 周年大会

思路思语

这次会议的背景形势，一是中国共产党迎来建党 90 岁生日，这是全党政治生活中的一件重大事件；二是 2010 年以来，全党开展的学习型党组织建设和创先争优活动正在如火如荼地进行；三是学校即将召开第三次党代会，将对二次党代会以来的成绩、问题、经验进行认真总结，学校即将进入向研究型大学转型升级的新时期；四是近年来师生对教师教学评价、青年教师成长、职工住房改善等问题意见较大，不久前召开的四届五次教代会上教师代表们反映强烈。如何实现向研究型大学的转型升级，如何提升各级党组织和广大党员创先争优的能力，如何解决民生问题促进校园和谐，都是迫切需要回答的重要问题。那么，党委书记在这次建党纪念大会上的讲话，就应该面向各级党组织和广大党员给出以上问题的答案，并通过各基层党组织和广大党员干部向全校师生传递，这就是这次会议的定位和要达到的目的。

为此，讲话确定了《创转型升级之先，争和谐奋进之优，以优异成绩迎接学校第三次党代会的胜利召开》的主题，并形成了以下三个方面的讲话基本思路：一是必须把创先争优活动与学习型党组织建设紧密结合起来，在加强学习中创先争优，进一步提升创先争优的能力；二是必须把创先争优活动与人才培养、科学研究等中心任务紧密结合起来，在推动工作中创先争优，进一步提高办学质量和水平；三是必须把创先争优活动与解决师生最关心、最直接、最现实的利益问题紧密结合起来，在服务师生中创先争优，进一步改善民生、促进和谐。这三个方面的内容构成了本篇讲话的核心。

形成这个讲话思路，是在紧密结合当前形势和学校工作实际的基础上系统思考的结果。强调一个系统与另一个系统的结合，这是一种思考问题的方法。在哪里结合或者说结合点在哪里，怎么结合，这是问题的关键。这里，从系统角度找到了三个结合点，一是在加强学习中创先争优，二是在推动工作中创先争优，三是在服务师生中创先争优，学习、工作、服务这三个方面从对各级党组织和广大党员的基本要求来看，是在一个系统框架下的。所以，如果具有对事物规律的认识和把握能力，具有科学思维和系统思维的方法，结合实际形成本篇讲话的思路是不难的。

创转型升级之先　争和谐奋进之优
以优异成绩迎接学校第三次党代会的胜利召开

2011 年 7 月 1 日

同志们、同学们：

今天，我们在这里隆重集会，庆祝中国共产党成立 90 周年。90 年来，中国共产党紧紧依靠和紧密团结全国各族人民，经过艰苦卓绝的斗争，建立了社会主义新中国，开创了中国特色社会主义伟大事业，开辟了全面建设小康社会、基本实现社会主义现代化的广阔前景，中国人民的命运、中国历史的方向和中国社会的面貌发生了根本改变。历史雄辩地证明，中国共产党不愧是伟大、光荣、正确的马克思主义政党，不愧为中国特色社会主义事业的中流砥柱和领导核心，只有在中国共产党的坚强领导下，国家才能繁荣富强，人民才能生活幸福，中华民族才能实现伟大复兴。我们坚信，党一定能够带领全国各族人民，不断开创更加辉煌灿烂的明天！

刚才，大会表彰了在我校创先争优活动中涌现出来的 12 个先进基层党组织、10 名优秀党务工作者、21 名优秀共产党员标兵和 92 名优秀共产党员。他们是工作学习在学校各条战线上的优秀“创争”代表，是全校各级党组织、广大共产党员学习的“创争”榜样。在此，我代表学校党委，向今天受到表彰的先进集体和先进个人表示热烈的祝贺，向辛勤工作在学校教学、科研、管理、服务等各条战线的共产党员表示亲切的问候！向为学校各个历史发展阶段做出贡献的老一辈党员同志们致以崇高的敬意！

近年来，学校党委高举中国特色社会主义伟大旗帜，坚持以邓小平理论和“三个代表”重要思想为指导，深入贯彻落实科学发展观，以深化内涵建设、促进内涵式发展为主题，紧紧围绕创建研究型大学这一宏伟目标，团结带领全校师生员工不断迎接新挑战、破解新难题，研究型大学框架已基本形成，“一提三优”工程成效显著，以全优成绩通过上级主管部门评估验收，学校各项事业保持蓬勃发展的良好态势。党建与思想政治工作不断加强，学习实践活动取得明显成效；精英教育体系进一步完善，人才培养品牌正在形成；科研工作取得重要突破，服务“三化”能力显著增强，“三海一核”特色进一步彰显；人才队伍建设总体水平明显提升，以“三海一核”为核心的特色学科专业体系初步构建，“现代舰船与深海工程”创新平台成功跻身国家“优势学科创新平台”项目建设；大学制度建设深入推进，国际化办学进程明显加快；校园基础设施和公服体系持续改善，哈军工文化园成为首批国防科技工业军工文化教育基地；和谐校园建设成效明显，学校荣获全国“五五”普法先进单位称号。除此之外，学校其他各方面工作也都取得了明显进步。

通过一年来的创先争优活动，学校基层党建工作进一步加强，“创建先进基层党组织”“争做育人标兵”“争做成才表率”等“创争”活动蓬勃开展，学习先进、争当先进、赶超先进的良好氛围正在形成，基层党组织的战斗堡垒作用和广大党员的先锋模范作用得到进一步发挥，中央、教育部和省委创先争优活动简报先后报道了我校的“创争”经验，学校党委被评为省高校先进基层党组织。

这一系列标志性成果，是我们在部党组和省委省政府的正确领导下，全面贯彻落实科学发展观的重要成果；是学校党委带领全校师生员工不断抢抓机遇、迎难而上、追求一流的重要成果；是全校各级党组织和广大共产党员深入创先争优、共同努力、团结奋斗的重要成果。回顾这些成果，使我们更加深切地感受到，强化学校党委的正确领导，进一步巩固党在高校的领导地位和执政基础，对不断推动学校各项事业科学发展的重要作用；更加深切地感受到，深入开展创先争优活动，进一步提升各级党组织和广大党员的“创争”能力，对不断增强党的凝聚力、创造力和战斗力的重要作用；更加深切地感受到，坚持全心全意为人民服务的宗旨，进一步强化服务师生的自觉性和主动性，对更好地促进校园和谐的重要作用。

当前，我校创先争优活动进入到了全面争创的新阶段，学校也正处在向研究型大学转型升级的关键时期。通过前一阶段的创先争优活动，我们更加深刻地认识到：要使创先争优活动持续深入地开展下去，就必须把创先争优活动与学习型党组织建设紧密结合起来，在加强学习中创先争优，进一步提升创先争优的能力；就必须把创先争优活动与人才培养、科学研究等中心任务紧密结合起来，在推动工作中创先争优，进一步提高办学质量和水平；就必须把创先争优活动与解决师生最关心、最直接、最现实的利益问题紧密结合起来，在服务师生中创先争优，进一步改善民生、促进和谐。这是学校实现科学发展新跨越、加快向研究型大学转型升级的迫切要求，是学校深化内涵建设蓄势奋进、加快发展步伐、提高发展质量的客观需要，是学校坚持以人为本、共享发展成果、加快构建社会主义和谐校园的根本保证。

在加强学习中创先争优，进一步提升能力，是中央建设学习型政党的根本要求，也是新形势、新阶段对学校各级党组织和广大党员提出的根本要求。加强学习，是进一步深化创先争优活动的基本前提，是不断提升创先争优能力的重要途径，是实现向研究型大学转型升级的重要基础。回顾近60年的发展历程，学校具有重视和加强学习的光荣传统。哈军工在极其艰苦的条件下，广大师生坚持向苏联顾问团学习、向老教授学习、向老干部学习，在短时期内就发展成为蜚声中外的著名学府；×××时期在极其困难的条件下，学校坚持教师“回炉”学习、派出教师到国外进修学习，为学校后来的快速发展奠定了重要基础。今天，在加强学习中创先争优，就要求我们各级党组织和广大党员，要深入学习中国特色社会主义理论体系，深入学习实践科学发展观，不断提升运用马克思主义立场、观点和方法分析问题、解决问题的能力，进一步增强党性修养、坚定理想信念；要深入学习国家中长期教育改革发展规划纲要，深入学习胡锦涛总书记在清华大学百年校庆上的重要讲话精神，不断提升引领和驾驭研究型大学建设的能力，进一步加快转型升级、促进内涵发展；要认真学习和借鉴国外先进的教育思想、办学理念和管理模式，积极主动学习兄弟院校的成功办学经验以及他们在教学、科研、管理、服务等各方面的先进经验，不断提升各级党组织推动学校科学发展的谋划力和落实党委决策部署的执行力，不断提升广大党员的教学能力、研究能力、管理能力和服务能力，进一步增强发展实力、主动赢得竞争。只要我们坚持在加强学习中创先争优，就一定会使各级党组织和广大党员创先争优的能力得以进一步提升，向研究型大学转型升级的目标就一定会实现。

在推动工作中创先争优，进一步提高水平，是更好地服务国家工业化、信息化和国防现代化的必然要求，也是新形势、新阶段对学校各级党组织和广大党员提出的必然要求。推动工作，是开展创先争优活动的根本目的，是衡量创先争优活动成效的重要标准。近年来，学校取得了“四方共建”、研究生院正式建院、全优通过“一提三优”工程评估等成绩，特别是成功跻身国家“优势学科创新平台”建设高校，这些都是我们在推动具体工作中创先争优的结果。今天，在推动工作中创先争优，就要求我们各级党组织和广大党员，要主动在人才培养工作中创先争优，力争在各个层次上涌现出更多的教学名师、更多的精品课，在标志精英人才培养质量的提升上产出更丰硕的成果，进一步形成学校人才培养的品牌；要主动在科学研究工作中创先争优，力争在更高水平上涌现出更多的科技成果、研究论文、发明专利，在标志科学研究质量的提升上产出更丰硕的成果，成为引领行业技术进步不可或缺的重要力量，进一步巩固和强化学校“三海一核”等领域的特色和优势地位；要主动在学科建设工作中创先争优，力争在更广泛的领域里涌现更多的重点学科、重点实验室、学科带头人等，在标志学科建设水平的提升上产出更丰硕的成果，进一步提高国家重点学科的数量和质量；要主动在师资队伍建设工作中创先争优，力争在更短的时间内涌现更多的以院士、长江学者、杰青、新世纪人才、创新团队等为代表的各层次优秀人才，在标志人才队伍建设水平的提升上产出更丰硕的成果，进一步提高学校在各领域、各层次的话语权；要主动在大学制度建设工作中创先争优，力争在各层级办学主体内形成协调高效的管理体制和运行机制，在标志管理水平的提升上产出更丰硕的成果，使各方面工作都充满生机，进一步增强办学活力和发展动力。只要我们始终坚持在推动工作中创先争优，就一定会使各级党组织和广大党员创先争优的智慧和潜能得以进一步激发，标志内涵发展的成果就一定会不断涌现。

在服务师生中创先争优，进一步改善民生，是开展创先争优活动的根本落脚点，也是新形势、新阶段对各级党组织和广大党员提出的基本要求。服务师生，是学校各级党组织和广大党员践行党的宗旨的具体体现，是深入开展创先争优活动的题中之义。近年来，学校党委始终坚持以人为本，紧紧依靠广大师生员工，着力解决师生员工关注的重大现实问题和实际困难，自筹资金全部兑现教职工阳光工资，全额发放住房货币化补贴，建设青年教师周转公寓，稳定食堂伙食价格，完善学生综合服务体系，这些都是我们在服务师生中创先争优、着力改善民生的结果。今天，在服务师生中创先争优，要求我们各级党组织和广大党员，要更加主动地倾听师生员工的意见和呼声，更加主动地关注师生员工的困难和需求，想师生员工之所想，急师生员工之所急，做师生员工之所需，使创先争优活动成为服务师生的重要载体，实现组织创先进、党员争优秀、师生得实惠；要更加自觉地保障和改善民生，从源头上减少矛盾，以改革促进和谐、以发展巩固和谐、以稳定保障和谐，千方百计改善教职工住房条件，千方百计提高教职工收入水平，千方百计改善师生学习生活环境，使事业发展与改善民生相协调，不断增强师生员工的幸福感；要更加积极地关注青年教师成长，对青年教师既要正确引导、又要政策倾斜，既要严格要求、又要充分信任，既要在生活上照顾、又要在情感上呵护，还要在待遇上保障，使广大青年教师感到在事业上更有奔头，在生活上更有盼头，在工作上更有劲头。只要我们始终坚持在服务师生中创先争优，就一定会使各级党组织和广大党员创先争优的作用得以进一步发挥，和谐校园建设的明天就一定会更加美好。

今天上午，中共中央在人民大会堂隆重举行了庆祝中国共产党成立90周年大会，胡锦涛总书记发表了重要讲话，全校师生员工以各种形式组织了收听收看。讲话深入总结了我们党90年的光辉历程和宝贵经验，深刻回答了新形势下加强和改进党的建设的新课题，全面阐述了坚持和发展中国特色社会主义的新要求，对新时期推进党的建设新的伟大工程，开创中国特色社会主义事业新局面作出了全面部署。全校共产党员特别是各级领导干部，要认真学习、深刻领会胡锦涛总书记的重要讲话，把思想和行动统一到讲话精神上来，把智慧和力量凝聚到全面建设小康社会、实现中华民族伟大复兴的光辉事业上来。

同志们，同学们！

我们即将迎来学校历史上具有里程碑意义的第三次党代会，吹响向研究型大学转型升级的号角。我们的任务光荣而艰巨，发展的前景光明而美好。让我们在部党组和省委省政府的正确领导下，高举中国特色社会主义伟大旗帜，以邓小平理论和“三个代表”重要思想为指导，深入贯彻落实科学发展观，始终坚持蓄势期远的战略思维，始终坚持只争朝夕的发展情怀，始终坚持科学发展的行动理念，团结一心，众志成城，阔步奋进，在新的起点上不断开创各项事业发展的新局面，以优异的办学实绩和良好的精神状态迎接学校第三次党代会的胜利召开！

案例六 | 寄语2011届毕业生党员暨最后一次党课讲话

思路思语

这里有3篇文稿，都是针对毕业生党员最后一次党课这件事情。一篇300多字的简短寄语，用于最后一次党课上播放的一个10分钟专题片，党委书记在这个片子里有一个录像讲话，1分多钟，不能长了；一篇是印在一张8开大小的精美铜版纸上，有党委书记的亲笔签名，最后一次党课当天送给每一位毕业生党员留作纪念；一篇是在最后一次党课上的讲话，这3篇文稿有联系又有区别。之所以把这3篇文稿一起选出来，就是想从思考方法的角度说明这其间的联系和区别在哪里。

起草这3篇文稿的背景有三个方面：一是在纪念建党90周年前夕，二是第一次集中为毕业生党员上最后一次党课，三是创先争优活动也已在学生中开展了一年。起草这3篇文稿要考虑的特殊因素也有三个方面：一是寄语或讲话的对象是毕业生党员而不是普通毕业生，二是寄语或讲话的是党委书记而不是校长，三是在这样一所有特殊使命的大学而不是在其他大学。这些背景和特殊因素，都是思考和形成寄语或讲话基本思路的重要前提和基础，一旦背景和特殊因素发生了变化，寄语或讲话的思路就会发生变化，内容当然也会跟着发生变化。

作为寄语，语言要简短精练，要对仗有气势，不能啰唆，不能拖泥带水。寄语应该是最基本的要求，也是最重要的要求，每条寄语都应该是在一个完整的系统下说话。第一篇最简短的300多字寄语，只表达基本观点和一句话的重要意义；第二篇稍长一点的700多字，在其基础上论证了基本观点的基本内涵是什么和怎么做的基本思路；第三篇讲话不仅在前两篇的基础上进行了进一步细化论证，也换了一种表达方式，结合胡锦涛总书记在清华大学百年校庆上的讲话要求、创先争优与学习型党组织建设、学校文化建设与大学使命，从理想目标、学习追求、实践使命三个方面进行了完整系统的阐释。

对于具体思路的形成，从党员教育的角度，理想信念问题、宗旨意识问题都是最基本的问题，这个容易想到。与学校实际的结合，校园文化价值观的问题，应该也不难想到。重要的是，想到这些后，要用系统思考的方法来判断这样一个思路是否正确，是否符合要求。对于具体内容，当然要和前面讲到的背景形势和特殊因素结合起来思考。对于讲话的基本思路，应该说结合前面提到的需要考虑的因素，很容易想到从学生党员的理想问题、学习问题、实践问题去分析思考，再从系统角度进行判别和完善，就可以形成最终的讲话思路了。

寄语2011届毕业生党员

2011年6月25日

2011届毕业生党员同学们：

你们好！

在即将迎来中国共产党90岁生日的喜庆日子里，你们就要毕业远行，踏上新的征程，作为党委书记，我衷心地祝福你们，并希望你们在未来的人生长河里牢记三句话：

一是要始终坚定理想信念。今天，你们是校园的佼佼者；明天，你们将成为党和国家的建设者、接班人。只要你们始终坚定中国特色社会主义理想信念，我们党的事业就会永远常青！

二是要始终牢记党的宗旨。今天，你们学到了服务人民的本领；明天，你们将开始为人民服务的实践。只要你们始终牢记全心全意为人民服务的宗旨，我们党的形象就会永远光辉！

三是要模范践行校园文化价值观。今天，你们是哈军工的优秀传人；明天，你们将是祖国建设的栋梁。只要你们始终模范践行××大学文化价值观，你们就一定会成为母校永远的骄傲！

祝愿你们拥有更加辉煌的未来！更加灿烂的明天！

致2011届全体毕业生党员

2011年6月25日

2011届毕业生党员:

你们好!

在即将迎来中国共产党90岁生日的喜庆日子里,你们就要毕业远行,踏上新的征程,作为党委书记,我衷心地祝福你们,并希望你们在未来的人生长河里牢记三句话:

一是要始终坚定理想信念。理想信念是人生的方向,是照亮你们前进的灯塔。作为大学生党员,坚定理想信念,就要始终高举中国特色社会主义伟大旗帜,自觉用马克思主义中国化最新成果武装自己,坚持走中国特色社会主义道路,进一步坚定中国共产党的领导。同学们,今天,你们是校园的佼佼者;明天,你们将成为党和国家的建设者、接班人。只要你们始终坚定中国特色社会主义理想信念,我们党的事业就会永远常青!

二是要始终牢记党的宗旨。党的宗旨是入党的目的,是检验党员的根本标准。作为大学生党员,牢记党的宗旨,就要把全心全意为人民服务作为行动指南,自觉按照这一标准去衡量自己的思想和行为,始终坚持把人民的利益放在第一位。同学们,今天,你们在学校学到了为人民服务的本领;明天,你们到社会实践为人民服务的誓言。只要你们始终牢记全心全意为人民服务的宗旨,我们党的形象就会永远光辉!

三是要模范践行校园文化价值观。价值观体现了人生的意义,是党员的价值追求。作为大学生党员,模范践行校园文化价值观,就要始终遵循“以忠诚为灵魂、以工学为境界、以海防为特色”的价值准则,始终坚持国家利益至上的价值追求,始终致力于成为可靠顶用之才。同学们,今天,你们是哈军工的优秀传人;明天,你们将是建设祖国的栋梁。只要你们始终模范践行××大学文化价值观,你们就一定会成为母校永远的骄傲!

祝愿你们拥有更加辉煌的未来!更加灿烂的明天!

坚定理想信念　肩负神圣使命　投身党的事业 在新的征程上书写人生新篇章

——在2011届毕业生党员最后一堂党课上的讲话

2011年6月25日

2011届毕业生党员同学们：

在这个充满激情的哈尔滨之夏，在即将迎来中国共产党成立90周年的喜庆日子里，你们就要完成大学阶段的学业，踏上人生的新旅程。首先，我代表学校党委，对你们圆满完成学业，表示祝贺！为你们今后即将承担起更加艰巨的社会责任，感到骄傲！

今天，我们在这里，邀请×××为大家上最后一堂党课。希望这堂特殊的党课，成为我们在座的每一位毕业生党员终身难忘的记忆！

在过去几年的大学生活里，你们以实际行动兑现了在党旗前的庄严承诺。特别是在去年以来开展的创先争优活动中，你们不断加强党性修养，不断增强创新能力，努力争做学习标兵，在广大同学中起到了很好的示范带头作用，带动并形成了学习先进、争当先进、赶超先进的浓厚氛围，树立起一面面争当成才表率的旗帜。同学们，你们是同届学生中的先进分子和优秀代表，将来无论你们走到哪里，都要始终坚定信念、牢记宗旨、不辱使命，让党员的旗帜永远高高飘扬。在这里，我想对大家提三点希望：

一是希望你们坚持把建设中国特色社会主义伟大事业作为人生理想和不断追求的目标。崇高的理想信念是人生的精神支柱，是成长进步的风帆。正值青春年华的你们，是国家的未来，党和人民对你们寄予厚望。作为一名共产党员，希望你们将来无论身在何处，无论走到哪里，都要始终坚定理想信念，自觉学习中国特色社会主义理论体系，用马克思主义中国化最新成果武装自己，始终把为中国特色社会主义伟大事业奋斗终身，作为人生理想和不断追求的目标。希望同学们自觉按照胡锦涛总书记在清华大学百年校庆上提出的要求，把个人的成长成才同党的伟大事业紧密结合起来，胸怀远大理想，树立高远追求，在人生的新征程上，为党的事业书写出更加精彩的篇章！

二是希望你们坚持把尚学、勤学、乐学、善学作为终身追求，继续争做学习的表率。学无止境，似逆水行舟，不进则退。同学们正处在一个深刻变化而又快速发展的时代。作为一名共产党员，希望你们将来无论身处逆境，还是身在顺境，都要始终坚持学习，把学习作为一种习惯、作为一种追求，做到尚学、勤学、乐学、善学，就像在大学时期一样继续争做学习的表率。通过学习始终保持政治思想的先进性，不断提升用马克思主义立场、观点和方法分析问题、解决问题的能力。通过学习始终保持实际行动的先进性，不断增长学识和才干，努力提高建设中国特色社会主义伟大事业的本领。希望同学们要自觉按照温家宝总理指出的那样，多读书，读好书，坚持“读那些有闪光思想和高贵语言的书，读那些经过时代淘汰而巍然独存下来的书”，在人生的新征程上，为党的事业奠定更加坚实的知识储备和能力基础。

三是希望你们坚持把报效祖国、服务人民作为根本使命，努力成为实践的先锋。报效祖国、服务人民，既是对党员的根本要求，也是哈军工的光荣传统。同学们，今天，你们是校园的佼佼者；明天，你们将成为党和国家的建设者和接班人。作为一名共产党员，希望你们将来无论在哪个岗位，无论从事何种职业，都要始终牢记你们是哈军工的优秀传人，始终遵循“以忠诚为灵魂、以工学为境界、以海防为特色”的价值准则，始终坚持国家利益至上的价值追求，就像今天要讲授这堂党课的××先生他们那样，始终坚持以祖国需要为第一需要，把个人的前途命运同国家的发展紧紧结合起来，在人生的新征程上，努力成长为报效祖国、服务人民的可靠顶用之才，不断创造出无愧于党、无愧于祖国、无愧于人民的辉煌业绩，成为母校永远的骄傲！

2011届毕业生党员同学们，“雄关漫道真如铁，而今迈步从头越”，祝愿你们在未来的人生长河里，拥有更加灿烂的明天，拥有更加辉煌的未来！

第3章 专项会议讲话

思考思语

专项会议，是针对具体工作而言的。除了地方政府系统召开的经济工作会议、文化工作会议、民生工作会议、金融工作会议、投资工作会议，企业召开的产品研发工作会议、销售工作会议，大学召开的教学工作会议、科技工作会议、学科建设工作会议等工作会外，各类组织系统召开的表彰会、总结会、座谈会、汇报会、经验交流会等，都是专项会议的范畴。

从管理实践来看，对于这些专项会议，党委书记或者行政第一负责人不一定会出席，因为每一专项工作都有其分管领导，但如果党委书记或者行政第一负责人出席，则意味着对该专项工作特别重视，要对该项工作今后的发展提出要求、作出指示。如果再有正式的讲话稿，那就更说明一把手对该项工作的重视程度，而对该项工作的发展思路所作的较为系统的阐述，无论是对于负责该项工作的副职，还是有关职能部门，以及其他负责该项工作的同志，都具有重要的指导意义。那么，无论是党委书记还是行政第一负责人的讲话，都要符合作为一把手的身份。

对于工作会、表彰会或总结会、经验交流会，首先要对该项工作取得的成绩作出充分肯定，这不仅是对负责该项工作的同志的一种肯定，也有利于更好地调动这些干部的工作积极性；对于总结会、座谈会、汇报会，一般还要对该项工作的开展历程进行简单回顾，对开展该项工作的意义或举行座谈的意义进行阐述。无论是什么专项会议，最重要的就是对该项工作的未来发展提要求、谈思路、说想法，阐述一把手的管理思想。对于参加总结会，主要是为了今后更好地开展此项工作谈启示、谈经验；对于参加座谈会，主要是为了做好某一方面工作谈体会、谈感想、表决心；对于参加汇报会，主要是对下一步还要做什么、怎么做谈思路、谈想法；对于工作会、表彰会、经验交流会，则主要是直接提要求、讲思路。

这里强调一点，对于专项会议的讲话对象，一般而言是面向负责该项工作的同志和广大普通员工；但对于参加座谈会和汇报会，一般是面向上级领导和同行，面对参加会议的上级和同行谈体会、表决心、讲观点或者是谈思路、谈想法。

案例一 在省委纪念邓小平诞辰100周年座谈会上的发言

思路思语

学校党委书记在这次座谈会上的发言有以下背景：一是全国各界都在举行各种层次的纪念小平同志诞辰100周年纪念会、座谈会，二是党委书记是作为高校代表参加这次省委组织的纪念座谈会，三是小平同志在中国人民心中的特殊地位、为中国发展做出的特殊贡献。所以这样一个发言，首先要对省委举行这样一个座谈会的意义进行定位性表态；第二，要对小平同志一生的丰功伟绩做一个实事求是的评价性表态；第三，要站在符合发言者身份的角度，即站在高校党委书记作为高校代表身份的角度，从小平同志关于高等教育发展的若干讲话、谈话、指示中，提炼出最有价值的思想观点，阐述这些思想观点对今天的重要现实意义；第四，发言要符合当时的时代背景、省情发展和高校发展的需要。

需要指出的是，小平同志关于教育、科技等的讲话、谈话、指示很多，上述第三条对其思想观点的提炼，要从发言者身份所代表工作面的现实发展需要出发，使提炼后的思想观点是一个完整的符合逻辑的系统，而且接下来发言所谈的体会、感想也是紧紧围绕这一系统的思想观点进行的，这是体现发言水平的关键所在。第四条关于时代背景、省情发展和高校发展的需要，主要有三个方面：一是“三个代表”重要思想写进了党的十六大报告，二是办人民满意教育这一要求的提出，三是中央提出了科学发展观的思想。为此，发言立足这一背景，从代表最广大人民的根本利益、办人民满意的教育，以求真务实的精神办教育，牢固树立科学发展观、增强核心竞争力等三个方面，结合省情发展和高校发展谈体会。

求真务实　科学发展　办人民满意的教育

2004年8月20日

再过两天，就是邓小平同志诞辰100周年的纪念日。今天，省委举行邓小平同志诞辰100周年座谈会，深切缅怀邓小平同志对中国人民做出的巨大贡献，充分评价他的历史地位，认真总结他留给我们的精神遗产，以此来纪念这位世纪伟人，同时也思考了我们当前和今后的发展，我认为很有必要，也很有现实意义。

邓小平同志是20世纪为中华民族做出巨大贡献的一位伟人，他把一生都献给了中国人民。邓小平同志留给我们的最宝贵的精神财富，就是由他创立的邓小平理论。作为伟大的马克思主义者，作为我国社会主义改革开放和现代化建设的总设计师，邓小平同志为中华民族的独立和解放，为我国社会主义制度的建立、巩固和发展，特别是为开辟中国特色社会主义道路建立了不朽功勋。

邓小平同志十分关注中国科教事业的发展。在他第三次复出后的1977年，就曾多次对中国的教育问题发表过重要谈话、作出过一系列重要批示。邓小平同志关于教育要面向现代化、面向世界、面向未来的重要指示为中国高等教育的发展指明了前进的方向；恢复高考和创办一批重点大学是发展中国高等教育的重要切入点；从国外引进科学技术和人才、选派留学生出国学习进修是发展中国高等教育的重大战略举措。邓小平同志的这些谈话、批示、题词等构成了一个完整的思想体系。今天，重温小平同志关于教育问题的谈话、批示以及有关报告、题词，对中国高等教育的改革与发展具有十分重要的现实意义。下面，我想就这个问题谈几点体会：

一是代表最广大人民的根本利益，办人民满意的教育。“十年动乱”结束后的1977年，邓小平同志果断作出了“恢复高考”等重大决策，使30万青年实现了上大学、接受正规高等教育的梦想。邓小平同志的这些决策都是以人民利益为出发点和归宿的决策。经过几十年的发展，中国高等教育已基本实现了从精英化向大众化的转变，2004年全日制学生招生规模达420万人，毛入学率达19%，在校学生超过2 000万人，实现了高等教育的大跨越，邓小平同志对此做出了历史性的贡献。今天，我们的优质教育资源还远不能满足人民群众日益增长的教育需求，中国高等教育的基本矛盾仍然是广大人民群众对高等教育的巨大需求与优质教育资源供给不足的矛盾。为人民群众提供优质的教育资源，办人民满意的教育，仍然是我们办教育的宗旨。作为“211工程”建设的重点高校，我们责无旁贷要为人民提供满意的优质教育，不断满足人民群众的需要。如果我们的大学人民不满意，家长不满意，群众不满意，学生不满意，就没有达到我们办大学的目的。我们的学生能不能有一个好的成长环境，能不能学到真本事，能不能成才，能不能找到合适的工作，这既是我们办大学的基本要求，也反映了人民群众对教育的满意程度。

二是要以求真务实的精神办教育。求真务实，就是求规律之真，务发展之实。邓小平同志自1977年以来关于高等教育的一系列重大决策，都是求真务实的典范。在今天的新形势下，我们仍然要以求真务实的精神指导高等教育的发展，坚持发展是第一要务的思想，不断推进高等教育的发展。我们要求形势变化规律之真，务抢抓战略机遇之实；求环境变化规律之真，务把握办学基本线索之实；求大学发展规律之真，务解决主要矛盾之实。只有对当前我们所面临的高等教育大跨越、国防科技工业大发展、东北老工业基地大振兴等基本形势有一个系统、透彻的认识，才能对我们面前的机遇有一个准确的把握；只有对国家的有关政策环境、社会需求环境、行业发展环境等事关大学未来发展的基本环境有一个清醒的认识，才能牢牢把握创建高水平研究型大学等办学基本线索；只有对大学发展的基本规律有一个客观、正确的认识，才能切实把握并采取超常规举措去解决当前大学发展过程中的主要矛盾——人才问题。

三是要牢固树立科学发展观，增强核心竞争力，为科教兴省、科教兴业做贡献。小平同志关于教育要面向现代化、面向世界、面向未来等一系列重要指示，对今天我们制定大学发展战略仍然具有十分重要的指导意义。大学的发展首先要定好位，明确发展目标，明确服务方向，正确处理教学、科研和服务的关系，正确处理规模、结构和质量的关系，正确处理大学、政府和社会的关系，做到全面、协调、可持续发展。要制定科学的、前瞻的发展战略，抓住重大历史机遇，加快学校的发展步伐，不断增强学校的核心竞争力，为国防科技工业和龙江经济的发展提供更多的人才支持和更大的知识贡献。

案例二 ‖ 哲学暨思政年会表彰大会讲话

思路思语

这次会议是在学校刚刚召开二次党代会和三届五次教代会后召开的一次专项工作表彰会，会前还分类别进行了论文交流，对获得优秀论文的作者进行了表彰。这次会议的背景形势主要有：一是中央刚刚颁发了《关于进一步繁荣发展哲学社会科学的意见》，对哲学社会科学的发展提出了明确要求；二是作为工科院校，学校哲学社会科学相对较弱，研究缺乏高层次的引领，缺乏对重大现实问题的理论思考，缺少具有重要影响的研究成果，缺乏对服务决策的支持；三是思想政治工作研究对工作本身的支撑力度不够，作为研究型大学的重要组成部分，还需要不断加强。学校一把手参加这一专项表彰会，一方面体现出对这一专项工作的重视，另一方面也体现出对从事这一领域研究和工作的同志们的关心和支持，讲话既要给相关研究者和工作者打气，又要针对上述背景形势回答解决问题之策。

为此，讲话确定了《繁荣发展哲学社会科学，加强思想政治工作研究，努力推动哲学社会科学事业和思想政治工作实现新的更大发展》的定位，并形成了三个方面的讲话基本思路：一是必须坚持正确的方向，把马克思主义的基本原理同具体实际相结合，把马克思主义的立场、观点和方法贯穿到哲学社会科学和思想政治工作中；二是必须加强对哲学社会科学与思想政治工作的领导，改进领导方式，提高领导水平，为繁荣发展哲学社会科学、加强思想政治工作创造良好的环境；三是必须坚持求真务实的科学精神，把繁荣发展哲学社会科学同加强思想政治理论课建设、加强学科建设、促进大学生全面发展紧密结合起来，把学校哲学社会科学和思想政治工作提升到一个新水平，让全校师生感受到学校对哲学社会科学与思想政治工作研究的重视，明白要推动哲学社会科学事业和思想政治工作实现更大发展。这三个方面的内容构成了本篇讲话的核心。

繁荣发展哲学社会科学　加强思想政治工作研究 努力推动哲学社会科学事业和思想政治工作实现新的更大发展

2005 年 4 月 7 日

各位老师、同学们、同志们：

第二届哲学社会科学年会及思想政治工作研究会年会经过论文征集、评审、交流、表彰，即将落下帷幕。在这里，我代表学校党委对今天获得表彰的优秀论文作者表示祝贺，对工作在哲学社会科学教学科研领域的老师们表示问候，对从事思想政治工作及其研究的同志们表示感谢！

召开第二届哲学社会科学年会暨思想政治工作研究会年会，是为了进一步加强我校哲学社会科学研究，促进哲学社会科学学科的繁荣发展；进一步加强思想政治教育研究，提高思想政治工作水平。哲学社会科学及思想政治工作领域的研究能力和研究成果，是学校综合实力和办学水平的重要组成部分。本次年会组织得力，规范有序，师生参与的积极性较高；论文征集过程的时间充足，涉及范围比较广泛，论文质量普遍较高；评审标准严格，评审程序规范，评审专家的规格和层次代表了我省最高水平；研究成果丰富，论文交流充分，对我们的实际工作将产生积极的促进作用。

哲学社会科学是人们认识世界、改造世界的重要工具，是推动历史发展和社会进步的重要力量。近年来，学校十分重视哲学社会科学的发展，在学科建设、项目申请、经费支持、队伍建设等方面取得了明显进步。思想政治工作研究紧密联系教职工和学生实际卓有成效，获得省思想政治工作先进集体称号。在思想政治理论课教学、心理健康教育、就业指导等方面取得了可喜的成绩。但是，我们也要看到，我校的哲学社会科学研究还缺乏系统性和前瞻性，需要加强研究的规划和在高层次上的引领；还缺乏针对性和实效性，需要着眼于重大现实问题的理论思考；还缺少具有重要影响的研究成果，需要提高服务决策、贡献社会的研究能力。同时，思想政治工作研究与现实要求还有一定距离，需要进一步扩大研究领域，提高研究层次，增强研究实效，促进工作水平的提升。

繁荣发展哲学社会科学，加强思想政治工作研究，是创建高水平研究型大学的重要内容。我们要从学校事业发展的高度增强责任感和使命感，把繁荣发展哲学社会科学、加强思想政治工作研究作为一项重要的战略任务，切实抓紧抓好，努力推动我校哲学社会科学事业和思想政治工作取得新的更大发展。下面，我想就这个问题谈几点意见：

一要坚持正确的方向。繁荣发展哲学社会科学，加强思想政治工作研究，必须坚持马克思主义的指导地位，要用马克思列宁主义、毛泽东思想、邓小平理论和“三个代表”重要思想统领哲学社会科学研究和思想政治工作，善于把马克思主义的基本原理同我们的具体实际相结合，把马克思主义的立场、观点和方法贯穿到哲学社会科学和思想政治工作中。要坚持解放思想、实事求是、与时俱进，坚持贴近实际、贴近生活、贴近师生。《中共中央关于进一步繁荣发展哲学社会科学的意见》指出，繁荣发展哲学社会科学，既要立足当代又要继承民族优秀文化传统，既要立足本国又要充分吸收世界文化优秀成果，既要准确把握当今世界的发展趋势，又要深刻认识当代中国经济社会发展的规律。我们要按照这一原则，积极推动学术观点、学科体系和科研方法的创新，努力建设面向现代化、面向世界、面向未来，具有中国特色、时代特征和我校特点的哲学社会科学。加强思想政治工作研究，要紧密联系学校的教学科研实际，紧密结合人才成长的客观规律，实事求是地分析市场经济的负面影响，正确认识社会发展的必然规律，增强思想政治工作的针对性和实效性，提高思想政治工作的说服力和感染力。

二要加强对哲学社会科学和思想政治工作的领导。学校党委、各党总支及院系领导都要重视哲学社会科学和思想政治工作，全面贯彻落实中央的有关方针政策。要努力把握哲学社会科学和思想政治工作的发展规律，改进领导方式，提高领导水平，为繁荣发展哲学社会科学、加强思想政治工作创造良好的环境。人文社会科学等学科要结合自身实际，在“十一五”规划中对哲学社会科学的学科发展准确定位，突出特色，凝练方向，汇聚队伍，构筑基地。要注意把哲学社会科学和思想政治工作研究的优秀成果运用于有关决策中，运用于解决学校改革和发展的突出问题中。必须重视哲学社会科学人才队伍和思想政治工作队伍的培养和使用，充分发挥他们的积极性、主动性和创造性；加强队伍的学术道德建设，努力使我校的哲学社会科学和思想政治工作者树立起严谨治学、实事求是、民主求实的治学风气。本次年会学校投入专门经费予以支持，今后还将进一步加大对哲学社会科学和思想政治工作的投入，学校正在考虑对年会的经费支持以研究基金的形式固定下来，以支持哲学社会科学和思想政治工作的研究；学校将继续关心和支持哲学社会科学和思想政治工作者的学习、工作和生活。

三要坚持求真务实的科学精神。要把繁荣发展哲学社会科学同加强思想政治理论课建设结合起来，进一步加强对邓小平理论和“三个代表”重要思想的研究，推动邓小平理论和“三个代表”重要思想进教材、进课堂、进学生头脑工作，把反映邓小平理论和“三个代表”重要思想的最新的哲学社会科学研究成果应用于思想政治理论课的教学上，把最新的哲学社会科学研究动态反映到思想政治理论课的课程里，把哲学社会科学的研究方法渗透到思想政治理论课的教学过程中，推动思想政治理论课建设达到更高的水平。

要把繁荣发展哲学社会科学与加强学科建设紧密结合起来，为我校创建高水平研究型大学奠定坚实的人文社会科学基础。进一步推进哲学社会科学与自然科学以及哲学社会科学不同学科之间的交叉渗透，加强哲学社会科学基础研究和应用对策研究，促进哲学社会科学学科的创新发展。加大对弘扬民族精神、传承民族文化有重大作用，对经济社会发展和国家安全有重要影响，对创建研究型大学和学校重大决策有现实意义等问题的研究，积极推动哲学社会科学学科发展与国防科技、船舶工业、海洋开发、东北老工业基地振兴等重大现实问题的结合，提高我校哲学社会科学学科的建设水平。

要把繁荣发展哲学社会科学、加强思想政治工作研究与促进大学生全面发展结合起来。进一步加强哲学社会科学课堂教学和思想政治理论课课堂教学，在大学生思想政治教育中加大人文社会科学知识的比重，不断提高大学生的哲学社会科学素质。进一步加大对学生成长成才过程中的思想问题、心理问题、学习问题、就业问题等的研究，把思想政治工作研究的成果广泛应用于大学生的成长成才实际，不断提高大学生的思想政治素质，促进大学生的全面发展，为培养高素质人才做出贡献。

年会，是学校推动哲学社会科学和思想政治工作研究的重要途径，是促进哲学社会科学和思想政治工作者交流的重要平台，希望广大师生充分利用这个平台，相互切磋，相互学习，相互提高，把我校哲学社会科学和思想政治工作提升到一个新水平。

案例三 ‖ 思想政治工作经验交流会讲话

思路思语

这是学校在召开哲学社会科学暨思想政治工作研究年会后不久召开的，专门针对思想政治工作的一次经验交流会，准确讲，也是学校二次党代会后的一次专项工作总结部署会。这次讲话面临的背景形势主要有：一是二次党代会后，学校对全校教职工思想政治工作状况进行了一次问卷调查，反映出学校的思想政治工作发挥了重要作用，取得了明显成效；二是学校的思想政治理论课建设、学生思想政治教育、文明单位创建等工作走在全省前列，学校还获得了全省思想政治工作先进集体；三是党委书记到任一年来，这是第一次系统听取有关人员介绍思想政治工作经验。在这次会上，作为一把手一方面要对学校思想政治工作取得的成绩进行肯定，为思想政治工作者鼓劲加油；另一方面又要比较系统地阐述其对今后思想政治工作如何开展的思考和想法。

为此，讲话确定了《面向问题、凝练特色、务实创新，为创建特色鲜明的高水平研究型大学提供坚强的思想保证》的定位，并形成了以下三个方面的讲话基本思路：一是要围绕中心、面向问题，促进中心工作的开展。思想政治工作者要对学校的中心工作有深入的理解，对思想政治工作面临的问题有系统的把握。二是要总结经验、凝练特色，为创建研究型大学提供强大的精神动力。思想政治工作者要善于发现和把握思想政治工作的特点和规律，善于从党的事业的大局和学校发展的战略高度对思想政治工作进行审视。三是要与时俱进、务实创新，为创建研究型大学提供有力的支持。思想政治工作者要善于在不断变化的环境中学习变化，永远保持自我超越的精神状态，不断创造思想政治工作的新局面。这三方面的内容构成了本篇讲话的核心。

面向问题　凝练特色　务实创新
为创建特色鲜明的高水平研究型大学提供坚强的思想保证

2005年6月24日

刚才，有6位同志从不同角度介绍了各自在思想政治工作中的经验，对我们今后的工作有很好的借鉴意义。

多年来，校党委始终高度重视思想政治工作，坚持以学习邓小平理论和“三个代表”重要思想为主线，加强领导干部和全校师生员工的思想政治理论学习，师生员工的思想政治素质明显提高，政治信念坚定（在我校教职工思想政治工作情况调查中得到了明确反映），各级领导班子的思想政治工作水平明显增强（问卷调查也表明，广大师生员工对我校思想政治工作者的工作是满意的）；以学生思想政治理论课案例教学为突破口，推进邓小平理论和“三个代表”重要思想“三进”工作，思想政治理论课建设保持全省领先地位；学生思想政治教育不断创新，心理健康教育走在全国高校前列；精神文明建设取得了新的进展，文明单位项目创建工作取得明显效果，推动和促进了中心工作的开展，学校晋升省级文明单位标兵；广大思想政治工作者做了大量细致的工作，思想政治工作成效显著，为学校的人才培养、科学研究、科技产业、管理服务等做出了重要贡献，2003年学校荣获省思想政治工作先进集体称号。

这些成绩的取得是我们始终坚持思想政治工作围绕中心、服务大局这一基本方针的结果，是我们始终坚持思想政治工作贴近实际、贴近师生、贴近生活这一基本原则的结果，是我们始终坚持正确舆论导向、弘扬主旋律、打好主动仗的结果。这些成绩的取得，也充分证明我们有一支政治过硬、业务精通的思想政治工作队伍。下面，我想就进一步加强和改进我校思想政治工作提三点意见：

一是要围绕中心、面向问题。思想政治工作必须为中心工作服务，必须围绕中心，面向问题，促进中心工作的发展。围绕中心，就是要围绕创建研究型大学这个中心，为创建研究型大学创造一个好的思想与舆论环境，排除各种干扰，消除各类影响，形成创建研究型大学的良好氛围。面向问题，就是要面向师生员工在学习、工作、生活中遇到的实际困难和现实问题，为创建研究型大学提供坚强的思想政治保证，形成人气旺、心气顺、士气高的良好精神状态。在创建研究型大学的道路上，会有各个层次的矛盾需要我们去化解，各种类型的问题需要我们去解决，各个方面的困难需要我们提供帮助。在这种情况下，对思想政治工作的要求会更高，任务会更加繁重，工作会更加艰巨。这就要求我们必须紧紧围绕学科建设、人才培养、科学研究等中心任务，面向工作中的重大现实问题和师生员工关注的热点问题，营造一个心往一处想、劲往一处使、目标往一处奔的思想政治环境；必须善于发挥思想政治工作的优势，经常深入师生员工中间，倾听意见和呼声，关心困难和疾苦，解决问题和矛盾；必须善于调动一切积极因素，激发全部创造活力，振奋员工精神状态，推进研究型大学事业的不断发展。这就要求我们广大思想政治工作者，对学校的中心工作有深入的理解，对思想政治工作面临的问题有系统的把握，这是我们做好思想政治工作的前提。

二是要总结经验、凝练特色。思想政治工作是我们各项工作的生命线，是我们党的重要法宝，也是我们党的重要政治优势。在学校几十年的历史进程中，我们积累了许多宝贵的思想政治工作经验，这些经验是推动学校进一步发展的精神财富。我们只有对积累下来的思想政治工作经验进行总结和概括，对已经形成的思想政治工作特色进行凝练和提升，才能更好地继承和发扬优良传统，为创建研究型大学提供强大的精神动力。总结经验，就是要把我们在思想政治工作中经常采取的一些好做法、已经形成的一些好传统、实际产生的一些好效果进行概括和总结，形成对今后工作具有普遍意义和推广价值的经验。凝练特色，就是要对我们在思想政治工作中取得的有益经验、产生的标志性成果从纵向和横向两个方面进行反复对比和不断提升，进而系统地凝练为我们独有的工作理念和工作特色，使思想政治工作能够符合研究型大学创建所采取的措施和步骤，适应研究型大学创建所要求的水平和层次，满足研究型大学创建所提出的目标和任务。这就要求我们广大思想政治工作者，善于发现和把握思想政治工作的特点和规律，善于从党的事业的大局和学校发展的战略高度对思想政治工作进行审视，这是我们进一步做好思想政治工作的关键。

三是要与时俱进、务实创新。新形势下，学校的发展对思想政治工作的要求越来越高，思想政治工作的地位也越来越重要。思想政治工作只有适应形势的变化和要求，做到与时俱进，务实创新，才能始终保持生机与活力，为创建研究型大学提供有力的支持。与时俱进，就是要使思想政治工作的内容能够与国际国内形势的发展相适应，与教职员工的学习、工作和生活实际相吻合；思想政治工作的领域能够覆盖学校工作的方方面面，覆盖师生员工的各个角落；思想政治工作的途径能够与时代的发展保持同步，与教职员工的要求相一致；思想政治工作的方法能够贴近教职员工的需要，适应学校的改革与发展。务实，就是要一切从实际出发，把师生员工普遍关心的热点、难点作为思想政治工作的重点，把师生员工最关心、最迫切需要解决的实际问题作为思想政治工作的重心。创新，就是要在思想政治工作的内容、形式、方法与途径等方面进行大胆实践，研究新情况，探索新规律，把握新特点，解决新问题，增强主动性，突出实效性，创思想政治工作经验之新，创思想政治工作特色之新，创思想政治工作理念之新。这就要求我们广大思想政治工作者，善于在不断变化的环境中学习变化，永远保持自我超越的精神状态，不断创造思想政治工作的新局面，这是我们进一步做好思想政治工作的根本要求。

同志们，思想政治工作是学校工作的重要环节，创建研究型大学需要高水平的思想政治工作。全体思想政治工作者要振奋精神，开拓进取，以奋发有为的精神状态和求真务实的工作作风，把我校的思想政治工作推向一个新的阶段，提高到一个新的水平，为实现创建研究型大学的奋斗目标提供坚强的思想保证和强大的精神动力。

案例四 科技工作会议讲话

思路思语

这次会议是学校二次党代会之后、“十一五”开局之际召开的一次重要工作会议，对“十五”以来的科技工作进行了全面总结。这次会议面临的背景形势主要有三个方面：一是与其他同类高校进行横向比较，学校“十五”以来取得的标志性科技成果少，表现出创新不够；二是学校二次党代会提出了“高端引领、集成优势”的科技发展战略；三是时任教育部部长周济提出了“科技创新能力和水平是衡量高水平研究型大学的重要标志”的论断。对于学校来说，要实现二次党代会提出的创建高水平研究型大学的目标，科技工作应该往哪个方向走，如何改变创新能力不强、创新水平不够、创新成果较少的局面，如何落实好“高端引领、集成优势”的科技战略，这是作为学校一把手应该在这次会议上面向全校师生回答的顶层设计的思路问题。

为此，讲话确定了《树立创新理念、弘扬创新精神、汇聚创新人才，为创建特色鲜明的高水平研究型大学贡献力量》的定位，并形成了三个方面的讲话基本思路：一是必须牢固树立创新理念，以提高自主创新能力为核心，以提高科技发展质量为根本，以创新为标准检验科技工作成效；二是必须大力弘扬创新精神，敢为人先、敢冒风险、敢担责任，勇于探索真理、敢于突破前人、善于挑战自我，完善创新体制机制，建设创新文化；三是必须汇聚创新人才，进一步增强创新人才的汇聚能力，形成创新人才持续汇聚的良好态势，为创建特色鲜明的高水平研究型大学贡献力量。这三个方面的内容构成了整篇讲话的核心思想。

树立创新理念　弘扬创新精神　汇聚创新人才
为创建特色鲜明的高水平研究型大学贡献力量

2006年6月20日

同志们：

学校的科技工作会议即将落下帷幕。会议对"十五"科技工作先进集体和个人进行了表彰，听取了校长作的科技工作报告，听取了关于"十一五"科技发展规划的说明。这次会议实事求是地总结了学校"十五"以来科技工作的经验，对科技工作中存在的矛盾和问题进行了研究和讨论，客观地分析了学校科技工作面临的机遇和挑战，对"十一五"科技工作进行了全面部署，工作目标更明确、思路更清晰、措施更有力。

自第二次党代会以来，我们迈向了向高水平研究型大学进军的新征程。高水平研究型大学离不开高水平的科学研究，科技创新能力和水平是衡量高水平研究型大学的重要标志。因此，创建高水平研究型大学，必须依靠科技创新能力和水平的快速提升。这是我校"十一五"乃至更长历史时期的一项重大战略任务。要完成好这一任务，我们必须树立创新理念，弘扬创新精神，汇聚创新人才。只有这样，我们才能实现学校科技创新能力和水平的快速提升，才能实现创建高水平研究型大学的宏伟目标。

提升科技创新能力和水平，需要我们牢固树立创新的理念，这是贯彻落实科学发展观的本质要求。这种创新的理念，就是以提高自主创新能力为核心的理念，就是以提高科技发展质量为根本的理念，就是以创新为标准检验科技工作成效的理念。树立创新理念，要求我们必须主动融入国家科技创新体系，实现原始创新、集成创新和引进消化吸收再创新三者的协调发展，把增强自主创新能力作为科技发展的战略基点，把提高自主创新能力摆在全部科技工作的首位，力争在"三海一核"等领域掌握一批核心技术，拥有一批自主知识产权，造就一批具有国家竞争力的人才，进一步提高我们的核心竞争力。树立创新理念，要求我们必须转变发展观念，创新发展模式，提高发展质量，坚持走特色发展道路，坚定不移地把"三海一核"做大做强，坚持"依托船舶，立足国防，面向国民经济主战场"的发展方针，坚持"以服务求支持，以创新求发展"的发展思路，把发展质量作为衡量科技工作的标准，力争在高水平基础研究、高质量研究论文、高水平科技成果等方面取得重大突破。树立创新理念，要求我们必须坚持以创新为标准，鼓励一切有价值的创新活动，建立起创新优先的竞争机制与评价机制，优化科技资源配置，使资源配置真正向创新能力强、创新效率高的科研人员、创新团队和研究单位倾斜。我们要让创新的理念成为学校发展的主旋律，充分发挥科技创新的带动作用，积极主动为人才培养服务，为培养创新人才提供强有力的科技支撑。

提升科技创新能力和水平还需要大力弘扬创新精神。创新精神是时代精神的核心内容。这种精神，就是求真的科学精神，就是敢为人先、敢冒风险、敢担责任的精神，就是勇于探求未知世界、敢于突破前人、善于挑战自我的精神。在向研究型大学迈进的征程中，我们比以往任何时候都更需要这种精神，它是提升科技创新能力和水平的不竭动力。弘扬创新精神，要求我们必须勇于探索科学真理、求证科学规律，敢于做前人没有做过的事，突破前人的思维定式，大胆假设、小心求证，善于奇思妙想和进行新的创造。弘扬创新精神，要求我们必须完善创新的体制机制，点燃科技人员的创新激情，激发科技人员的创新潜能，增强科技人员的创造活力，努力提高科技人员的创新效率和创新水平。弘扬创新精神，还要求我们必须加强创新文化建设，鼓励创新，宽容失败，促使科技人员敢于创新、勇于创新、善于创新，努力营造激励科技人员积极创新、支持科技人员实现创新的文化氛围，使创新的激情得以迸发，创新的思想得到尊重，创新的行为得到鼓励和支持。我们要把弘扬创新精神贯穿于人才培养的全过程，把学生科技创新纳入学校科技创新体系，为人才培养提供良好的创新文化环境。

汇聚创新人才，是提升科技创新能力和水平的关键，也是我们坚持"以人为本"，贯彻落实"人才强校"战略的具体体现。提升科技创新能力和水平需要我们进一步增强创新人才的汇聚能力，形成创新人才持续汇聚的良好态势。汇聚创新人才，要求我们必须通过搭建系统的、有层次的高水平科技创新平台和基地，尤其是在“三海一核”领域构建若干个具有国内领先乃至世界先进水平的大平台，以此汇聚和培养一批能够进入国家高端乃至世界高端的高水平科技创新人才。汇聚创新人才，要求我们必须通过凝练具有前瞻性的重大科学研究方向，特别是在“三海一核”领域凝练出若干个前瞻的科学研究方向，以此汇聚一批具有世界眼光、站在国家高端乃至世界高端的高水平科技创新人才。汇聚创新人才，还要求我们必须在人才的引进、培养和使用过程中，坚持以创新为准则，在创新实践中识别人才，在创新活动中培育人才，在创新事业中凝聚人才，努力建设一支满足学校科技发展需要的创新人才队伍。我们要紧紧依靠创新人才，实现“三海一核”主体学科的创新，进而带动其他学科、专业的创新，促进教育教学改革的创新。

同志们，树立创新理念、弘扬创新精神、汇聚创新人才，不仅是对科技工作的要求，也是对人才培养工作的要求，是建设研究型大学的内在需要。今天，××大学这艘航船已经向着创建特色鲜明的高水平研究型大学的目标起航，让我们进一步增强责任感和使命感，扬起创新的风帆，满载××大学人的理想和希望，团结一心，奋发图强，不断铸造学校新的辉煌！

案例五 ║ 本科教学迎评创优誓师大会讲话

思路思语

这是距教育部评估专家到校对本科教学工作进行现场考察倒计时30天，学校召开的一次全校教师大会。这次会议面临的背景形势主要有三个方面：一是在评估专家对学校本科教学工作进行预评估时，反映出学校在本科教学工作中还有一些重要问题没有得到解决，经过学校一段时间的整改，有些问题还依然存在，且师生们为迎接评估，一段时间以来十分疲惫；二是在一个多月前召开的纪念建党85周年大会讲话中，党委书记已经就如何打赢迎评促建攻坚战作出了明确指示、提出了明确要求；三是正值长征胜利70周年、青藏铁路通车，胡锦涛总书记作了重要讲话，同时在建党85周年之际，校党委又荣获了全国先进基层党组织；四是这次评估对学校意义重大，必须获得优秀评价，上级主管部门实施的“一提三优”工程，其中一优就是本科教学优秀，且明确以教育部评估为准，学校没有退路。

在这样一个特殊时刻，召开这样一个誓师大会，其目的不言而喻，就是要在最后关头，让全校师生以良好的精神状态，以坚定的信心决心，以顽强的意志斗志，咬紧牙关，挺过这最后的30天。所以，鼓舞士气，是这次讲话的基本定位。可“七一”讲话刚讲完，某种意义上该说的、该讲的都说了、讲了，还怎么鼓舞士气呢？事实上，这也是管理实践中的一大难点。还可以用什么样的管理语言来鼓舞师生士气呢？可以说，这篇讲话具有一定的典型意义。

讲话确定了《以坚定的信念、顽强的意志、坚强的决心，为实现迎评创优目标而继续拼搏奋斗》的定位，从回顾迎评促建两年多的实践历程入手，对学校取得的成绩、师生们的信念、表现出来的精神、作出的每一份贡献进行了展示，并进一步提升到大学精神与校风、教风、学风的高度，对师生们两年多来的实践进行了高度评价。

与此同时，站在学校历史发展的高度，把每一个重大关键时刻取得每一项重要标志性成果的原因，都归为广大师生高度的政治责任感和对历史负责、对未来负责的精神，为此顺势指出只要广大师生继续以这样一种责任感和精神，并结合形势提出发扬今天的时代精神——长征精神、青藏铁路精神，就一定能够取得迎评创优的胜利。可以说，通篇讲话的目的只有一个，就是要坚定师生的信念、鼓舞师生的士气、激发师生的斗志、坚定师生的信心，把师生中蕴藏的精神和力量全部激发出来，调动到极致的状态，整篇讲话的逻辑思路也在于此。

以坚定的信念　顽强的意志　坚强的决心 为实现迎评创优目标而继续拼搏奋斗

2006 年 8 月 25 日

同志们：

今天，距离教育部评估专家进校考察还有30天，是迎评工作的一个非常重要的标志性节点。迎评工作进入到了最后阶段，我们正处于一个十分关键的历史时刻。

站在这一特殊的时点上，回顾全面启动迎评促建以来两年多的工作，我相信每一个××大学人都会有很多的体会、收获和感慨。两年多来，迎评促建工作使我们进一步明确了人才培养目标、办学指导思想和办学思路，使我们加速推进了实现人才培养目标的战略举措和各项教育教学改革，全校师生员工的智慧和力量都被激发出来、凝聚起来，使我们进一步感受到了团结的力量。两年多来，我们大学校园里涌现出了许多优秀的典型，他们的先进事迹感人至深、催人奋进。我经常被老教师们为了国防教育事业默默无闻、忠诚奉献的坚定信念所震撼，也不断被青年教师们为了提高能力和水平挑灯夜战、不懈进取的拼搏精神所感动，更时常为师生员工们取得的每一个成绩和进步而感到兴奋和骄傲。迎评促建的实践充分证明，在广大师生员工中蕴藏着巨大的推动××大学发展的力量，这种力量是我们迎评促建工作取得优异成绩的决定性力量，也是迎评创优的信心之所在！

两年多来，在迎评促建工作的实践中也充分体现了我们××大学人的精神。我们不仅继承和弘扬了“忠诚奉献、坚韧拼搏、艰苦奋斗、团结协作、求实创新”的哈军工精神，而且在我们××大学人身上，体现出了一种“以祖国需要为第一需要，以国防需求为第一使命，以人民满意为第一标准”的精神境界；在我们的教师身上，充分展示了“治学严谨、组织严密、要求严格”的独特风范；在我们的学生身上，充分展现了“严谨、求实、勤奋、创新”的整体风貌；“忠诚、坚韧、团结、创新”成为××大学人的标志性形象。这些都是我们未来发展的宝贵财富，是保证评估取得优异成绩的重要精神力量。在此，我代表学校党委向奋战在迎评促建第一线的全体师生员工表示感谢并致以崇高的敬意！

一项事业的发展总要经受一些关键时刻的考验。自×××时期以来，我们大学的发展经历了几个重要历史时刻。1978 年，学校抓住发展机遇，经过艰苦努力进入 88 所全国重点大学之列。这对学校的发展产生了巨大而深远的历史影响。1996 年，学校抓住了又一次重大历史机遇，跨入国家“211 工程”首批重点建设院校行列，在大学分层次重点建设中抢占了先机。这对后来学校的归属、试办研究生院等若干重大事件产生了决定性影响。我们的前辈用他们的智慧和汗水铸就了××大学昨天的辉煌。今天，我们再一次面临具有里程碑意义的重要历史时刻，迎评创优目标的实现将对××大学未来的发展产生极其重要的历史影响。历史证明，只要我们以高度的政治责任感，以对历史负责、对未来负责的精神，团结协作、奋力拼搏，就一定能够抓住机遇、战胜困难、取得胜利。

现在，我们已到了迎评创优的最后冲刺阶段。这个阶段，是我们的意志力必须经受最严峻考验的阶段，是必须靠我们的精神和信念去战胜困难的阶段，更是必须靠我们的自觉、积极和主动去完成任务的阶段。今年，我校党委荣获全国先进基层党组织称号，这不仅是各基层党组织和全体共产党员的光荣，也是全校师生员工的光荣，更是激励我们不断前进的巨大力量。广大共产党员，尤其是各级领导干部要带领全校师生员工巩固和发展先进性教育成果，发扬伟大的长征精神——一往无前、所向无敌的革命英雄主义精神，万众一心、团结拼搏的革命集体主义精神，战天斗地、其乐无穷的革命乐观主义精神，发扬挑战极限、勇创一流的青藏铁路精神，以饱满的工作热情、踏实的工作作风、奋发有为的精神面貌，主动地挖掘每一处亮点，积极地凝练每一条特色，创造性地展示每一分实力，把迎评促建工作做到最佳、做到极致。我们每一个人都必须以坚定的信念、顽强的意志、坚强的决心去面对每一项工作、每一个任务和每一次挑战，都必须保持最好的精神状态，尽我们最大的努力，务求最好的结果。

同志们，迎评创优是办人民满意教育的必然要求，是上级党组织的殷切期望，更是广大师生员工的共同心愿。经过两年多迎评促建工作的实践，我们全体师生员工更加强烈地感受到了爱校、荣校、兴校的责任与使命。我们要把爱校的情感转化为对迎评创优目标的坚定信念，把荣校的决心转化为迎评创优的实际行动，把兴校的力量转化为迎评创优的现实成效。我们今天的行动将载入史册，成为××大学历史上光辉的一页，我们每一个××大学人都将为此感到无比的自豪和骄傲。让我们以对党的教育事业的忠诚，对国防科技事业矢志不渝的追求，对××大学的热爱，共同为实现迎评创优的目标而继续顽强拼搏、不懈奋斗！我们的目标一定要达到！我们的目标一定能够达到！

案例六 本科教学工作水平评估总结大会讲话

思路思语

这是教育部本科教学评估专家进校现场考察后 20 天学校召开的总结大会。这次会议的背景形势主要有：一是评估结束后，学校需要尽快把评估情况向广大师生进行反馈，对前一阶段师生们的辛苦工作作出一个交代，这是学校最起码的举动；二是广大师生对评估结果是什么样、师生在评估中的表现学校是怎样评价的等都很关心，迫切需要知道答案；三是现场考察得到了评估专家的高度评价，这是学校二次党代会以来取得的第一个重大标志性成果，这样一个重大事件结束后，对未来的工作有何启示、有何借鉴，学校有必要进行认真总结，以促进广大师生更好地为学校发展做贡献。作为一把手，在这样一个会议上，需要对迎评创优的重大意义、学校的做法、师生的表现等整个过程进行全面总结，需要对迎评创优这一重大事件给予我们的启示、迎评创优过程中师生们表现出来的精神等进行系统凝练和提升，这也应该是召开这次会议的根本目的。

经过对迎评创优全过程的深刻反思、系统总结，讲话概括了 4 点启示，凝练了 16 字的迎评创优精神，并把讲话定位在《发扬挑战自我、追求卓越、敢于胜利、勇创一流的迎评创优精神，为创建特色鲜明的高水平研究型大学做出新的更大贡献》上。事实上，一件事情结束后给予的启示很多，但最重要的是对未来有重要借鉴启发价值的思想。为此，讲话分别从机遇的把握、传统的继承、师生的力量、精神的弘扬等四个方面出发，对这一重大事件的启示进行了概括：一是必须善于在挑战中把握机遇，通过提升对形势的判断力引领发展；二是必须善于在传统的继承中与时俱进，通过对传统的继承和弘扬，以优秀的精神文化支撑发展；三是必须坚持以人为本，通过激发和凝聚广大师生员工的力量促进发展；四是必须继续发扬挑战自我、追求卓越、敢于胜利、勇创一流的精神推动发展。

这四个方面的启示构成了一个完整的系统，这是值得思考和学习的。同时，在第四个方面的启示中，很自然地提出了经过凝练的 16 字迎评创优精神。这个精神与学校迎评创优的实践是相符的、一致的，从迎评 30 天倒计时誓师大会上党委书记的讲话以及整个迎评的全过程，我们可以清晰地感觉到全校师生对自我极限的挑战、对夺取评估优秀这一目标的追求、对取得迎评最终胜利和创造一流业绩的雄心壮志。评估最终获得专家高度评价这一结果，也证明了在广大师生中所蕴藏的这一精神。这4点启示和对迎评创优精神的阐述，构成了通篇讲话的核心。但是，这样一个讲话，如果到这里就结束了，总感觉还缺点什么，那就是这一重大事件的圆满结束、迎评创优目标的实现，对学校未来的发展有何重要意义呢？需要在最后进行一个画龙点睛的阐述，这才是会议最终要达到的目标。

发扬挑战自我　追求卓越　敢于胜利　勇创一流的迎评创优精神 为创建特色鲜明的高水平研究型大学做出新的更大贡献

2006年10月19日

同志们：

教育部本科教学工作水平评估专家组进校考察已经圆满结束，专家组对我校本科教学工作给予了高度评价，这标志着我校本科教学迎评促建工作实现了预期的目标。今天，我们在这里召开大会，总结全面启动本科教学迎评促建以来两年多的工作，部署巩固评建成果、深化教育教学改革，号召全校师生员工继续发扬挑战自我、追求卓越、敢于胜利、勇创一流的迎评创优精神，为加速推进特色鲜明的高水平研究型大学建设而努力奋斗。

迎评创优是全校师生员工的共同愿望，事关××大学的进退兴衰，学校党委始终高度重视，始终站在办人民满意教育、为国防科技工业和国民经济建设培养可靠顶用之才的高度来认识迎评促建工作，把迎评促建作为创建高水平研究型大学的基础性工程，作为深化教育教学改革、提高人才培养质量的有效途径。2004年上学期，迎评促建工作全面启动。学校成立了迎评促建工作领导小组，成立了本科教学评估办公室，制定了明确的迎评促建工作目标，并将目标分解落实。迎评促建工作始终沿着既定的目标有效推进。

迎评创优是一个系统工程，不仅是对学校本科教学工作的检验，也是对学校全面工作的检验。全校师生员工在校党委的领导下，坚持“以评促建、以评促改、以评促管，评建结合、重在建设”的方针，精心策划，周密部署，确保了迎评促建工作的各项任务高标准、高质量地完成。在两年多的工作中，全体师生员工始终按照校党委的要求，以饱满的工作热情、踏实的工作作风、奋发有为的精神面貌，奋斗在迎评促建的最前线，以必胜的信念、顽强的毅力和超人的勇气战胜了各种困难，用智慧、心血和汗水谱写了××大学发展史上的新篇章。实践再次充分证明，忠诚、坚韧、团结、创新的××大学人，有决心、有信心、有能力不断创造辉煌的未来，有决心、有信心、有能力把学校建设得更加美好。迎评促建的难忘历程将载入学校史册，成为学校发展史上闪光的一页。

迎评促建预期目标的实现，是我校在创建研究型大学的历史征程上取得的一个重大标志性成果。在这里，我代表学校党委向在迎评促建工作中做出卓越贡献的全体师生员工致以崇高的敬意！向一直关注、支持母校迎评创优进程的广大校友表示亲切的问候！向长期关心、帮助我校迎评创优工作的上级领导和有关专家表示衷心的感谢！

从迎评促建的实践中，我们得到许多重要启示。

第一，必须善于在挑战中把握机遇，通过提升对形势的判断力引领发展。科学判断形势的能力是引领发展的基本能力。提升这一能力的关键在于正确理解和处理挑战与机遇的关系，在迎接挑战中把握机遇。在整个迎评促建过程中，我们所面临的任务之艰巨、之复杂，所肩负的责任之重、难度之大，所确立的标准之高、要求之严，是前所未有的，其对学校各级领导班子、对全校师生员工、对整个××大学都是一次全方位的挑战。我们不仅经受住了挑战，而且抓住了评估机遇，圆满实现了迎评促建的预期目标，使本科教学工作迈上了一个新的台阶。这一事实充分说明，只要我们能够做到在国家战略和政策的大背景下准确认识挑战，以系统辩证的思维正确分析挑战，以高度负责的历史使命感应对挑战，把每一次挑战都当作机遇来看待，我们就会对发展的目标更加充满信心，就会对如何克服实现发展目标中所遇到的困难有更加乐观的心态和积极的举措，就会对实现发展目标的优势有更加坚定的信念，就一定会把挑战转化为机遇，就一定会更加积极、更加主动、更加有创造性地引领发展，就一定能够把发展推向一个新的更高阶段。

第二，必须善于在传统的继承中与时俱进，通过对传统的继承和弘扬，以优秀的精神文化支撑发展。哈军工的优良传统奠定了我们发展的文化根基，承载着我们发展的未来。哈军工的优良传统及其在新的历史条件下与时俱进的丰富实践，对我们实现迎评促建的预期目标起到了奠基性作用。在两年多的迎评促建过程中，学校确立了“大工至善、大学至真”校训，系统凝练了“三海一核”办学方略，进一步明确了办学指导思想，确定了校风、教风和学风。在迎评促建历程中的每时每刻，哈军工精神都不断激励我们迎难而上、拼搏奋进。这一事实充分说明，只要我们始终把“祖国需要为第一需要，国防需求为第一使命，人民满意为第一标准”作为我们追求的最高精神境界，自觉遵循校训确定的最高校园价值准则，牢固树立“忠诚、坚韧、团结、创新”的校风、“治学严谨、组织严密、要求严格”的教风和“严谨、求实、勤奋、创新”的学风，坚持“三海一核”办学方略，在与时俱进中弘扬优秀文化传统，我们大学未来的发展就一定会充满更加强劲的精神动力。

第三，必须坚持以人为本，通过激发和凝聚广大师生员工的力量促进发展。在迎评促建过程中，我们紧紧依靠广大师生员工，充分调动大家的积极性、主动性和创造性，全校师生员工始终同舟共济、团结协作，高度认识大局，自觉服从大局，全力保证大局，形成了迎评促建的强大合力，这成为我们实现迎评促建目标的决定性力量。这一事实充分说明，只要我们能够明确前进方向、作出正确决策、采取有力措施，增强我们的指导力和执行力，最广泛地调动一切积极因素，最大限度地发挥师生员工的主观能动性，把广大师生员工中蕴藏的爱校情感激发出来、调动起来，把广大师生员工中蓄积的能量释放出来、凝聚起来，把广大师生员工创造的经验挖掘出来、推广开来，××大学未来的发展就一定会产生不竭的力量。

第四，必须继续发扬挑战自我、追求卓越、敢于胜利、勇创一流的精神推动发展。挑战自我，就是不断向自身心理和能力的极限挑战，就是自找差距、自加压力；追求卓越，就是追求最好，永不满足于已经达到的状态和水平；敢于胜利，就是永不言败，下定决心排除一切困难，始终坚信我们的目标一定要达到、一定能够达到；勇创一流，就是勇于面对挑战，主动把自己放到国际国内高校竞争的大环境中，千方百计、百折不挠地去创造一流业绩。全校师生员工在迎评促建过程中表现出来的挑战自我、追求卓越、敢于胜利、勇创一流的精神，是在忠诚的旗帜下校园价值观的生动体现，是我们创建研究型大学的重要精神力量。创建研究型大学的事业，是一个长期的事业，也是艰苦的事业。创建研究型大学的过程，是一个挑战自我的过程，也是不断追求卓越的过程，更是一个敢于胜利、勇创一流的过程。只要我们继续发扬挑战自我、追求卓越、敢于胜利、勇创一流的精神，就一定能够战胜前进道路上的任何困难，不断开创研究型大学建设的新局面。

同志们，迎评促建工作全面启动两年多来，我们不仅实现了预期的目标，而且在这个过程中，学校还获得了全国先进基层党组织、全国师德建设先进集体等光荣称号，党建和思想政治工作，教学、科研、管理和服务等各方面工作都取得了显著成绩。这一系列重要成果是在上级组织的正确领导下，以邓小平理论和“三个代表”重要思想为指导，全面贯彻落实科学发展观的重要成果；是深入贯彻落实学校第二次党代会确立的发展目标、方针和战略的重要成果；是全体师生员工共同奋斗的重要成果。实践充分证明，只要我们始终坚持发展是第一要务，不断提升我们的执政能力；始终坚持弘扬哈军工的优良传统，不断巩固我们发展的精神文化根基；始终坚持以人为本，不断凝聚广大师生员工的力量；始终追求“大工至善、大学至真”的境界，不断争创一流业绩，就一定能够把我们的事业不断推向前进。

迎评促建预期目标的实现，对于学校改善办学环境，提升社会声誉，加快发展步伐，将产生重要而深远的影响。我们要以此为契机，巩固评建成果，进一步深化教育教学改革等一系列改革，加速推进“四大”战略，大力推进“一提三优”工程，把我校的人才培养工作提高到一个新的水平，把全校各项工作都推到一个新的更高的水平。希望全校师生员工把在迎评促建工作中取得的成果作为继续前进的新起点，把在迎评促建工作中找到的差距转化为加速发展的新目标，把在迎评促建工作中创造的精神作为不断超越的新动力，继续按照学校二次党代会指引的方向，乘势而上，奋力拼搏，为创建特色鲜明的高水平研究型大学做出新的更大贡献。

案例七 在文明单位表彰奖励大会上的讲话

思路思语

这是继年初召开四届一次教代会后学校举行的一次重要工作表彰会。这次表彰会的背景形势主要有：一是党的十六届四中全会提出构建和谐社会以来，建设和谐校园成为学校的一项重要任务；二是上级主管部门提出了在所属高校实施“一提三优”工程，并以此来评价检验所属高校的工作，“一提三优”成为学校的统揽性工作；三是学校成为省级文明单位标兵以来，正处在向国家级文明单位这一目标努力的攻坚进程中。文明单位表彰不仅仅是精神文明建设的问题，它还包括物质文明和政治文明建设，是对一个单位比较综合的考量。在这样一个校内表彰会上，作为一把手除了对学校的文明创建工作予以肯定外，更重要的是对下一步的文明创建工作提要求、作指示、讲思路，也就是要对学校文明创建工作的未来发展明示方向。

为此，讲话明确了《围绕中心、服务大局、构建和谐，为晋升国家级文明单位奠定坚实基础》的定位，并形成了三个方面的讲话基本思路：一是紧紧围绕中心工作开展文明建设，将项目建设与创建研究型大学紧密结合起来，通过对项目的系统设计，进一步扩大文明创建项目的覆盖面，推动文明建设向着更广范围、更高层次发展，为创建研究型大学营造一个良好的文明环境；二是紧密结合和谐校园的构建进行文明建设，以构建和谐校园作为文明建设工作的基本目标，使文明创建的领域更加广泛、文明创建的形式更加灵活、文明创建的内容更加深入，不断提高群众性文明创建活动的深度和广度，营造一个稳定、发展、和谐的校园环境；三是把文明建设与实施“一提三优”工程联系起来，以实施“一提三优”工程作为文明建设工作的基本线索，作为文明建设工作的牵引力和推动力，努力营造良好的办学环境和创优氛围。这三方面的内容构成了整篇讲话的核心。

围绕中心　服务大局　构建和谐
为晋升国家级文明单位奠定坚实基础

2007年5月16日

同志们：

今天，我们在这里召开文明单位表彰奖励大会。刚才，有13个文明单位标兵和17个文明单位受到表彰，有3个单位的代表作了大会经验交流。这些单位都是两年来在学校文明建设中涌现出来的先进典型，是全校各个单位学习的榜样。我代表校党委对受到表彰的单位表示祝贺！

近年来，在邓小平理论和“三个代表”重要思想的指引下，学校全面贯彻落实科学发展观，致力于建设社会主义和谐校园，并按照二次党代会确定的目标任务，不断探索文明建设的新思路，始终坚持“项目牵引、创新推动、中心跨越、全面升级”的创建方针，在实践中总结了文明创建项目建设的“七化”理念，文明建设工作的思路更加清晰，重点更加突出，特色更加明显，产生了一批文明建设的标志性成果，物质文明、政治文明、精神文明建设相互推动、协调发展，学校的凝聚力、综合实力和社会影响力得到显著增强。继2005年被省委、省政府授予“文明单位标兵”后，学校文明建设工作又迈出了新的步伐，取得了新的成果，为晋升国家级文明单位奠定了坚实的基础，这是全校师生员工在文明建设中共同努力的结果。

同志们，文明建设工作是创建高水平研究型大学的重要内容，也是实现和谐校园目标的重要标志。下面，我就进一步推进学校的文明建设工作提三点意见：

一是紧紧围绕中心工作开展文明建设。围绕中心，就是围绕创建研究型大学这个中心，为创建研究型大学营造一个良好的文明环境。文明建设工作必须紧扣创建研究型大学这个主题。“项目牵引、创新推动、中心跨越、整体升级”是我校在文明建设思路上的一个创新，也是实践上的成功经验。经过四期共94项文明单位创建项目的实施，不仅产生了一批优秀项目，形成了文明建设的亮点，而且带动了整体工作的升级，形成了文明建设蓬勃发展的态势。因此，各党总支和处级单位，都要积极申报基层文明单位创建项目，并在文明建设的项目设计上，认真思考如何为创建研究型大学服务；在文明建设的内容上，主动围绕人才培养、科学研究等主体领域，通过对项目的系统设计，进一步扩大文明创建项目的覆盖面，将项目建设与创建研究型大学紧密结合起来，以推动我校文明建设向着更广范围、更高层次发展。

二是紧密结合和谐校园的构建进行文明建设。结合和谐校园的构建，就是要以构建和谐校园作为文明建设工作的基本目标，营造一个稳定、发展、和谐的校园环境。文明建设工作必须把和谐校园建设作为出发点和落脚点，紧扣构建和谐校园这个目标，使文明创建的领域更加广泛，覆盖学校工作的方方面面；使文明创建的形式更加灵活，贴近师生员工的实际需要；使文明创建的内容更加深入，切实解决师生员工最关心、最直接、最现实的问题，进一步激发师生员工主动参与文明创建工作的热情，不断提高我校群众性文明创建活动的深度和广度。

三是把文明建设与实施“一提三优”工程联系起来。与“一提三优”工程相联系，就是要把实施“一提三优”工程作为文明建设工作的基本线索，努力营造良好的办学环境和创优氛围。文明建设工作必须紧密联系“一提三优”工程，把“一提三优”工程的实施作为文明建设工作的牵引力和推动力，把“一提三优”工程的相关指标分解落实到文明创建工作中去，推动文明建设工作在新的实践中取得新的发展、新的进步。各党总支、各处级单位要主动围绕“一提三优”工程推进文明建设，以社会主义核心价值体系为根本，以校风、教风、学风建设为重点，按照学校2007年精神文明建设工作计划的要求，结合社会主义荣辱观教育与校园文化建设，加大精神文明建设工作的力度，并将精神文明建设与政治文明建设、物质文明建设更紧密地结合起来，相互推动，实现文明建设的可持续发展。

同志们，文明创建工作对构建和谐校园、实现高水平研究型大学目标具有重要意义。希望全校师生员工共同努力，向着更高的目标，开拓更新的思路，采取更有效的举措，为我校晋升国家级文明单位奠定基础。

案例八 | 省教育系统学习十七大精神汇报会发言

思路思语

这是学校党委书记在省教育系统学习十七大精神汇报会上的发言。关于汇报会的结构性要素，在本部分的思考思语中没有作具体描述，一般情况而言，至少应包括三个方面：一是对所汇报问题的理性认识，即问题的本质或规律是什么；二是对所汇报的问题都做了些什么；三是对所汇报的问题将来打算做什么、怎么做。十七大召开后，学习贯彻十七大精神，是各级党组织的政治任务，也是中央对各级党组织的政治要求。这次省教育系统召开的学习汇报会，是在十七大召开后不久举行的，由于对党的代表大会精神的学习贯彻一般会持续较长一段时期，实际上这次汇报会召开时各单位学习刚刚开始，还没有系统深入，贯彻落实也还处于思考过程中，还没有到具体实践阶段。

基于上述背景，这次的汇报首先就要谈对十七大精神的理解和把握，这既是学习的目的和要求，也是贯彻落实的前提和基础；第二，就要汇报十七大召开以后，学校都做了些什么，是怎么组织学习的；第三，就要汇报学校下一步打算怎么做，即结合学校实际汇报对于贯彻落实十七大精神有什么样的思考和具体的打算。对于第三个问题，既是汇报发言的重点，也是难点；既要与十七大精神相吻合，又要结合学校发展的实际。这里，结合学校发展的实际是难点。

关于十七大精神，最根本的就是大会报告对科学发展观进行了深刻论述，并写进了党章；一个重要的亮点就是大会提出了建设创新型国家、建设和谐文化。关于学校发展的实际，也可以说是汇报面临的背景形势（从讲话角度而言）主要有三个方面：一是年初教育部提出实施“质量工程”，党委进行了专门的集体学习，对贯彻落实进行了专门研究；二是学校暑期召开了专门的工作会议，正式确定学校由外延发展道路转向走内涵发展道路；三是党委书记在“七一”讲话中提出要牢固树立科学发展理念，坚持科学发展、创新发展、特色发展、和谐发展。

为此，作为汇报发言的重点，如何贯彻落实十七大精神，主要谈了三个方面：一是把提高质量作为贯彻落实科学发展观的核心，着力推进内涵发展；二是把改革创新作为贯彻落实科学发展观的关键，着力推进创新发展；三是把促进和谐作为贯彻落实科学发展观的保障，着力推进和谐发展。当然，作为汇报会发言，最后一个要素就是表决心，作为党委书记，是代表学校党委领导班子表决心。

从这个汇报发言基本思路的形成来看，除了要掌握汇报发言的基本结构要素外，对汇报发言的背景形势特别是同学校发展实际的结合，要求必须要有全局观念和系统思考的能力。如果对学校发展的实际情况，包括各个阶段领导讲话精神的学习和理解，不能从全局角度去把握和驾驭，不能做到了然于胸，那么对未来应该怎么做的思路就难以提炼出来，也难以符合学校发展的实际，更难以构成一个系统完整的发言思路。

在十七大精神指引下
不断开创学校发展新局面

2007 年 11 月 20 日

一、用十七大精神武装头脑、指导实践、推动工作，关键在于把握十七大报告的灵魂和精髓。

胡锦涛总书记的报告，高举中国特色社会主义伟大旗帜，鲜明地向党内外、国内外庄严宣示，我们党在改革发展关键阶段举什么旗、走什么路、以什么样的精神状态、朝着什么样的发展目标继续开拓奋进。报告内涵丰富、博大精深、思想深刻。

报告鲜明地、完整地提出了高举中国特色社会主义伟大旗帜，坚持中国特色社会主义道路、坚持中国特色社会主义理论体系，以此作为全党在新的历史起点上统一认识、统一行动、夺取全面建设小康社会新胜利、开创中国特色社会主义新局面的根本。这一关系全局、关系长远的战略决策，必将进一步凝聚党心民心，必将引导我们国家的伟大事业更加顺利地向前发展，这是党的十七大的一项历史性的重大贡献。通过学习，我们深刻地体会到，用十七大精神武装头脑、指导实践、推动工作，必须牢牢把握高举中国特色社会主义伟大旗帜这个灵魂。作为基层党组织，学习宣传贯彻十七大精神，最主要的任务就是用中国特色社会主义理论体系这一马克思主义中国化最新成果武装师生员工头脑，坚定正确的政治方向，始终不渝地高举中国特色社会主义伟大旗帜。

十七大报告强调指出，解放思想是发展中国特色社会主义的一大法宝，改革开放是发展中国特色社会主义的强大动力，科学发展、社会和谐是发展中国特色社会主义的基本要求，全面建设小康社会是党和国家到2020年的奋斗目标。这“四个坚定不移”构成了报告的精髓。“四个坚定不移”与“一个始终不渝”统一于十七大报告的主题之中。只有坚持“一个始终不渝”“四个坚定不移”才能保持正确方向；只有全面做到“四个坚定不移”，才能真正坚持和发展中国特色社会主义。这是党的十七大主题的内在逻辑，也是党的十七大后我们党全部理论和实践的内在逻辑。通过学习，我们深刻地体会到，贯彻落实十七大精神，还必须牢牢把握精髓。只有这样，我们才能在办学实践中更好地贯彻党的思想路线，更积极地推进学校各项事业的改革创新，更自觉地贯彻落实科学发展观，更主动地按照和谐社会的要求构建社会主义和谐校园。

总之，只有牢牢把握十七大的灵魂和精髓，我们才能够准确把握推进学校各项事业发展的正确方向，才能够进一步凝聚师生员工，开创学校发展的新局面，为夺取全面建设小康社会的新胜利做出我们应有的贡献。

二、把学习宣传和贯彻落实党的十七大精神作为学校当前的首要政治任务，迅速掀起学习宣传贯彻十七大精神的热潮。

1. 校党委把十七大精神的学习宣传贯彻作为当前和今后一个时期的首要政治任务。一个多月来，学校组织了丰富多彩的十七大精神学习宣传活动。2007年10月15日上午，全体校领导、部分机关人员、学生代表集体收看了十七大开幕式，各党总支分别组织了教师和没课的学生集体收看电视直播或网络直播。10月29日，学校党委下发《通知》，对全校的学习宣传贯彻工作进行了全面部署。10月31日，学校举行了校院（系）两级中心组（扩大）学习报告会，邀请省委党校×××教授就十七大精神作解读辅导报告。11月2日，省高校十七大精神报告会辅导员专场在我校举行，我校全体辅导员参加了报告会。10月29日至11月6日，校党委陆续向每个教职工、各教工和学生党支部、处级干部发放了系列学习材料。一个多月来，各党总支、各教工党支部分别开展了形式多样的学习活动，组织教职工集中学习十七大报告、开展十七大精神学习讨论会、听取总支书记辅导报告、观看十七大视频辅导光盘、组织学习交流会、座谈学习心得会等。学生处组织了全体学生党员学习十七大精神专场报告会，1 000 多名学生党员听取了报告。海军国防生400 多人听取了十七大专题辅导报告。校团委向每个团支部发放了十七大报告单行本，组织了校学生会、研究生会等学生组织的干部集中学习十七大报告、观看视频辅导报告。各院系团委分别开展了形式多样的学习十七大精神主题团日活动。校园内掀起了学习十七大精神的热潮。

2. 充分发挥校报、电视台、新闻网的舆论引导作用，营造了浓厚的十七大精神学习贯彻氛围。校报在头版显著位置刊发了校党委关于学习贯彻十七大精神的通知以及校院（系）两级中心组学习十七大精神的相关新闻，及时刊发了各院系党团组织学习十七大精神的动态消息，设置专栏连续刊发了十七大报告解读文章。校有线电视台对师生开幕式收看情况进行了现场采访，并深入学生寝室、院系教学一线采访了师生收看开幕式的心得体会，开设了解读十七大报告专栏，及时播发了各单位学习贯彻十七大精神的相关动态。校新闻网在十七大召开前开设了“落实科学发展观、迎接党的十七大”专题，十七大召开后在网站首页开辟了“十七大视频转播”，十七大闭幕后开通了“学习十七大”专题网站。校团委还在网上开通了“学习十七大精神交流区”，为广大团员青年提供了交流学习十七大心得体会的平台。

3. 组织思想政治理论课教师深入学习、研究十七大报告，积极推进十七大精神“进教材、进课堂、进学生头脑”工作。按照高校工委的要求，校党委把十七大精神“三进”工作作为当前学生思想政治理论教育的重点，组织思政课教师深入研究如何把十七大精神作为“形势与政策”等思想政治理论课教学的重要内容。2007 年 10 月 30 日，组织思政课教师集中学习了十七大报告，并开展了关于当代马克思主义大众化问题的讨论。11 月 6 日，组织思政课课程负责人集体研讨了将十七大精神融入教学内容的具体方案。本周，校思想政治理论课建设领导小组将专门开会讨论，最终形成一个完整的操作方案。

三、以党的十七大精神为指引，深入贯彻落实科学发展观，着力推进内涵发展、创新发展、和谐发展。

贯彻落实十七大精神，要求我们把十七大精神写入头脑中，落实到行动上，努力在武装头脑上不断取得新成效，在指导实践上不断开拓新思路，在推动工作上不断追求新突破，用科学发展观统揽高等教育发展全局。结合我校实际，我们认为，当前学习贯彻十七大精神，落实科学发展观，要着力做好以下几项工作：

一是把提高质量作为贯彻落实科学发展观的核心，着力推进内涵发展。推进内涵发展，是贯彻落实科学发展观的本质要求，是实现科学发展的核心。内涵发展是以提高人才培养质量、科学研究水平和社会服务能力为根本目的的发展，是以不断蓄积学校人才之势、学科之势、可持续发展之势为根本要求的发展，是统筹协调规模、结构、质量和效益之间关系、以质量为最高衡准的发展。当前和今后一个时期，质量的提高就是最重要的内涵发展，也是检验我们内涵发展成效的最重要尺度。十七大对高等教育寄予很大期望，赋予重大历史使命，我们将按照十七大对高等教育的要求，进一步增强贯彻落实科学发展观的自觉性和坚定性，把学校建设真正转入科学发展轨道，把内涵发展作为实现又好又快发展的核心，抓住当前的极好战略机遇，聚焦特色能力和核心竞争力，按照教育部“质量工程”的要求，聚精会神抓教育质量，一心一意谋内涵发展。

二是把改革创新作为贯彻落实科学发展观的关键，着力推进创新发展。推进创新发展，是贯彻落实科学发展观的必然要求，是实现科学发展的关键。创新发展是以创新为导向的发展，是以创新为动力的发展，是以创新为标准检验我们各项工作成效的发展。我们将继续以改革创新的精神，不断增强创新发展的责任感和紧迫感，探索发展的新规律，形成发展的新思路，继续深化教育教学改革，大力推进体制创新、机制创新和管理创新，以基层学术组织改革为突破口，积极构建现代大学制度，不断增强创新发展的动力，提升创新发展的能力，培养高素质创新人才，产出高水平创新成果，为创新型国家建设做出新的更大贡献。

三是把促进和谐作为贯彻落实科学发展观的保障，着力推进和谐发展。推进和谐发展，是贯彻落实科学发展观的基本要求，是实现科学发展的保障。和谐发展是以和谐为目标的发展，是在和谐环境中实现的发展。我们将继续坚持以人为本的理念，千方百计为师生员工着想，着力解决师生员工最关心、最直接、最现实的利益问题，把师生员工的根本利益实现好、维护好、发展好，建设开拓奋进、团结协作、共促发展的和谐文化；将按照高校工委《和谐校园评估办法》的要求，把社会主义核心价值体系融入大学生思想政治教育的全过程，转化为大学生的自觉追求，构建社会主义和谐校园，做到国家满意、社会满意、家长满意、学生满意，自觉担负起构建和谐社会这一崇高使命所赋予我们的社会责任。

贯彻落实科学发展观，着力推进内涵发展、创新发展、和谐发展，关键在于不断提升领导班子引领发展的能力。我们将按照十七大对党的建设的要求，进一步提升学校领导班子驾驭全局、抢抓机遇、谋划发展、开拓创新的能力，为学校发展提供坚强的政治保证和组织保证。

通过学习十七大精神，我们深刻认识到：只要我们牢牢把握十七大的灵魂和精髓，把党的理论创新成果和科学发展观的要求转化为谋划发展的正确思路，转化为促进发展的政策举措，转化为领导发展的实际能力，就一定能够在科学发展的道路上，不断实现发展的新飞跃，开拓发展的新境界，创造发展的新业绩，不断开创学校发展的新局面，为国防科技工业转型升级、龙江全面振兴和夺取全面建设小康社会新胜利做出更大的贡献。

第4章 会议主持词

思考思语

会议主持是管理实践中的一项重要内容。不同的会议，有不同的会议主持风格、不同的会议主持内容，对会议主持人有不同的要求。这里，我们主要对各单位一把手（主要指党委书记）主持各种会议的主持词作一分析。

作为党委书记，除了参加一些重要会议有正式讲话外，主持得最多的会议，大概就是党委会（包括常委会）、中心组学习会、各种形式的座谈会、交流会等。许多会议在主持时，一般都只是按程序进行，较少在会议结束后作重点讲话，即便领导者针对会议内容作些总结，其思路也大致与党委书记主持中心组学习会差不多。为此，这里主要就党委中心组学习会和座谈会主持词这一管理语言在管理实践中的运用作些分析。党委中心组学习主要有两种形式，一是党委中心组成员小范围的集中学习，党委书记作为党委的班长，一般结合学习的主题在主持的同时要作一个中心发言或引导性发言，或者作一个学习的总结性发言；二是两级中心组的扩大学习，一般是邀请专家作专题辅导报告，党委书记要在报告开始时有一个引导性主持，报告结束后有一个要求性讲话。

对于党委中心组集中学习，作为党委书记，如果是主持的同时要作中心发言或引导性发言，一般来讲，其主持发言应包括五方面基本要素：一是确定本次学习主题的基本背景是什么，二是进行这一主题学习的重要意义是什么，三是对这一学习主题内容的理解是什么，四是进行这一主题学习的目的和对工作的要求是什么，五是表态我们应该怎么做。如果是主持的同时要作总结性发言，其主持发言至少应包括三方面要素：一是确定本次学习主题的基本背景是什么，二是针对这一背景我们已经做了什么，三是下一步我们还要做什么。作为总结性主持发言，这一主题学习的目的和意义以及对学习内容的理解，一般中心组成员在讨论时都会讲到，故在总结性主持发言时就不必再重复，重点强调下一步做什么、怎么做，从管理角度讲，这才是作为一把手对工作的真正指导，也才是大家所关心的。

对于两级中心组扩大学习，报告开始前的引导性主持，一般应包括三方面要素：一是举行这次报告会学习的背景是什么，二是举行这次报告会学习的目的是什么，三是报告主讲人的基本情况介绍。报告结束后的要求性讲话，一般应包括两方面要素：一是对报告的主要内容作一精要点评，二是结合这一学习强调下一步要做什么。

对于座谈会主持词，一般应包括五方面要素：一是举行此次座谈会的背景是什么，二是举行此次座谈会的目的是什么，三是参加座谈会的人员构成是什么（这三个方面都应在座谈开始前交代清楚），四是在对发言代表座谈内容进行概括总结的基础上，进一步回答对座谈主题的认识是什么，五是对下一步工作的要求是什么。

这里还要特别强调两点：一是关于中心组扩大学习报告会前的引导性主持，对举行报告会的背景和目的，切忌随意编排，既要与学习的主题之间建立起直接相关性，又要符合中心组学习的要求和内容安排，否则，就会让参加学习的听者感觉到报告会有临时安排、应景之嫌，觉得这次学习不重要，就会对学习不重视；二是无论什么会议的主持，关于下一步做什么或者对下一步工作的要求是什么，都是主持词的核心内容，但其在具体的管理实践中变化比较大，需要根据不同情况作不同的处理，下面将结合选编的每一篇主持词案例，研究其形成思路时再作具体分析和详细探讨。

本章选取了大学党委书记分别主持中心组集中学习会、两级中心组扩大学习报告会与座谈会的 9 篇主持词作为案例，对上述关于主持词的思想方法作操作性分析。

案例一 纪念邓小平同志诞辰 100 周年座谈会主持词

思路思语

这是党委书记在学校纪念邓小平诞辰 100 周年座谈会上的主持词。事实上，组织这类座谈会的政治意义和象征意义要大于实际意义，主持词要充分考虑到这一点。这次座谈会的背景形势主要有三个方面：一是小平同志作为中国改革开放的总设计师诞辰 100 周年，中央刚刚举行了纪念大会，全国各地也都纷纷组织各种形式的纪念会或座谈会；二是几天前党委书记刚刚参加了省里组织的座谈会并发言，学校举行座谈会的主持词与省里座谈会的发言对有些问题的理解是相同的；三是学校即将召开第二次党代会，作为刚刚到任两个月的党委书记，需要向广大师生传递出一种促进学校实现新的更大发展的信心。

为此，这样一个座谈会的主持词，除了满足主持词的基本要素外，一方面还要结合学校既是高等院校的特点，又是为国防工业服务的特点，表达出对邓小平同志为这两个领域所做的特殊贡献的深刻认识；另一方面还要结合时代要求和办学实际，提出对学校下一步工作的要求。

这里的时代要求主要有两个方面：一是新一代中央领导集体刚刚提出要坚持求真务实精神、落实科学发展观，二是中央一再要求邓小平理论要进教材、进课堂、进学生头脑。学校当时的办学实际也主要有两个方面：一是学校的地位与师生员工的要求同兄弟院校相比还有很大差距，迫切需要进一步加快发展步伐；二是学校的能力和水平同兄弟院校相比还不能满足国家的要求，迫切需要进一步提升能力。

所以，主持词对下一步工作的要求，主要集中在三个方面：一是以求真务实的精神，促进学校的跨越式发展；二是继续做好邓小平理论“三进”工作，促进学生的全面发展；三是牢固树立科学发展观，增强学校的核心竞争力。

同志们：

2004 年 8 月 22 日，是邓小平同志诞辰 100 周年。星期日上午 10 点，中共中央在人民大会堂举行了“邓小平同志诞辰 100 周年纪念大会”，胡锦涛同志在大会上发表了重要讲话。讲话全面回顾了邓小平同志的光辉一生，深切缅怀了邓小平同志对中国人民做出的巨大贡献，充分评价了邓小平同志的历史地位，认真总结了邓小平同志留给我们的精神遗产。

今天，我们在这里举行纪念邓小平同志诞辰100周年座谈会，目的是为了进一步缅怀邓小平同志的丰功伟绩、革命风格和高尚品德，进一步学习和把握邓小平理论的精神实质，全面践行“三个代表”重要思想，进一步推动学校的各项工作，全面落实科学发展观，以与时俱进、求真务实的精神开创学校工作的新局面。

参加今天座谈会的有×××、×××、×××、×××，77、78级部分骨干教师代表、院系党总支书记代表、人文学院领导及“两课”教师代表、民主党派及无党派人士代表、学生代表、党委机关部门负责人等。下面，请参加今天座谈会的各位代表发言。

……

刚才，大家围绕邓小平与中国科教事业、邓小平与中国国防科技工业、邓小平理论与“三个代表”重要思想“三进”工作、邓小平与中华民族的伟大复兴等问题进行了座谈，回顾了邓小平同志为我国科教事业、国防工业发展作出的重要决策，以及这些决策的深远历史意义。

邓小平同志是20世纪为中华民族做出巨大贡献的一位伟人，他把一生都献给了中国人民。邓小平同志留给我们的最宝贵的精神财富，就是由他创立的邓小平理论。作为伟大的马克思主义者，作为我国社会主义改革开放和现代化建设的总设计师，邓小平同志为中华民族的独立和解放，为我国社会主义制度的建立、巩固和发展，特别是为开辟中国特色社会主义道路建立了不朽功勋。

邓小平同志十分关注科教事业的发展。在他第三次复出后的1977年，就曾多次对中国的教育问题发表过许多重要谈话、作出过一系列重要指示。邓小平同志关于教育要面向现代化、面向世界、面向未来的重要指示为中国高等教育的发展指明了前进的方向；恢复高考和创办一批重点大学是推动中国高等教育正规化和加速发展的重要切入点；从国外引进科学技术和人才、选派留学生出国学习进修是推进中国高等教育国际化的重大战略举措。邓小平同志的这些谈话、批示、题词等构成了一个完整的指导我国高等教育发展的思想体系。从恢复建设全国重点大学，到“211 工程”，再到建设若干所世界一流大学和一批国际知名的高水平研究型大学的“985 工程”，中国大学的发展进入了一个新的阶段，这是邓小平教育思想的一个光辉实践。

邓小平同志十分关心国防工业的发展。在第三次复出后不久，邓小平同志为国防工业的发展作出过一系列重要指示，如“船舶工业要打入国际市场”等为我国船舶工业的发展指出了明确的方向，为船舶工业成长为我国出口支柱产业奠定了重要的思想基础。正是20多年前邓小平同志关于船舶工业的这些重要决策，我国的船舶工业才得到了快速发展，才有了今天国家确立建设第一造船大国的长远奋斗目标。

今天，我们重温这些小平同志关于教育问题和国防工业发展的谈话、批示以及有关报告、题词，对学校今后的改革与发展具有十分重要的现实意义。我们要把学习邓小平理论与实践“三个代表”重要思想、贯彻求真务实精神结合起来，与加强学生思想政治教育、促进学生全面发展结合起来，与树立科学发展观、建设高水平研究型大学结合起来。下面，我想就这个问题提几点意见：

一要以求真务实的精神，促进学校的跨越式发展。求真务实，就是求规律之真，务发展之实。邓小平同志自1977年以来关于高等教育和国防工业的一系列重大决策，都是求真务实的典范，这对于解决我们当前所遇到的一系列重大现实问题具有重要意义。在今天的新形势下，我们仍然要以求真务实的精神指导学校的各项工作，坚持发展是第一要务的思想，促进学校发展实现新的跨越。贯彻求真务实精神，就是要求我们：求形势变化规律之真，务抢抓战略机遇之实；求环境变化规律之真，务把握办学基本线索之实；求大学发展规律之真，务解决主要矛盾之实。只有对当前我们所面临的高等教育大跨越、国防科技工业大发展、造船工业大加强、核能发展再升温、东北老工业基地大振兴等基本形势有一个系统、透彻的认识，才能对我们面前的机遇有一个准确的把握，真正找到与国家需求的结合点；只有对国家的有关政策环境、社会需求环境、行业发展环境等事关学校未来发展的基本环境有一个清醒的认识，才能牢牢把握本科教学评估、创建高水平研究型大学等办学基本线索，并以此基本线索带动学校全面工作的开展；只有对大学发展规律有一个客观、正确的认识，才能切实把握并采取超常规举措去解决当前学校发展过程中的主要矛盾。

二要继续做好邓小平理论“三进”工作，促进学生全面发展。邓小平理论和“三个代表”重要思想是马克思主义在中国的继承和发展，是当代中国的马克思主义，是我们做好各项工作的强大的思想武器，是中国改革开放和现代化建设的行动指南。作为“211工程”建设的重点高校，我们必须按照中央的统一部署和要求，继续做好邓小平理论和“三个代表”重要思想进教材、进课堂、进头脑的“三进”工作，让青年学生自觉学习邓小平理论，了解把握邓小平同志作出的一系列重大战略决策，不断提高青年学生的思想道德素质和科学文化素质，促进青年学生的全面发展。通过“三进”工作，为青年学生的成长成才营造一个良好的思想环境和人文环境，使青年学生能够在一个和谐的环境下学知识、长才干，满足青年学生全面发展的需要。这既是党的教育方针的要求，也是学生和家长的需要。

三要牢固树立科学发展观，增强学校的核心竞争能力，为国防工业和地方经济建设多做贡献。“十年动乱”结束后，小平同志首先强调：教育要优先发展。事实上，如果没有教育的优先发展，就没有社会全面、协调的发展；没有教育的优先发展，就没有人才和技术，国家就没有核心竞争力，就不可能有可持续发展。与此同时，小平同志还特别强调：要尊重知识、尊重人才，这是小平同志以人为本思想的重要体现。今天，我们回顾历史，能够深切地体会到，小平同志的思想就是科学发展的思想。当前，我们要贯彻落实科学发展观，首先就要为大学的发展定好位，明确发展目标，明确服务方向，正确处理教学、科研和服务的关系，正确处理规模、结构和质量的关系，正确处理大学、政府和社会的关系，做到全面、协调、可持续发展。要制定科学的、前瞻的发展战略，抓住重大历史机遇，加快学校的发展步伐，不断增强学校的核心竞争力，为国防科技工业和地方经济建设提供更多的人才支持和做更大的知识贡献。

2004年8月25日

案例二 ║ 构建社会主义和谐社会专题报告会主持词

思路思语

组织这次专题报告会，举行校院两级中心组扩大学习的主要背景是中央不久前召开的十六届四中全会，专题研究了党的执政能力问题并提出要构建社会主义和谐社会的目标，第一次将经济、政治、文化“三位一体”改为经济、政治、文化、社会“四位一体”。中心组学习报告会主持词除了要满足主持词的基本要素外，对于下一步要做什么，一般而言，都要强调继续学习的问题。

那么如何继续推进学习呢？主要包含三个方面：一是强调深刻理解学习意义，二是强调深刻把握学习内容的实质，三是强调学习与推动实际工作相结合。这里需要特别说明的是，中央在作出加强执政能力建设的决定中提出了构建和谐社会的要求，对于高校应该如何构建和谐校园，是广大师生关注的重要问题。为此，党委书记借报告会之机，向各级干部师生代表解答对这一问题的理解和认识是必要的。所以，在强调学习与推动实际工作相结合时，这次报告会主持词特别回答了学校对如何建设和谐校园的五条原则：一是必须以人为本，激发活力；二是必须凝心聚力，加快发展；三是必须强化管理，规范公开；四是必须团结协作，优化环境；五是必须联系群众，尽职尽责。这五条原则从师生、干部、发展、管理、环境 5 个方面，构成了一个相对完整的建设和谐校园的系统。

关于如何继续推进学习，特别是结合学习主题，对学校如何建设和谐校园的回答，成为这次报告会主持词的核心内容。实际上这部分内容，同我们前面几章关于讲话的思想方法是一致的。

同志们：

党的十六大把“社会更加和谐”作为实现小康社会的重要目标之一，十六届四中全会又把“提高构建社会主义和谐社会的能力”作为我们党执政能力的一个重要方面，胡锦涛总书记今年二月（2005 年 2 月）在中共中央省部级干部研讨班上对构建和谐社会作出了精辟阐述。为了进一步提高校、院（系）两级中心组成员对构建社会主义和谐社会的认识，按照年初党委制定的中心组学习计划，今天，我们在这里举行校、院（系）两级中心组（扩大）集中学习，邀请×××为我们作《构建社会主义和谐社会》专题辅导报告，目的是通过学习，深刻理解构建社会主义和谐社会的思想本质，把构建和谐社会的思想贯穿到学校教学、科研、管理和服务的各项工作中。

参加今天报告会的有全体校领导、校长助理，全体处级干部，全校科级干部、教研室主任、党支部书记，人大代表、政协委员、民主党派负责人，思想政治理论课教师，政治辅导员，离退休老干部代表。

下面，请×××作专题辅导报告。大家欢迎！

……

刚才，×××就构建社会主义和谐社会给我们作了一场十分生动的辅导报告，让我们再次用热烈的掌声对他的精彩报告表示感谢！

构建社会主义和谐社会，是我们党顺应历史发展变化，为全面建设小康社会、推进中国特色社会主义伟大事业作出的重大战略举措。为进一步推进两级中心组对“构建社会主义和谐社会”的学习，我讲三点意见：

一、深刻理解构建社会主义和谐社会的重要意义。

构建社会主义和谐社会，是实现全面建设小康社会宏伟目标的必然要求，是满足人民群众不断增长的物质文化需要的必然要求，是把握复杂多变的国际形势、有力应对来自国际环境的各种挑战和风险的必然要求，是巩固党执政的社会基础、实现党执政的历史任务的必然要求。

二、准确把握构建社会主义和谐社会的思想本质。

民主法治、公平正义、诚信友爱、充满活力、安定有序、人与自然和谐相处是构建社会主义和谐社会的基本要求，也是社会主义和谐社会的基本特征。只有准确把握这些基本特征所蕴含的思想本质，才能更好地促进社会主义和谐社会的建设。全校各级干部特别是处级以上领导干部要认真学习，深刻理解我们党提出构建社会主义和谐社会的重要意义和思想本质。

三、要把学习同学校的改革发展结合起来，提高构建和谐校园的能力。

全校各级领导干部要紧紧围绕创建特色鲜明的高水平研究型大学这一宏伟目

标，不断提高我们构建和谐校园的能力。当前，学校正处于创建特色鲜明的高水平研究型大学的机遇期、关键期，努力构建和谐校园是十分必要的。

第一，构建和谐校园必须以人为本，激发活力。“以人为本”是构建和谐校园的基本指导思想。在创建研究型大学的过程中，学校进行的各项改革，作出的各项决策，首先要考虑广大师生员工的根本利益，把广大师生员工的根本利益实现好、维护好、发展好，正确反映和兼顾不同方面的利益关系，从源头上减少矛盾。对于涉及师生员工切身利益的重大问题，要反复研究、科学论证，始终坚持把好事办实、实事办好，增强决策的科学性、全面性、系统性，从而调动一切积极因素，激发师生员工的创造活力。

第二，构建和谐校园必须凝心聚力，加快发展。加快发展是构建和谐校园的基本前提。在创建研究型大学的新形势下，全校上下必须齐心协力，心往一处想、劲往一处使，凝心聚力，加快发展。各级领导干部要把师生员工的思想认识进一步统一到加快学校发展这个主题上来。在创建研究型大学的道路上，我们还面临着诸多困难，解决这些困难仍然要靠发展，唯有凝心聚力，加快发展，才能解决前进中的困难，才能产生和谐的校园局面。

第三，构建和谐校园必须强化管理，规范公开。稳定的秩序、规范的管理、良好的风气和健全的机制是和谐校园的基本特征，也是构建和谐校园的基本目标。我们要更新管理理念，建立起稳定的秩序；要建立健全规章制度，规范办事程序，公开办事结果，加强督促检查，使各项工作规范、科学、合理；要树立良好的教风、学风和管理与服务作风；要建立健全有效的竞争机制、评价机制、激励机制和约束机制。

第四，构建和谐校园必须团结协作，优化环境。团结是构建和谐校园的关键，是集中智慧、形成力量的源泉。团结才能凝聚人心，团结才能促进发展，团结才能产生和谐。各院系、各部门要加强团结协作，互相支持、互相配合，牢固树立全校一盘棋的全局思想，发挥整体协作的团队精神，各级领导干部要善于做团结的工作。要在团结协作中发展平等、友爱、高尚、和谐的人际关系，形成相互尊重、彼此关心、增进了解、共创事业的良好氛围，构建和谐群体、和谐梯队，促进和谐发展、和谐竞争，为广大师生员工创造一个和谐的学习、工作和生活环境。

第五，构建和谐校园必须联系群众，尽职尽责。这是构建和谐校园对领导干部的基本要求。构建和谐校园离不开广大师生员工。各级领导干部要加强调查研究，深入师生员工中间，倾听群众的意见和呼声，密切关注群众的热点问题，就师生员工普遍关心的学校发展建设以及与师生员工学习生活工作密切相关的问题，及时加以解决或者向有关部门反映意见和建议；要引导师生员工正确处理国家、学校和个人三者之间的关系，将维护学校整体利益与维护师生员工自身利益统一起来，为学校的改革和发展创造良好的环境；要树立全心全意为师生员工服务的思想，以身作则，任劳任怨，不计较个人得失，发扬无私奉献精神，为师生员工多办好事、多办实事。

构建和谐校园既是学校创建研究型大学的必然要求，也是创建研究型大学的基本目标。各级领导干部要以高度的政治责任感和积极进取的精神，研究和谐校园构建，推进和谐校园建设，共同创造和谐的校园环境。

2005 年 5 月 18 日

案例三 | 学习十六届六中全会精神专题报告会主持词

思路思语

组织这次专题报告会，举行两级中心组扩大学习的背景是中央召开了十六届六中全会，专题研究了构建社会主义和谐社会的问题，而这次学习是典型的政治任务和政治要求。由于在此前的中心组学习中，已对建设和谐校园作出过原则性安排，因此这次报告会只是对继续学习作出要求，所以这个主持词与报告会主持词的基本要素要求是一致的，一是从政治任务的角度强调学习的重要性，二是从抓住重点的角度强调要把握全会精神实质，三是从结合学校实际的角度强调要与学习校二次党代会精神相结合。

2006年10月8日至11日，十六届六中全会在北京召开。会议着重研究了构建社会主义和谐社会的若干重大问题，审议通过了《中共中央关于构建社会主义和谐社会若干重大问题的决定》（以下简称《决定》）。这是在我国经济社会发展进入关键阶段召开的一次重要会议。今天，我们邀请×××为校院（系）中心组学习十六届六中全会精神作专题辅导报告。

下面，请×××作专题辅导报告。大家欢迎！

……

刚才，×××从构建社会主义和谐社会的重要性和紧迫性、构建社会主义和谐社会的指导思想、目标任务和原则等方面作了一场精彩的报告，对我们深入理解十六届六中全会精神具有重要作用。

为进一步推动各级党组织、全体党员干部和全校师生员工深入学习党的十六届六中全会精神，我讲三点意见：

一是要把学习贯彻十六届六中全会精神作为学校当前的重要政治任务。要深刻领会六中全会精神和中央《决定》的重大现实意义和深远的历史意义，准确把握《决定》的主要内容，深刻认识构建社会主义和谐社会的重要性和紧迫性，深刻认识中央提出构建社会主义和谐社会重大战略思想的重大意义，深刻认识构建社会主义和谐社会重大战略思想对高等学校发展的指导意义。全体党员特别是领导干部要带头学习，充分发挥表率和示范作用，通过多种形式和途径使广大党员和全校师生员工学习领会和掌握全会精神。

二是要抓住重点，切实把握十六届六中全会的精神实质。中央《决定》明确指出，社会和谐是中国特色社会主义的本质属性，这反映了建设富强民主文明和谐的社会主义现代化国家的内在要求，其继承、丰富和发展了科学社会主义理论，开辟了中国特色社会主义的新境界。《决定》以科学发展观为统领，作出了坚持协调发展、加强社会事业建设，加强制度建设、保障社会公平正义，建设和谐文化、巩固社会和谐的思想道德基础，完善社会管理、保持社会安定有序，激发社会活力、增进社会团结和睦，加强党对构建社会主义和谐社会的领导等重大部署。我们要紧紧围绕这些重点和关键问题，深刻理解、系统把握。

三是要把学习十六届六中全会精神同贯彻落实学校第二次党代会精神结合起来。各级党组织和全体党员干部要大力发扬理论联系实际的学风，把学习十六届六中全会精神同学习贯彻党的十六届三中、四中、五中全会精神结合起来，同贯彻落实学校第二次党代会精神结合起来，同解决学校发展进程中的突出矛盾和问题结合起来。要结合学校第二次党代会提出的发展目标、特色办学理念以及“四大”发展战略，进一步谋划发展的新思路，推出改革的新举措，实现发展的新跨越。要结合当前学校改革发展的实际，用发展的观点和发展的办法解决前进中的各种矛盾和问题，坚持以人为本，从广大师生员工的利益出发谋发展，紧紧依靠广大师生员工的力量求发展，保障广大师生员工的权益促发展，以改革促进和谐，以发展巩固和谐，以稳定保障和谐，不断提高我们构建和谐校园的能力。

各党总支、机关党委要组织好本部门、本单位的学习贯彻活动，深刻领会和把握中央提出的新判断、新思路和新要求，努力用全会精神武装广大党员干部和师生员工头脑，更加主动地把思想和认识统一到中央的决策和部署上来，把智慧和力量凝聚到学校的各项事业中来，为构建和谐校园、实现研究型大学的宏伟目标而努力奋斗。

2006 年 11 月 1 日

案例四 | 党委理论学习中心组集体学习主持词

思路思语

举行这次党委理论学习中心组集体学习的背景形势主要有三个方面：一是教育部与财政部联合下发了《关于实施高等学校本科教学质量与教学改革工程的意见》，正式启动高校本科教学质量与教学改革工程，学校又刚刚获得教育部本科教学评估优秀评价；二是学校刚刚召开了全面贯彻落实二次党代会精神的四届一次教代会，第一次提出了构建研究型大学基本框架的六大体系，其中第一个就是构建创新型人才培养体系；三是上级主管部门提出在所属高校实施“一提三优”工程，本年是正式实施的第一年。

党委书记在这次中心组集体学习上的中心发言，除了满足基本要素的要求外，对实施“质量工程”意义的阐述是从三个方面展开的，一是结合高等教育 8 年扩招的事实，强调这是高等教育规模、结构、质量和效益协调发展的需要；二是结合中央提出建设创新型国家的要求，强调这是为了发挥高等教育在创新型国家建设和构建社会主义和谐社会中的关键作用；三是结合高等教育面临的困难与矛盾，强调这是促进学生全面发展，培养创新人才的需要。

对“质量工程”的理解，在阐述 6 方面主要内容的内在逻辑结构与内在联系的基础上，从四个方面体现出对“质量工程”的深刻理解：一是以人才培养为中心的办学理念，二是以人为本的办学思想，三是内涵发展的办学思路，四是协调发展的战略举措。关于下一步怎么做，提出了以“质量工程”为抓手、全面提升人才培养质量的基本思路。在这一中心发言中，对“质量工程”的四个方面理解是系统思考的结果，关于下步如何提高人才培养质量的基本思路，体现了科学思维与工程思维的共同作用。

最近，教育部、财政部联合下发了《关于实施高等学校本科教学质量与教学改革工程的意见》（以下简称《意见》），正式启动高等学校本科教学质量与教学改革工程。这是继“211 工程”“985 工程”之后，我国在高等教育领域实施的又一项重要工程，是新时期深化本科教学改革、提高本科教学质量的重大举措。今天，党委中心组集中学习国务委员陈至立、教育部长周济在教育部直属高校咨询委第十七次全体会议上的讲话和周济部长在实施高等学校本科教学质量与教学改革工程视频会议上的讲话，就是为了进一步贯彻落实《意见》要求和讲话精神，全面推进我校正在实施的本科教学质量优秀工程。

下面，我谈三点意见：

一是充分认识实施“质量工程”的重大意义。“质量工程”的出台有着深刻的时代背景。1999 年，根据当时经济社会发展的重大需求和人民群众希望更多接受高等教育的强烈愿望，国家作出扩大高等教育招生规模的重大决策，我国高等教育的改革与发展取得了历史性的巨大成就。随着知识经济的深入发展以及人民群众对接受高等教育的需求的提高，我国高等教育还面临着许多新的困难、矛盾和问题；同时，中央提出建设创新型国家、构建和谐社会等战略思想对高等教育的人才培养也提出了更高要求。根据新形势，国家作出了高等教育要切实把重点放在提高质量上的新的战略决策和部署，我们必须充分认识这一战略决策的重大现实意义和深远历史意义。实施“质量工程”，是提高高等教育服务社会的能力，发挥高等教育在建设创新型国家和构建社会主义和谐社会中的关键作用的要求；是促进我国高等教育规模、结构、质量和效益全面协调可持续发展，构建和谐发展的高等教育新体系的需要；是办好人民群众满意的高等教育，促进学生全面发展，培养创新人才的需要；也是我们构建社会主义和谐校园、创建高水平研究型大学的需要。

二是深刻理解“质量工程”提出的新理念、新思路和新举措。“质量工程”提出的六个方面建设内容，都是带有全局性、基础性、引导性的项目，在提高高等学校本科教学质量方面起着龙头作用。专业设置和专业结构调整是人才培养的基本前提，课程和教材建设是提高高等教育质量的关键环节，实践教学与人才培养模式改革创新是提高高等教育质量的核心，建设一支高水平的教师队伍是提高高等学校本科教学质量的重要保证，建立教学质量监控体系和评估制度是保障高等学校教学质量的重要手段，对口支援西部地区高等学校是实现高等教育协调发展的战略举措。这六个方面建设内容，既反映了高等教育基本规律和育人质量要求，又体现了高等学校办学的新理念、新思路和新举措。第一，体现了以人才培养为中心的办学理念，把人才培养质量作为提高高等教育质量的核心内容，牢固树立了本科生教育的基础地位，是贯彻以人才培养为中心的务本之举、固本之策。第二，体现了以人为本的办学思想，把学生发展作为实施“质量工程”的根本出发点，坚持以学生的发展为本、以教师的发展为本。第三，体现了内涵发展的办学思路，强调高等教育的内涵建设和高等学校的特色发展，着眼形成可持续发展的机制，切实把重点放在内涵发展和提高质量上。第四，体现了协调发展的战略举措，促进优质教育资源共享，增强高等学校发展能力，促进高等教育公平。

三是以“质量工程”为抓手全面提升人才培养质量。“质量工程”为我国高等教育的发展指明了方向，也为我校进一步深化教育教学改革指明了方向。今年，是国家实施“质量工程”的第一年，是我校大力推进“一提三优”工程的第一年，也是我校获得教育部本科教学工作水平评估优秀的第一年。我们必须坚持以“质量工程”为抓手，以本科评估优秀为契机，以构建和谐校园为根本，继续贯彻落实学校二次党代会精神和四届一次教代会精神，站在以祖国需要为第一需要、国防需求为第一使命、人民满意为第一标准的高度，把“质量工程”与上级主管部门实施的本科教学质量优秀工程和研究生教育优秀工程结合起来，完善人才培养的顶层整体设计，加强对学校教育教学工作全局的战略思考，着力构建提升本科教学水平的长效机制，研究和部署以人才培养为中心的各项改革举措，加速推进以培养学生社会责任感、实践能力和创造精神为核心的人才培养模式创新，对教学计划和程序、教学内容和课程体系、教学方式和方法进行新的整体设计，努力构建具有××大学特色的创新型人才培养体系，促进人才培养质量的全面提升。

教育质量关系到学校的声誉和形象，关系到学校的生存和发展，关系到学生的前途和命运，关系到国家的兴衰和社会的和谐。提高教育质量，是对学校各级领导班子执政治校能力的检验，是我们办好让人民群众满意教育的必然要求。我们必须把师生员工的积极性和主动性引导到提高教育质量上来，把更多的时间、更多的精力投入到提高教育质量上来，巩固本科教学工作水平评估优秀成果，进一步增强质量意识和责任意识，全面提升人才培养质量，为实现创建研究型大学的宏伟目标做出新的贡献。

2007年4月18日

案例五 学习×××同志先进事迹座谈会主持词

思路思语

组织这次座谈会的背景形势主要有：一是×××同志是学校党委树立的先进典型，半年前因癌症医治无效逝世，“七一”前夕，校报在头版头条位置以长篇通讯形式刊发了他的先进事迹，师生读后无不潸然泪下；二是校党委在“七一”后正式作出了向×××同志学习的决定，作为身边可亲可敬的学习典型，校党委的决定得到了广大师生的认可和拥护，校内师生广泛进行了学习；三是校党委希望能将×××这一先进典型向全省教育系统、行业教育系统乃至全国推广。

为此，这样一个座谈会的主持词，除了满足主持词的基本要素外，主要强调下一步应该做什么、怎么做，且要回应上述三个方面的背景，一方面要强调把×××事迹所体现出来的精神与学校的文化一致起来，让师生感到×××同志是学校优秀文化的典型代表，他的精神是学校文化价值观的体现，学习他的先进事迹就要按照学校文化价值观的要求去做；另一方面要强调把学习他的先进事迹与做好本职工作结合起来，每一个层面的师生应该做些什么，如何为学校的发展做贡献，把师生的精神和力量凝聚起来；最后还要强调继续开展学习活动，为向全省以至于更大范围推荐这一先进典型做准备。这种思考问题的方式，是一种比较常见的思考问题的方法，一是已经做了什么，有什么价值；二是还要做什么，怎么做。

同志们：

×××同志离开我们有半年多时间了。半年来，他的先进事迹在全校广大党员干部和师生员工中引起强烈反响。今年7月（2007年7月），校党委作出了《关于开展向×××同志学习的决定》，各总支、各处级单位积极响应党委号召，学习×××同志先进事迹的活动在全校范围开展起来。

为把学习宣传×××同志先进事迹活动引向深入，用×××同志的先进事迹和高尚精神引导和激励师生员工投身于学校创建研究型大学的宏伟事业之中，校党委决定召开学习×××同志座谈会。参加今天座谈会的有教学单位院长、总支书记、机关处长、中青年骨干教师、研究生等方面的代表。

下面，请同志们发言。

……

刚才，听了各位的发言，我再一次被×××同志的先进事迹所感动。×××同志的先进事迹感人至深，平凡中见崇高。从大家的发言中，我深深感到：×××同志不愧是我们广大教师的榜样，我们各位院长的榜样，我们各位总支书记的榜样，也是我们全体××大学人学习的榜样。

为了进一步深化对学习×××同志活动的认识，进一步提高学习的自觉性，进一步增强学习的实际效果，把学习活动进一步引向深入，我讲三点意见：

一、×××同志的先进事迹，充分体现了××大学以“忠诚”为核心的文化价值体系，他对教学的热衷、对科研的热爱、对工作的热忱，全部体现为他对党的教育事业的忠诚、对国防科技事业的忠诚，学习×××同志首先就要学习他这种以“忠诚”为核心的精神。×××同志是在我校进入创建研究型大学的历史阶段涌现出来的优秀典型，在他身上体现出来的优秀品质，是我们××大学的宝贵财富。在学校推进内涵式发展、创建研究型大学进程中，需要有一大批弘扬×××精神的人。深化内涵式发展、创建研究型大学是一项十分艰巨的事业，在追求和实践这一事业的过程中，广大共产党员和全校师生员工要以×××同志为榜样，以对教学的热衷和对科研的热爱，以更加饱满的精神状态投入到本职工作中，以更加强烈的事业心和责任感去推进研究型大学这一宏伟事业。

二、学习×××同志要紧密联系各单位、各部门的教学、科研、管理和服务工作实际，紧密联系广大党员干部和师生员工的思想实际，用×××同志的精神激励自己，用×××同志的先进事迹鞭策自己，积极投身于学校改革发展的宏伟事业，坚持在工作中学、在实践中学。要把学习×××同志先进事迹同深化内涵建设、促进内涵式发展的实践结合起来，同贯彻落实“一提三优”工程的实践结合起来，同贯彻落实教育“质量工程”的实践结合起来，同推进构建社会主义和谐校园的实践结合起来。要用×××同志的先进事迹激励我们广大教师树立崇高的职业理想和坚定的职业信念，爱岗敬业、关爱学生，争做教书育人的榜样；鼓舞我们全体科技人员刻苦钻研、严谨治学，勇于创新、奋发进取，甘于寂寞、厚积薄发，争做科技创新的先锋；鞭策我们广大干部勤于思考、扎实工作，和谐奋进、服从大局，追求卓越、勇创一流，争做管理服务的典范，为学校内涵式发展、创建研究型大学蓄能量、做贡献。

三、继续开展学习×××同志先进事迹活动，把学习×××同志先进事迹活动作为加强干部职工思想政治教育的重要内容，把学习活动不断引向深入。通过广泛深入的学习活动，引导和激励各级党员干部和广大教师以×××同志为榜样，全身心投入到教学、科研、管理和服务工作中去，用自己的实际行动，为深化内涵建设，促进学校内涵式发展，早日实现创建研究型大学的宏伟目标做出新的更大贡献。

2007 年 11 月 9 日

案例六 学习贯彻十七大精神专题报告会主持词

思路思语

组织这次专题报告会，举行两级中心组扩大学习的背景是党的十七大之后，需要对十七大报告中涉及的内容进行分专题学习，这次学习是计划内的两级中心组政治理论学习。除了满足主持词的基本要素外，由于这次报告会内容与学校的服务使命与服务领域紧密联系，故主持词重点强调了学习该内容的重要意义，而对于下一步要做什么或者说对于下一步的要求，只是提出了一句话的原则性要求，这也体现了例行学习或计划内的学习，党委书记不一定每次都要提具体而又明确的要求。但是，这种一句话的原则性要求也不能是随便提的，也必须符合所学习内容与学校发展的实际，与前面几章分析的关于讲话的系统性要求是一致的。

同志们：

今年，是全党全国贯彻落实党的十七大精神的第一年。学校党委高度重视十七大精神的学习贯彻工作，年初专门制定并印发了校院（系）两级中心组和全校教职工学习十七大精神年度计划。按照计划的要求，“国防现代化建设”是两级中心组政治理论学习和全校教职工形势政策教育的重要内容之一。今天，我们有幸邀请到了×××来校为我们作关于《新时期国防现代化建设的指路明灯》的报告。下面，让我们以热烈的掌声欢迎×××为我们作报告。

……

刚才，×××就新时期国防现代化建设问题为我们作了一场十分精彩的报告，让我们再一次用热烈的掌声对×××的精彩报告表示感谢！

同志们，我校作为国防科技院校，在“三海一核”等领域肩负着推进国防现代化建设的重要历史使命和历史责任。党的十七大报告作出的调整改革国防科技工业体制，提高武器装备研制的自主创新能力，建立和完善军民结合、寓军于民的武器装备科研生产体系等重大战略部署，对于我校创建特色鲜明的高水平研究型大学、办好“人民满意、军工需要”的教育具有重要战略指导意义。全校各级领导干部和广大师生员工要自觉把思想统一到十七大精神上来，把十七大作出的重大战略部署贯彻落实到研究型大学建设的实践中去，加速推进学校内涵式发展，为国防科技工业转型升级、提高自主创新能力、推进国防现代化建设做出我们新的更大贡献。

2008 年 4 月 23 日

案例七 学习贯彻十七届四中全会精神专题报告会主持词

思路思语

组织这次专题报告会，举行两级中心组扩大学习的背景是党的十七届四中全会通过了关于加强和改进新形势下党的建设若干重大问题的决定，同时，在党内开展的学习实践科学发展观活动基本告一段落。这里，除了满足主持词的基本要素，强调要深刻理解会议精神的实质与意义，以及关于下一步要做什么，还强调了 3 个方面的问题：一是强调要加强学校党的建设，提高党建科学化水平，这反映了会议精神本身的要求；二是强调把学习同干部队伍建设与基层党组织建设结合，这一结合反映了学校党建的薄弱环节在于此；三是强调把学习同深化和巩固学习实践科学发展观活动的成果、体制机制创新、党代会筹备等结合，这一结合反映了学习要解决学校重大现实问题的迫切需要。

这里，我们可以看出，这次报告会主持词十分简短，对提出的每一条要求都没有作论证性解释，但是，每一条又都紧密结合学校当前的实际状况。这种在讲话中强调一系统与另一系统的结合，是一种思考问题的方法的反映，在前面已经提到过，这种结合不是随便的胡乱结合，必须找到两个系统之间的相关性或关联性，找到可结合的点在哪里，要知道怎么结合。

同志们：

在新中国成立 60 周年之际，党的十七届四中全会在北京胜利召开。这是我们党应对国际国内重大挑战、推动党和国家事业实现新发展的关键时刻召开的一次具有重要意义的会议。全会通过的《中共中央关于加强和改进新形势下党的建设若干重大问题的决定》，认真总结了党执政以来加强自身建设的宝贵经验，深入分析了党的建设面临的新情况新问题，重点研究了解决当前党的建设中带有战略性、根本性、紧迫性的重大理论和实际问题，是指导当前和今后一个时期党的建设的纲领性文件。学校党委高度重视对十七届四中全会精神的学习，专门下发文件，并通过各种形式广泛宣传。几天前，中央政治局就贯彻落实党的十七届四中全会精神进行第十七次集体学习，胡锦涛总书记就努力提高党的建设科学化水平作了重要讲话。为了进一步深入学习和贯彻全会精神，今天，我们在这里举行校、院（系）两级中心组（扩大）学习，邀请×××为我们作《以改革创新精神全面推进党的建设新的伟大工程》专题报告。

……

刚才，×××就加强和改进新形势下党的建设所要解决的突出问题、党的建设所要依据的指导原则、党的建设所要采取的主要措施等方面进行了深刻、全面的阐述，为我们作了一场十分精彩的报告，让我们再一次以热烈的掌声对×××的报告表示感谢。

同志们，学习贯彻十七届四中全会精神，是我们当前和今后一个时期的一项重要政治任务。关于如何学习贯彻四中全会精神，校党委已印发文件提出明确要求。在这里，我再强调以下几点：

一、要在认真组织学习的基础上，各级党组织按照全会提出的新要求和新举措，准确理解全会的精神实质和重大意义，提高对新形势下加强和改进党的建设的重要性和紧迫性的认识，把全会精神贯彻落实到各自工作中去。

二、要紧紧围绕创建特色鲜明的高水平研究型大学的目标要求，进一步加强党的建设，提高我校党建工作的科学化水平，为学校事业更好更快发展提供思想、组织和制度保障。

三、要把学习四中全会精神与学校干部队伍建设和基层党组织建设有机结合起来。此次专题辅导报告也是学校干部培训的内容之一，通过培训，进一步提升党员干部队伍的整体素质。

四、要把学习贯彻十七届四中全会精神与深化和巩固学习实践科学发展观活动的成果结合起来，进一步落实好学校深入学习实践科学发展观活动整改方案，推进学校各项工作不断取得新发展；与学校正在进行的强化体制机制创新、加快内涵式发展等工作结合起来，不断开创创建研究型大学的新局面；与第三次党代会的筹备工作结合起来，以改革创新精神进一步加强党的建设，不断开创学校党的建设和思想政治工作新局面，以优异的成绩迎接学校第三次党代会的召开。

2009 年 12 月 2 日

案例八 ‖ 党委理论学习中心组集体学习主持词

思路思语

举行这次党委理论学习中心组集体学习的主要背景是：不久前省委书记为大学生作了一场形势报告，省委高校工委专门下发文件要求深入学习贯彻报告精神。此前学校党委已按照省委高校工委的要求制定下发了学习贯彻的实施方案，事实上，这次集体学习更多地体现了一种政治要求。由于党委书记在这次中心组集体学习上作的是总结性主持发言，主持词就不用谈学习的目的和意义以及对学习内容的理解，故除了满足主持词的基本要素外，重点是强调下一步做什么或者说下一步的要求是什么。

关于下一步的要求显然应强调如何继续贯彻落实省委书记形势报告的精神，这里主要应强调的是怎样结合当前的背景形势，有 3 个方面：一是正在进行的学习型党组织建设，二是正在开展的创先争优活动，三是形势报告面向的主体是大学生。基于此，主持词主要强调了 4 点：一是强调把学习贯彻报告精神作为学习型党组织建设的内容；二是强调把学习贯彻报告精神同大学生创先争优活动结合；三是强调把报告内容纳入思政课教学，发挥好主渠道作用；四是强调把学习报告精神同大学生日常教育结合，发挥好主阵地作用。这是一种最基本的科学思维方式就可以想到的，没有什么太复杂的思考过程，比较容易掌握。

2010 年 9 月 27 日，时任省委书记作了题为《时代・使命・理想》的形势报告，部分学生代表现场聆听了省委书记的报告。

9 月 28 日，省委高校工委和省教育厅党组联合下发文件，要求深入学习贯彻这次形势报告精神。按照省委高校工委的通知要求，今天，党委理论学习中心组对形势报告精神进行一次集体学习，在此之前，已要求各位中心组成员对报告内容进行了传阅。下面，请大家结合各自分管的工作进行讨论。

……

刚才，大家的讨论意见我都同意。为了更好地学习贯彻这次形势报告精神和省委高校工委的通知精神，学校党委制定了《学习贯彻活动实施方案》印发给了各分党委、党总支及有关单位，对学习贯彻提出了明确要求。下面，再强调4点：

一是要把学习贯彻报告精神作为学习型党组织建设的重要内容，通过院（系）、部（处）中心组学习，带动广大党员、师生认真学习报告精神，要通过各种主题教育推动学习活动的深入开展，着力营造浓厚的学习贯彻氛围。

二是要充分发挥思想政治理论课的课堂主渠道作用，广大思想政治理论课教师要通过专题研讨，研究如何开展以报告为内容的课堂教学活动，将报告精神融入到课堂教学和实践教学中，促进报告精神在大学生中入脑入心。

三是要充分发挥学生思想政治工作的主阵地作用，广大思想政治工作者要把学习贯彻报告精神同推进学生日常思想教育紧密结合起来，广泛开展丰富多彩的教育活动，不断增强大学生思想政治教育的针对性和实效性。

四是要把学习贯彻报告精神同大学生创先争优活动紧密结合起来，通过开展形式多样的“创争”活动，进一步加强大学生党建工作，着力在大学生中营造学先进、争先进、当先进的良好风气。

2010年10月27日

案例九 学习贯彻全国两会精神专题报告主持词

思路思语

组织这次专题报告会，举行两级中心组扩大学习的背景是全国两会刚刚审查批准了国家“十二五”规划纲要。这次报告会的主持词完全满足主持词基本要素的要求，关于下一步的要求，结合了当时 3 个方面的背景形势：一是胡锦涛总书记几天前在清华大学百年校庆上作了一个重要讲话，对高校具有重要的指导意义；二是正值“十二五”的开局之年，学校“十二五”规划已基本完成；三是适逢建党 90 周年，学校第三次党代会即将召开。

为此，下一步的要求主要强调如何把学习贯彻两会精神与上述 3 方面的背景形势相结合，每一条要求都没有作论证性描述，只是强调了下一步要做什么以及做的目标要求。事实上，各类报告会主持词有长有短，但包含的基本要素是一致的，长短主要取决于对下一步要求的论述上。一般情况下，报告是主体，领导者在主持词里所提的要求不需要作充分论证，点到为止即可。特殊情况下，领导者会借报告的契机，比较系统地阐述自己对某一方面工作或某一方面问题的管理思想或管理理念，指导下级单位或下属人员的工作，这种情况下，就需要对下一步工作的要求作较为详细的论证。关于论证的方法，在本篇最初的思想思语里作了分析，这里不再赘述。

同志们：

3 月初（2004 年 3 月初），十一届全国人大四次会议和全国政协十一届四次会议在北京召开。会议通过了温家宝总理所作的《政府工作报告》，审查批准了“十二五”规划纲要。这是在我国发展进入“十二五”时期，全党全国各族人民满怀信心，迎接中国共产党成立 90 周年的形势下，召开的重要会议。

为深入学习贯彻两会精神，加快推进高水平研究型大学建设，今天，我们在这里举行校院两级中心组集中学习，邀请 ××× 司长，就学习贯彻两会精神，为我们作《牢牢把握主题主线，奋力开创科学发展新局面》的专题辅导报告。

参加今天报告会的有全体校领导、校长助理，全校副处级以上干部、机关科级以上干部、各教工党支部书记、人大代表、政协委员、民主党派负责人、思想政治理论课教师、学生政治辅导员、离退休老干部代表。

下面，让我们以热烈的掌声欢迎×××为我们作报告！

……

刚才，×××从今年政府工作报告的形成过程，“十一五”时期经济社会发展的巨大成就和主要体会，“十二五”时期我国发展面临的国内外环境、指导方针和主要目标，今年经济社会发展的目标和重点工作等方面，为我们作了一场十分精彩的报告，对我们深入理解两会精神具有重要作用。让我们再一次以热烈的掌声，对×××的报告表示感谢。

同志们，当前，各分党委、党总支要认真组织广大师生员工，深入学习贯彻两会精神。一是要把学习贯彻两会精神与学习贯彻胡锦涛总书记在庆祝清华大学建校100周年大会上的重要讲话精神结合起来，全面落实总书记对高等教育提出的新要求，按照总书记对全面提高高等教育质量提出的“四个大力”要求，和对全国青年学生提出的“三个紧密结合”的希望，把讲话精神转化为我们正确的办学方向，进一步强化学校的特色办学理念，进一步明晰学校“十二五”发展思路，进一步完善学校各项改革举措。二是要把学习贯彻两会精神与推进学校“十二五”规划的实施结合起来，要在不断完善各专题规划的基础上，认真组织对学校“十二五”规划的广泛宣传，积极向广大师生员工开展“十二五”规划的宣讲和解读，使全校师生员工更加深入地学习和了解学校的“十二五”规划，更加主动、更加自觉地推动“十二五”规划的贯彻落实。三是要把学习贯彻两会精神与推动学校今年的各项工作和开展纪念建党90周年系列活动、迎接学校第三次党代会的召开结合起来，进一步统一思想、凝心聚力，进一步深化内涵建设、促进内涵式发展，不断提升办学质量和办学水平。

2011年4月29日

思索思语

在即将完成关于会议讲话部分的方法性思考这一问题探讨时，感觉还有一些想法需要在此作一个说明。

对于讲话的思想方法，各级领导干部在管理实践中有必要掌握，这对培养正确的思维方式和科学的思考方法，提升领导干部的管理能力和管理水平具有重要意义。同时，一些正式场合领导干部的讲话，往往需要下级工作人员代为起草，在起草领导干部的讲话过程中，下级工作人员经常会面临以下几种比较困难的境遇：一是领导突然交办，要求在较短的时间内完成起草任务，甚至是领导对其他人起草的已有讲话不满意要求重新起草，遇此情况该怎么办？二是在一个时期内，为一个或多个领导起草不同会议的讲话，甚至是主体为一项任务多次召开会议进行部署时的讲话，遇此情况该怎么办？三是在一个时间段内，为一个领导不同场合的会议起草讲话，甚至这个时间段很短只有几天，遇此情况又该怎么办？实际上，这里最重要的问题就是切实把握本部分内容“思想思语”中关于讲话必须明确的6个基本问题，这是根本。第二，这6个基本问题中，最重要的就是会议定位与形势判断，这是关键。应该说，只要对会议的定位清楚了，对会议面临的背景形势能够驾驭了，讲话的基本思路和基本框架就有了。第三，对于第一种情况，只要把握了会议定位、作出了形势判断，时间再短，都不是问题；如果是领导对其他人起草的讲话不满意要求重新起草，则必须要弄清楚领导对原有讲话不满意的原因是什么，是哪里不满意，弄清楚原因和问题的关键，还是要靠对会议定位的把握和对形势的判断；对于第二种情况，首先还是会议定位与形势判断的问题，然后要弄清楚不同的会议要解决的问题是什么，尽管可能是为同一项任务，但不同阶段的形势会发生变化，要解决的问题是不一样的，会议要达到的目的也是不一样的；对于第三种情况，除了前面讲到的不同会议的定位不同、背景形势不一样外，尽管在同一时间段内，但不同会议的任务与讲话所面对的对象是不一样的，讲话的内容显然是不同的。甚至是同一个会议，不同的领导去讲话，讲话的内容也是大相泾庭，这就是我们经常看到在同一个会议上，来自不同岗位的领导都在讲话，但讲话的内容却不同，因为他们所处的位置、站的角度、代表的身份都是不一样的，也就是不同岗位领导的角色不同、分工不同，在同一个会议上应该讲什么也就不同。这些差别，需要在管理实践中去具体感受和体会。

☆　☆　☆

第2篇 文件——规划之思

思想思语

规划，是管理实践中的一种重要文本形式。无论是地方政府，还是企事业单位，或者大学与研究机构，可以说任何组织的管理实践中，都离不开规划这一管理文本。

规划包括硬规划和软规划，硬规划多指具体的工程建设项目规划，软规划一般指除工程建设项目之外的其他发展规划，这类规划涉及范围十分广泛，如区域发展规划、城市发展规划、教育发展规划、人才建设规划、科技发展规划、事业发展规划，等等。这里，我们主要就管理实践中如何制定软规划进行分析。事实上，制定软规划比制定硬规划更难，难就难在软规划目标的可实现性和可检验性、内容与任务的可操作性和可执行性如何去体现。

还需要强调的是，我们不是从研究角度去谈规划的制定问题，而是从管理实践的角度去谈规划的制定问题。我们体会，从管理实践看，规划是指导本级系统未来若干年内向什么方向前进、怎样向这一方向前进的战略设计，它包括本级系统制定规划的目的、本级系统面临的形势与当前状态、本级系统要实现的目标、实现目标要做什么及怎么做、实现目标过程与环境系统的关系、实现目标需要什么条件等要素，具体体现为规划的前言、形势与现状分析、指导思想、建设目标、方针原则、内容与任务、举措与途径、组织保障等。

前言主要回答规划的这一系统是什么、为什么建设的问题，即需要对该系统进行定义，并对该系统建设的基本目的和依据作出明确回答，如果已经是多次进行规划或者系统的定义属于不言自明，则只回答建设的基本目的和依据即可。

形势与现状分析主要回答这一系统已经取得了哪些成果或成效，还存在哪些问题没有解决或哪些任务没有完成，上层系统和本级系统在宏观上要求该系统在未来要满足什么需要，当前面临的形势是什么，与制定上一轮规划时发生了哪些变化，这些新的变化为规划的制定带来了哪些机遇、提出了哪些挑战，如何抓住并用好这些机遇、如何有效应对这些挑战等。

指导思想主要从战略层面回答这一系统应该做什么、怎么做的问题，涉及该系统的目标、定位与模式等，一是指上层系统对自身系统的必然要求，从系统的目的性或使命层次回答做什么、怎么做；二是指自身系统发展规律的基本要求，从自身系统治理的层次上回答做什么、怎么做，因而指导思想需要根据上层系统对自身系统的基本要求回答其宗旨与使命是什么、根据本级系统面临的矛盾和问题回答自身系统未来建设的方针原则与基本思路、未来的发展定位与建设后要达到的总体目标等。这一部分往往不被规划的制定者重视，认为是“虚”的东西。实际上，这一部分内容十分重要，之所以称为“指导思想”，是指这一部分内容是指导规划制定和实施的思想，是规划的制定与实施必须坚持的根本要求。

建设目标主要根据上层系统的要求和自身系统的发展规律回答经过建设后系统未来要达到的状态是什么样，并对这一状态进行具体描述，要求所描述的未来状态要可实现和可检验，所用语言必须是目标性表达的语言。在管理实践中，对较系统建设目标的科学描述，是一件既困难，又十分重要的事情。所制定的建设目标，既要符合系统自身发展规律的要求，又要使提出的目标经过努力能够实现，实现后的目标还要能够被检验。要做到这一点，就必须将开展自身系统建设的目的和使命转化为具体的建设目标，这是建设目的的目标化过程，对于管理实践极其重要。

方针原则主要从自身系统与环境系统的制约关系来回答怎么建设的问题，主要回答该系统在未来的建设过程中应该注意的一些具体问题以及如何处理自身系统与环境系统的关系问题。其话语方式一般用“坚持什么”来表达，所提出的方针原则在文字上要十分精炼，句法上注重对仗，是对实施规划提出的基本要求，在执行规划时要求必须遵循。

内容与任务主要是根据建设目标回答建设什么的问题，即把建设目标转化为可执行的建设内容与建设任务。在建设目标、建设任务与建设的具体行动之间建立起有效的因果联系，是建设目标的操作化过程，也是将战略目标转化为战术任务的过程。在制定规划的过程中，要努力做到在建设内容、建设任务与建设目标之间建立起一一对应关系，防止确定的建设内容与建设任务同制定的建设目标脱节、建设内容与建设任务不能很好地为实现建设目标服务、建设内容与建设任务无法执行或不可操作的问题。

举措与途径主要是从自身系统出发寻找可以利用的建设资源，并对这些建设资源进行整合利用或优化利用，让所有的建设内容与建设任务各归其位，在一个完整的体系中得到反映，提出的举措与途径要同完成的建设任务与实现的建设目标之间形成对应关系；要防止提出的举措与途径零散、乏力，在举措、途径与实现建设目标、完成建设任务之间没有建立起紧密的、稳定的、可靠的支撑关系，举措、途径对实现建设目标缺乏针对性和有效性，甚至举措、途径与建设目标之间发生错位的问题。

组织保障主要是回答为完成建设任务、实现建设目标需要上级系统和本级系统在人力、财力、物力等方面提供哪些条件，在组织、制度、管理等方面作出哪些安排。

在管理实践中，与规划一脉相通的还有实施方案。实施方案一般来说可以直接操作，规划还需要分解后才能具体操作。为此，实施方案除了规划要求的基本要素之外，还包括组织领导机构和实施步骤等要素，之所以有这两个基本要素，就是为了进一步增强“实施方案”的可操作性和可检验性。

年度计划，是对规划和实施方案的细分，是具有更强执行性的管理文本。这里需要特别强调的是，根据规划或实施方案去制订年度工作计划，如何做到既能够完成规划或实施方案中提出的阶段性任务，实现规划或实施方案确定的目标，达到管理者的目的；同时又能从上层系统和本级系统的实际出发，尽可能在“不折腾”系统内其他相邻子系统的前提下，使计划制订部门能够拿出一份为系统内各子系统所认同的可操作、可执行、可检验的年度计划，这是制订年度计划的“高明”之处。

希望读者可以从本篇有关文稿中学习并体会规划、实施方案以及年度计划都包含了哪些管理要素，制定规划、实施方案以及年度计划分别有哪些具体要求，一篇好的规划或者实施方案、年度计划是如何形成的，管理者又是如何通过规划、实施方案、年度计划等去指导管理实践的。

第5章

规划 方案 计划

思考思语

本章选取了作者在2006年至2011年起草和修改完成的6篇建设规划、实施方案和年度计划文稿，其中，文化建设规划3篇、文明建设规划1篇、实施方案1篇、年度计划1篇。这里，仅就文化建设规划中指导思想、建设目标、建设内容与建设途径的确定等共性要素的具体要求再作一分析。

关于规划中指导思想的确定，需要遵循三方面的要求：一是根据上级的要求来确定，二是根据学校发展愿景的要求来确定，三是根据大学之间竞争的要求来确定。

上级的要求包括中央的要求、教育部的要求、具体主管部门的要求。其中，中央的要求是对高校的最高要求，也是第一层次的要求，具有最高指导力，在大学文化建设中处于引领地位；教育部的要求是对高校的普遍性要求，也是第二层次的要求，具有普遍指导力，在大学文化建设中处于基础地位；具体主管部门的要求是对高校的行业性要求或从一个系统角度出发提出的具体要求，也是第三层次的要求，具有行业指导力或明确的具体指导作用，在大学文化建设中处于特殊地位。

学校发展愿景的要求，是指学校在实现中长期发展目标的过程中，还有哪些矛盾和问题需要解决，如师生员工的校园价值观问题、提高人才培养质量与自主创新能力问题、校风教风学风建设问题等。这些问题成为确定文化建设规划指导思想必须考虑的核心要素，即校园价值观应是大学文化建设的核心，提高人才培养质量与自主创新能力应是大学文化建设的根本，校风、教风、学风建设应是大学文化建设的着力点。

文化建设规划的指导思想，之所以要考虑大学之间竞争的要求，是因为随着全球化浪潮的兴起，国际国内大学之间的竞争越来越激烈，大学之间的分级化趋势也越来越明显。从发展看，大学之间的竞争，归根结底是文化的竞争，这种竞争是软性的、看不见的竞争，所以必须站在更高、更宽、更广的视野，从大学的长远发展、大学的核心竞争力与大学的软实力提升、培养什么样的人以及怎样培养人、人才资源的储备等竞争角度，来思考和谋划大学的文化建设。

关于规划中建设目标的确定，需要从大学文化系统的结构、功能与层次三方面去考虑，将其分为结构性目标、功能性目标和层次性目标。

确定结构性目标，一要对大学文化体系的基本结构进行界定，二要对其现状进行识别，弄清楚每一个结构性要素的当前状态，并作出基本判断、给予准确描述，然后再对每一个结构性要素经过一段时间的建设后未来可能达到的状态作出符合实际的设定和描述。

确定功能性目标，一要明晰大学文化具有文化引领、文化创新与文化辐射等 3 方面社会功能和教育、引导、凝聚与激励等 4 方面内在功能，二要对大学文化功能发挥的现状进行识别，弄清楚大学文化作用发挥的当前状况，并作出基本判断，然后再对大学文化经过一段时间的建设后，其功能在未来的实现情况作出符合实际的设定和描述。

层次性目标，一般是针对年度计划而言，在已经明确总体建设目标和具体建设内容的前提下，对年度或阶段上所要实现的目标进行确定。在制定规划时，首先要根据建设的具体内容对总体目标进行分解，特别是对发展中急需解决的矛盾和问题相关的建设内容进行分解，然后再根据上一年度或前一阶段的建设目标实现情况，结合当年或本阶段所要完成的建设任务，对经过一段时间建设后各项任务可能达到的未来状态进行设定和描述。

在制定中长期规划时，建设总体目标的表述一般是结构性目标、功能性目标和层次性目标的综合。但是，在描述建设内容或建设任务时，会涉及结构性目标和功能性目标的描述；在制订年度计划时，会涉及层次性目标的描述。

关于规划中建设内容的确定，需要注意三方面问题：一是要对文化建设的结构性目标进行分解，并对实现这些目标的手段、内容等进行分层次说明，明确文化建设到底建什么。二是要将分解后的建设内容进行解剖，要表达清楚这些建设内容通过建设后要达到什么目的或实现什么样的阶段性目标，使建设内容明确、清晰。三是要把文化建设内容与有关职能部门的业务工作区分开来，职能部门业务工作与文化建设的目标是不一样的。业务工作的目标是取得可见的标志性成果，而文化建设是要形成良好的文化氛围。业务工作一般是文化建设的载体，但不是文化建设的内容，在确定文化建设内容时，应突出强调业务工作的文化内涵，而不是业务工作本身。只有通过对文化建设内容的正确描述，才能对文化建设要建什么更加清楚，对每一项建设内容经过建设后要达到的目标更加明确，对建设内容是否完成的判别标准更加明晰。

关于规划中建设途径的确定，应坚持三方面原则：一是具有行业特点或者主体学科、科学研究与人才培养主要服务于某一行业或系统的大学，所提出或确定的文化建设途径，要符合学校所在行业与所服务行业或系统的特点，突出为行业或系统服务的特色；二是文化建设途径要结合高等教育发展实际和人才培养的根本要求，符合大学特点，突出教育特色；三是文化建设途径，要结合师生工作、学习和生活实际，满足师生员工的多样化需求，符合师生特点，突出活动特色。在制定文化建设规划时，要完成某项建设任务、实现某一个建设目标，一定要有某些建设途径与之对应，我们也确信一定有某些建设途径与之对应。

在规划制定中，只有建设途径与建设目标、建设内容之间形成了比较直接的对应关系，才能对完成文化建设任务、实现文化建设目标起到有力的支撑作用，才能通过一定时间的文化建设，逐渐形成具有本校特色的文化氛围，形成具有本校风味的“文化泡菜缸”，使师生长期在一种特殊的文化氛围熏陶下，长时间在一个独特的文化“泡菜缸”侵染下认同和接受自身大学文化，在这一文化的熏陶和侵染下成长，这才是我们制定文化建设规划、推进文化建设的根本目的。

案例一 校园文化建设“十一五”规划

思路思语

这是学校制定的第一个文化建设规划。自2003年以来，学校重新确定了校风、教风、学风，为校园道路进行了命名，编撰了校史50年通鉴，凝练推出了校训、校歌、校旗，特别是2005年二次党代会和2006年本科教学评估期间，确定了“三海一核”特色办学理念，凝练推出了“三个第一”大学精神，塑立了陈赓院长铜像、奥列霍夫铜像、邓世昌铜像和郑和铜像等与学校历史、特色有关的名人雕塑，文化建设从自发开始走向自觉。而在这一时期，大学文化建设开始得到一些高水平大学的重视，有的大学开始制定文化建设规划，把大学文化建设纳入学校的整体建设之中。但是，我们也看到，在这一时期制定出台的大学文化建设规划，普遍还只是对大学文化的概念进行定义，对大学文化建设的重要性进行阐述，对自身大学文化的内涵进行总结，还不是一个真正意义上的规划，或者说制定的规划普遍不可操作、难以执行。认识到这一问题后，我们对制定一个什么样的文化建设规划进行了深入研究，对学校文化建设取得的成果和存在的问题进行了深入总结，对学校未来文化建设的目标、建设的重点、建设的任务、建设的途径等进行了深入思考，数易其稿后于2006年9月完成规划的制定，正式印发执行。

前言部分，对校园文化是什么进行了定义，回答了建设校园文化的目的和制定文化建设规划的依据。现状部分，对所做的工作和取得的成效进行了总结概括，对建设校园文化的重要性和当前校园文化建设中存在的问题与不足进行了分析。指导思想部分，提出了“5个以”的指导思想，从战略层面回答了学校文化建设应该怎么做的问题；提出了“3个必须坚持”的方针原则，回答了校园文化建设的宗旨以及建设过程中需要注意的问题。建设目标部分，根据学校发展对文化建设的要求和校园文化自身的发展规律，回答了经过建设后的校园文化是一个什么状态，运用目标性表达语言提出了“3个形成、8个使”的具体目标和5个方面的建设重点。建设内容与任务部分，紧扣提出的建设目标和建设重点，提出了5个部分、19个方面的建设内容与建设任务，在描述上努力使提出的建设内容与建设任务可操作、可执行。建设途径部分，深入挖掘校园文化建设可利用的资源，提出了3个部分、11个方面的建设途径，尽可能使提出的这些途径同实现建设目标与完成建设任务之间建立起紧密的支撑关系，使这些途径更具针对性和有效性。组织保障部分，从组织、管理、财力等角度提出了6个方面的保障条件。

校园文化建设是社会主义先进文化建设的重要组成部分，也是大学建设的重要内容之一。校园文化，是由大学里全体师生员工传承和创造的，是在学校发展的历史过程中逐渐积累起来的，由精神文化、制度文化、学术文化、物质文化和行为文化构成的一个文化体系。建设以爱国主义精神和改革创新精神为引领的、具有××大学特色的校园文化，是构建和谐校园、推进特色鲜明的高水平研究型大学建设的重要精神动力和文化保障。根据国家《“十一五”时期文化发展规划纲要》、教育部、共青团中央《关于加强和改进高等学校校园文化建设的意见》以及上级主管部门对加强军工文化建设的要求和学校第二次党代会精神，结合学校“十一五”总体发展战略规划和我校校园文化建设实际，特制定××大学“十一五”校园文化建设规划。

一、校园文化建设的现状

50多年来，学校经历了哈军工、×××和×××三个发展时期，形成了独具特色的优良传统和文化积淀，突出表现在：形成了以国家需要为第一需要、国防需求为第一使命的精神境界，以“三海一核”特色办学理念为标志的办学方略，以“善之本在教，教之本在师”和“教书教人”为核心的办学传统；形成了“严谨、严密、严格”的教风和“严谨、求实、勤奋、创新”的学风，以及“忠诚、坚韧、团结、创新”的校风等；凝练出了“大工至善，大学至真”的校训；推出了校歌、校旗、校标等重要文化标志；塑立了陈赓院长铜像、奥列霍夫铜像、邓世昌铜像、郑和铜像等与学校历史、特色有关的名人雕塑；举办了“哈军工—××时期”院士展、陈赓生平图片展，在图书馆悬挂了院士画像。具有××大学特色的校园文化逐步形成，在学校发展建设的历史进程中发挥了重要作用。

进入21世纪，高素质创新型人才培养的任务越来越重，科技自主创新的需求越来越迫切，高等教育的分级化趋势日益明显。校园文化已成为提升高校核心竞争力的重要因素，成为提高人才培养质量和科技自主创新水平的重要软环境。经过几十年的发展和积淀，我校的校园文化建设取得了长足进步。但是，也存在不足。校园文化体系的框架虽已建立，但还需要丰富和发展；校园价值观体系虽已确立，但尚未完全成为广大师生员工高度自觉的价值取向和行为准则，这与创建特色鲜明的高水平研究型大学的要求还不能完全适应。因此，进一步加强校园文化建设具有重要的现实意义和深远的历史意义。

二、校园文化建设的指导思想与方针原则

（一）指导思想

以邓小平理论和“三个代表”重要思想为指导，全面贯彻落实科学发展观，紧紧围绕学校第二次党代会确定的目标和任务，牢牢把握校园文化建设的正确方向，适应社会主义先进文化建设的根本要求、军工文化建设的现实需要和创建特色鲜明的高水平研究型大学的发展目标，紧密结合学校的历史传统、校园文化现状与师生员工的文化需求，以爱国主义精神和改革创新精神为引领，以弘扬追求真理、培养人才、繁荣科技、服务社会的大学精神为基础，以校园价值观建设为核心，以培养高素质创新型人才、提高自主创新能力为根本，以校风、教风、学风建设为着力点，继承传统，与时俱进，突出特色，促进师生员工整体素质的提升和学校全面协调可持续发展。

（二）方针原则

1. 校园文化建设必须坚持为人才培养服务、为科学研究服务，促进人才培养目标、办学指导思想、办学思路和发展战略的贯彻落实。

2. 校园文化建设必须坚持以人为本，全心全意依靠师生员工开展校园文化建设，把师生员工作为校园文化建设的主体，调动师生员工的主观能动性。

3. 校园文化建设必须坚持继承哈军工优良传统，弘扬哈军工精神，学习和借鉴国内外优秀校园文化精华，融合中西校园文化的优秀成果，在继承中弘扬，在学习中进步，在创新中发展。

三、校园文化建设的目标

经过 5 至 10 年的校园文化建设，形成以校训为核心的校园价值观体系，使“大工至善、大学至真”成为广大师生员工普遍遵循的最高校园价值准则；使“以国家需要为第一需要、国防需求为第一使命”成为大学精神的核心要素；形成以文化标志、文化活动、文化环境为重点的校园文化系统，使文化标志广泛传播、

文化活动广泛开展、文化环境产生广泛影响；形成以办学理念，办学方略，校风、教风、学风为主要标志的特色校园文化，使“以人才培养为中心和以师生员工为本”成为办学根本理念，“以特色求生存、以贡献求发展”（“三海一核”办学方略）成为办学第一方略，“忠诚、坚韧、团结、创新”（校风）成为××大学人的标志性形象，“治学严谨、组织严密、要求严格”（教风）成为教师的独特风范，“严谨、求实、勤奋、创新”（学风）成为学生的整体风貌；教育、引导、凝聚和激励全校师生员工，为构建和谐校园、创建特色鲜明的高水平研究型大学提供强有力的思想保证、精神动力和文化支持。

“十一五”校园文化建设的重点是：

——精神文化建设要重点抓好校风、教风、学风（简称“三风”）建设，加大对“三风”的学习、宣传和教育力度，完善“三风”的学习、宣传和教育途径，进一步提高“三风”建设水平。

——制度文化建设要重点抓好管理体制和运行机制创新，进一步完善考核评价体系，强化以人为本的管理理念，营造追求卓越的管理环境。

——学术文化建设要重点抓好学术环境建设与学术氛围营造，树立创新理念，弘扬创新精神，进一步形成鼓励创新、宽容失败的学术环境和百花齐放、百家争鸣的学术氛围。

——物质文化建设要重点抓好校园文化标志体系建设和体现学校历史、特色的文化工程建设，进一步提升学校文化标志的认知度，提高校园硬环境的文化含量。

——行为文化建设要重点抓好学生社团文化建设和班级文化建设，全面提升学生的竞争意识与合作意识，进一步形成崇尚创新、注重实践的社团文化与团结勤奋、求实创新的班级文化。

四、校园文化建设的内容和任务

（一）精神文化建设

1. 进一步弘扬学校优良传统和优秀文化

加强对学校传统、使命、目标等的宣传教育，进一步形成对哈军工优良传统广泛认同的文化心理，使学校为国防现代化服务的使命、创建研究型大学的目标成为全校师生员工普遍接受的共同理想和目标追求，使“大工至善、大学至真”的校训深入人心。

2. 进一步强化特色办学理念

加强对学校特色的宣传教育，进一步促进师生员工对学校“三海一核”特色办学理念的了解和认同，在全校师生员工中形成主动践行特色办学理念的校园文化氛围，营造“支持特色、丰富特色、发展特色、创造特色”的校园文化环境，使“以特色求生存、以贡献求发展”的办学理念得以全面树立和贯彻落实。

3. 进一步深化校风、教风、学风教育

全面阐释“三风”内涵，加强“三风”宣传教育，在师生员工中倡导勤奋学习、勇于创新、潜心研究、严谨治学，使“三风”进一步内化为全校师生员工的基本行为规范，成为评价师生员工行为的基本准则。

4. 进一步加强军工文化建设

深入学习国防科技工业战线的先进典型，积极宣传“两弹一星”精神和载人航天精神，激发全校师生员工献身国防科技事业、报效祖国的热情，继承和发扬“忠诚奉献、坚韧拼搏、艰苦奋斗、团结协作、求实创新”的哈军工精神，进一步增强师生员工为船、为海、为国防服务的使命感和责任感。

（二）制度文化建设

1. 进一步树立依法治校观念，营造科学决策、民主管理的校园法治环境

通过开展法制宣传教育和法治实践，使广大师生员工进一步增强法律意识、树立法治观念；通过制定实施《大学章程》、推进校务公开工作，形成了依法办学、依法治教、依法治学和依法育人的良好风气；通过完善决策程序和管理模式，强化寓管理于服务之中的观念，形成以服务促管理的工作理念。

2. 进一步建立和完善制度体系和评价体系，形成以人为本、公开、公平、公正的管理文化

通过规章制度的建立完善、贯彻落实和监督执行，规范各层次办学行为，营造有法可依、有法必依、执法必严的制度文化环境；通过进一步完善评价体系等，充分调动广大师生员工的工作积极性和主动性，营造激励竞争、团结奋进、宽松和谐的人际环境和管理环境。

3. 进一步促进管理体制和运行机制创新，营造科学、灵活、廉洁、高效的管理氛围

通过组织机构设置和学术组织架构的科学化，把“人”作为管理活动的核心和组织管理最重要的资源，以促进人的全面发展为目的，突出体现个人价值与集体价值、个人目标与组织目标辩证统一的管理理念；通过管理部门与管理人员职责的明晰化，使管理方式更加科学、工作运转更加灵活、管理成本更加低廉、工作效率显著提高，形成了以人才培养为中心和以师生员工为本的组织管理理念。

（三）学术文化建设

1. 进一步推动以学术大师为代表的学术文化建设，营造崇尚学术、追求真知、鼓励创新、宽容失败的学术文化环境

充分发挥知名专家学者的作用，引导教师树立正确的学术价值取向；通过开展学术道德教育活动，形成严谨治学、诚信为学的学术风气；通过开展经常性的学术报告、学术沙龙等，鼓励各种学术观点广泛交流沟通，形成百花齐放、百家争鸣的学术氛围；通过完善创新的体制机制，形成鼓励和支持各种创新行为的学术制度环境。

2. 进一步促进国际学术交流，营造包容并蓄、交融汇通、民主开放的国际学术交流氛围

通过建立和完善教师出国进修、考察、培训等制度，形成鼓励、支持教师参加国际学术交流的制度环境；通过教师出国进修、考察、培训等，学习世界著名大学先进的教育理念，在师生员工中树立开放式、国际化办学观念；通过积极引进外国智力资本、推进留学生工作，扩大师生员工的国际视野，形成在交融中吸取校园文化精华、在学习中促进校园文化发展的良好氛围。

3. 进一步推动学生学术科技活动的开展，营造宽松、和谐、勤奋、创新的人才成长环境

通过组织开展学术科技活动，形成勤奋学习、主动创新、潜心学问的成才环境；通过组织参加学术科技竞赛，形成勤于思考、善于创新、勇于实践的科研环境；通过完善学术科技活动的有效机制，形成民主、宽松、开放、和谐的学术环境。

（四）物质文化建设

1. 进一步加强校园文化标志建设，完善校园文化标志体系

加强重要文化标志建设，建立和完善形象标志系统，健全文化标志使用规范，开展校园新建道路、建筑、景观命名活动，提升校园道路、建筑、景观的文化内涵。

2. 进一步推动校园文化环境建设，提高校园硬环境建设的文化含量

通过塑立与学校历史和特色有关的名人塑像，建立与完善校史馆、船舶博物馆、学生科技馆等，不断积淀学校的历史文化资源；通过建设院士（校友）墙、举办院士（校友）展、将军（校友）展等，增强师生员工对学校历史与文化的光荣感；通过校园绿化美化和人文景观建设，形成风格统一的校园文化环境；通过加强各类校舍的室内环境建设，形成协调一致的室内文化环境。

3. 进一步促进校园文化传播，构建文化传播网络体系

通过推广使用形象识别标志，制作统一的校园文化产品，打造校园文化品牌，提高师生员工对校园文化的认知度；通过校园网、工学新闻网等网络途径，对内、对外宣传等新闻途径，节日纪念日等节庆途径，促进校园文化向师生员工及社会公众的广泛传播。

（五）行为文化建设

1. 完善师生员工日常行为规范，提升文明建设的文化内涵

继续推进“校园文明工程”建设，加强文明教育和行为引导，宣传科学、文明的生活方式，增强礼仪、礼节、礼貌意识；规范师生员工的言行举止，促进文明交往和文明行为，杜绝校园内不文明现象，切实提高师生员工文明素养；加强师生交流与沟通，增进师生的感情与友谊，增强诚信意识，推动诚信行为，建设校园诚信文化。

2. 制定和完善特殊礼仪规范，使其渗透学校的文化与价值观念，强化师生员工行为同校园价值观的一致性

通过加强各种会议的会风建设，建设严肃认真的会议文化；通过规范各种接待活动，建设热情简朴的接待文化；通过校庆日等大型节庆活动，建设喜庆热烈的节庆文化；通过规范表彰会等各类奖励活动，建设隆重务实的表彰文化。

3. 进一步推进公寓文化建设，使“公寓就是家”的理念深入人心，使公寓成

为学生文明素质养成的重要场所

通过加强公寓硬环境建设，增强“居民”对公寓的满意度；通过加强公寓制度建设，促进公寓管理的人本化；通过建立和完善公寓行为规范，增强公寓居民“家”的意识；通过广泛开展公寓文化活动，提高居民参与公寓建设的主动性；通过满足公寓居民的多样化需求，共同建设和谐温馨的满意公寓。

4. 大力加强学生社团建设，培育健康高雅、鼓励竞争、增进合作、崇尚创新的社团文化

通过社团管理制度的建立和完善，形成促进社团向健康高雅方向发展的制度氛围；通过倡导社团之间的竞争与合作，形成社团及其成员之间在竞争中合作、合作中竞争的发展环境，营造培养学生竞争意识与合作意识的良好氛围；通过推动社团活动层次和水平的提高，形成满足学生兴趣爱好和素质培养需求的活动氛围；通过支持社团创新活动的开展和鼓励学生的积极参与，形成尚创新、重实践、勤参与的文化氛围。

5. 积极推进院系、机关等部门（单位）文化建设，逐步形成特色鲜明、与校园价值观协调一致的部门文化

坚持以人为本的工作理念，增强部门的向心力和凝聚力；尊重和依靠全体教职工，营造和谐民主的管理氛围；支持和鼓励创新行为，营造崇尚创新的文化环境；崇尚并推动员工能力建设，形成追求卓越、勇创一流的价值取向。

6. 积极推进以学风为引领的班级文化建设，形成团结、勤奋、求实、创新的良好班风

积极开展互帮互助活动，增强班级凝聚力，营造团结和谐的文化氛围；积极开展学习创优活动，增强班级学习动力，营造勤奋学习的浓厚氛围；积极开展科技创新活动，增强班级活力，营造人人求创新、事事讲创新的学术氛围；积极开展社会实践活动，增强班级活力，营造求实、向上的班级氛围。

五、建设途径

（一）以宣传教育活动为载体，推进校园文化建设

1. 广泛开展校史教育与传统教育活动

通过新生入学教育、新教师岗前培训等，坚持不懈地在全校师生员工中进行

爱国主义精神和改革创新精神教育、校史教育和文化传统教育，把学校在历史发展进程中形成的优秀文化和优良传统灌注到全体师生员工的头脑中，增强师生员工对学校历史与文化的自豪感与认同感，自觉将校训、校风等内化于心，指导自己的行为和实践。

2. 广泛开展树先进、学先进活动

自哈军工以来特别是在创建研究型大学过程中涌现出来的先进集体和模范人物，是学校文化与精神的典型代表。要通过“先优模”表彰活动，挖掘和运用先进典型，树立可亲、可敬、可信、可学的师德表率、学术先锋、学习典范、创新标兵，让全校师生员工学有榜样、赶有目标、见贤思齐，从先进典型的感人事迹和优秀品质中受到鼓舞，吸取文化和精神的力量，使先进典型真正成为广大师生的楷模。

3. 加强对文化建设的舆论引导

通过校内媒体，牢牢把握正确舆论导向，大力宣传在学校发展建设中涌现出来的，积极践行校训，体现校风、教风、学风的先进典型；充分利用各种传播媒介，加强对学校发展建设中热点问题的引导，对具有典型意义的人和事展开讨论，使校园文化建设沿着正确的方向前进。

4. 广泛开展校园文化宣传活动

全校各单位、全体师生员工在校园文化建设中发挥着不可替代的重要作用，也具有义不容辞的责任。要结合各自工作，运用各种形式、采取各种措施，在师生员工中广泛宣传学校的历史和文化，宣传校训、校歌与“三海一核”特色办学理念等重要文化标志及其内涵，做到人人皆知、人人会唱、人人善讲。

（二）以教学科研等实践为载体，推进校园文化建设

1. 要在各种教学实践中加强校园文化建设

全体教师要通过课堂教学、课外辅导以及与学生的日常交流等，发挥教师为人师表、行为示范的作用，把校风、教风建设渗透到教学过程中；通过学生的实验、实习以及在教室自习、自修等，把校风、学风建设渗透到学生学习的各个环节中。

2. 要在各种科研实践中加强校园文化建设

全体科技人员要通过自身的科学研究、指导学生毕业设计和论文、课外学术科技创新等实践，促使师生员工自觉树立崇尚学术、崇尚创新、追求卓越的思想，自觉践行校训、特色办学理念等，自觉推动学术文化建设。

3. 要在各种管理实践中加强校园文化建设

各院系、机关、直属单位要从本单位实际出发，把学校历史、文化与本单位的历史、文化结合起来，作为教职工教育、培训的重要内容，促进教职工对学校文化与本单位文化的认同，促进部门文化的形成和发展；要加强师德师风与管理作风建设，在管理实践中体现“以人才培养为中心和以师生员工为本”的理念。

4. 要在各种服务实践中加强校园文化建设

各个岗位上的管理与服务人员都要在为师生员工学习、工作和生活服务的实践过程中，树立服务育人的思想，竭诚为师生员工提供优质的人本化服务，展示学校良好的校风，充分体现学校的人文关怀，提升学校各方面工作的文化含量。

（三）以文化体育活动为载体，推进校园文化建设

1. 各种节日、纪念日蕴藏着宝贵的文化建设资源

要利用“五四”“七一”“十一”“一二·九”等革命节日和“三八”“五一”等国际性节日以及教师节、元旦等传统节日，以及“九一”校庆纪念日等，举行形式多样的庆祝、纪念活动，充分调动全校师生员工建设校园文化的积极性和主动性，把校园文化建设贯穿于有关节日、纪念日的庆祝活动之中。

2. 充分利用学生活动资源进行校园文化建设

各有关单位举办的学术会议、学术讲座等学术活动，各级团组织开展的科技竞赛活动、社会实践活动、青年志愿服务活动，各学生社团等组织开展的社团活动，覆盖面广、参与人数多，对校园文化建设有着深刻影响和特殊渗透力。要在学生活动中充分体现校园文化建设的内容，进一步促进学生良好精神风貌的形成。

3. 广泛开展师生员工喜闻乐见的校园文化活动

对运动会、文艺演出等大规模集会活动，要精心组织、加强引导，吸引师生员工参与，激发师生员工热情，增强师生员工凝聚力。要广泛开展各种主题文化活动，把校园文化建设贯穿于活动的全过程，提高师生员工的文化素养和文化追求。

六、组织保障

1. 校园文化建设内容将纳入学校"十一五"事业发展总体规划，成立校园文化建设领导小组和校园文化建设工作组，领导小组下设校园文化建设工作办公室。

2. 根据本规划确定的目标和任务，制订校园文化建设年度计划，突出年度建设重点，保证校园文化建设"十一五"规划的贯彻落实。

3. 在校党委的领导下，校园文化建设领导小组全面负责学校的校园文化建设工作，指导校园文化建设年度工作计划的制订，听取校园文化建设工作办公室及校园文化建设工作组关于校园文化建设进展情况的汇报，检查校园文化建设年度计划的实施情况。

4. 学校设立校园文化建设专项经费，保证校园文化建设投入到位、专款专用。各单位要积极参与校园文化建设，积极组织开展本部门（单位）文化建设，保证部门（单位）文化建设的经费支出。

5. 校园文化建设工作办公室要做好校园文化建设的组织、协调工作。各校园文化建设工作组要按照校园文化建设年度计划认真组织实施，确保建设成效。

6. 各有关部门要积极配合，共同推进校园文化建设工作。要广泛发动全校师生员工积极参与校园文化建设，进一步扩大校园文化建设的覆盖面，提高校园文化建设水平。

2006 年 9 月印发

案例二 哈军工文化园2008—2012建设规划

思路思语

这是学校在实施文化建设“十一五”规划过程中制定的第一个专项规划。2006年，上级主管部门提出要大力加强军工文化建设（这里的“军工”是指国防科技工业），要建设一批国防科技工业军工文化教育基地和国防科技工业军工文化示范基地。为了更好地继承哈军工传统，发挥哈军工文化的育人作用，学校党委决定整合校内文化资源，系统打造哈军工文化园（这是为把整合后的学校文化资源建设成国防科技工业军工文化教育基地才凝练得此名称）。2008年，学校完成了文化园规划的制定正式印发实施。该规划的前言、现状、指导思想与方针原则、建设目标与建设重点、建设内容与建设举措、保障条件都完全符合规划制定的基本要素要求，但这一文化建设专项规划具有软规划与硬规划的双重性质，也就是说既有软建设又有硬建设，提出的建设方针、建设目标、建设重点、建设内容与建设举措都具有更强的针对性和可操作性，规划在实践上更具可执行性和可检验性，比《文化建设“十一五”规划》有了明显进步。2009年，哈军工文化园成为首批22个国防科技工业军工文化教育基地之一；2010年，被正式批准为省高校首个爱国主义教育基地。

“哈军工文化园”是学校校园文化建设的重要内容，也是校园文化建设的重要物质载体。建设以传扬“哈军工文化”核心价值体系为宗旨的“哈军工文化园”是推进国防科技工业军工文化教育基地建设的重要保障。根据上级主管部门《关于加强军工文化建设的指导意见》精神，按照《军工文化教育基地认定办法（试行)》和学校《校园文化建设“十一五”规划》的要求，结合学校校园文化建设实际，特制定“哈军工文化园”2008—2012建设规划。

一、“哈军工文化园”建设的现状

自2005年1月校第二次党代会以来，学校启动了“哈军工文化园”建设计划，按照“整合资源、分区建设、突出特色、开放运行”的方针，在哈军工原址开始建设“哈军工文化园”，取得了一系列成果，主要有6个方面：一是通过对哈军工历史与哈军工文化的研究，凝练了哈军工文化的核心价值体系，形成了“以忠诚为灵魂，以工学为境界，以海防为特色”的大学文化；二是通过加大校园文化的景观建设，完成了陈赓院长铜像、奥列霍夫铜像及广场、邓世昌铜像、郑和铜像、济海湾、校友林、工学桥等一批标志性景观；三是通过对已有文化资源和拟建文化设施的充分整合，初步形成了历史景观区、文化景观区、船海特色区和哈军工纪念馆的“三区一馆”格局；四是通过完善管理机构、健全管理制度、明确岗位职责等措施，初步建立了一套协调有力、上下联动、科学高效的管理体制和运行机制；五是通过开展一系列军工文化教育活动，增强了“哈军工文化园”的文化育人功能，先后被批准为国家大学生文化素质教育基地、省级爱国主义教育基地、省级科普教育基地和省军区高科技教育基地；六是通过加大对校内师生、学生家长、省内中小学生的开放力度，增强了“哈军工文化园”的社会开放功能，发挥了较好的社会辐射作用，树立了良好的社会形象，产生了较大的社会影响。具有明显军工特色与船海特色的“哈军工文化园”初步建成。

面对办人民满意、军工需要的研究型大学的新目标，为国防科技工业培养可靠、顶用的高层次创新人才的新任务，加快国防科技工业军工文化教育基地建设的新要求，“哈军工文化园”建设已成为学校发展建设的重要组成部分，成为提升学校文化软实力的重要手段。经过近几年来的重点建设，“哈军工文化园”建设取得了明显成效。“哈军工文化园”虽已初步建成，但是，哈军工文化还需要进一步凝练，哈军工历史景观需要加强保护；反映哈军工文化的校园景观明显不足，文化景观区还需要继续建设；船舶博物馆展品还需要不断丰富，校园新区道路命名还没有启动；“三区一馆”格局虽已形成，但作为“三区一馆”核心的哈军工纪念馆建设方案还未确定，哈军工纪念馆建设需要加快推进。因此，继续加强“哈军工文化园”建设具有重要意义。

二、“哈军工文化园”建设的指导思想与方针原则

（一）指导思想

以邓小平理论和“三个代表”重要思想为指导，全面贯彻落实科学发展观，以传扬哈军工文化的核心价值体系为宗旨，以进一步丰富“哈军工文化园”的设施和展品为着力点，以增强“哈军工文化园”的社会辐射能力、提升“哈军工文

化园”的文化教育能力和社会开放能力、促进师生员工素质提高为目标，整合资源、分区建设、突出特色、开放运行，不断完善“哈军工文化园”管理和建设的长效机制，用哈军工文化教育师生员工、引导学生成才、凝聚海内外校友、激励哈军工后继者，为创建特色鲜明的高水平研究型大学、构建社会主义和谐校园奠定坚实的文化基础。

（二）方针原则

“哈军工文化园”建设应继续坚持“整合资源、分区建设、突出特色、开放运行”的方针原则。

1. “哈军工文化园”建设应坚持“整合资源”的方针。要统筹校内各文化、科普教育基地及其设施，发挥整体教育功能；利用学校周边各类文化、教育资源优势，整合校内外资源，致力于提升“哈军工文化园”的开放能力。

2. “哈军工文化园”建设应坚持“分区建设”的方针。要按照历史景观区、文化景观区、船海特色区与哈军工纪念馆“三区一馆”的功能分区，继续进行有关文化设施建设，致力于形成完善的“三区一馆”格局。

3. “哈军工文化园”建设应坚持“突出特色”的方针。要以传扬“哈军工文化”的核心价值体系为宗旨，突出“哈军工文化”在国防科技工业军工文化体系中的独特地位，致力于形成具有军工特色与船海特色的高校红色旅游线路。

4. “哈军工文化园”建设应坚持“开放运行”的方针。要加强开放能力建设，扩大对外开放的广度和深度，着力把“哈军工文化园”建设成为城市红色旅游线路的重要一站。

三、“哈军工文化园”建设的目标

经过5年左右时间的努力，建立起完善的“哈军工文化园”管理与建设的制度体系，更好地实现哈军工文化的育人功能和开放功能，提高“哈军工文化园”的知名度和辐射力，增强“哈军工文化园”的教育能力和开放能力，形成历史景观区、文化景观区、船海特色区和哈军工纪念馆的“三区一馆”格局，使“哈军工文化园”成为传扬哈军工文化核心价值体系的重要载体，成为学校文化育人的核心基地，成为国防科技工业军工文化教育基地的独特子系统，成为城市红色旅游线路的重要一站。

——建立一套制度健全、管理规范、运转灵活的基地管理与建设的管理体制与运行机制。

——建成一个藏品丰富、特色鲜明的哈军工纪念馆，“三区一馆”格局形成。

——建成省内第一个具有军工特色与船海特色的高校红色旅游线路，向青年学生免费开放。

——力争成为国防科技工业军工文化教育基地，成为国防科技工业军工文化体系的一个重要子系统。

——建成全国国防科普教育基地。

2008—2012“哈军工文化园”建设的重点是：

——“历史景观区”建设要重点加强对哈军工历史景观的保护。

——“文化景观区”建设要重点做好校园人文景观规划，加快建设反映哈军工文化的校园人文景观。

——“船海特色区”建设要重点做好校园新建道路、建筑命名，建设反映船海特色的学校科研成果实物陈列馆。

——“哈军工纪念馆”建设要重点加强“哈军工文化”核心价值体系的凝练，做好建设方案设计与展馆设施、展品建设，实现哈军工纪念馆的对外开放，建成哈军工历史、哈军工文化与哈军工精神研究基地。

四、“哈军工文化园”建设的主要内容

（一）基础设施建设

1. 继续对哈军工时期苏联专家居住地、哈军工时期的图书馆、越南劳动党主席胡志明与总理武元甲等外宾来校视察地以及哈军工的“共和国第一”等进行考证并悬挂标志牌，进一步做好“历史景观区”的保护工作。

2. 做好校园人文景观规划，建设哈军工建筑标志“啸天虎”“一马当先”雕塑，海军武备园与船舶设备园，“四海之水”以及“四岛之土”陈列亭，塑立郑成功、徐寿等反映船海特色的塑像，建设“陈赓受命”群雕和哈军工故事、中国造船史等浮雕，进一步做好“文化景观区”的建设工作。

3. 对校园新建道路、建筑进行命名，建设学校科研成果产品实物陈列馆，充实船舶博物馆展品，进一步做好“船海特色区”的完善工作。

4. 加快推进哈军工纪念馆的总体方案设计、文物征集与馆舍维修，完成哈军工筹备馆、发展馆、分建馆等基本陈列馆和陈赓纪念展、哈军工院士展、哈军工将军展等主题展览建设，实现“哈军工纪念馆”的对外开放。

5. 建设哈军工历史、哈军工文化和哈军工精神研究基地，开展对哈军工史料、文物的保护、征集与修缮等工作，使我校成为国内哈军工历史、哈军工文化和哈军工精神的研究中心。

（二）管理制度建设

1. 进一步完善“哈军工文化园”管理，逐步建立军工文化教育基地可持续发展的管理体制和运行机制。

2. 建立和完善《哈军工文化园管理人员责任制》《哈军工文化园设施、展品管理制度》等，不断提升“哈军工文化园”管理的层次和水平。

3. 建立和完善《哈军工文化园校外参观管理制度》《哈军工文化园校内参观管理制度》等，不断增强“哈军工文化园”对外开放的广度和深度。

（三）教育能力建设

1. 坚持基地设施建设、展品建设与军工文化教育相结合，以“七一一”航海日和“九一”校庆日为契机，搭建船海特色教育和军工历史教育平台，做好新生军训、参观基地文化设施、展览等工作，进一步发挥基地的文化育人功能。

2. 坚持军工文化教育与爱国主义教育、国防教育相结合，以“五四”“一二·九”纪念为契机，搭建爱国主义教育和国防教育平台，广泛开展学生系列爱国主义教育活动、国防教育活动等，进一步发挥基地的思想政治教育功能。

3. 进一步挖掘哈军工历史，编辑出版哈军工史料集、哈军工历史图片集，拍摄体现哈军工办学历史的电视专题片《哈军工》，创作反映哈军工历史文化的话剧《军工日记》等，提高哈军工文化核心价值体系转化为师生员工思想观念、价值取向与行为规范的成效。

（四）开放能力建设

1. 继续对“哈军工文化园”内已有文化资源和新建文化设施、展品进行整合，不断丰富历史景观区、文化景观区、船海特色区与哈军工纪念馆“三区一馆”的内涵。

2. 加强“哈军工文化园”与东北烈士纪念馆、文庙、极乐寺、普照寺、游乐园等市内旅游资源的整合，不断扩大“哈军工文化园”的社会辐射范围，争取开通“哈军工文化园”红色旅游线路。

3. 通过编辑“哈军工文化园”导游册，详细解说“哈军工文化园”的“三区一馆”情况，进一步提升“哈军工文化园”的教育效果和开放效果。

五、“哈军工文化园”建设的主要措施

1. 积极参加国防科技工业军工文化建设经验交流，到其他军工文化教育基地、示范基地参观考察，学习和借鉴国防科技军工文化教育基地建设和管理的先进经验。

2. 加强“哈军工文化园”的基础设施建设，聘请专业公司和专业人员做好校园人文景观规划，分年度有计划地进行建设。

3. 加强同海军、船厂等有关单位的联系，积极争取社会资源，搜集退役潜艇、军舰、船舶、鱼雷等设备，做好海军武备园与船舶设备园的筹建工作。

4. 加强与各地校友会的联系，充分利用校友资源，搜集哈军工时期的图书、文件、资料、实物、图片等，征集回忆哈军工办学的回忆录、纪念文章等，做好哈军工纪念馆的筹建工作。

5. 加强同省旅游局与市旅游局的联系，做好开通“哈军工文化园”高校红色旅游线路的有关准备工作，努力把“哈军工文化园”建设成为具有军工特色与船海特色的红色旅游站点。

6. 加强对“哈军工文化园”的校内外宣传，积极发挥校内外新闻媒体的作用，提高“哈军工文化园”的社会知名度，努力打造“哈军工文化园”品牌。

六、“哈军工文化园”建设的组织保障

1. 将“哈军工文化园”建设纳入学校校园文化建设“十一五”规划和学校“十一五”事业发展总体规划。

2. 根据本规划确定的目标和任务，制订“哈军工文化园”年度建设计划和管理运行方案，突出年度建设重点，保证“哈军工文化园”2008—2012 建设规划的贯彻落实。

3. 在校党委的领导下，校园文化建设领导小组全面负责“哈军工文化园”的建设工作，指导“哈军工文化园”年度建设计划和管理运行方案的制订，听取“哈军工文化园”建设与管理运行情况的汇报，检查年度建设计划的实施情况。

4. “哈军工文化园”管理办公室具体负责“哈军工文化园”建设年度计划推进、日常管理运行和对外开放工作。校园文化建设领导小组办公室要做好“哈军工文化园”建设的规划、管理运行与对外开放的综合协调工作。

5. 学校设立“哈军工文化园”建设专项经费和管理专项经费，保证“哈军工文化园”建设投入到位、管理到位。

6. 学校引导和鼓励校内各单位充分利用“哈军工文化园”组织教师、学生广泛开展各种文化教育活动；同时，有计划地组织省内青少年学生来校参观学习，扩大教育影响。

2008年9月印发

案例三 2010—2012 精神文明建设规划

思路思语

这是学校进入新世纪以来制定的第一个文明建设规划。2009 年 1 月，学校晋升全国精神文明建设工作先进单位。这一荣誉，来之不易，是对学校整体工作的一个肯定。为了实现三年后晋升全国文明单位的目标，如何在此前每年都制订年度计划推进文明建设工作、继续保持基层文明单位项目创建作为精神文明建设工作特色的同时，制定一个有新思路、新举措、具有可操作性、可执行性和可检验性的精神文明建设规划，成为摆在学校党委面前的一个难题。在对高校精神文明建设工作进行充分调研的基础上，一直致力于将精神文明建设这一软规划硬性化，经过 1 年多的反复讨论和修改，2010 年，规划正式印发执行，提出了“5 个以”的工作思路、“5 个进一步”的具体建设目标和“5 大工程、11 项计划”的建设任务，并明确了每一项具体建设任务的负责单位。该精神文明建设规划符合规划的基本要素要求，但没有对规划的现状进行描述，只是在前言部分的开始，用一句话对建设的现状进行了概括。该规划提出的建设目标具有软规划的典型特点，对建设任务用“工程”和“计划”进行描述，并对每一项具体任务的负责单位进行了明确，力图使软任务硬性化，尽可能使软任务具有可操作性和可执行性。

我校 2009 年被评为全国精神文明建设工作先进单位，标志着我校的文明单位创建工作进入了一个新阶段。面对新形势、新任务，根据中央文明委、省文明办和省委高校工委的要求，遵照《中央精神文明建设指导委员会关于评选表彰全国文明城市、文明村镇、文明单位的暂行办法》和省《文明单位建设条例》的基本精神，结合学校改革发展实际，制定我校 2010—2012 年精神文明建设规划。

一、指导思想

以邓小平理论和“三个代表”重要思想为指导，全面贯彻落实党的十七大和十七届三中、四中全会精神，深入贯彻落实科学发展观，按照围绕中心、服务大局，突出重点、强化特色，系统推进、全面发展的总要求，以推进学习型党组织建设为契机，以践行社会主义核心价值体系为主线，以加强校园文化建设为重点，以基层文明单位创建为载体，以构建社会主义和谐校园为目标，加强和改进党建与思想政治工作，积极推进思想道德建设和文化育人环境建设，着力深化群众性精神文明创建活动，不断提高师生员工的思想道德素质和校园文明程度，为深化内涵建设、促进内涵式发展、建设特色鲜明的高水平研究型大学提供强大的精神动力、思想保证和舆论环境。

二、建设目标

教育和激励全校师生员工牢固树立建设有中国特色社会主义的共同理想，自觉把服务“两化”（工业化、信息化）融和、贡献“三化”（工业化、信息化、国防现代化）发展的坚定信念与创建高水平研究型大学的宏伟目标统一起来，把践行社会主义核心价值体系与传扬大学精神和校园文化价值观统一起来，形成团结奋斗的思想基础和蓄势竞发的精神状态，充分发挥精神文明建设的引领、示范和导向作用，推动文明建设不断向深度、广度、高度发展，力争经过3年左右的建设，晋升全国文明单位。

主要目标是：

——以马克思主义中国化最新成果自觉武装，牢固树立中国特色社会主义共同理想为根本目的的师生政治理论素养进一步增强；

——以思想道德修养、民主法制意识和身心健康素质为主要内容的师生文明水平进一步提高；

——以研究成果丰富、传播影响广泛、文化设施和景观更加完善、文化活动和赛事更加系统为主要特征的校园文化建设进一步发展；

——以教师教风、学生学风、机关作风为主要内容的优良校风建设进一步深化；

——以良好的精神面貌、校园秩序和优美的校园环境为主要标志的校园文明程度进一步提升。

三、建设任务

（一）科学理论武装工程

1. 政治理论学习计划

（1）以建设学习型党组织为契机，进一步用中国特色社会主义理论体系武装党员干部、教育师生员工。认真落实中央《关于推进学习型党组织建设的意见》，制订并实施我校学习型党组织建设方案；紧紧围绕提高政治理论素养这一目标，进一步完善校院两级中心组学习制度、普通党员和教职工政治理论学习制度、党支部“三会一课”制度等，采取自学、互学、共学、研学等多种形式，深入学习和系统掌握中国特色社会主义理论体系，更好地用党的理论创新成果武装头脑、指导实践、推动工作。

负责单位：宣传部、组织部

（2）以做好学习实践科学发展观活动整改落实后续工作为切入点，继续深入推进科学发展观的学习宣传贯彻。大力宣传学习实践活动向深度和广度发展的举措，及时报道学习实践活动的典型经验和实际效果；继续通过专家辅导报告、专题讲座、专题网站、经验交流等方式，引导广大师生更加深入地掌握科学发展观的重大意义、科学内涵、精神实质和根本要求，增强贯彻落实科学发展观的自觉性和坚定性，进一步把科学发展观转化为推动学校科学发展的坚强意志、谋划学校科学发展的正确思路、领导学校科学发展的实际能力、促进学校科学发展的政策举措。

负责单位：宣传部、组织部、党政办

2. 理想信念教育计划

（1）以理想信念教育为核心，进一步增强师生员工对社会主义核心价值体系的认同感。围绕现代化建设的伟大成就和宏伟目标、民族团结和祖国统一、国防和国家安全、中国特色新型工业化道路、东北老工业基地振兴等，运用校园媒体、形势报告、课堂教学、艺术展演等形式，坚持对师生开展理想信念教育和国情、省情以及行业教育，加强师生对社会主义核心价值体系的认识和理解，使之逐渐转化为师生员工的自觉行动，进一步坚定中国特色社会主义的理想信念。

负责单位：宣传部、学工部、校团委、人文学院、校工会

（2）以思想政治理论课建设为主渠道，进一步增强大学生思想政治教育的针对性和实效性。进一步落实《中共中央国务院关于进一步加强和改进大学生思想政治教育的意见》精神，按照思想政治理论课新课程改革方案，组织制定并实施

我校思想政治理论课建设“十二五”规划；通过召开思想政治理论课案例教学工作推进会和经验交流会等，进一步巩固和推广案例教学成果，使思想政治理论课课堂教学状况得以明显改善；加强对科学发展观研习会等学生理论学习研究社团的引导，支持学生理论研究与实践活动的开展，把中国特色社会主义理论体系教育向“第二课堂”延伸和拓展，形成课堂教学与课外社团活动、学生党建带团建、社会实践与志愿服务等相结合的理论教育格局。

负责单位：人文学院、宣传部、学工部、校团委

(3) 以开展思想政治工作研究为抓手，进一步提升思想政治教育工作的科学化水平。按照“把握方向、面向问题、自主创新、做出精品”的工作理念，进一步加强学校思想政治工作研究会年会论文征集、评选、表彰工作，推进年会和表彰会制度化、规范化，着眼于思想政治教育领域重大理论和现实问题，推出更多有价值、有影响、有高显示度的成果，推动研究成果向思想政治理论课等课程教学转化、向思想政治教育的实践应用转化，破解思想政治教育实践难题，为高水平研究型大学建设提供有力的思想政治工作保证。

负责单位：宣传部、学工部

(二) 思想道德与法律素养提升工程

1. 思想道德建设计划

(1) 以爱国主义教育为重点，进一步弘扬民族精神、增强爱国意识。充分利用建党90周年等重要节日、重大事件和重大活动，广泛开展以弘扬爱国主义和民族精神为题材的特色鲜明、健康向上、丰富多彩的主题教育活动；继续把国防教育和军工文化教育作为师生爱国主义教育的切入点和落脚点，坚持开展以传扬哈军工精神和“两弹一星”精神、载人航天精神为核心的演讲、征文、报告、影展等国防教育月、军工文化月系列活动，进一步增强广大师生自觉服务国防的责任感和使命感。

负责单位：学工部、校团委、国防学院、校工会、宣传部

(2) 以公民道德教育为基础，引导师生员工自觉遵守“爱国守法、明礼诚信、团结友善、勤俭自强、敬业奉献”的基本道德规范。继续宣传贯彻《公民道德建设实施纲要》，以“知荣辱、尚和谐”为主题，积极开展践行社会主义荣辱

观的道德实践活动，从师生员工基本行为规范抓起，引导师生员工从一点一滴做起，养成良好道德习惯；坚持以诚信教育为重点，继续开展“诚信教育月”系列宣传教育活动，推动诚信教育经常化、规范化，不断增强师生员工的诚信意识，使诚信理念深入人心，形成“诚信为人、诚信做事”的良好风气；继续坚持“感动校园人物”等道德模范评选活动，广泛宣传他们的先进事迹，注重用身边人和身边事对广大师生进行道德教育，在全校掀起向道德模范和各种先进典型学习活动的热潮。

负责单位：校工会、校团委、学工部、宣传部

2. 法治与心理健康教育计划

(1) 以法制教育、宣传、实践活动为主线，进一步提高全校师生员工的法律素养，增强法制观念。组织迎接上级部门“五五”普法验收，力争继续保持全国先进单位行列；继续坚持以法律课、蓝盾法律频道和周报“普法”专栏为主要抓手，深入开展法治教育、法治宣传和法治实践活动；通过举办专题辅导报告等集中学习和自学相结合的方式，加强各级领导干部和全校教职工社会主义法治理念教育，将社会主义法治理念教育纳入大学生《思想道德修养和法律基础》课程，进一步促进师生员工全面落实依法治国基本方略，自觉维护宪法法律尊严；继续举办“普法宣传月”系列活动，进一步增强师生员工的法治观念，提高师生员工学法、守法、用法的自觉性，更好地维护师生员工的法律权益，为构建社会主义和谐校园、办好人民满意的大学奠定坚实的法律思想基础。

负责单位：宣传部、人文学院

(2) 以心理健康教育为载体，进一步培养师生员工良好的心理品质。不断加强大学生心理健康教育课程建设，积极推进教学改革，提高教学质量；进一步开展“大学生职业生涯规划”“学生骨干素质训练”活动以及“心理健康教育月”等心理知识普及宣传活动；不断完善心理危机预防和干预机制，加强朋辈心理辅导，做好心理健康普查和心理咨询工作；着力推进教职工心理咨询中心建设，逐步建立教职工心理健康教育培训、咨询服务、危机干预的“三位一体”工作体系，有效防止校园内心理危机个案发生，维护和促进师生员工心理健康和谐。

负责单位：学工部、校工会、人文学院、招生就业处

(3) 以廉政文化建设为载体，进一步增强师生员工的廉洁自律意识。紧紧围绕勤政为民、求真务实、清正廉洁这一廉政文化的核心，通过形势报告、专题辅导、座谈研讨等途径，积极开展廉洁从政教育，引导党员干部牢固树立正确的世界观、人生观、价值观，做到自重、自省、自警、自励；充分利用党课、主题团日、知识竞赛、社会实践以及入学教育、毕业教育等形式，深入开展大学生遵纪守法、诚实守信等廉洁教育，努力形成以廉为荣、以贪为耻的校园良好育人环境。

负责单位：纪委监察处、学工部、校团委

(三) 文明单位创建工程

1. 文明单位全员共建计划

(1) 以基层文明单位项目创建为牵引，进一步拓展基层文明单位创建领域、提升创建层次、强化创建实效。巩固基层文明单位项目建设成果，广泛宣传并积极实践项目建设的"七化"理念，不断创新项目建设方法，深入开展独具特色的群众性和谐校园创建活动；继续做好基层文明单位项目建设的指导、检查和验收，开展基层文明单位项目建设工作的总结和表彰；进一步加大基层文明单位项目建设成果的宣传、推广力度，提高基层单位和广大师生对文明单位项目建设的关注度、参与度、贡献度，不断增强基层文明单位项目负责人的创建能力，发挥文明项目更大、更强的示范、辐射作用，推动文明单位创建工作不断向深度、广度、高度发展。

负责单位：宣传部

(2) 以基层文明单位评选活动为牵引，进一步促进群众性文明单位创建活动的广泛开展。积极开展以"创建文明单位、创建文明班级，争做文明教师、争做文明学生"为主要内容的"两创两争"群众性文明单位创建活动，进一步完善各类文明创建活动的实施方案，量化评选标准和实施细则，在继续评选、命名表彰一批校内文明单位、文明单位标兵的基础上，着力推进基层单位文明科室、文明系所、文明班级、文明公寓、文明寝室等的评选表彰活动，把创建活动拓展到教学、科研、管理和服务的各个领域，营造校院共建、师生共建、全员共建文明校园的良好氛围；同时，继续做好"三下乡"和"四进社区"活动，广泛开展志愿服务行动，积极抓好军民共建、警民共建和社区共建，在共建中打造品牌，增强学校文明创建活动的辐射力，为社会文明建设做出新贡献。

负责单位：宣传部、学工部、后勤集团、机关党委、校团委

(3) 以文明修身活动为载体，进一步提高师生员工文明素养，推进文明创建活动深入持久开展。进一步完善日常行为规范，加强文明教育和行为引导，广泛进行生活礼仪、职业礼仪、社交礼仪等常识教育，普及文明礼仪知识，倡导文明风尚、提高文明素质；继续开展“校园文明月”活动，宣传科学、文明的生活方式，促进文明交往和文明行为，杜绝校内不文明现象；以举办上海世博会和庆祝建党90周年为契机，广泛开展“讲文明、树新风”活动，动员和引导师生学习礼仪知识，增强文明意识，养成文明习惯，着力营造文明创建活动的良好氛围；同时，积极探索开展网络文明建设的有效途径和方法，加强师生的网络道德和网络法制教育，推动网络文明建设。

负责单位：学工部、校团委、校工会

2. 校风建设计划

(1) 以“三育人”活动为载体，不断加强和改进教风建设。大力传扬“善之本在教、教之本在师”的育人理念，积极开展“三育人”立项课题研究和“三育人”研讨会、经验交流会、岗位技能竞赛等活动，推进“三育人”工作制度化、规范化，努力构建全员育人、全过程育人、全方位育人的育人环境；进一步健全和完善教师师德考评制度，广泛开展“师德建设月”系列活动和先优表彰活动，弘扬和培育高尚师德，引导广大教师树立正确的教育观、质量观和人才观，着力建设一支恪守“三严”教风的师资队伍，形成以教风带学风、促校风的良好氛围。

负责单位：校工会、教务处、机关党委、后勤集团

(2) 以培育优良学风为重点，不断加强和改进学风建设。深入贯彻落实学生工作指导思想，积极探索学风建设项目化推进模式，逐步完善学风建设评价考核机制；继续推进班主任工作，不断深化学习指导中心效能；通过有效的教育、规范的管理、完善的服务、具体的指导“四位一体”工作体系，发挥典型引路的示范效应、勤工助学的育人功能、“三自教育”的自律作用等多种方式，帮助和引导学生树立正确的学习观、成才观、就业观，增强学生树立良好学风的自觉性，力争使学生的四级外语通过率、考研率、就业率、创新能力和毕业生还贷率均有提

高，违纪处分人数明显下降，学风建设的科学化、规范化程度明显提升。

负责单位：学工部、教务处、研究生院

(3) 以效能建设和作风建设为主线，不断加强和改进机关作风建设。按照“作风优良、业务精通、管理高效、服务到位、业绩一流”的目标要求，进一步健全机关各部门工作流程及相关制度，健全和完善机关作风建设的监督、反馈机制，不断提升机关工作的制度化、规范化水平；继续坚持和完善机关干部联系学生班制度，加强机关与学生之间的双向互动；进一步搭建机关各部门之间、机关部门与各院系之间深度交流的平台，不断探索机关各部门工作与服务对象需求的结合点，努力提高工作效率和服务质量，促进机关工作作风的进一步改善。

负责单位：机关党委

(四) 校园文化建设工程

1. 文化研究与文化传播计划

(1) 以课题立项研究为牵引，进一步促进哈军工文化的传承、弘扬和创新。出台文化项目研究管理办法，设立专项资金以课题立项形式鼓励广大师生员工开展哈军工历史、哈军工文化和学校精神文化、制度文化、学术文化、行为文化的专题研究，增强研究的针对性和实效性，推出一批具有实践应用价值的研究成果，不断增强哈军工文化的影响力、感召力，进一步丰富学校大学文化体系的内涵。

负责单位：宣传部

(2) 以塑造大学精神为核心，进一步促进校园文化的广泛传播。通过推广使用形象识别标志，制作统一的校园文化产品，打造校园文化品牌，提高师生员工对校园文化的认知度；通过网络途径，对内、对外宣传途径，节日、纪念日等节庆途径，对学校在贯彻“三海一核”特色办学方略、服务国家工业化、信息化和国防现代化方面的政策、举措和成就，对在学校发展建设中涌现出来的践行文化价值观的先进典型进行宣传报道，促进校园文化向师生员工及社会公众的广泛传播。

负责单位：宣传部、党政办

2. 文化设施与景观建设计划

(1) 以文化场馆建设为重点，不断积淀学校的历史文化资源。加快推进哈军工纪念馆的文物征集与馆舍维修，完成哈军工筹备馆、发展馆、分建馆等基本陈列馆和陈赓纪念展、哈军工院士展、哈军工将军展等主题展览建设，实现哈军工纪念馆的对外开放；做好船舶博物馆的修缮保护和展品丰富工作，积极建设科研成果产品实物陈列馆，通过举办哈军工辉煌60年成就展和“哈军工—×××时期”科研成果展等，增强师生员工对学校历史文化的光荣感与自豪感。

负责单位：发计处、宣传部、科技处、文化园管理办、档案馆、校友办

（2）以文化景观建设为主线，进一步丰富校园硬环境的文化内涵。完成校园文化景观规划，继续推进传扬哈军工文化和反映××大学文化的校园人文景观建设；完成校园道路、桥梁、楼宇等命名管理办法，继续开展对新建楼宇、道路、园林、广场、桥梁等的命名工作，推进各办公楼、教学楼、实验楼、宿舍楼等的室内外环境建设，实现校园人文环境与自然环境的和谐统一。

负责单位：宣传部、发计处、文化园管理办、实资处、基建处、后勤处、后勤集团

3. 文化活动与赛事开展计划

（1）以丰富多彩的文化活动为载体，进一步营造良好的校园文化氛围。积极开展以阳光论坛、启航讲坛、人文讲坛等为代表的系列文化讲座活动，通过经常性的学术报告、学术沙龙，形成百花齐放、百家争鸣的学术文化氛围；大力开展大学生系列文化艺术展演、教职工文艺汇演、老干部艺术团演出、校园原创话剧等师生员工喜闻乐见的文化演出活动，进一步丰富校园文化生活，努力营造健康、向上、文明、和谐的校园文化氛围。

负责单位：校团委、素质教育基地、学工部、科技处、校工会、离退休处

（2）以形式多样的学术、科技、文化、体育等赛事为载体，进一步发挥校园文化的育人功能和在构建和谐校园中的作用。继续推动以“五四杯”“一院一品”等为代表的大学生科技创新系列竞赛活动，营造浓厚的大学生学术科技创新氛围；继续举办国际大学生雪雕比赛，推动国际、省、校三级雪雕比赛的深入开展，充分展示冰雪文化特色，增强学生热爱冰城、热爱家乡、热爱学校的意识；广泛开展师生员工各类群众性体育文化赛事活动，打造有较高水平和较大影响的体育文化赛事品牌，努力营造积极向上、生动活泼的学习、工作和生活环境，更好地发

挥校园文化的育人功能和在构建和谐校园中的作用。

负责单位：校团委、学工部、素质教育基地、体训部、校工会、离退休处

（五）文明校园建设工程

1. 校园环境建设计划

（1）以环境优化活动为载体，努力构建环境友好型校园。积极开展爱国卫生运动，按照美化、绿化、净化、亮化的要求，加强校园园林绿化美化工作，建设花园式校园环境；加大校园环境的监管力度，清理整顿并规范校园饮食、书报等售货摊点；加强对建筑工地的管理，确保工地周围环境卫生；增强师生员工良好的文明意识，进一步提高校园公共场所的卫生质量。

负责单位：后勤处、基建处、保卫处、后勤集团

（2）以节能环保教育为重点，努力创建资源节约型校园。进一步健全学校财务管理制度、成本核算制度，加快建立公共资源有偿使用机制；进一步加强节能环保宣传教育，大力弘扬勤俭节约、艰苦奋斗的中华传统美德，积极培育师生关爱自然、珍惜资源、爱护环境的现代生态意识，引导和规范师生员工厉行勤俭，从节约每一滴水、每一粒米做起，使节约成为师生员工健康科学的生活态度和自觉的生活方式。

负责单位：财务处、实资处、后勤处、后勤集团、发计处、宣传部、学工部、校工会

2. 和谐校园创建计划

（1）以扶贫济困活动为载体，着力营造“关爱型”校园。继续实施“送温暖工程”，坚持为有特殊困难教职工办实事、办好事、解难事；进一步完善大学生资助体系建设，发挥资助育人双重功能，做好特殊学生群体的教育和资助工作；认真落实老干部政治生活两项待遇，在“老有所养、老有所医”基础上，以“老有所学、老有所教、老有所乐、老有所为”活动为载体，进一步提高离退休教职工的生活质量，形成校园内扶贫济困、受助感恩、爱心传递的良好风尚。

负责单位：校工会、学工部、离退休处

（2）以维稳防控体系建设为重点，着力营造安定、有序的文明校园。加强学校应急体系建设，完善重特大事件应急预案和演练机制，关注重大敏感信息、关

注学生思想动态，进一步提高应急处置能力；加大校园周边综合治理和安全隐患排查力度，进一步完善维稳综合防控体系，及时妥善处理各种矛盾，确保校园平安稳定。

负责单位：党政办、保卫处、学工部、后勤处

四、组织领导与工作要求

1. 各分党委、党总支、各处级单位要进一步加强对本单位精神文明建设工作的领导，把精神文明建设工作融入学校的中心工作，为中心工作服务，各单位主要领导要亲自抓、负总责。

2. 各教学单位分党委、党总支要根据本规划确定的重点建设内容制定符合本单位实际的2010—2012年精神文明建设工作具体实施方案，要在整体推进的同时，使重点领域有新变化、重点环节有新突破、重点项目有新进展，确保各项文明建设任务顺利完成。

3. 机关、直属单位有关部门要抓好学校确定的重点建设任务的落实，要把原则要求变成可以操作的具体措施，把目标任务变成实实在在的工作项目，要把重点工作内容进行逐项分解，确保措施到位，责任到人，力求取得最好的效果。

4. 机关职能部门的精神文明建设工作由机关党委负责统一协调。学生的精神文明建设工作，由学工部和校团委统一领导，并制定2010—2012年学生精神文明建设工作具体实施方案。校精神文明建设指导委员会办公室要做好规划的实施和各单位执行情况的检查指导。

2010年5月印发

案例四 | 学习型党组织建设实施方案

思路思语

该方案于 2010 年 9 月正式印发实施，比其他各高校、各单位晚了整整半年。2007 年，党的十七大提出要建设学习型政党；2009 年，党的十七届四中全会通过了关于进一步加强和改进党的建设若干重大问题的决定，提出要在全党建设学习型党组织；2010 年初，中央办公厅印发了关于开展学习型党组织建设的通知。为了使学习型党组织建设不流于形式，在深入了解学校基层党组织建设实际状况的基础上，我们对学习型组织建设的理论和方法进行了认真研究和探索，从加强党的基层组织建设、增强基层党组织的战斗力、提升基层党组织创先争优的能力出发，提出了“5 以 3 着力”的建设思路、“实现 5 新”的建设目标、“4 统一 1 结合”的建设原则、“4 着眼 4 树立”的理念更新、“5 个方面”的学习内容和传统学习模式与调研式、项目式、链式学习互动互融的学习模式。

该实施方案既具有规划的性质，符合规划的基本要素要求，同时又与规划有所区别。由于学习型党组织建设是一个新概念，是一个新生事物，在制订这一实施方案时，没有对现状进行描述。指导思想部分从上层系统的要求和本级系统的使命出发，紧密结合本级系统面临的矛盾和问题，回答了学习型党组织建设建什么、怎么建以及建设的重点和总体目标等建设思路问题。建设目标部分从建设学习型组织的规律出发，对学习型党组织建设后要达到的未来状态，从学习目标、学习理念、学习动力、学习形式与学习成效等 5 个方面分别进行了描述，并提出了 3 年后的具体指标。这与其他大学或单位制订的实施方案不同，其他方案更多的还是谈 3 年后学习如何如何，没有从“型”出发来描述未来的状态。建设原则部分从学习的方式、内容、目的以及本系统与它系统的关系出发，紧密结合学校党员与党组织实际和在学习型党组织建设中要解决的问题，提出了坚持向书本学习与向实践学习、个体学习与组织学习、提高素质与提升能力、理论学习与业务学习的统一以及学习型党组织建设与创先争优活动相结合的建设原则。建设措施部分从实现学习型党组织建设的目标出发，结合学习型组织建设的规律与学校实际，从学习理念的更新、学习内容的明确、学习模式的创新和学习制度的完善等 4 个方面，提出要着眼政治责任、提升能力、推动发展和模式创新，树立系统学习、终身学习、工学相长、互动互融的学习理念，着力解决为什么学、学什么、怎么学的观念问题；提出要根据学习型党组织的一般性和特殊性，结合高校特点明确学习内容，着力解决具体学什么的问题，以增强学习的针对性和实效性；提出要结合各类别党员和各级党组织的特点，既坚持中心组学习、支部学习、培训式学习和个体自学等行之有效的传统学习模式，又按照学习型党组织建设的目标要求不断创新和探索链式学习、调研式学习、项目式学习等互动互融的组织化学习模式，着力解决怎样学和学习型党组织建设的方法问题，以增强学习的有效性和学习型党组织建设的可操作性；提出要从学校各级党组织建设的特点出发，以适度、适用为原则，建立科学的学习考评机制、述学评学考学机制、激励保障机制，着力解决学得怎么样和学习型党组织建设得怎么样的问题，以确保学习的深入推进和学习型党组织建设的规范化、科学化。

这一实施方案具有一定的典型性。还需要说明的是，规划与实施方案的基本要素相同，实施方案更加强调操作性，规划更加强调指导性；实施方案要求有明确的实施步骤，规划执行的时间范畴一般在制定时就已明示了；实施方案要求有组织领导和执行机构，规划一般要求有条件保障。

为深入贯彻落实中央关于学习型党组织建设的战略部署，落实部党组、省委关于学习型党组织建设的实施意见精神，按照省委高校工委、省教育厅党组《省高等学校学习型党组织建设实施意见》的要求，结合我校实际，制订本实施方案。

一、指导思想

高举中国特色社会主义伟大旗帜，坚持以邓小平理论和“三个代表”重要思想为指导，深入贯彻落实科学发展观，全面贯彻党的十七大和十七届三中、四中全会精神，按照科学理论武装、具有世界眼光、善于把握规律、富有创新精神的总要求，紧密联系学校改革发展实际，紧密结合创先争优活动的开展，以解决实际问题、推动科学发展为目的，以提升能力、保持先进性为目标，以学习模式创新为重点，以学习主体分层分类为基础，以构建学习的长效机制为保障，着力更新学习理念，着力创新学习模式，着力优化学习内容，切实提高党员的思想境界、道德素质、知识素养和能力水平，切实增强学校各级党组织的创造力、凝聚力和战斗力，为加快创建特色鲜明的高水平研究型大学提供可持续发展的动力。

二、建设目标

——在学习目标上形成更加统一的共同愿景

通过学习型党组织建设，使党员个人的学习目标与基层党组织建设的目标统一起来，与学校长远发展的目标统一起来，形成党员个人的成长愿景与基层党组织保持先进性的建设目标、学校创建高水平研究型大学的发展目标更加统一的共同愿景；使广大党员、各级党组织思想统一到培养可靠顶用人才的使命定位和创建高水平研究型大学的奋斗目标上，更加自觉地把行动统一到提升办学水平的任务上，更加积极地争当优秀共产党员、争创先进基层党组织。

——在学习理念上逐步实现系统更新

通过学习型党组织建设，使广大党员从以书本为中心的学习转向以问题为中心的学习，从以提高素质为主要目标的学习转向以提高能力为主要目标的学习，从个体化学习转向个体化学习与组织化学习互动互融的学习，从讲授式学习转向讲授式与互动式、研讨式学习，从人生一个阶段的学习转向终身学习，逐步实现学习理念的系统更新。

——在学习动力上实现“要我学”向“我要学”的转变

通过学习型党组织建设，建立健全推动学习的制度设计，逐步形成完备的制度体系，构建自主学习的长效机制，致力于学习文化的养成，使广大党员从“要我学”向“我要学”转变，从制度要求向自主追求转变，使自主学习、终身学习成为广大党员的追求和习惯。

——在学习形式上形成多层互动的新模式

通过学习型党组织建设，形成以个体学习为基础、中心组学习为统领、党支部学习为主导、团队学习为经常性学习主体的多层互动互融学习新模式。在现有正式科层组织架构之外，依托寝室、班组、社团、课程组、课题组、任务组、学科团队等各级各类团队，形成一批以自由探索、深入研究、着力解决问题为导向的学习小组、兴趣小组、研讨小组、工作小组，实现原有科层组织以及各级各类团队之间互动互融的组织化学习新模式。

——在学习成效上实现能力提升的新目标

通过学习型党组织建设，使广大党员的思想素质、政治素质、道德素养等不断提高，教学能力、科研能力、管理能力和服务能力等不断提升，各级党组织的凝聚力、创造力、战斗力不断提升，在创先争优活动中努力成为教学模范、科研先锋、管理专家、服务能手、学习标兵，努力超越自我、适应环境、赢得竞争，不断提升创先争优的能力。

总之，经3年左右时间的建设，使全体党员的思想政治素养进一步加强，作风进一步优化，能力进一步提高，业绩进一步提升；使全校基层党组织“推动发展，服务群众、凝聚人心、促进和谐”的能力进一步加强，到2012年全校90%以上的基层党组织达到学习型党组织建设标准。

三、建设原则

学习型党组织建设是一项长期的任务，不仅强调党员个体的学习自觉，更强调各级党组织学习能力的强化；不仅注重更新知识、提高素养，更注重提升能力、推动工作。因此，建设学习型党组织必须坚持以下原则：

1. 坚持向书本学习与向实践学习的统一

既要专心向书本学习，又要潜心向实践学习、虚心向群众学习；既要向书本学习科学文化知识，又要向实践学习先进的教学经验、科研经验、管理经验、服务经验和学习经验；既要在书本学习中把握理论，又要在实践学习中发现问题、解决问题，形成学以致用、用以促学、学用相长的良性循环。

2. 坚持个体学习与组织学习的统一

既要充分调动党员个体学习的积极性、激发个体的内在动力，又要充分发挥组织学习的优越性、促进知识共享，着力营造组织学习的氛围；既要鼓励党员个体的独立思考，又要推进组织成员间的深度交流、相互启发，努力把各级党组织和各级各类团队建成交流思想的课堂、研究问题的平台和创新思路的阵地。

3. 坚持提高素质与提升能力的统一

提高素质和提升能力都是学习型党组织建设对广大党员提出的根本要求，必须坚持贯穿学以立德、学以增智、学以干事的思想，把广大党员思想政治素养、知识水平的提高与能力的提升密切结合起来，不断优化知识结构，着力提高综合素质，加速提升能力。

4. 坚持政治理论学习与业务学习的统一

既要立足科学理论武装，用具有世界眼光的要求学好政治理论，又要立足把握办学规律、人才培养规律与学生成长成才规律的要求钻研业务、学好本领，把学习统一于学校深化内涵建设与促进内涵式发展的实际，使学习过程成为武装头脑、指导实践、推动工作的过程。

5. 坚持学习型党组织建设与创先争优活动相结合

学习型党组织建设的成效是衡量先进基层党组织的基本要求，要把广大党员素质、能力的提升与基层党组织推动发展的能力和效果作为创先争优的重要标志，既要通过学习型党组织建设推动创先争优活动的深入开展，又要通过创先争优活动的广泛开展，不断促进学习型党组织建设取得新成效。

四、建设措施

学习型党组织建设是一项艰巨的任务，必须着力于更新学习理念、明确学习内容、创新学习模式、完善学习制度，系统推进学习型党组织建设。

（一）更新学习理念

更新学习理念是学习型党组织建设的基本前提。通过广泛的宣传和动员，不断更新各级党组织和广大党员的学习理念，着力解决为什么学、学什么、怎么学的观念问题，树立系统学习、终身学习、工学相长、互动互融的学习理念。

1. 着眼政治责任，树立系统学习的理念

始终保持党的先进性，不断提高执政能力，是建设学习型党组织的根本目标。学校各级党组织和广大党员要自觉按照“科学理论武装、具有世界眼光、善于把握规律、富有创新精神”的政治要求，牢固树立系统学习的理念。

2. 着眼提升能力，树立终身学习的理念

提升能力是学习型党组织建设的根本要求，是不断向以问题为中心学习转变的客观需要。学校各级党组织和广大党员要牢固树立终身学习的理念，推进学习生活化、生活学习化。

3. 着眼推动发展，树立工学相长的理念

解决实际问题、推动科学发展，是学习型党组织建设的根本目的。学校各级党组织和广大党员要在实践中找准学习和工作的契合点，从解决实际问题出发，牢固树立工学相长的理念，实现学习工作化、工作学习化。

4. 着眼模式创新，树立互动互融的理念

强调个体自觉、强化组织互动的新模式，是学习型党组织建设的根本方法。

学校各级党组织和广大党员要努力把组织优势转化为学习优势，牢固树立互动互融的学习理念，积极推进组织化的链式学习，实现主体间的全面互动、信息的深度交流和组织能力的整体提升。

（二）明确学习内容

明确学习内容是学习型党组织建设的重要基础。按照中央的要求和部署，根据学习型党组织的一般性和特殊性，结合高等学校的特点，进一步明确学习的内容，着力解决具体学什么的问题，不断增强学习的针对性和实效性。

1. 坚持用中国特色社会主义理论体系武装头脑

组织广大党员深入学习马克思列宁主义、毛泽东思想，深入学习邓小平理论、“三个代表”重要思想以及科学发展观，全面系统、完整准确地掌握中国特色社会主义理论体系的重大意义、时代背景、科学内涵和历史地位，深刻领会贯穿其中的马克思主义立场、观点、方法，不断增强学习贯彻中国特色社会主义理论体系的自觉性和坚定性。

2. 深入学习实践科学发展观

在学习实践活动“回头看”整改基础上，认真总结学习实践活动的成功经验，建立健全长效机制，引导广大党员干部准确把握科学发展观的科学内涵和精神实质，紧密结合学校“强化体制机制创新，加快内涵式发展；突出‘三海一核’特色，创建研究型大学”的学习实践载体，不断推动学习实践活动向深度和广度发展，着力转变发展理念、形成思想共识、解决突出问题。

3. 学习践行社会主义核心价值体系

广泛开展社会主义核心价值体系学习教育，引导广大党员干部增强政治敏锐性和政治鉴别力，自觉划清“四个界限”，始终保持立场坚定、头脑清醒；加强思想道德建设和党的优良传统教育，弘扬民族精神和时代精神，自觉践行社会主义荣辱观，培养高尚情操和健康生活情趣；自觉遵循校园文化价值观，建设良好的校风、教风、学风，保持奋发向上的精神状态。

4. 学习掌握高等教育发展以及教学、科研、管理、服务的前沿知识

紧密围绕学校改革发展实际，学习胡锦涛总书记、温家宝总理在全国教育工作会议上的讲话精神，学习、研究《国家中长期教育改革和发展规划纲要》，进一

步明确学校改革发展的目标、理念、思路和举措；认真学习和借鉴国外先进的教育思想、办学理念和管理方式；学习、研究高等教育知识，把握高等教育发展规律，不断提升办学水平。

5. 学习总结教育教学改革的成功经验

认真总结学校多年办学实践、改革发展取得的成功经验，加强校内调查研究，虚心向师生员工请教，紧紧围绕解决本单位、本部门的突出矛盾和发展难题，在推动实际问题的解决中深化规律性认识，不断提高分析问题、解决问题的能力；深入开展校外调查研究，积极主动学习兄弟院校的成功办学经验，学习兄弟院校教书育人、管理育人、服务育人的先进经验，各层级办学主体和广大教职工都要在学习和研究的基础上找准各自发展的参照系，以赢得竞争为目标，不断增强发展的压力和动力，通过学习兄弟院校的好做法、好经验，不断丰富改革发展的思路和办法。

（三）创新学习模式

创新学习模式是学习型党组织建设的根本途径。结合各类别党员和各级党组织的特点，既坚持中心组学习、支部学习、培训式学习和个体自学等行之有效的传统学习模式，又要按照学习型党组织建设的目标要求不断创新和探索链式学习、调研式学习、项目式学习等互动互融的组织化学习模式，着力解决怎样学和学习型党组织建设的方法问题，不断增强学习的有效性和学习型党组织建设的可操作性。

1. 中心组学习

这是学习型党组织建设最具引领效应的学习方式。要通过校院两级中心组成员在自学研读的基础上开展集中研讨等进行学习，通过举办校院两级中心组学习专题辅导报告等进行学习，立足建设学习型领导班子、发挥引领带动作用，不断提高各级领导班子办学治校的引领力、谋划力与驾驭力。

2. 党支部学习

这是学习型党组织建设最基本的学习方式。要通过组织广大党员参加校院组织的形势报告会等进行学习，通过党支部成员认真阅读书籍、文件等进行学习，通过党支部内部开展学习会、讨论会、交流会等进行学习，不断增强广大党员学习的积极性和主动性。

3. 培训式学习

这是学习型党组织建设最传统的学习方式。要通过参加国家教育行政学院、省委党校等上级的培训进行学习，通过学校党校等校内开展的培训进行学习，通过网络干部学习在线进行学习，深刻领会中央和上级党组织的要求和部署，不断提高学习的针对性和实效性。

4. 自主式学习

这是学习型党组织建设最基础的学习方式。要通过加强对党员个体自学的要求与管理，为广大党员推荐学习书目等，使自学有组织有计划地开展；要通过举办各层面交流会、座谈会等，使广大党员更多地通过宣讲、解读，交流学习心得和学习体会；广大党员要主动与他人在工作中开展互动式学习，实现个体间交换信息、讨论观点、互相学习、共同提高。

5. 调研式学习

这是学习型党组织建设的重要学习方式之一。要坚持以校内调研为基础，积极开展校外调研。各级党组织和广大党员要带着竞争者的压力开展调研学习，要通过调研同行的经验促进学习，要通过研究竞争者的做法推动学习。既要通过调研学习同行的先进理念，又要通过调研学习身边典型的成熟做法；既要通过调研学习竞争者的成功经验，又要通过调研总结自身的不足，以达到建立新目标、解决新问题、增强新本领的目的。

6. 项目式学习

这是学习型党组织建设过程中对学习方式的有益探索。各级党组织和广大党员要继续加强基层党建工作的项目化运作，认真学习和借鉴项目建设的“七化”理念及其取得的成功经验，通过“党建工作创新计划”“基层文明单位创建”项目、“三育人”课题立项、“学风建设项目”等不断拓展项目建设思路，积极开展项目式学习，促进各级党组织和广大党员对实际工作的系统思考和深入研究，通过项目实践把学习不断引向深入。

通过上述学习方式，保证校院两级中心组学习每季度不少于1次，副处级以上党员干部每年学习时间不少于110学时，其他党员干部不少于80学时；保证学校每学期组织1次专题报告，院系每季度组织1次专题报告或交流研讨；保证党员干部每年撰写1篇理论学习或工作研究文章，每位正处级以上干部每年领衔完成1篇调研报告。

各级党组织要有意识地把链式学习贯穿于中心组学习、党支部学习等各种学习方式之中，广泛发动广大党员认真查找学校在党的建设与思想政治工作、在提升办学水平和人才培养质量等方面的突出问题，并对这些问题进行系统梳理；要积极引导广大党员通过课题组、课程组、学科团队、专题任务组等各种阶段性、临时性业务工作组织，党支部、党总支、分党委等各级党组织，寝室、班组、社团、兴趣小组、参赛团队等各类阶段性、临时性组织形成学习小组、研讨小组，以问题解决为目标、以小组研讨和自主学习为途径，针对有关实际问题进行链式学习，在知识共享的基础上进行深入研究、讨论和交流，找出解决实际问题的办法，实现学校办学水平的持续提升。

（四）完善学习制度

制度建设是学习型党组织建设的根本保障。要从学校各级党组织建设的特点出发，以适度、适用为原则，紧密结合创先争优考评标准，努力建立起科学的学习考评机制、述学评学考学机制、激励保障机制，确保学习的深入推进和学习型党组织建设的规范化、科学化。

1. 建立学习考评机制

制定考评办法，把学习型党组织建设与创先争优活动考核相结合，纳入领导班子综合考评体系。重点考察党员的认识和态度，检查各级干部是否真正发挥带头、组织、指导和督促作用；考察各级党组织对学习的组织落实情况、学以致用情况。强化督促检查和考核，建立党员和党组织学习档案，记录党员和党组织学习成果。

2. 建立述学评学考学机制

处级以上党员领导干部在每年工作总结和述职时，要汇报个人学习情况；在述学的基础上，采取座谈会和填写无记名测评票等形式，在一定范围内组织党员群众对领导干部学习和学习型党组织建设情况进行民主评议和测评。

3. 建立激励保障机制

把学习型党组织建设的成果、对工作的促进作用与单位评先、干部升降、工作考核挂钩，以树立正确的学习导向、激发各级党组织和广大党员的学习热情；对学习型党组织建设提供保障，为广大党员学习创造良好条件。

五、实施步骤

1. 宣传启动阶段：(2010 年 8 月—2010 年 9 月)

成立领导小组、设立办公室，明确职责和任务；根据上级要求和学校实际制订实施方案；在全体党员中进行学习型党组织建设的宣传动员和学习培训工作；各分党委、党总支、党支部制订本级学习型党组织建设计划，积极支持并指导其他各类组织制订学习型组织建设计划。

2. 推进实施阶段：(2010 年 10 月—2011 年 10 月)

校党委对学习型党组织建设进行全面领导，领导小组直接指导，各级党组织系统开展学习型党组织建设；按上级要求做好阶段性考核推优工作；按上级年度部署，结合学校实际情况，细化年度学习型党组织建设工作安排。

3. 中期自检阶段：(2011 年 11 月—2011 年 12 月)

对照方案要求和考核标准各分党委进行自检自查，校领导小组组织进行抽查，找出存在的问题与差距，总结经验与特色，分析问题产生的原因与解决办法，提出整改措施，完善实施方案，进行整改。

4. 整改提高阶段：(2012 年 1 月—2012 年 5 月)

根据自检情况，针对问题、不足与差距，认真组织整改，提高学习型党组织建设质量。

5. 完善迎评阶段：(2012 年 6 月—2012 年 10 月)

总结学习型党组织建设的整体情况，汇总数据与资料、总结经验与不足、凝练特色，形成自评自查总结报告，迎接上级考核评比。

六、组织领导

1. 成立组织，明确职责

成立学习型党组织建设领导小组，确保学习型党组织建设的有效推进和建设效果。领导小组负责总体方案的制订、各分党委建设方案的审定，负责学习型党组织建设的组织、实施与督导检查，负责研究解决建设过程中遇到的问题，负责保障条件的落实。领导小组下设办公室，办公室设在党委宣传部，负责学习型党组织建设日常活动的组织协调。

各分党委、党总支、党支部要参照本方案成立领导小组、制订具体实施计划，并对其他各类组织的学习型党组织建设计划进行指导；各级党组织的主要负责人要切实履行好建设学习型党组织第一责任人的职责，对所在单位的学习型党组织建设工作全面负责、全程负责；各分党委要把对课题组、任务组等各类组织的学习型党组织建设活动纳入重要议事日程，做到年初有计划、年底有总结。

2. 示范带动，营造氛围

各级领导班子、党员干部要做学习型党组织建设的表率，率先垂范，做到主动学习、不断优化知识结构，全面学习、不断提高综合素养，科学学习、不断提升工作能力，做到学用结合、学以致用，把学习效果通过工作成果体现出来。报、台、网要充分发挥“三媒一体”优势，积极营造良好的舆论氛围，通过开设专栏、专题，及时总结和推广好做法、好经验，及时宣传学习型党组织建设中的先进集体和先进个人，充分发挥先进典型的示范作用。

3. 注重实效，加强督导

建设学习型党组织是全党树立科学理念、提高执政能力、破解发展难题、推动科学发展的重要举措，贵在求真务实，重在推动发展。各级党组织要根据各自的组织特点，根据教师、管理人员、服务人员、大学生等不同群体的特点，制订适合本部门、本单位的具体实施计划，然后有针对性地认真组织实施，并加强对各级各类组织的督导；要坚持从实际出发，务求实效，各级党组织要努力摆脱思维定势，大胆创新学习模式，紧密结合组织实际，通过学习型党组织建设促进学习型机关、学习型院系，学习型科室、学习型教研室、学习型研究所，学习型班级、学习型寝室、学习型社团的建设，形成我校学习型党组织建设的特色。

2010年9月印发

案例五 ║ 学习型党组织建设2011年度计划

思路思语

这是学习型党组织实施方案制订印发后的第一个年度计划。制订这样的年度工作计划，既要求把实施方案提出的总体建设目标分解为年度阶段性目标，又要将建设任务分解为年度可执行的具体工作计划；同时，既要充分考虑基层党组织的承受力，尽量不增加他们的工作量，又要能够满足上层系统和本级系统的工作要求。为此，我们提出了学习一本党史、研究一个问题、开展一项调研、研读一本好书的“4个一”年度工作思路和不断提升处级以上干部推动学校科学发展的谋划力和执行力，提升党支部书记建设学习型党支部的组织力和引领力，提升普通党员的教书育人能力、管理育人能力、服务育人能力和科技创新能力的“三提升”年度工作目标，并确定了“9个具体项目计划”“一个论坛”“一项检查”“一次交流”和“典型宣传”的具体工作安排，且“9个具体项目计划”大多可以依托本级系统的其他工作就能完成，基本不增加基层党组织的负担。事实上，年度计划既要做到可操作、可执行、可检验，又要完成实施方案确定的年度阶段性目标，而尽量不增加基层党组织的工作负担是一件很难的事情，这对于年度计划的设计要求是很高的。这一制订年度计划的思路，可以为其他年度计划所效仿。

为深入落实学校《学习型党组织建设实施方案》，根据部党组《深入开展创先争优活动2011年工作要点》和《中共教育部党组2011年党建工作要点》的部署，按照省委《关于2011年度建设学习型党组织工作方案》和省高校《2011年度建设学习型党组织工作方案》的要求，大力推进学校各级学习型党组织建设，特制订2011年度学习型党组织建设工作计划。

一、指导思想

坚持以邓小平理论和“三个代表”重要思想为指导，深入贯彻落实科学发展观，全面贯彻党的十七大、十七届三中、四中、五中全会和全国教育工作会议精神，结合纪念建党90周年系列活动和学习贯彻学校三次党代会精神，着力更新学习理念，着力优化学习内容，着力创新学习模式，通过开展学习一本党史、研究一个问题、开展一项调研、研读一本好书等系列学习活动，不断提升处级以上干部推动学校科学发展的谋划力和执行力，提升党支部书记建设学习型党支部的组织力和引领力，提升普通党员的教书育人能力、管理育人能力、服务育人能力和科技创新能力，坚持做到学以致用、用以促学、学用相长，经过一年建设，使全校70%的基层党组织基本达到学习型党组织建设标准，为实现学校“十二五”建设良好开局提供动力和保证。

二、工作安排

1. 政治理论学习计划

处级以上党员领导干部，通过参加校院两级中心组集中学习专题辅导报告、自学研读等形式，重点学习全国“两会”精神、工业化和信息化发展形势、十七届六中全会和学校第三次党代会精神等，着力提升驾驭形势、抢抓机遇的能力。其他党员，通过参加学校组织的形势报告会，院系组织的集体学习和党支部组织的座谈、讨论、交流以及自学研读等形式，重点学习全国“两会”精神、学校寒暑假工作会议精神、学校第三次党代会和十七届六中全会精神等，着力加强对发展形势的了解，不断提升服务学校科学发展的自觉性和坚定性。

2. 党史学习计划

以纪念建党90周年为契机，以《中国共产党历史》第二卷为主要学习内容，全校党员、干部通过参加学校举办的党史教育专题讲座，学习《工学周报》开办的党史知识专栏，观看《光辉的历程》党史专题片，开展党支部党史学习讨论，个人阅读党史图书和参加学校组织的党史知识竞赛、征文比赛、演讲比赛等，深入了解党的光荣历史和辉煌成就，进一步坚定中国共产党领导的信心和决心，进一步增强党员意识和宗旨意识。

3. 研究计划

围绕贯彻落实学校第三次党代会精神和“十二五”规划，机关职能部门要结合“十二五”各专项规划的制定和完善，教学单位要结合“十二五”规划的实施，将规划落实中的难题进行分解，组成相应的研究小组开展研究，通过研究，不断提升机关党员、干部对发展的谋划力和对基层的指导力，不断提升院系党员、干部工作的创新力和决策的执行力。各教学课程组要结合如何提高教学质量、各科研课题组要结合如何产出标志性领军人才和高水平科研成果等问题开展研究，通过研究，找出解决问题的措施和办法，形成解决问题的计划和方案，不断提升广大党员教师的教学能力和研究能力。

4. 调研计划

2011 年度学校的调查研究计划是学习型党组织建设的一种重要形式，各有关单位要明确责任分工，认真完成调查研究任务。同时，各分党委、党总支和党支部等基层组织要根据工作需要，面向工作中的实际问题，组成各类调研团队，自主设计调研活动，经所在分党委、党总支审核后开展校内外专题调研，形成调研报告。每位正处级以上干部年内领衔完成 1 篇调研报告。

5. 项目建设计划

各有关单位要加强对已经立项的“党建工作创新计划”“基层文明单位创建”“三育人课题”“学风建设”等项目的管理和建设，广大党员、干部要积极参加今年的“党建工作创新计划”“基层文明单位创建”“三育人课题”“学风建设”和校园文化研究等项目的立项，认真学习和借鉴项目建设的“七化”理念，不断拓展项目建设思路。通过开展项目式学习，不断提升广大党员、干部以项目方式推动实际工作的能力。

6. 读书计划

依托中组部、中宣部推荐的党史书目和学校党委《学习型党组织建设实施方案》推荐书目，结合各分党委、党总支确定的自选书目，广大党员要结合自身的思想实际和工作实际有针对性地开展阅读。今年要重点阅读《中国共产党历史》第二卷和《带着问题学》，学习中要自觉做好读书笔记，认真撰写读书心得，逐渐养成学习工作化、工作学习化的良好习惯。优秀的读书心得体会，将在校内媒体或创先争优与学习型党组织建设专题网站上择优发表。通过学习，进一步加强广大党员、干部对党的认识和对党的感情；进一步增强广大党员、干部的问题意识，提高主动面向问题、积极解决问题的能力。

7. 专项课题研究计划

按照省委高校工委统一部署，组织学校相关部门积极参与全省高校学习型党组织建设重点课题研究工作，做好任务的细化、分解、落实，按时优质完成学校承担的11个课题的研究工作。

8. 办学特色品牌传播能力提升计划

结合校园文化建设，以处级干部为重点，开展对学校“十大”名船展、船舶博物馆的宣讲培训，提升处级干部对学校“三海一核”办学特色品牌的传播能力，使处级干部努力成为校园文化的积极传播者。年内，通过培训使机关正处级干部都能对“十大”名船展和船舶博物馆进行宣讲。

9. 网络在线学习计划

全校科级以上党员、干部要按照学校党委的有关要求，通过网络在线认真学习党建工作、高教发展战略、高校管理实践、大学制度创新、高教管理热点、领导能力素质等内容，通过学习，深刻领会中央和上级党组织的要求和部署，深刻把握高等教育规律，深入研究和解决学校发展进程中的重大现实问题，不断提升学校的管理水平和服务水平。

10. 支部书记论坛

以党支部为活动主体，各分党委、党总支通过组织开展“支部书记论坛”活动，结合各分党委、党总支和党支部的实际情况和发展需要，就学习型党支部建设的方法、途径等进行交流。学校党委组织全校“支部书记论坛”，由各分党委、党总支推荐党支部进行全校范围交流。

11. 督导检查

由学校学习型党组织建设领导小组办公室牵头组成督查组，结合学校《学习型党组织建设学时安排及考评细则》，通过审阅工作材料、听取工作汇报、现场观摩等形式，对各级学习型党组织建设开展情况进行专项督导，查找问题，征求意见，指导工作。

12. 经验交流

在论坛交流、督导检查的基础上，发现、总结各级组织在学习型党组织建设中的好做法、好经验，召开全校学习型党组织建设研讨暨经验交流会，邀请建设成效明显、特色突出的基层党组织介绍经验。

13. 典型宣传

挖掘学习型党组织建设中的先进个人、团队、各级党组织的典型事迹，利用校内外媒体予以宣传推广，切实发挥好先进典型的教育、示范、引导作用，营造乐学、勤学、善学的浓厚氛围。

三、工作要求

1. 高度重视，加强领导

各级党组织要把上述工作安排作为今年推进学习型党组织建设的重要载体和有力抓手，由各分党委、党总支和党支部书记亲自抓，做到学习目标明确、学习选题精准、学习模式创新、学习方法得当、学习效果明显。

2. 推动发展，提升能力

各级党组织要紧紧围绕推动发展、促进和谐的要求，把学习型党组织建设与创先争优活动结合起来，不断提升各级党组织和广大党员干部创先争优的能力，努力实现学校“十二五”发展的良好开局。

3. 创新思路，凝练特色

各级党组织要紧密联系本单位和广大党员的实际，深入研究并积极探索学习型党组织建设的规律和实践路径，不断创新工作思路，着力凝练工作特色，不断增强各级党组织和广大党员学习的动力，努力形成学习型党组织建设的长效机制。

4. 精心组织，有序推进

各级党组织要精心安排好学习型党组织建设的各项工作，按时保质完成各项任务；要将链式学习贯穿于各类学习计划之中，并及时做好学习记录。各分党委、党总支每半年要对上述工作落实情况及本单位学习型党组织建设开展情况进行总结并上报学校学习型党组织建设领导小组办公室，同时组织好相关原始材料及汇报支撑材料的整理、备查工作。

学生党员的学习型党组织建设工作由党委学工部参照本工作计划，结合学生实际具体部署。

2011 年 3 月印发

案例六 校园文化建设“十二五”规划

思路思语

这是在基本完成文化建设“十一五”规划的基础上制定的。之所以说基本完成，是因为文化建设“十一五”规划中有些建设内容与建设任务的推进在实践上难以进行操作，有些建设任务的完成与建设目标的实现在实践上无法进行检验，完成的实际成效并不理想。于是，在制定文化建设的“十二五”规划时，我们对建设内容与建设任务的可操作与可执行、完成建设任务的可考核与实现建设目标的可检验进行了深入思考和研究。历经一年半的反复修改和多方征求意见，在充分总结“十一五”文化建设取得的成绩、认真审视“十一五”文化建设存在的问题、深入分析当前大学文化建设面临的形势并作出科学判断的基础上，提出了“十二五”时期文化建设“7个以4个着力”的工作思路、“2个形成6个更加”的建设目标，从工程化角度提出了文化建设的项目化推进模式，把大学文化分为文化研究、文化设施、文化景观、文化活动、文化赛事和文化传播等6类项目进行建设，并对重点建设项目的经费作出了安排，相较于“十一五”文化建设规划，在可操作性、可执行性、可检验性上向工程化方向迈出了一大步。这一规划出台后，引起了有关高校的关注，被10余所高校作为制定文化建设规划的样板文本。

文化育人是大学文化建设的根本目的，文化传承和创新是大学建设的重要功能。校园文化建设是社会主义先进文化建设的重要组成部分，也是大学建设的重要内容。建设以爱国主义精神和改革创新精神为引领的、具有大学自身特色的校园文化，是构建社会主义和谐校园、推进特色鲜明的高水平研究型大学建设的重要精神动力和文化保障。按照学校第三次党代会精神和“十二五”教育事业发展规划的要求，特制定校园文化建设“十二五”规划。

一、“十二五”期间校园文化建设的形势与任务

我校“十一五”校园文化建设的各项任务基本完成。凝练了哈军工文化核心价值体系，推出了校训、校旗、校歌、“三个第一”大学精神，完成了校园新区道

路等的命名，形成了“以忠诚为灵魂、以工学为境界、以海防为特色”的校园文化价值观，初步形成了符合科学发展观要求、逻辑比较完整、引领事业发展的办学理念体系；建设了陈赓院长铜像、陈赓受命创建哈军工铜像群雕等一批文化景观，举办了“十大名船展”，建成了我国高校第一个船舶博物馆；打造了“哈军工文化园”，成为省内高校首个省级爱国主义教育基地和首批国防科技工业军工文化教育基地；开展了文化传扬工作，哈军工文化在广大师生、校友中得到广泛传播；开展了形式多样的校园文化活动和文化赛事，引导全校师生积极践行校园文化价值观。经过建设，以校训、校风、大学精神、办学理念为核心的校园价值观体系初步确立，以文化标志、文化活动、文化环境为重点的校园文化体系逐步形成，以哈军工文化园为载体的特色文化育人环境逐步构建，文化育人功能得到进一步强化，师生员工的文化素养和文化追求不断提高。

“十二五”时期，学校面临创建研究型大学十分难得的战略机遇，也面临着严峻挑战。加快推进向高水平研究型大学的转型升级，矢志追求高水平研究型大学目标，必须充分发挥校园文化的自动力，大力推进文化传承创新，用校园文化建设的丰硕成果来保证和促进学校事业向更加注重质量、特色和创新的方向发展。

经过几十年的发展和积淀，我校校园文化建设已经取得长足进步。但面对我校创建特色鲜明的高水平研究型大学的新目标、为国防现代化和国家工业化、信息化建设培养“可靠、顶用”的高层次创新人才的新任务，以及加快国防科技工业军工文化教育基地建设的新要求，我校校园文化建设还存在着诸多不足。一是校园文化价值观虽已初步形成，但距离“内化于心、固化于制和外化于行”的要求还有不小距离；二是精神文化研究虽已取得丰富成果，但对学校历史与文化遗存中的学术文化、制度文化和行为文化的研究还远远不够；三是“哈军工文化园”虽已通过国防科技工业军工文化教育基地评估，但作为园内“三区一馆”核心的哈军工纪念馆刚刚筹备建设；四是校园文化景观虽已建成一批标志性成果，但对未来的校园文化景观建设还缺乏系统规划；五是校园文化活动与文化赛事虽已比较丰富，但还没有围绕校园文化价值观形成系统化、品牌化和标志化的校园文化活动和赛事；六是虽编辑出版了一些反映学校历史与文化的著作，但校园文化的渗透力、影响力以及社会辐射力还不够，还需要加大校园文化传播的广度和深度。

因此，还需要进一步加强校园文化建设，进一步健全校园文化建设的长效机制，继续推进对学校历史与文化遗存中学术文化、制度文化与行为文化等的深入研究，加快哈军工纪念馆的建设步伐，作好校园景观规划的编制，努力打造一批具有广泛影响和较高水平的文化活动和文化赛事，创作一批具有较好传播效果的文字、影音、视频作品及其网站等，更好地传扬哈军工文化，更好地建设××大学文化，更好地为学校的发展建设营造良好的文化环境，更好地肩负起大学文化传承与创新的历史使命。

二、“十二五”校园文化建设的指导思想

以邓小平理论和“三个代表”重要思想为指导，深入贯彻落实科学发展观，紧紧围绕创建研究型大学的目标和构建和谐校园的任务，牢牢把握校园文化建设的正确方向，紧密结合学校办学历史、哈军工光荣传统和“三海一核”办学特色，紧密结合研究型大学建设的阶段性特征与师生员工的文化需求，继续坚持以爱国主义精神和改革创新精神为引领，以文化育人为目的，以文化传承创新为原则，以深化文化研究为基础，以项目运作为模式，以完善文化体系为目标，以突出育人实效为根本，着力推进学校精神文化、学术文化、行为文化和制度文化研究，着力推进校园文化设施和校园文化景观建设，着力推进校园文化活动和校园文化赛事蓬勃开展，着力推进校园文化价值观广泛传播和积极践行，为创建特色鲜明的高水平研究型大学、构建社会主义和谐校园奠定坚实的文化基础。

三、“十二五”校园文化建设的目标

经过5年建设，形成比较系统、完善的校园精神文化、学术文化、制度文化、行为文化和物质文化体系，形成更加浓厚的文化氛围和更有特色的文化环境。校园文化教育、引导、凝聚和激励师生员工，培养学生成才，凝聚海内外校友的功能更加彰显，进一步促进师生员工整体素质的提升，为构建和谐校园、创建特色鲜明的高水平研究型大学提供强有力的思想保证、精神动力和文化支持。

主要目标是：

——以精神文化研究为重点的校园文化研究成果更加丰富；

——以哈军工纪念馆建设为重点的“哈军工文化园”更加开放；

——以体现哈军工文化和××大学文化价值观的特色文化景观建设更加系统

完整；

——以严谨治学、崇尚创新、刻苦钻研、乐于合作、学术民主、追求卓越为核心的学术文化氛围更加浓厚；

——以"国防教育月""军工文化月"为代表的校园文化活动和以"五四杯"科技创新创业竞赛等为代表的校园文化赛事更有影响；

——以"忠诚"为灵魂、以"工学"为境界、以"海防"为特色的校园文化价值观更加深入人心。

四、"十二五"校园文化建设的主要内容

"十二五"期间，我校校园文化建设将分文化研究、文化设施、文化景观、文化活动、文化赛事和文化传播六大类项目进行建设。

（一）文化研究类项目

文化研究类项目建设的主要内容是：通过课题方式对学校的精神文化、学术文化、制度文化、行为文化等进行深入研究，成果形式为研究报告、论文、著作等。

1. 哈军工文化和××大学文化研究

以课题立项方式，推进哈军工精神和××大学精神文化、学术文化、行为文化、制度文化和物质文化的深入研究；建设哈军工历史、哈军工文化和哈军工精神研究基地，加强哈军工研究史料保护，建设哈军工网络纪念馆；完成学校文化教育培训教材《哈军工文化及其传扬》的编写。

2. 我校"三海一核"专业发展历史研究

系统回顾和梳理我校特色办学理念和办学实践推动下的"三海一核"学科专业发展历程，进一步总结凝练、丰富发展"三海一核"特色办学理念和学科专业发展经验，开展"三海一核"特色品牌传播培训，完成"三海一核"办学特色品牌传播培训教材的编写。

（二）文化设施类项目

文化设施类项目建设的主要内容是：继续推进满足师生文化需求、传扬校园文化的场馆、展览等物质设施建设。

1. 哈军工纪念馆建设

做好哈军工纪念馆的方案设计，通过多种途径组织开展哈军工纪念馆展览实物的征集工作，不断丰富展示内容，改进和优化展示方式，完成哈军工筹备馆、发展馆、分建馆等基本陈列馆及各类主题展览建设，实现哈军工年纪念馆在建校60周年之际对外开放。

2. 其他文化场馆和文化设施建设

做好船舶博物馆修缮保护和展品丰富工作，建设科研成果产品实物陈列馆等，进一步凸显学校“三海一核”办学特色，展示哈军工以来的办学成就，增强师生员工对学校历史与文化的光荣感。

（三）文化景观类项目

文化景观类项目建设的主要内容是：继续推进体现校园文化价值观和校园文化特色的人文景观建设。

1. 校园文化景观规划

聘请国内专业景观规划单位，继续做好校园文化景观规划的制定工作，系统设计校园人文景观；继续开展对新建楼宇、道路等的命名工作；着力推进各办公楼、教学楼、宿舍楼等室内外环境建设，实现校园人文环境与自然环境的和谐统一。

2. “哈军工文化园”内的景观建设工作

继续做好历史景观区的建设和保护工作，不断积淀学校的历史文化资源；继续推进反映哈军工文化和学校办学特色的校园文化景观建设，不断提高校园硬环境建设的文化内涵。

（四）文化活动类项目

文化活动类项目建设的主要内容是：支持和鼓励在广大师生员工中广泛开展有影响的校园文化活动，促进师生员工更好地践行校园文化价值观。

1. 国防特色文化活动

继续加强以大学生军训为载体，以反映我校学科专业的国防特色和我校在国防领域取得的最新研究成果为主要内容的新生入学教育；在《形势与政策》课中继续开设“增强海洋观念、捍卫蓝色国土”等专题，系统讲解我国船舶工业、海军装备、海洋工程及核能应用领域的发展现状和学校肩负的历史使命；继续开展

"国防教育月"系列活动，进一步增强师生的国防观念。通过国防特色鲜明、丰富的爱国主义教育活动，促进以"海防"为特色的校园文化价值观在师生中广泛传播，增强师生践行这一价值观的自觉性。

2. 哈军工传统教育活动

继续以"军工文化月"系列活动为牵引，组织校史知识竞赛、弘扬哈军工文化专题文艺演出等，提高师生的文化素养和文化追求；组织哈军工优良传统研讨会、座谈会，增强哈军工文化对师生的凝聚力和感召力；组织开展哈军工校友报告会、哈军工纪录片与影视展播等活动，增强师生对学校历史文化与未来发展的信心和力量；组织开展哈军工"共和国第一"宣讲活动，增强师生服务国防的进取精神；支持师生排演展现哈军工历史传统的话剧、组织"哈军工图片展"、读《哈军工传》、《漫游中国大学丛书》等活动，更好地传播哈军工文化。通过特色鲜明的哈军工传统教育活动，促进以"忠诚"为灵魂的校园文化价值观在师生中的广泛传播，增强师生践行这一价值观的坚定性。

3. 以学术文化建设为核心的学术科技活动

着力加强以严谨治学、崇尚创新、刻苦钻研、乐于合作、学术民主、追求卓越为核心的学术文化建设。继续巩固哈军工优良学术传统，通过开展学术道德教育活动，维护良好学术声誉，形成严谨治学、诚信为学的学术风气；继续促进学术交流，通过举办具有学科特色、影响广泛的高水平国际、国内学术会议等，营造包容并蓄、民主开放的学术氛围；坚持开展学术交流周、博士学术周、知识产权月、专利推介月等系列活动，营造崇尚创新、宽容失败的学术环境；继续以阳光论坛、启航讲坛、人文讲坛等品牌活动为载体，邀请知名专家、学者等来校讲座交流，不断开拓师生学术视野，提升师生科技和人文素养，形成百花齐放、百家争鸣的学术氛围。通过举办以学术文化建设为核心的学术科技文化活动，促进以"工学"为境界的校园文化价值观在师生中广泛传播，增强师生践行这一价值观的主动性。

4. 以校风、教风、学风建设为主线的文化活动

充分利用校庆纪念日以及各种节日蕴藏的宝贵文化资源举行形式多样的纪念活动；大力开展学习教书育人典范、我校终身荣誉教授哈军工教师×××，学习

刻苦学习的哈军工学生典范×××等活动，进一步弘扬优良教风、学风；组织工程之星、毕业金榜等学生典型系列评选宣传活动；坚持开展师生理想信念教育、行为规范教育、文明离校教育等活动，继续开展校园文明月、感恩诚信月、心理健康月、普法宣传月、社团巡礼月、志愿服务月、爱心奉献月等主题活动，继续举办教书育人风采大赛、师德建设报告会、素质教育讲堂、思想者读书联盟活动等“三育人”系列活动，继续开展“高雅艺术进校园”活动，着力打造和形成一批体现时代特征、富有学校特色、蕴含校风教风学风建设成果、深受师生喜爱的校园文化活动品牌。

（五）文化赛事类项目

文化赛事类项目建设的主要内容是：通过对具有较高水平和较大影响且已经形成品牌或经一定时间积累能够形成品牌的文化赛事进行支持，更好地丰富校园文化价值观的内涵。

1. 船海特色鲜明的标志性普及型科技赛事

与《舰船知识》杂志社等联合举办大学生舰船知识竞赛、大学生航母创新设计大赛、大学生水下机器人大赛等，进一步扩大活动的社会关注度和影响力；继续开展海洋知识竞赛、航海模型竞赛、船舶结构物设计与水利竞赛等科技赛事，鼓励和支持学生参与到这些贯穿以“海防”为特色的文化赛事中，积极营造“支持特色、丰富特色、发展特色、创造特色”的文化创新氛围，着力培养学生投身海防、贡献海防的爱国主义精神和服务国防意识。

2. 创新氛围浓厚的标志性竞技型科技赛事

坚持开展“五四杯”课外学术科技作品竞赛、“启航杯”科技创新普及竞赛、“一院一品”科技创新系列竞赛、“五四杯”创业计划竞赛等科技创新、创业赛事；积极组织参加“挑战杯”全国大学生课外学术科技作品竞赛与创业计划大赛、全国大学生电子设计竞赛、亚太大学生机器人大赛等国内外各类高水平竞赛，营造鼓励独立思考、自由探索、勇于创新的人才成长环境和浓厚的大学生学术科技创新创业氛围，着力增强学生勇于探索的创新意识和创新精神。

3. 具有地域特色的群众性文化赛事

继续举办国际大学生雪雕比赛，推动国际、省、校三级雪雕比赛深入开展，充分展示冰雪文化特色，增强学生热爱冰城、热爱家乡、热爱学校意识；组织开展游泳、滑冰、雪地足球、冰雕比赛等体现学校体育教学特色、地域文化特色的群众性体育文化赛事，打造有较高水平和较大影响的体育文化赛事品牌，营造积极向上、生动活泼的学习、工作和生活环境，着力提高师生文化素养，更好地发挥校园文化育人功能和在构建和谐校园中的作用。

（六）文化传播类项目

文化传播类项目建设的主要内容是：通过编写出版物、创作影音视频作品、建设专题网站等，加强对学校历史文化传统的展示，向广大师生员工、校友更广泛地传播校园文化，进一步增强校园文化的影响力和辐射力。

1. 文化传播资料的编辑出版

以校庆60周年为契机，修订校史1953—2002部分，续写校史2003—2012部分，出版《××大学60年通鉴》；提倡各院系组织力量搜集、研究和编写院（系）史，不断丰富校史内容；编辑出版校庆60周年专题片，拍摄制作学校英文宣传片，采访拍摄《"军""工"学人》专题片，编辑出版大学画册、"哈军工文化园"画册等；通过多种传播形式，加强对学校办学传统的宣传教育，进一步形成对哈军工优良传统广泛认同的文化心理，提高哈军工文化核心价值体系转化为师生员工思想观念、价值取向与行为规范的成效。

2. 先进典型的宣传

以创先争优活动为契机，挖掘和推出一批先进教学科研团队，树立教学典范、科研先锋、育人标兵，让全校师生员工从先进团队和先进典型的事迹中受到鼓舞，吸取文化和精神的力量，做到学有榜样、赶有目标、见贤思齐；充分运用校内媒体，大力宣传在学校发展建设中涌现出来的积极践行校训、体现校风教风学风的先进个人典型和群体典型，传播××大学人的优秀事迹，努力形成崇尚先进、学习先进、争当先进的浓厚氛围。

3. 网络文化建设

统一规划建设各类文化网站，建设共享共用的文化传播新平台，整体提升传播社会主义先进文化和精神文明成果的能力；进一步完善思想政治教育网站体系，不断丰富教育内容，发挥更强的思想文化引导力；重点加强"三海一核"等办学特色网站建设，营造船、海、核特色浓郁的网络文化氛围；进一步提高学校各类中心工作、重点工作专题网站建设质量，持续推进各类文化活动、文化赛事专题建设；着力加强网络新闻宣传的舆论引导能力，利用社会门户网站微博开展对外宣传，提升学校文化的传播力和影响力。

4. 文化阵地和文化形象建设

加强舆论宣传阵地建设，更好地为学校改革发展和人才培养服务，充分发挥阵地、窗口、号角作用；加强校内刊物的管理，牢牢把握正确舆论导向，进一步提高校内刊物的办刊能力和水平；建立培养哈军工文化园学生讲解团，努力打造一支专业化的校园文化讲解队伍，不断提高校园文化传播水平；在校内媒体开办“文化校园”专栏，更好地展示学校的文化形象，树立校园文化品牌；进一步规范学校形象标志，完善具有学校特点的标志体系；通过推广使用形象识别标志、制作统一的校园文化产品等，打造校园文化品牌，提高师生对校园文化的认知度，促进校园文化向师生及社会公众广泛传播。

五、重点项目及经费预算

重点项目分文化研究、文化设施等六类项目设计，“十二五”期间总经费（不含拟列入固定资产投资规划建设资金）预算为××万元，年度经费预算平均为××万元。

1. 文化研究类项目

重点推进哈军工文化、××大学文化研究。项目预算支出××万元，其中，文化项目研究××万元/年；网络哈军工纪念馆建设及其史料与文物保护××万元；文化教育培训教材《哈军工文化及其传扬》编写及出版××万元；“三海一核”特色品牌传播培训××万元/年；编写出版“三海一核”特色品牌传播培训教材、“三海一核”学科专业发展史××万元。

2. 文化设施类项目

重点推进哈军工纪念馆建设。哈军工纪念馆建设等应作为建设项目列入固定资产投资规划。船舶博物馆修缮保护和展品丰富预算支出××万元/年。

3. 文化景观类项目

重点推进校园文化景观规划设计和校园文化景观建设。校园文化景观规划设计预算支出××万元。反映哈军工文化和学校办学特色的校园文化景观建设应作为建设项目列入固定资产投资规划。

4. 文化活动类项目

常规性文化活动经费由有关单位正常经费支出。重点推进哈军工传统教育活动。项目预算支出××万元，其中，哈军工优良传统研讨会××万元，哈军工“共和国第一”宣讲活动××万元。

5. 文化赛事类项目

常规性文化赛事经费由有关单位正常经费支出。重点推进船海特色鲜明的科技赛事。与《舰船知识》杂志社等联合举办大学生舰船知识竞赛、大学生航母创新设计大赛、大学生水下机器人大赛等××万元/年。

6. 文化传播类项目

常规性文化传播经费由有关单位正常经费支出。重点推进文化传播资料的编辑出版。项目预算支出××万元，其中，修订校史1953—2002部分，续写校史2003—2012部分，出版《××大学60年通鉴》××万元；编辑出版校庆60周年专题片××万元；拍摄制作学校英文宣传片××万元；采访拍摄《“军”“工”学人》专题片××万元；出版大学画册、“哈军工文化园”画册等××万元。

六、组织保障

1. 将校园文化建设纳入学校“十二五”教育事业发展总体规划，并使之与学校总体建设同步推进，与各专项子规划的实施相呼应、相承接。

2. 成立校园文化建设“十二五”规划项目推进办公室，项目办成员单位主要由项目具体负责单位组成，项目办负责组织推进六类项目的建设，其中文化研究、文化景观和文化传播三类项目由宣传部负责统筹，文化设施类项目由发计处负责统筹，文化活动和文化赛事类项目由学工部、校团委、素质教育基地负责统筹。

3. 分别制定出台文化研究类项目管理办法、文化设施和文化景观类项目管理办法、文化活动和文化赛事类项目管理办法、文化传播类项目管理办法，对所有建设项目严格实行项目负责制人制和合同制管理，确保建设项目保质保量按期完成。

4. 学校设立“十二五”校园文化建设专项经费，保证校园文化建设投入到位、专款专用。各单位要大力支持和积极参与校园文化建设，同时，积极开展本部门（单位）文化建设。

5. 各有关部门要积极配合，共同推进校园文化建设工作。要广泛发动全校师生员工积极参与校园文化建设，积极营造学校文化建设的良好氛围，持续提高校园文化建设水平。

2011年9月

思索思语

规划、方案、计划等，都是管理实践中常用的文本，掌握了制定这些文本的思维方式和思考方法，懂得了起草这类文本所使用的管理语言和写作模式，必将有助于提高有关职能部门和管理人员的管理素质和管理能力，提升一个组织的管理水平和管理质量。

在这一部分的点评中，还提出了一个工程化的概念，文化建设“十二五”规划应该说是一项软建设的工程化范例。工程化是管理实践过程中的重要思想方法和工作方法。在制定规划、方案和计划等的过程中，我们体会，工程化就是把战略目的和战略思想转变为战略目标，把战略目标转化为一个个可实现的阶段性目标和可检验的结构性目标；就是把战略目标转变为战术任务，把战术任务转化为一个个可攻可破的大小战役和可直接解决问题的大小战斗；就是把战术任务转变为管理工程，把管理工程转化为一个个目标可实现、内容可操作、任务可执行、过程可控制、结果可检验的不可再分的具体项目。

我们认为，只有具备了系统化的思维方式和工程化的操作能力，才能真正做好管理实践中的规划、方案和计划制定工作，这需要我们做到“两头吃透”，既要吃透上级文件精神、吃透上级领导意图，又要吃透本单位的现实状况、吃透本单位的发展目标。项目化、工程化已成为今天各级干部思考工作的一种方法，已成为提高工作策划能力和落实能力的重要方法。

实际上，在管理实践中，还有一种常用的规划类管理文本形式——可研报告，其往往在一个项目申报时出现。由于这类文本大多都有保密性质，故在此没有直接选取这类文本案例。由于项目申报这类文本十分重要，因此这里从思考问题的基本思路出发对其作简要说明。从工程建设角度，一般包括项目建设的背景、目的和意义，项目的建设目标、建设思路和建设重点，已有的工作基础，下一阶段的重点工作，政策支持和条件保障，经费需求与资金筹措，预期成效等。这与项目研究有相通之处，从课题研究角度，一般包括项目研究的背景、目的和意义，研究目标和研究内容，研究的重点和难点，研究的思路和方法，研究的计划进度，研究的前期基础和资料准备，研究的预期成果（含中期成果和最终成果）等。这二者之间既有联系，又有区别，但思考问题的基本方式是相通的。

从工程建设来看，项目建设的背景、目的和意义，主要回答项目建设的重要性和必要性、该项目的国内外现状和发展趋势，该项目当前面临的主要问题，建设该项目的迫切性和可行性；从科学研究来看，项目研究的背景、目的和意义，主要回答该项目的国内外研究现状和研究趋势，存在的主要问题，研究的理论价值、学术价值和实际应用价值。二者的共性在于都是从主体的需求出发，背景是回答还有哪些问题需要解决或还有哪些问题需要研究（通过国内外现状和趋势分析或者现实生活中的矛盾分析找出问题）；目的是回答为什么要建设这一项目即建设这一项目的重要性和必要性，或为什么要开展这一研究即研究这一项目的重要性和必要性；意义是回答建设这一项目有什么用即建设这一项目的迫切性，或开展这一研究有什么用即研究这一项目的理论价值、学术价值和实际应用价值。项目建设的背景还涉及可行性的问题，只有从工程建设角度，才需要回答可行性。

从工程建设来看，项目的建设目标和建设重点，与规划或方案是相通的，在这里就不再赘述了。从课题研究来看，项目的研究目标、研究内容，主要回答通过研究将能够解决或推动解决什么重大理论问题与现实问题，以及要实现这一研究目标需要做哪些具体的研究工作，即具体都要研究些什么。项目建设下一阶段的重点工作，主要回答要实现建设目标、完成建设任务需要采取什么样的行动，即要重点制订哪些计划、做出哪些安排、采取哪些举措等。项目研究的重点，主要回答要实现研究目标应重点开展什么研究、做什么工作；项目研究的难点，主要回答在研究过程中可能遇到什么困难，有什么难题需要解决。无论是项目建设，还是项目研究，重点是针对目标而言的，难点是针对过程和方法而言的，清楚这一点，无论是对制定可研报告，还是进行项目申请，都是很重要的。

从工程建设来看，项目建设的思路，与规划或方案也是相通的，核心还是项目建设的指导思想问题，这里就不再赘述了。而对于课题研究的思路和方法，主要回答怎么开展研究、用什么方法去开展研究。项目建设的预期成效，主要回答项目建设完成后目标的实现情况，即建设目标实现后可能取得哪些建设成果；项目研究的预期成果，主要回答研究过程中和研究完成后，可能产生的成果有哪些，即可能产生的中期成果和最终成果分别是什么。无论是项目建设，还是项目研究，预期成效或预期研究成果都是针对目标而言的，与目标之间应具有明确的对应关系。

项目研究往往还需要回答创新之处是什么。无论是项目的申报还是项目研究之后的成果，创新都是针对研究的问题而言的，可能是提出了什么新思想、新理念、新认识，也可能是构建了什么新体系、新框架，还可能是运用了什么新方法，作出了什么新的探索，开展了什么新的实践，产生了什么新成效，取得了什么新成果等。

第3篇 文件——经验之思

思想语

经验类文稿，是管理实践中既常见、又重要的一种文本形式之一，是一种特殊管理语言的运用。之所以称其为经验，就是在管理实践中总结提炼出来的，经过实践证明是有效的、管用的、好用的做法，不仅对本单位今后这一方面的工作实践具有指导性和可重复性意义，而且对其他单位在这一领域的工作实践具有启发性和可借鉴性意义。

从经验这一特殊文本的结构来看，构成一条完整经验的主体要素有经验的主题、经验的意义、经验的内涵、支撑经验的事实、经验产生的标志性成果等，但在对不同经验的实际概括和提炼中，应根据具体情况的变化作出与具体管理实践相符的调整。

经验的提取是一个较为复杂的思维过程，也是一个较为艰难的凝练工程。我们经常面对一大堆杂乱无章的总结性材料，或者说是一大堆杂乱无章的事实性材料，甚至是一大堆杂乱无章的缺省性材料，总之就是只能从中找出做了些什么、具体怎么做的、取得了一些什么结果等，而这些做法、内容、结果之间有何必然联系，有什么规律可循，为什么要做，为什么要这样做，这样做的结果有什么意义，接下来还要不要继续做，还要怎么做等问题都是模糊的、不清楚的，我们经常是在这样一种情况下进行经验的概括和提炼。

那么，在进行经验的概括和提炼之前，首先要在上述这样一堆材料的基础上，运用系统思维、科学思维和工程思维方式对所做工作进行综合性思考。需要思考的问题主要包括以下4个方面：一是为什么而做，即做的目的是什么，预期要达到什么目标，现在达到了吗？可能这一问题做之前并未认真思考过，只是突然想到觉得好就做了，但现在要提取经验就必须做这样的深入思考；二是做了些什么，怎么做的，即有什么创新的思路、特殊的理念吗？只是一件单一的事情还是有系统化的设计？可能这一问题做之前并未调查，也没有作认真的思考，但现在必须要想我们的做法到底有什么特别没有，我们是否应该经过系统化设计之后再做；三是做的结果怎么样，即是否取得了一定的标志性成果，或者说按照这一思路做下去应该会取得什么样的标志性成果；四是别人都怎么做的，即我们的做法与别人有什么不同吗？什么地方比别人做得好，是思路、理念、内容、方法、成效，还是什么？

经过这样一个系统、科学的思考过程，我们对原有的总结性材料或者说事实性材料就有了一个比较清晰的了解和准确的把握。但是，这一思考过程中所提取出来的东西，还算不上是规范意义上的经验，往往还是不完整的、缺失性的，仅仅是对某方面工作相对更系统一些的总结。要把这种具有一定系统性的总结上升为经验，还需要对相关背景问题进行认真思考：一是上级召开有关会议或提交经验的背景以及会议的主题是什么，二是某一方面专项工作当前国内的大形势是什么，三是与本组织平行的组织系统或竞争对手关于此项工作的主要做法和成效是什么样，四是某一方面专项工作自身发展的规律是什么。对于申报上级荣誉和评估汇报的经验文本，还需特别思考上级对该项工作的要求或检验标准是什么。

有了对所做工作和相关背景问题的思考，就可以对所做工作进行经验概括和提炼了。这里的概括和提炼，是从一个完整的系统结构出发，用经验性的管理语言对有关工作进行客观、符合逻辑的表达，概括和提炼的重点是工作的思路、理念、做法、特色和取得的标志性成果。概括与提炼的表达方法是什么呢？一是在文体上，表达经验的语言要精练、准确，各条经验主题的表达应该是平行的，而且表达的句法最好是对仗的、排比型；二是在内容上，经验可以是工作思路的概括、具体做法的概括、行动理念的概括、实现目标的概括，也可以是以上几方面的综合概括；三是提炼上，经验一定要上升到上级组织要求的层面与形势相符，一定要扩展到可以推广的层面与工作发展的规律相符；四是在形式上，每条经验的主题之下，应首先表达本条经验的重要意义与基本内涵，然后是支撑每条经验的主要事实，最后是选择这些事实支撑经验的缘由或者是经验产生的标志性成果；五是经验文本的最后，一般来说既要扣一下主题，还要表一下决心。

经验的概括和提炼，还需要遵循以下3条原则：一是必须从某一工作系统的结构出发，在一个完整的框架下，使概括出的经验能够对该工作系统形成最基本的结构性支撑，严格意义上讲，再多一条就感觉有可合并之处，再少一条就觉得缺失了不完整；二是实际的工作可能并没有构成一个完整的系统，也没有形成清晰的工作理念，或者说事实支撑并不完整、更不系统，但在概括时需要进行补充并使之完善；三是实际的工作可能并没有做到想要概括的那样好或者做到那种程度，还没有形成需要的标志性成果，但在概括时需要做预期性表达使之符合经验表达的要求。

事实上，在经验概括与提炼的具体实践中，经常是上级组织要求提交某一方面工作的经验材料或者是上级组织召开某一方面的会议需要交流发言，并非我们主动要对某一方面的工作进行概括和提炼。因此，从形成文本的角度，一般是先根据国内外大形势、上级的要求或者会议的背景与主题等，对该项工作的自身规律进行思考，再结合实际工作的某些做法和具体成效，找到经验表达的基本思路和结构性框架。有了这个基本思路和结构性框架，再去寻找相应的支撑这些经验的事实和成果，并使之符合经验概括的要求。

这里选择了作者 2005 年至 2011 年起草和修改完成的 9 篇在上级组织召开的有关会议上的交流文本、上级组织来校检查评估有关工作时的汇报文本和申报上级有关荣誉时的申报文本。从本质上讲，这些都属于经验类文稿。希望读者可以从这些文本案例中，学习并体会经验类文本的构成要素，学会把握经验类文本的特点和规律，学会在管理实践中更好地运用经验性管理语言。

第6章

经验 汇报 报奖

案例一 第14次全国高校党建工作会议经验交流

思路思语

这次会议的背景形势以及起草会议经验材料需要考虑的问题主要有：一是中央对高校党的建设工作高度重视，自20世纪90年代以来，每年召开一次全国高校党建工作会议，教育部所属高校、其他部委院校、部分省属高校的党委书记以及各省市教育厅局的负责同志等都会参加会议，中央政治局分管领导与中组部、中宣部负责同志都会出席会议并讲话，为此各高校都十分重视在这一会议上的经验交流；二是中央在全党开展的先进性教育活动在高校的各项任务已基本完成，这次会议的主题与此相关；三是学校在先进性教育活动启动前夕，党委书记在“七一”讲话中对全校广大党员提出了要保持政治思想、工作理念与实际行动先进性的要求。

为此，结合学校服务的主体领域和特色优势，确定了《保持政治思想、工作理念和实际行动的先进性，为国防科技工业发展做出更大贡献》的经验主题。也就是说，这次经验交流的目的，要向上级和同行展示，作为一所以服务国防为使命的大学，主要是从以下3个方面加强先进性建设，为国防工业做贡献的：一是保持政治思想的先进性，始终坚持用“三个代表”重要思想指引学校发展，这是保持先进性的根本基础；二是保持工作理念的先进性，不断提高贯彻落实科学发展观的能力，这是保持先进性的关键环节；三是保持实际行动的先进性，以与时俱进、不断超越的精神状态，为国防科技工业发展做出更大贡献。上述3个方面构成了这篇经验文稿的基本框架。

文稿一开始便明确表达了中央的要求，3 条主体经验平行、对仗、排比，既有对学校党建工作理念的概括，又体现了对党的建设及其先进性规律的认识，每一条经验的构成要素完整，且经验的表达与中央的要求相符。以第一条经验为例，首先表达了保持政治思想先进性的重要意义及其体现在哪里（也就是这一经验的内涵）；然后以学校做得最有特色、最有成效的三个方面作为支撑经验的事实，对该条经验进行了论述；结尾阐述了为什么选择这三个方面事实来支撑这一经验。在整篇文稿的最后，既很好地紧扣了这篇经验文本的主题，又充分表达了继续保持 3 方面先进性为国防工业做更大贡献的决心。

保持政治思想、工作理念和实际行动的先进性
为国防科技工业发展做出更大贡献

2005 年 12 月

××大学按照上级要求完成了保持共产党员先进性教育活动的各项任务。在先进性教育活动中，学校党委深刻体会到：实现中央“提高党员素质、加强基层组织、服务人民群众、促进各项工作”的目标，在这所大学的核心体现，就是如何更好地为国防科技工业发展服务。根据这一目标，学校提出：保持政治思想、工作理念和实际行动的先进性，为国防科技工业发展做出更大贡献。

一、保持政治思想的先进性，始终坚持用“三个代表”重要思想指引学校发展，是保持先进性的根本基础

保持政治思想的先进性，是提高党员素质、加强基层组织的必然要求，也是服务人民群众、促进各项工作的思想基础。保持政治思想的先进性，体现在坚持用“三个代表”重要思想指引学校发展上，体现在对人才培养方向的把握上。

以创建学习型领导班子为牵动，推进全校政治理论学习，不断提高贯彻党的教育方针的坚定性和办人民满意教育的自觉性。学校的前身是著名的“哈军工”，有着光荣的历史传统，有着良好的政治学习风气。在先进性教育活动期间，学校党委修改和完善了中心组学习制度，印发了《创建学习型领导班子活动方案》，规定了学习内容，提出了学习要求，明确了学习目标，把理论学习同解决学校改革

发展过程中的实际问题结合起来。通过对“三个代表”重要思想、科学发展观、教育振兴行动计划以及国防科技工业发展形势等的学习，我们体会到：作为国防科工委院校，为国防科技工业发展服务是贯彻党的教育方针、办人民满意教育的根本体现。

以案例教学为突破口，推进邓小平理论和“三个代表”重要思想“三进”工作，不断提高大学生“三观”教育和马克思主义立场、观点、方法教育的质量和水平。提高大学生学习实践“三个代表”重要思想的能力，是确立马克思主义在高校指导地位的重要标志；只有让“三个代表”重要思想真正入脑、入心，才能真正发挥思想政治理论课的主渠道作用，使大学生的理想信念建立在科学的理性基础之上。为了更好地实现这一目标，我们在《邓小平理论和“三个代表”重要思想概论》课中引入案例教学，学生到课率和听课率大幅度提高。《光明日报》头版头条以“案例教学激活思想政治理论课”为题进行了报道。省委副书记×××批示：“请高校工委总结推广××大学案例教学经验”，并于2005年11月下旬，在我校亲自主持召开了全省思想政治理论课建设现场会，总结推广我校经验。

以国防教育为切入点，把先进性教育与学校特色结合起来，探索思想政治工作的有效途径，不断提高教育的针对性和实效性。从哈军工到×××时期，再到今天的××大学，学校的发展始终与国防紧紧联系在一起，关心国防、热爱国防、建设国防是学校的一贯传统。我们把结合学校特色，加强国防教育，作为培养国防科技工业“可靠顶用”人才的重要举措。为此，学校专门安排为国防事业做出突出贡献的专家、教授就我校学科专业的国防特色、在国防领域的最新研究成果、为国防工业服务做出的重大贡献对新生进行入学专业教育；在高年级的《形势与政策》课中开设“增强海洋观念、捍卫蓝色国土”专题，系统讲解我国海运、海防、海洋的发展现状及学校肩负的历史使命；在日常教育中以国防教育月为依托，集中开展“心系国防、建设国防”系列活动，建立了国防教育的长效机制。在2005年全军接收和培养地方大学生工作会上，成为受到表彰的唯一的海军军官培养依托单位。

创建学习型领导班子、思想政治理论课案例教学和国防特色教育成为学校保持政治思想先进性的三个重要抓手。

二、保持工作理念的先进性，不断提高贯彻落实科学发展观的能力，是保持先进性的关键环节

保持工作理念的先进性，是党员素质得以提高、基层组织得以加强的重要体现，是服务人民群众、促进各项工作的关键环节。保持工作理念的先进性，体现在不断提高贯彻落实科学发展观的能力上。

准确定位发展目标，确立科学的发展理念。保持工作理念的先进性，首先要求发展的理念必须是科学的。学校坚持以科学发展观为指导，对学校原有目标进行了认真审视和深入思考。结合世界高等教育国际化、开放式的发展趋势，国家加快建设世界一流大学和高水平研究型大学的战略选择，国防科技工业大发展的战略要求，造船强国新目标、核电发展新局面、海洋资源大开发、东北老工业基地振兴的战略机遇，学校的历史与现状，学校对发展目标进行了重新定位，提出了到二〇二〇年，把学校建设成为中国“三海一核”领域最高水平的高层次人才培养基地、若干主要学科科技水平的标志、若干重要科技成果转化的源头的奋斗目标。根据这个目标，学校把为国防科技工业发展做贡献作为检验学校党委先进性的具体标准。发展理念的确立，使学校的思路更加清晰、行动更加自觉。

总结凝练办学特色，确立特色办学理念。特色就是竞争力，特色理念是办学理念的灵魂。50多年来，学校在船舶工业、海军装备和海洋开发等国家战略性领域做出了独特的重要贡献，是国防科工委院校中唯一拥有核学科的大学。基于学校的历史优势和对国家需求的前瞻性思考，学校从使命的高度将服务的主体领域凝练为“三海一核”，并在党代会上正式确定为学校的特色办学理念。根据这个理念，学校以“三海一核”主体领域的人才培养和科学研究需求为牵引构筑主体学科，以这些主体学科的率先发展带动其他学科的共同发展。特色理念的确立，对增强核心竞争力、实现可持续发展起到了重要的指导作用。

坚持人才建设经验，牢固树立人才强校理念。在科学发展观和科学人才观的指导下，在坚持学校人才建设基本经验的前提下，牢固树立了采取超常规举措“抢夺人才”的强校理念。根据这个理念，学校提出了以能力建设为核心、以院（系）体制改革为突破口、以学科方向的创新与凝练为导向、以高端领军人才为关键、以人才国际化为重要途径的人才建设思路，制定并实施了一系列超常规的人才建设政策，年内已整体引进高水平创新团队6个，培养和引进博士近200人。强校理念的确立，统一了对强校之路的认识，对进一步提升为国防科技工业发展服务的能力将起到重要的支撑作用。

发展理念、特色理念、强校理念的确立，是学校贯彻落实科学发展观的基本要求，是保持工作理念先进性的具体体现。

三、保持实际行动的先进性，以与时俱进、不断超越的精神状态，为国防科技工业发展做出更大贡献

保持实际行动的先进性，是检验党员素质是否提高、基层组织是否加强的最终标准，是服务人民群众、促进各项工作的根本落脚点。保持实际行动的先进性，体现于以与时俱进、不断超越的精神状态加速推进学校工作，为国防科技工业发展做出更大贡献。

构建高水平特色学科体系，提升服务国防科技工业的核心能力。学校坚持以国家战略性需求为牵引，通过承接一批重大科研项目，在学科与项目之间形成高层次互动，强化主体学科上游的原始创新，加速主体学科下游的工程化和市场化进程，使“三海一核”领域的主体学科达到国内领先、若干特色方向达到国际一流，巩固和形成一批具有重大创新能力和服务能力的特色学科群；推进主体学科与基础学科、通用学科和相关学科的集成与整合，以整体建设强化主体，实现主体与整体之间的良性互动，带动学科体系的整体升级，增强学科体系整体的可持续发展能力，进一步强化为国防科技工业服务的基础能力。

打造人才培养品牌，为国防工业输送一流人才。学校不断强化品牌意识，提出了培养“中国船舶工业一流工程师和企业家、国防科技工业和东北地区高层次科技人才”的人才培养目标。在先进性教育活动期间，召开了暑期工作会专门研究本科教学，出台了以“九大体系、十大工程”为核心的一系列改革措施，实施了以“宽口径、厚基础、倡个性、重创新”为原则的2005版本科生培养方案，从战略高度对人才培养进行顶层设计，大力推进课程体系和内容、教学方式方法的创新，进一步提高教育的质量和水平。“十五”期间，学校已为国防系统输送人才近7 000人，占实际就业人数的近50%。

强化基础，提高能力，为国防工业跨越发展提供科技支撑。学校坚持“依托船舶，立足国防，面向国民经济建设主战场”的方针，以国际科技前沿、国家现代化建设和国防重大战略需求为导向，围绕国家战略高技术研究、重大科技计划和重大科学问题，凝练能够站在国家高端乃至世界高端的科学研究方向，集成校内外、国内外资源，加大基础研究的投入力度，在国防科工委基础科研、国家自然科学基金等立项上获得大的突破；努力争取在某些国防重大工程研究项目上进入国家队，跻身国家核心前瞻性技术与国家重大尖端项目的前列，不断提高重大科技创新能力和为国防科技工业发展服务的能力。“十五”期间，学校在军事973项目上获得三项技术首席，年均科技经费增长超过30%，2005年将超过×亿元。

通过高水平学科建设、高素质人才培养和高层次科学研究服务国防科技工业发展，是学校保持实际行动先进性的具体体现，也是检验学校党委先进性的具体标准。

为国防科技工业发展服务是学校党委实践“三个代表”重要思想的根本体现和根本标志。学校党委将始终保持政治思想、工作理念和实际行动的先进性，为国家“科教兴国”和“人才强国”战略的实施做出更大贡献，为服务国防科技工业大发展做出更大贡献。

案例二 | 国防科工委“四五”普法工作经验交流

思路思语

这是学校党委在上级主管部门“四五”普法工作总结表彰暨“五五”普法工作启动大会上的交流发言。这次会议交流的背景形势以及起草这篇经验文本需要考虑的问题主要有：一是上级主管部门5年才召开一次普法专项工作会议；二是普法工作走过了20个年头，已经从法制宣传、法制教育向法治实践转变；三是学校是上级主管部门系统唯一获得全国普法先进的高校。在“四五”普法过程中，学校最大的亮点是教育模式的创新，在全国高校率先创办了普法宣传教育网站，且效果良好；同时，学校在管理实践与办学实践过程中，没有出现违法违纪行为，依法管理、决策规范、重点突出，依法治校成效明显。

为此，确定了《创新教育模式、规范决策程序、突出工作重点，进一步提升依法治校的能力和水平》的经验主题。也就是说，这次经验交流的目的，是要向上级组织和同行展示，作为系统内唯一获得全国普法先进的高校，主要是在以下3个方面做好“四五”普法工作的：一是创新教育模式，这是加强法制宣传教育的基本前提；二是规范决策程序，这是推进依法治校的关键环节；三是突出工作重点，这是提升依法治校能力和水平的有效途径。上述3个方面构成了这篇经验文本的基本框架。

整篇文本满足经验的基本要素要求及其概括提炼原则。

创新教育模式　规范决策程序　突出工作重点
进一步提升依法治校的能力和水平

2006年6月9日

自“四五”普法启动以来，按照国防科工委的总体要求和具体部署，××大学党委坚持“以素质转变为目标，以网络普法为突破口，以宣传教育活动为载体，全面提升依法治校的能力和水平”的指导思想，创新教育模式，规范决策程序，突出工作重点，有针对性地在全校师生员工中深入开展法制宣传教育，比较圆满地完成了“四五”普法工作任务，有力地促进了学校中心工作的开展。

一、创新教育模式是大力加强法制宣传教育的基本前提

1. 将普法教育内容纳入校党委学习中心组学习计划，充分发挥领导干部在学法上的带头作用

根据国防科工委和省委的有关文件精神，结合学校实际制定了“四五”普法规划，并根据学校特点安排学习内容，制订年度学习计划，使普法工作规范有序地进行。同时，以创建学习型领导班子为目标，提高各级领导干部学法的自觉性。党委中心组带头学法，结合学校管理工作需要，在继续深入学习《教育法》和《教师法》等法律重点内容的基础上，又结合形势变化和学校工作特点先后学习了《保密法》《中共中央、国务院关于进一步加强和改进大学生思想政治教育的意见》《军工产品质量管理暂行规定》等法律法规；听取了《宪法》修正案、《预防职务犯罪》《财政违法行为处罚处分条例》等专题辅导；就新出台的《高等学校学生行为管理规定》，组织有关部门负责人对教学、医疗等方面的案例进行讨论。学校每年下拨普法专项经费3万元，保证普法工作需要。

2. 以创建蓝盾法律信息网为契机，构建全方位的普法教育平台，形成普法工作的立体化格局

2003年，学校创建了蓝盾法律信息网，这是创新普法教育模式的一项重要举措。为了进一步提高网络普法的针对性和实效性，2004年又对该网进行了改版充实，并与《中国大学生在线》网站实现链接，扩大网络普法的覆盖面。为了加强对普法网的管理和监督，2005年再次对该网进行改版调整，并入由党委宣传部负责的《工学新闻网》统一管理。新版普法网设置了凭网观法、教学互动、法律法规、工程法制、法律服务、备考指南6个栏目，这些栏目与师生员工的工作、学习、生活息息相关，为师生员工提供了一个学法、用法与法律服务的有效平台，受到全校师生的广泛欢迎。自2005年12月改版以来，截止到昨天（8日），文章阅读量超过了81万人次，现日均阅读量超过5 000人次。

3. 不断巩固《法学基础》课在大学生法制教育中的主渠道地位，开展丰富多

彩的宣传教育活动，打造“148”法律服务品牌

按照中宣部、教育部的要求，学校将《法学基础》作为必修课纳入本科生教学计划，加强法学基础课程的师资建设，将案例教学法引入课堂教学，并在《形势与政策》课中应用法学案例教学，如我国利用联合国国际海洋公约与国际法解决南海、东海争端问题，提高了教学的实效性。学校组建了由法学专业教师和学生组成的“148”（“要司法”的谐音）义务法律咨询服务队，深入社区、商业区、校园为市民、教师、学生提供义务法律咨询服务。学校在党委主办的《工学》周报开辟了普法专栏——“148”信箱，对师生员工遇到的实际法律问题予以解答；在校有线电视台开设了“148”栏目，播出法制教育专题片。作为国防科技院校，每年都举办国防教育法系列宣传教育活动、国防法规专题讲座、知识竞赛、征文等，学校也因此被授予全国“国防教育法宣传活动先进单位”。同时，还每年举办大学生法律知识竞赛，针对不同群体分层次开展不同形式的普法宣传教育活动。

二、规范决策程序是推进依法治校的关键环节

1. 进一步规范具体工作程序，大力推进校务公开工作

2002年，学校正式颁布了《校务公开实施细则》。同时，在办公大楼设立了永久性的校务公开橱窗，重要情况都在校务公开栏内公示，全面接受教职工的检查和监督。同时，充分利用学校办公自动化系统，开辟了网上公开的新渠道。学校还特别加大了对干部任用、优先模评选、基建招投标、津贴评定、招生、大宗物品采购等师生员工关注的热点问题的公开力度，增强各项工作的透明度。

2. 进一步健全民主管理体制，推进决策的科学化和管理的法治化

学校进一步规范了党委常委会和校长办公会议事制度、教代会制度，并以教代会为主要载体，加大教职工民主管理和民主监督的工作力度。学校每周定期召开党委常委会和校长办公会，对学校各方面的工作进行研究、作出决策，会议纪要即时在办公网上公开发布。学校所有重大改革与涉及教职工利益的重大事项都要经过教代会讨论并审议通过后才实施。同时，不断加大二级教代会的建设力度，教代会常设主席团工作做到经常化、规范化，调研制度创新化、时效化，定期就学校改革发展中的重大问题进行审议和讨论，就教职工关注的热点问题进行广泛调研。建立了程序规范的提案工作制度，为教职工直接参与民主管理提供了有效

平台，5 年来共收到提案 615 件，立案 604 件，各有关部门解释提案 145 件，解决处理提案 405 件，提案解释率与处理率达到 91%。

3. 不断完善应急预案与法律顾问制度，尽快实现注重依靠行政手段管理向注重依靠法律手段管理的转变

根据中央和地方建立应急处理机制的有关精神，结合学校实际情况，制定了《重特大事故应急救援处理工作预案》和有关火灾、食物中毒、学生突发事件、重大传染病、非典型肺炎、政治性突发事件等方面的具体工作预案；同时，学校还组织了有关重大火灾、食物中毒等应急演练，以确保我校在发生重特大事故时，有组织、高效率地进行应急救援工作，最大限度地减少人员伤亡和财产损失，确保学校教学、科研不受影响，确保师生员工学习、生活正常进行。2003 年，学校抗击“非典”工作受到省委、省政府表彰。

学校成立了法律顾问室，聘请了专职法律顾问，完善了法律顾问制度，为实现依法治校提供了法律保障。一是为学校重大决策提供法律咨询，保证学校行为的合法性，避免各类矛盾和纠纷的产生；二是对出台的有关文件进行修改完善，确保学校文件与国家政策、法规相一致；三是代表学校参与处理校内外各类纠纷、案件，维护正常的教学、科研和管理工作秩序；四是参与学校的合作谈判以及各种合同协议的审核工作，保证学校的合法权益。

三、突出工作重点是提升依法治校能力和水平的有效途径

1. 以促进教学、科研和产业工作为核心，以规范招生、基建、采购、组织、人事、财务等工作为重点，不断完善各项规章制度。学校从规范工作程序、加强工作管理、提高工作水平出发，建立过去没有的，完善过去不全的，修订已经过时的，5 年共建立、完善或修订教学、科研、人事、党建、学生、财务、规划、后勤等方面的规章制度 200 多个，及时出台了招生录取程序、基建招投标办法、采购程序规则、人事聘任办法等，使学校的制度体系日趋完备，做到了有法可依。同时，还在全校教职工中广泛开展了各项法规的学习，以促进全校教职工牢固树立依法治教、依法管理、依法行政、依法治学观念，这为实现依靠行政手段管理向依靠法律手段管理的转变奠定了坚实基础。

2. 以提高人才培养质量、科学研究水平和产业发展能力为根本落脚点，大力

推进教学、科研、产业等中心工作的依法管理。学校在教学、科研、产业等工作有法可依的基础上，进一步加大了制度执行的力度，做到了有法必依。一是建立和完善了教学、科研、产业制度执行的监控和保证体系，净化了学术研究空气，营造了良好的产业环境。二是成立了教学督导委员会，加大对教师教学状况的检查，对课堂纪律、教师停调课、提前下课等进行严格管理，以确保教学秩序正常。三是成立了学习指导委员会，加大对学生学习的指导力度，开展考试前的考风考纪动员，严格考试纪律，确保良好的学风考风。四是在出台《学生申诉受理办法》的基础上，学校专门成立了学生法律援助中心，积极推进学生管理工作的法治化进程，防止和纠正了不当处分和处理学生的行为，保护了学生的合法权益。

3. 以保障学校实现全面、协调、健康和可持续发展为目标，切实加强招生、基建、采购、组织、人事等重点部门的依法管理。学校在坚持有法必依的基础上，十分注重制度执行的严肃性，加大了对制度执行的监督力度，纪检、监察、审计等部门积极配合，对招生、基建、采购等重点部门的制度执行进行全过程监督，做到了执法必严。一是严格执行国家、部委及地方政府有关招生、基建、采购等的政策规定，招生、基建、采购等工作的全过程始终在纪检部门的监督下进行，做到招生、基建、采购等工作程序合法、过程透明、结果公开，保证了招生工作、基建与采购招投标的公平性和公正性。二是强化招生、基建、采购等过程的内部管理，加强招生、基建、采购工作的队伍建设，进一步提高工作人员的业务素质和法律修养，保证招生、基建、采购等工作严格依法进行。多年来，学校严格执行国家和省新生收费的有关规定，从来没有收取任何国家规定项目以外的费用，招生、基建、采购等工作没有任何违法事件的发生。三是积极探索人才工作新体制新机制，师资队伍建设向制度化、规范化、科学化方向发展。教职工职称评聘、年度考核、岗位聘任、人事分配等工作严格依法进行。四是积极探索干部制度改革，提高干部工作的公开化和透明度，深入贯彻落实《干部条例》，一批优秀年轻干部被选拔到各级领导岗位，实施了优胜劣汰机制。继续贯彻《高校基层组织工作条例》，党员发展工作走上规范化、制度化轨道，保证了党员发展的质量。五是坚持依法理财，加强对财务人员进行法律法规政策培训，提高财务人员的法律素养；坚持依法收费，加强管理，每年组织一次收费项目的清理和检查，规范收费行为，保证学校的资金安全。

提高依法治校的能力和水平，是××大学“四五”普法工作的基本目标。通过创新教育模式，做到了深入学法；规范决策程序，做到了真正用法；突出工作重点，做到了切实守法。在“五五”普法教育工作中，学校党委按照依法治校的基本要求，深入开展法制宣传教育，大力推进依法管理和依法决策，坚持法制教育与法治实践相结合，坚持法制教育与道德教育相结合，坚持法制教育与党风廉政教育相结合，坚持学法与用法、守法相结合，建立和完善依法治校的制度体系和法治环境，实现从注重依靠行政手段管理向注重依靠法律手段管理的转变，进一步提升依法治校的能力和水平，为构建和谐校园、创建高水平研究型大学提供有效的法律保障。

案例三 全国精神文明建设工作先进单位申报

思路思语

这次申报的背景形势以及起草这篇经验材料需要考虑的问题主要有：一是文明单位创建活动虽然在全国开展了多年，但对于高校而言还没有可直接借鉴的建设经验和建设模式；二是全国精神文明建设工作先进单位每三年评选一次，竞争十分激烈，这是学校自2006 年获得全国先进基层党组织以来，又一争取全国综合性表彰的重要机会。

学校在文明建设的实践上，一直在不断探索，一是自 2003 年提出基层文明单位项目化创建以来已经走过了 5 个春秋，取得了一定的创建经验，形成了项目化的创建理念，产生了明显的创建成效；二是近几年来学校党委高度重视文化建设，并取得了一些标志性的成果，对文明建设起到了引领作用；三是在基层文明单位创建过程中，为学校中心工作服务已变成了一种理念和行动，对人才培养、科学研究、学科建设等中心工作的发展起到了重要的推动作用。

为此，确定了《全面贯彻落实文明单位创建工作新理念，推动文明建设不断向深度、广度和高度发展》的申报主题，并概括提炼为“注重三个结合、突出三种作用、推动三方向发展”的建设经验：一是以校园文化建设为切入点，把校园文化建设与精神文明建设结合起来，突出校园文化对文明建设的引领作用，积极践行社会主义核心价值体系，推动学校文明建设不断向深度发展；二是以基层文明单位创建项目为辐射源，将文明建设的面上工作与点上工作结合起来，突出创建项目对文明建设的辐射作用，着力构建社会主义和谐校园，推动学校文明建设不断向广度发展；三是以发展理念创新为突破口，把物质文明建设与政治文明建设、精神文明建设结合起来，突出发展理念创新对文明建设的推动作用，办好“人民满意、军工需要”的大学，推动高校文明建设不断向高度发展。

上述 3 个方面的经验构成了这篇文本的核心思想，这些经验也成为此后一段时期内指导学校文明创建工作的基本思路。整篇申报材料与经验文本所要求的基本要素与表达方式是一致的，经验性管理语言的运用具有一定的代表性和典型性。

全面贯彻落实文明单位创建工作新理念
推动文明建设不断向深度、广度和高度发展

2008 年 6 月 30 日

学校党委按照中央和省《文明单位条例》的要求，继续坚持“项目牵引、创新推动、中心跨越、整体升级”的文明单位创建工作16字方针，按照全国文明单位的标准，结合高校文明建设的特点，提出并实践了“以校园文化建设为切入点推动文明建设不断向深度发展、以基层文明单位创建项目为辐射源推动文明建设不断向广度发展、以发展理念创新为突破口推动文明建设不断向高度发展”的创建全国文明单位的“三度”工作新理念，推动文明建设不断向深度、广度和高度发展。

一、以校园文化建设为切入点，把校园文化建设与精神文明建设结合起来，突出校园文化对文明建设的引领作用，积极践行社会主义核心价值体系，推动学校文明建设不断向深度发展

我校在文明建设过程中，充分发挥校园文化的教育、引导、凝聚和激励功能，把校园文化建设作为践行社会主义核心价值体系的重要体现和实现途径，对学校精神文明建设产生了引领作用。

一是总结凝练校园文化核心价值体系，激发师生员工为国防科技事业拼搏奉献的热情和斗志，坚定师生员工为国防科技工业做贡献的信心和决心。学校在对哈军工文化进行系统总结的基础上，凝练出了“大工至善、大学至真”的校训，“三海一核”特色办学理念，“以祖国需要为第一需要、以国防需求为第一使命、以人民满意为第一标准”的大学精神，“忠诚、坚韧、团结、创新”的校风等，形成了“以‘忠诚’为灵魂，以‘工学’为境界，以‘海防’为特色”的校园文化。学校还确定了体现服务使命的校标、校旗、校歌和雕塑，校园道路命名彰显了海防特色，哈军工纪念馆、船舶博物馆等文化设施的建设，营造了特色鲜明

的文化环境；大力宣传“两弹一星”精神和“载人航天”精神，把每年9月确定为“国防教育月”，开展了国防特色明显的爱国主义系列教育；树立了以×××为代表的服务国防、献身国防的先进典型，×××精神在校园广为传扬。以“忠诚”为灵魂的校园文化核心价值体系的凝练、建设与践行，成为师生爱国主义教育的有效实践途径。

二是广泛开展校园文化与精神文明建设相结合的活动，教育师生员工诚信为人、诚信做事，引导师生员工文明学习、文明工作、文明生活。学校坚持诚信教育经常化、规范化，把每年4月确定为“诚信教育月”，集中开展诚信宣传教育，使师生员工进一步增强诚信意识，提升诚信素质，树立诚信理念，建设诚信文化。坚持把每年5月确定为“校园文明月”，以践行社会主义荣辱观为导向，以建设优良教风学风为核心，以美化校园环境、净化校园风气为重点，形成了清新的校园文明风尚。坚持以青年教师为重点加强师德师风建设，通过开展“修师德、展形象”比赛、老中青师德建设座谈会、“三育人”课题立项研究等，营造了健康和谐的育人环境。坚持倡导“快乐工作（学习）、健康生活”新理念，广泛开展了师生员工喜闻乐见的文化、艺术、体育活动，每年参与活动的教职工超过3 000人次，学生超过10 000人次。组织师生员工参加了全国“迎奥运讲文明树新风”礼仪知识竞赛，获省“优秀组织奖”。通过这些活动，逐步使社会主义荣辱观成为校园文明风尚。

三是系统打造“哈军工文化园”，为开展校园文化建设与精神文明建设相结合的活动提供有效载体。学校按照“整合资源、分区建设、突出特色、开放运行”的方针，建设了“哈军工文化园”。“哈军工文化园”的建设，为承载校园文化核心价值体系提供了有形载体，为实现校园文化的育人功能营造了良好环境，为精神文明建设搭建了重要平台，2007年5月，被省委宣传部批准为省级爱国主义教育基地。

二、以基层文明单位创建项目为辐射源，将文明建设的面上工作与点上工作结合起来，突出创建项目对文明建设的辐射作用，着力构建社会主义和谐校园，推动学校文明建设不断向广度发展

我校在文明建设过程中，充分发挥基层文明单位创建项目的示范、牵引功能，在基层文明单位创建项目计划中重点支持和谐校园创建项目，拓展和谐校园创建活动的群众性，对学校文明建设产生了辐射作用，促进了和谐校园建设。

一是通过设立和谐院（系）、和谐部处（室）创建项目，树立和谐校园建设典型，引导示范全校的和谐校园建设。为构建和谐校园，学校党委印发了《关于全面推进和谐校园建设的实施意见》。通过×××等分别主持的《和谐学院的建设与发展》《以科学发展观为指导构建和谐外语系》《和谐杂志社的建设》《构建和谐教研室的实践与探索》等创建项目的典型示范，带动了全校范围和谐校园建设活动的开展。

二是通过设立民主管理、院（部处）务公开等创建项目，推进民主法治、公平正义建设。学校对《拓展民主管理途径，推进政治文明建设》《发挥提案助推器作用，促进政治文明建设》《加强院务公开，促进民主管理》等创建项目给予重点支持，辐射带动了教职工代表大会制度和二级教代会制度的进一步完善，推动了校务、院（部处）务公开，促进了政治文明建设，为构建和谐校园营造了良好的民主法治环境，学校荣获省“校务公开民主管理工作先进单位”“教职工代表大会民主评议学校领导干部工作先进集体”称号。

三是通过设立诚信、校风（教风、学风）、文明班级（寝室、食堂）、教工（学生）之家、爱心助困等创建项目，推进诚信友爱、充满活力、安定有序校园建设。学校对《大学生诚心教育的实践与探索》《优良班风、学风的可持续建设》《实施标准化管理，全面推进学生食堂文明建设》《学院“教工之家”建设》《贫困大学生之家建设》等创建项目给予重点支持，辐射带动了诚信校园、学习校园、文明校园、爱心校园的建设，为构建和谐校园营造了良好的氛围，学校荣获“省级安全和谐校园先进单位”称号。

三、以发展理念创新为突破口，把物质文明建设与政治文明建设、精神文明建设结合起来，突出发展理念创新对文明建设的推动作用，办好“人民满意、军工需要”的大学，推动高校文明建设不断向高度发展

办好“人民满意、军工需要”的大学是军工院校文明建设的最终落脚点。实现这一目标，就必须突出发展理念的创新，创造性地贯彻落实科学发展观，推动文明建设实现新跨越。

一是全面落实科学发展观，实现特色发展和跨越发展。学校坚持以科学发展观为指导，根据国防科技工业大发展的战略要求和东北老工业基地振兴的战略机遇，结合学校的历史与现状，提出了创建特色鲜明的高水平研究型大学的跨越式发展目标，确立了“三海一核”特色办学理念和实现发展目标的“主体超越、整体升级”学科发展战略、“人才强校”战略、“创新推动、打造品牌”人才培养战略、“高端引领、集成优势”科技发展战略等“四大战略”。发展理念的创新，为推动文明建设实现新跨越奠定了重要的理论和思想基础。

二是发展理念的创新，推动学校科学发展、创新发展、特色发展、和谐发展，实现了教学科研工作“中心跨越”和文明建设工作的整体升级，取得了一系列重要标志性成果。本科教学评估获得教育部“优秀”评价；“三海一核”特色优势学科群的跨越能力和辐射牵引能力显著增强；毕业生就业率保持在95%以上，连续保持省内第一、居全国重点高校前列；近三年科技经费总额突破×亿元，科技实力居全国重点大学前列；科技自主创新能力显著增强，获国家科技进步二等奖2项、国家发明二等奖1项，省部级科技进步奖、社会科学奖70项，获得发明专利授权103项，三大检索收录论文2 445篇；党建工作取得重大标志性成果，校党委被中央授予“全国先进基层党组织”称号，荣获“全国师德建设先进集体”“全国法制宣传教育先进单位”；思想政治工作水平不断提升，荣获“全国大学生心理健康教育工作先进单位”“全民国防教育先进单位”，校团委被授予全国“五四”红旗团委标兵称号；基础设施建设力度不断加大，累计完成投资×亿元，开（竣）工建筑面积31.6万平方米，荣获“省高校基建管理先进集体”；后勤服务与保障能力不断增强，荣获“全国高校后勤工作先进集体”。

文明创建工作既是学校发展的重要动力，也是实现发展目标的重要标志。学校党委将在省文明办和高校工委的领导和指导下，继续扎扎实实推进文明单位创建工作，不断拓展文明创建领域，提升文明创建层次，强化文明创建实效，把我校的文明单位创建工作提高到一个新的更高水平。

案例四 省文化型校园建设工作经验交流

思路思语

这次经验材料上报的背景以及起草文本时需要考虑的问题主要有：一是时任省委主管领导提出要建设文化型、关爱型、节约型“三型校园”，但对于什么是文化型校园、关爱型校园和节约型校园以及如何建设等问题没有作出回答，省委高校工委、教育厅作为主管部门也没有对这两个问题进行破解；二是省委高校工委希望各高校在建设过程中，不断探索和进行总结，并在此基础上进行交流，进一步推动“三型校园”的建设和发展；三是学校近年来在文化建设上取得了一些成效，按照上级的要求和指示，对如何从校园文化建设向文化型校园转变进行了较为深入的理论研究和实践探索，得到了省委高校工委的肯定。

这篇文本就是在理论研究和实践探索的基础上形成的，并确定了《贯穿传扬哈军工传统的核心价值体系，推动特色鲜明的高水平文化型校园建设》的经验主题。文本对什么是文化型校园、怎样建设文化型校园作出了回答，并从建设思路和建设理念角度概括提炼了文化型校园建设的经验：一是以总结凝练校园文化核心价值体系为根本，引领文化型校园建设，使文化型校园真正“成型”；二是以“哈军工文化园”为特色文化教育资源，支撑文化型校园建设，使文化型校园真正体现“特色鲜明”；三是以广泛开展有特色的校园文化活动为抓手，推动文化型校园建设，使文化型校园真正实现“高水平”。

这篇文本除了满足经验文本的基本要素和概括提炼的方法与原则外，还带有一定的理论研究色彩，在起始段落从理论上首次阐释了什么是文化型校园、应该如何建设文化型校园，并以此为依据提出了学校自身建设文化型校园的思路和理念；在结尾段落回答了建设文化型校园的目的，阐述了文化型校园建设的体会，表达了继续推进文化型校园建设的决心。

贯穿传扬哈军工传统的核心价值体系 推动特色鲜明的高水平文化型校园建设

2009年4月24日

根据省委领导和省委高校工委关于建设“三型校园”的要求，我校积极推进“三型”校园建设，并将文化型校园建设放在核心和基础地位。我们认为，文化型校园就是大学的办学思想、大学制度、人才培养与校园环境建设都贯穿校园文化核心价值体系，并使核心价值体系内化于心、固化于制、外化于形的校园。为此，学校党委结合工作实际，坚持以办学全过程贯穿和践行核心价值体系为宗旨，以建设特色鲜明的高水平文化型校园为目标，以校园文化核心价值体系为先导，以建设校内特色文化教育资源与广泛利用校外文化资源相结合为基本原则，以凝练特色核心价值体系和承载这个核心价值体系的“哈军工文化园”为重点，提出并实践了“以总结凝练校园文化核心价值体系为根本引领文化型校园建设、以‘哈军工文化园’为特色文化教育资源支撑文化型校园建设、以广泛开展有特色的校园文化活动为抓手推动文化型校园建设”的建设理念，文化型校园建设取得了明显成效。

一、以总结凝练校园文化核心价值体系为根本，引领文化型校园建设，使文化型校园真正“成型”

文化型校园建设，必须有校园文化的统领；特色鲜明的高水平文化型校园建设，就必须有体现学校特色的校园文化核心价值体系的统领。我校在文化型校园建设中，不断总结凝练校园文化的核心价值体系，把校园文化核心价值体系的凝练与建设作为引领文化型校园建设的根本，使校园文化的积淀越来越深，师生的文化认同感越来越强，文化追求的层次越来越高。

1. 系统总结和凝练哈军工文化，进一步增强师生员工对哈军工历史与文化传统的光荣感和认同感，提升哈军工文化对师生员工的影响力和作用力

××大学的前身是著名的哈军工，在哈军工的发展过程中，不仅创造了一系列辉煌的成就，还形成了底蕴深厚、内涵丰富、特色鲜明的“哈军工文化”。学校编辑出版了《50年通鉴》《校史读本》《漫游中国大学》等，对哈军工文化进行了系统总结和凝练，哈军工文化体现在办学上，就是以“为国防现代化服务”为核心的办学宗旨，以“高起点、跨越式”为基本模式的发展战略，以“善之本在教、教之本在师”为根本的办学观念和以“一中、二主、三严”（以教学为中心，以教师为主、以学生为主，治学严谨、组织严密、要求严格）为主要内容的办学理念；体现在教育教学上，就是以“教书教人”为基本原则的育人理念；体现在科学研究上，就是以“成为军事科学技术思想的研究中心”为基本目标的科研定位；体现在学科建设上，就是以“尖端集中、常规分散”为核心的特色理念；体现在人才队伍建设上，就是以“两老（老干部、老教授）办院”为主要标志的人才队伍建设思想；体现在学生工作上，就是以“一切为了学员”为根本宗旨的学生工作思想；体现在学校风气上，就是“忠诚奉献、坚韧拼搏、艰苦奋斗、团结协作、求实创新”的校风和以“严谨、严密、严格”为基本要求的“三严”作风。这些思想、理念、作风等构成了哈军工文化的核心，哈军工文化的系统总结与凝练，成为校园文化核心价值体系的根基。

2. 凝练形成校园文化的核心价值体系，进一步传承和弘扬哈军工文化，体现师生员工崇高的精神境界和高远的文化追求

学校以毛泽东主席为哈军工校报题写的报名“工学”二字为关键字，凝练出了“大工至善、大学至真”校训，表达了师生员工做人做事做学问追求至真至善的崇高境界；凝练出了以船舶工业、海军装备、海洋开发和核能应用为主要服务面向的“三海一核”为特色的办学理念，并发展成为学校的特色办学方略；凝练出了“以祖国需要为第一需要、以国防需求为第一使命、以人民满意为第一标准”的大学精神和“以国家利益为最高追求、以支撑‘三化’为核心责任、以服务国防为特色使命、以人民满意为根本标准”的大学使命，体现了学校和广大师生员工肩负的崇高责任和历史使命；推出了生动展示学校办学特色、文化传统、师生追求与服务使命的校歌，凝练出了“忠诚、坚韧、团结、创新”的校风，“治学严谨、组织严密、要求严格”的教风和“严谨、求实、勤奋、创新”的学风等，

展示了广大师生员工的标志性形象和独特精神风貌。通过对校训、办学理念、大学精神、校风等的凝练，形成了"以'忠诚'为灵魂、以'工学'为境界、以'海防'为特色"的校园文化核心价值体系。这个校园文化核心价值体系，成为学校特色鲜明的高水平文化型校园建设的统领。

3. 把校园文化核心价值体系融入校园文化环境建设，体现文化型校园建设的根本要求，进一步丰富和提升校园环境的文化内涵。

学校推出了体现办学特色、服务使命与光荣传统的校标、校旗等系列文化标志，塑立了哈军工首任院长陈赓铜像、陈赓受命创建哈军工铜像群雕、哈军工首席顾问奥列霍夫铜像以及邓世昌铜像、郑和铜像等文化景观；建设了启航活动中心、哈军工纪念馆、船舶博物馆、奥列霍夫广场、人工湖济海湾等文化设施；悬挂了哈军工时期的"共和国第一"诞生地和国家领导人来校视察地标志牌等文化遗址；以学校历史上的重要人物、与学校特色相关的著名历史人物以及与"海"字、"水"字相关、体现学校特色和师生高远追求与精神境界的词命名了校园道路；树立了以×××为代表的服务国防、献身国防的先进典型，×××精神在校园广为传扬。在校园环境建设中融入核心价值体系，成为学校建设特色鲜明的高水平文化型校园的根本要求。

二、以"哈军工文化园"为特色文化教育资源，支撑文化型校园建设，使文化型校园真正体现"特色鲜明"

文化型校园建设，必须依托文化教育资源；特色鲜明的高水平文化型校园建设，就必须依托特色文化教育资源，而这种资源主要是基于学校传统而形成的特色文化载体。积极主动地建设这个特色载体，对实现文化型校园建设的"特色鲜明"具有不可替代的作用。我校在文化型校园建设中，按照"整合资源、分区建设、突出特色、开放运行"的方针，对校内已有文化资源和拟建文化设施进行整合，建设了"哈军工文化园"，把"哈军工文化园"作为特色文化教育资源支撑文化型校园建设，使校园文化的核心价值体系外显于环境，提升了文化育人的能力，增强了文化传播的效果。

1. 强化资源整合与分区建设，把校园文化核心价值体系建设与"哈军工文化园"建设相结合，突出历史文化、景观文化与船海特色文化。

为了更广泛地传播军工文化，更好地把哈军工文化的核心价值体系转化为师生员工的思想观念、价值取向与行为规范，更好地实现哈军工文化的育人功能和开放功能，学校经过对校内已有文化资源和拟建文化设施进行整合，系统打造了“哈军工文化园”。根据功能分区定位，学校将“哈军工文化园”分为历史景观区、文化景观区、船海特色区和哈军工纪念馆进行建设。历史景观区主要通过历史原貌展示哈军工高速度、高标准创建的历史与高起点、跨越式发展的辉煌；文化景观区主要通过反映哈军工历史与海防特色的新建景观以及对原有景观的重新命名，展示对哈军工创建者的怀念与景仰及其今天学校所肩负的神圣使命与光荣任务；船海特色区主要通过哈军工文化中的船海特色与标志部分，展示学校为国家海防事业做出的重大贡献及其坚持特色办学、发展祖国船海事业的信心与决心；哈军工纪念馆主要通过有关历史图片、实物等展示哈军工筹建、发展、分建改建的历史及其继承者取得的辉煌办学成就与为国家培养的大批杰出人才。目前，哈军工文化园已基本形成了“三区一馆”格局，成为承载校园文化核心价值体系的有形载体。

2. 加强规划与管理，把建设基础设施与开展教育活动相结合，不断提升“哈军工文化园”的文化教育能力。

为了建设好“哈军工文化园”，学校制定了校园文化建设“十一五”规划和“哈军工文化园”2008—2012年建设规划，进一步明确了“哈军工文化园”的建设目标、方针原则和建设任务。学校进一步加大了建设投入力度，成立了专门的管理办公室，制定出台了一系列管理制度，以加强“哈军工文化园”管理。学校进一步推进了有关文化设施的建设与完善，按照规划做好“历史景观区”的维护、加大“文化景观区”的建设、丰富“船海特色区”的展品、完成“哈军工纪念馆”的建设。学校还搭建了船海特色教育和军工历史教育平台，广泛开展文化教育活动，进一步促进师生文化素质的提高，用哈军工文化引导学生成才、凝聚海内外校友、激励哈军工后继者，使“哈军工文化园”成为学校文化育人的核心基地。

3. 突出社会辐射与对外开放，把校外资源整合与对外开放相结合，不断增强“哈军工文化园”的社会辐射力和对外开放能力。

学校主动加强与省市有关部门的沟通与协调，把“哈军工文化园”与学校周边旅游资源进行整合，不断扩大“哈军工文化园”的辐射范围，努力使“哈军工文化园”成为市红色旅游线路的重要一站。2007年5月，哈军工文化园被省委宣传部批准为省级爱国主义教育基地，学校以此为契机，积极推动“哈军工文化园”的社会辐射和对外开放，现已被市委列为每年的“牵手逛新城”大型参观宣传活动的重要组成部分，成为加强省内青少年学生爱国主义教育和军工传统文化教育的重要基地，每年前来参观的市民、学生家长、中小学学生等约15万人次。时任市委书记在参观后说：“哈军工文化园”的建设，对提升整个城市的文化品位起到了积极作用。目前，“哈军工文化园”的社会辐射作用越来越大，开放效果越来越好，在广大市民、中小学生中的影响力不断增强。“哈军工文化园”的建设，在传播优秀校园文化、展示文化建设成果方面发挥了重要作用，成为促进文化型校园建设的特色文化教育资源。

三、以广泛开展有特色的校园文化活动为抓手，推动文化型校园建设，使文化型校园真正实现“高水平”

校园文化活动是建设文化型校园的主要抓手。特色鲜明的高水平文化型校园建设，必须依托校外文化教育资源，并与校内文化资源整合为我所用，使整合后的文化资源更加完整、更加丰富，更高水平地支撑校园文化核心价值体系的贯穿和践行。我校在文化型校园建设中，充分利用校内的特色文化教育资源和丰富的校外文化资源，广泛开展国防教育、诚信教育、军工文化教育等特色校园文化活动，将校园文化核心价值体系建设贯穿于活动之中，把开展特色校园文化活动作为重要抓手推动文化型校园建设，使文化活动的特色更加鲜明，文化育人的作用更加明显，文化育人的氛围更加浓厚。

1. 大力开展国防特色的校园文化活动，把爱国主义教育与学校办学特色相结合，大力加强对学生的国防教育，积极探索爱国主义教育的有效途径

自哈军工以来，学校的发展始终与国防紧紧联系在一起，关心国防、热爱国防、建设国防是学校的一贯传统。学校结合办学特色，加强学生国防教育，专门安排那些为国防事业做出突出贡献的专家、教授就学校学科专业的国防特色、在国防领域的最新研究成果、为国防工业服务做出的重大贡献对新生进行入学专业

教育；在高年级的《形势与政策》课中开设“增强海洋观念、捍卫蓝色国土”专题，系统讲解我国海运、海防、海洋的发展现状及学校肩负的历史使命。在学生的日常教育中，学校把每年9月确定为“国防教育月”，集中开展“心系国防、建设国防”系列活动，建立起了以国防教育为切入点的爱国主义教育长效机制。通过邀请部队领导、国防系统专家、校内著名专家等作国防专题报告，举办国防科技作品设计、国防知识、国防演讲、国防征文等竞赛活动，举行爱国主义题材的影视展播，组织学生参观哈飞、731部队遗址、擦洗烈士纪念碑、国防日升旗仪式等活动，进一步增强了学生的国防观念，弘扬了爱国主义精神。国防特色鲜明的、丰富的爱国主义教育活动，始终贯穿以“海防”为特色的校园文化核心价值体系，成为学校推动文化型校园建设的重要抓手。

2. 广泛开展诚信教育活动，把诚信教育与社会主义荣辱观教育和学生管理实践相结合，广泛开展对学生的诚信教育，不断提升思想政治教育工作的实效性

学校十分重视学生诚信素质的培养，把诚信教育作为开展社会主义荣辱观教育、加强学生日常管理的重要内容。近年来，学校在开展诚信活动、树立诚信意识、完善诚信档案、建设诚信文化、构建诚信评价与监督机制等方面进行了大胆实践与探索。目前，诚信教育已做到经常化、规范化，学校把每年4月确定为“诚信教育月”，集中开展以“信赖源自诚信，诚信创造未来”为主题的系列宣传教育活动，通过为学生建立诚信档案、组织诚信讨论、开设诚信讲座、举办主题团日、主题征文、宣传诚信典型等活动，学生的诚信意识得到进一步增强，诚信素质得到明显提升，诚信理念更加深入人心，“诚信为人、诚信做事”的良好风气基本形成。通过诚信教育活动的广泛开展，学风建设取得明显成效，考试违纪率大幅度降低，学生学习成绩普遍上升，学生贷款还贷率全省最高。诚信教育与荣辱观教育相结合的校园文化活动，始终贯穿以“学风”为重点的校园文化核心价值体系，文化育人的功能得到了充分发挥，成为推动文化型校园建设的重要举措。

3. 积极开展“军工文化月”系列活动，把军工文化建设与文化型校园建设相结合，积极开展军工文化的宣传教育，营造了浓厚的校园文化氛围

为了进一步弘扬“国家利益至上，竭诚服务国防”的核心价值观，更加深入地宣传“两弹一星”精神和“载人航天”精神，更加丰富地展示我校哈军工文化

的建设成果，更加主动地建设我校校园文化的核心价值体系，学校把每年10月确定为“军工文化月”，积极开展了一系列军工文化的宣传教育活动。每年出版一本弘扬军工文化的著作，以增强师生员工对军工文化的认同感和自豪感；每年召开一次哈军工优良传统研讨会，以增强军工文化对师生员工的凝聚力和感召力；每年组织一次校史知识竞赛、“为××大学喝彩”主题演讲比赛、“我心中的母校”主题征文比赛、弘扬军工文化专题文艺演出，以丰富师生员工的校园文化生活，提高师生员工的文化素养和文化追求；每年将学校文化建设的成果以摄影图片、电视宣传片等形式通过网络向广大师生和校友进行展示、举办科技成果展览等，以增强师生员工对学校历史文化与未来发展的信心和力量；每年集中面向毕业生组织重点军工企业推介会，以增强毕业生服务工业化、信息化和国防现代化的自觉性和责任意识，提升军工企事业单位对毕业生的吸引力和影响力。“军工文化月”系列活动，始终贯穿以“忠诚”为灵魂的校园文化核心价值体系，营造了浓厚的校园文化氛围，成为推动文化型校园建设的重要平台。

建设文化型校园是高等学校贯彻落实科学发展观的必然要求，是建设社会主义核心价值体系的具体实践，是构建社会主义和谐校园的重要内容。在文化型校园建设中，我们深切地体会到：只有充分发挥校园文化核心价值体系的先导作用，以特色核心价值体系统领文化型校园建设，才能使文化型校园真正“成型”；只有基于学校传统积极主动地建设特色文化载体，以特色文化教育资源支撑文化型校园建设，才能使文化型校园真正体现“特色鲜明”；只有依托校外文化资源与校内特色资源的整合，以特色校园文化活动推动文化型校园建设，才能使文化型校园真正实现“高水平”。学校党委将在省委高校工委、省委宣传部的领导和指导下，继续深入推进文化型校园建设，不断探索建设方法，提升建设层次，强化建设效果，为实现国家工业化、信息化和国防现代化培养“可靠、顶用”人才做出新的更大贡献。

案例五 | 省“十佳”和谐校园申报

思路思语

这次申报省“十佳”和谐校园的背景以及起草经验文本需要考虑的问题主要有：一是党的十六届六中全会专题研究建设社会主义和谐社会以来，“构建和谐”成为各级政府、各行各业的重要工作目标，但是，如何让和谐建设这一目标落地，也成为各界思考探索的重要课题；二是省委高校工委下发了加强和谐校园建设的意见，本次省委组织的“十佳”和谐校园评选也是全省第一次，评选方式是先在全省大中小学范围内推荐，后进行网络投票；三是本次申报是学校已经被推选为全省“十佳”和谐校园提名，需要向社会展示学校和谐校园建设的思路、理念、做法和成效。

事实上，各校在做法上大同小异，申报材料关键在于对大量零散事实的系统思考与经验的概括提炼。经过对省委高校工委加强和谐校园建设的意见进行认真研究，发现上级组织对和谐校园的要求主要强调班子和谐、干群和谐、师生和谐、环境和谐，为此，结合学校和谐校园建设工作与省委组织评选的实际，确定了《努力建设社会主义和谐校园，为龙江经济社会发展做出更大贡献》的申报主题，并概括提炼为“五以原则、推进五项和谐”的建设经验：一是以引领发展能力建设为核心，推进领导班子和谐建设；二是以干部作风建设为切入点，推进干群关系和谐建设；三是以学生满意为标准，推进师生关系和谐建设；四是以文化型校园建设为牵引，推进育人环境和谐建设；五是以提升社会服务能力为着力点，推进发展环境和谐建设。

整篇文本满足经验的基本要素要求以及概括提炼的方法与原则。

努力建设社会主义和谐校园
为龙江经济社会发展做出更大贡献

2009年6月

××大学以邓小平理论和“三个代表”重要思想为指导，深入贯彻落实科学发展观，全面贯彻落实党的十七大精神，按照省委高校工委、省教育厅《关于加强和谐校园建设的意见》的要求，坚持以办好人民满意大学为宗旨，以发展为第一要务，以践行社会主义核心价值体系为根本，以建设“以人为本、依法治校，诚信友爱、安定有序，团结创新、充满活力”的校园为目标，推动学校各项事业全面协调可持续发展，和谐校园建设取得明显成效。

一、以引领发展能力建设为核心，推进领导班子和谐建设

学校党委始终坚持以引领发展能力建设为核心，用马克思主义中国化最新成果武装广大党员干部头脑，不断提升各级领导班子的思想政治理论水平，推进领导班子和谐建设。认真学习贯彻“三个代表”重要思想和科学发展观，使各级领导班子和广大党员干部的思想认识统一到党的十七大精神和中央的重大决策部署上来。认真组织开展深入学习实践科学发展观活动，定期组织召开民主生活会，各级领导班子团结和谐，凝聚力、战斗力强，校级领导班子分析检查报告得到广大党员干部和全校师生的充分肯定，满意度100%。校级领导班子以社会主义政治家、教育家的标准严格要求自己，班子团结、融洽、合作，讲政治、讲大局，成为学校发展建设的领导核心。各级领导班子创造性地贯彻落实科学发展观，提出了创建特色鲜明的高水平研究型大学的跨越式发展目标，确立了“三海一核”特色办学理念和实现发展目标的“主体超越、整体升级”学科发展战略、“人才强校”战略、“创新推动、打造品牌”人才培养战略、“高端引领、集成优势”科技发展战略等“四大战略”，引领带动学校各方面工作蓬勃开展，实现了特色发展、

创新发展、和谐发展。2006年，校党委被中央授予“全国先进基层党组织”称号。

二、以干部作风建设为切入点，推进干群关系和谐建设

学校党委始终坚持以干部作风建设为切入点，把师生员工意见作为第一信号，把师生员工利益放在第一位置，把师生员工需要作为第一选择，把师生员工满意作为第一标准，着力解决师生员工最关心、最直接、最现实的利益问题，不断改善各级领导干部的思想作风、工作作风和生活作风，推进干群关系和谐建设。学校多方筹措资金兑现了教师的“阳光工资”，为离退休职工和青年教师全面实施了住房货币化补贴；进一步完善干部考核机制，每年进行一次领导干部民主测评，定期召开教职工代表大会和二级教代会对领导干部进行民主评议；在全国率先开通了教代会代表电子提案系统，广泛听取群众意见，学校荣获省“教职工代表大会民主评议学校领导干部工作先进集体”；出台了《常委会讨论决定干部任免事项投票表决办法》《关于落实“三重一大”制度暂行办法》等文件，实行了党委常委会向全委会报告工作制度，进一步推动了校务、院（部处）务公开，学校荣获省“校务公开民主管理工作先进单位”称号；制定实施了领导干部廉政承诺制度和党员干部诫勉谈话制度，干部队伍廉洁自律意识进一步增强，未发现重大违纪案件，党风廉政建设成效显著，校党委被授予“省党风廉政建设先进集体”称号；全面完成“四五”普法任务，推进了“五五”普法规划的实施，依法治校的能力和水平显著提升，为构建和谐校园营造了良好的民主法治环境，干群关系融洽和谐。2006年，学校荣获“全国法制宣传教育先进单位”称号。

三、以学生满意为标准，推进师生关系和谐建设

学校始终坚持以学生满意为标准，把提高教育教学质量放在首位，以校风、教风、学风和师德师风建设为重点，推进师生关系和谐建设。制定出台了以“九大体系”“十大工程”为代表的教育教学制度，教学工作中心地位不断巩固和强化，质量意识深入人心，办学基本条件得到根本改善，以创新精神和实践能力为核心的高素质创新型人才培养质量不断提升，2006年，学校本科教学评估获得教育部“优秀”评价。毕业生一次就业率保持在95%以上，连续多年保持省内重点高校第一。机关党委连续多年实施机关干部联系学员班制度，搜集学生的意见和建议，解决学生的实际困难和问题，化解教师与学生之间的矛盾；坚持学生评教制度化、规范化、网络化，每学期期末各门课程成绩评定后，学生可通过网络查询成绩，并对教师教学状况实施匿名打分，保证评教结果的科学、公正、合理，促进了师生关系的融洽和谐。不断完善学生资助体系，助学贷款工作得到国家助学贷款督察工作组的充分肯定，通过发放贫困补助、建立“爱心超市”、发放棉衣、提供勤工助学岗位等多种途径，确保贫困生得到有效救助，2007年，《中国青年报》头版头条对学校的贫困生资助工作进行了报道，校团委荣获“全国‘五四’红旗团委标兵”称号；2008年汶川地震发生后，全校党员、师生自愿交纳“特殊党费”和自发捐款××多万元，支持灾区重建工作，学校千方百计做好来自地震灾区学生的帮扶工作，设立帮扶救助专项基金和发放各类救助金共计400多万元。不断加强师德师风建设，开展了“修师德、展形象”比赛、老中青师德建设座谈会、“三育人”课题立项研究等，形成了健康和谐的师生关系。2006年，学校荣获“全国师德建设先进集体”和省教育系统师德建设“十佳单位”称号。

四、以文化型校园建设为牵引，推进育人环境和谐建设

学校坚持以文化型校园建设为牵引，总结凝练校园文化核心价值体系，建设了特色文化教育资源“哈军工文化园”，广泛开展了有特色的校园文化活动，推进育人环境和谐建设取得明显成效。在对哈军工文化进行系统总结的基础上，学校凝练出了“大工至善、大学至真”的校训，“三海一核”特色办学理念，“以祖国需要为第一需要、以国防需求为第一使命、以人民满意为第一标准”的大学精神，“忠诚、坚韧、团结、创新”的校风等，形成了“以‘忠诚’为灵魂，以‘工学’为境界，以‘海防’为特色”的校园文化，确定了体现服务使命的校标、校旗、校歌，以核心价值体系引领文化型校园建设，把校园文化核心价值体系融入到校园道路命名、校园景观建设、文化设施建设之中。学校在文化型校园建设中，按照“整合资源、分区建设、突出特色、开放运行”的方针，对校内已有文化资源和拟建文化设施进行整合，建设了“哈军工文化园”，把“哈军工文化园”作为特色文化教育资源支撑文化型校园建设，使校园文化的核心价值体系外显于环境，提升了文化育人的能力，增强了文化传播的效果，为营造良好的育人环境搭建了重要平台，“哈军工文化园”被省委宣传部命名为省级爱国主义教育基地。学校充分利用校内的特色文化教育资源和丰富的校外文化资源，广泛开展国防教育、诚信教育、军工文化教育等特色校园文化活动，将校园文化核心价值体系建设贯穿于活动之中，把开展特色校园文化活动作为重要抓手推动文化型校园建设，以国家大学生文化素质教育基地和"阳光论坛""启航讲坛"等为依托，营造了良好的文化氛围和学术氛围；坚持诚信教育经常化、规范化，把每年4月确定为"诚信教育月"，集中开展诚信宣传教育，广大学生进一步增强了诚信意识，提升了诚信素质，树立了诚信理念，建设了诚信文化；坚持把每年5月确定为"校园文明月"，以践行社会主义荣辱观为导向，加强校风、教风、学风建设，进一步美化校园环境、净化校园风气，形成了清新的校园文明风尚；大力宣传"两弹一星"精神和"载人航天"精神，把每年9月确定为"国防教育月"，每年10月确定为"军工文化月"，开展了国防特色明显的爱国主义系列教育和军工文化教育；树立了以×××为代表的服务国防、献身国防的先进典型，×××精神在校园广为传扬。2009年1月，学校被评为"全国精神文明建设工作先进单位"。

五、以提升社会服务能力为着力点，推进发展环境和谐建设

学校始终坚持以提升社会服务能力为着力点，充分发挥人才优势和科技优势，为国防科技工业转型升级和龙江经济社会全面振兴服务，推进发展环境和谐建设。2007年，国防科工委、教育部、省人民政府、海军"四方"共建学校协议正式签署，为学校发展营造了良好的外部环境；实施了基层学术组织改革和人事分配制度改革，人才队伍建设成效明显，深海工程科学技术创新引智基地、核动力安全与仿真创新引智基地入选国家"111计划"，"三海一核"特色优势学科群的跨越能力和辐射牵引能力显著增强，水下机器人创新团队、核动力仿真创新团队入选第一批国防科技创新团队，水下智能机器人团队荣获"全国教育系统先进集体"。坚持"依托船舶、立足国防、面向国民经济主战场"的科技工作方针和"以服务求支持、以创新求发展"的科技工作思路，科技自主创新能力显著增强，近三年科技经费总额超过×亿元，获国家科技进步二等奖2项、国家发明二等奖1项，省部级科技进步奖、社会科学奖近百项，获得发明专利授权150余项，三大检索收录论文4 000余篇，科技实力居全国重点大学前列。多年来，学校为国家船、海、核等战略领域做出了重要贡献，已发展成为我国舰船科学技术基础和应用研究的主力军、海军先进技术装备研制的重点单位和我国发展海洋高技术的重要依托；同时，学校积极推进“两化融合”，主动面向龙江、积极服务龙江，深度融入龙江经济社会发展，为龙江经济全面振兴做出了重要贡献，已成为龙江经济社会发展和科技进步的重要推动力量，成为龙江高层次创新人才培养的重要基地。

案例六 | 国防科技工业军工文化建设工作经验交流

思路思语

这是学校党委在国防科技工业军工文化建设第二次工作会议上的书面经验交流材料。这次会议交流的背景形势以及起草经验文本时需要考虑的问题主要有：一是上级主管部门高度重视军工文化建设（这里的军工文化实际是指国防科技工业的行业特色文化），专门下发了加强军工文化建设的指导意见及其建设指南，成立了专门的军工文化建设领导小组及其办公室；二是上级主管部门已在全国全行业范围内陆续推出一批军工文化建设示范单位和军工文化教育基地；三是学校整合校内文化资源系统打造的哈军工文化园，2009 年 8 月通过了国防科技工业军工文化教育基地的现场评估，评估组对教育基地的建设思路、理念、成果都给予了高度评价；四是学校作为全国首批、高校首家通过军工文化教育基地评估的高校，成为唯一被指定既要在这次工作会上作大会交流发言，介绍学校文化建设的总体经验，又要提供教育基地建设的书面经验材料的单位。

近年来，学校在文化建设实践上，一是制定实施了文化建设“十一五”规划，并在这一规划的指导下，整合资源打造了哈军工文化园，还专门制定实施了哈军工文化园 2008—2012 建设规划；二是对哈军工办学历史进行了整理，对哈军工文化进行了总结和凝练，并在此基础上凝练了学校文化的核心价值体系（后来逐渐被凝练为校园文化价值观）；三是以哈军工文化园为载体，无论是资源整合，还是文化景观、文化环境等的建设都取得了明显成效；四是文化活动的开展与哈军工文化园的开放对于更好地发挥文化育人的作用产生了重要影响。

为此，确定了《传扬哈军工价值体系，系统打造哈军工文化园，进一步提升军工院校文化教育的能力和水平》的经验主题，并概括提炼为“三个坚持、三个结合、实现三个统一”的经验：一是坚持以校园文化核心价值体系的凝练与建设为先导，将“哈军工文化园”建设与文化型校园建设有机结合，实现了凝练特色核心价值体系与建设特色文化载体的统一；二是坚持整合资源与分区建设的方针，将“哈军工文化园”建设与校园环境建设有机结合，实现了“哈军工文化园”建设理念的先进性与可操作性的统一；三是坚持以提升文化育人的能力和水平为目标，将开展特色文化教育活动与开放“哈军工文化园”有机结合，实现了文化教育与社会辐射功能的统一。

这篇文本开篇以上级组织的要求为依据提出军工文化教育基地建设的思路起笔，以建设教育基地的意义并表达继续推进教育基地建设、提升文化育人能力与水平的决心结束，满足经验文本的基本要素要求及其概括提炼的方法与原则。

传扬哈军工价值体系　系统打造哈军工文化园
进一步提升军工院校文化教育的能力和水平

2009 年 10 月

近年来，按照《国防科工委关于加强军工文化建设的指导意见》精神和《军工文化建设指南》的要求，学校大力推进军工文化建设，成立了校园文化建设领导小组和工作办公室，设立了文化建设专项经费，制定了校园文化建设“十一五”规划和哈军工文化园 2008—2012 建设规划，提出了“将‘哈军工文化园’建设与文化型校园建设相结合、与校园环境建设相结合、与育人环境建设相结合”的军工文化教育基地建设思路，系统打造了“哈军工文化园”，文化建设取得明显成效。

一、坚持以校园文化核心价值体系的凝练与建设为先导，将“哈军工文化园”建设与文化型校园建设有机结合，实现了凝练特色核心价值体系与建设特色文化载体的统一

文化型校园就是大学的办学思想、大学制度、人才培养与校园环境建设都贯穿校园文化核心价值体系，并使核心价值体系内化于心、固化于制、外化于形的校园。我校在“哈军工文化园”的建设过程中，将“哈军工文化园”建设与文化型校园建设有机结合，总结和凝练了校园文化核心价值体系，并把这一体系贯穿于“哈军工文化园”建设的全过程，实现了凝练特色核心价值体系与建设特色文化载体的统一。

一是把总结和凝练哈军工文化与广泛传播哈军工文化有机结合，打牢“哈军工文化园”建设的文化基础。学校的前身是著名的哈军工，在哈军工的发展过程中，不仅创造了一系列辉煌的成就，还形成了底蕴深厚、内涵丰富、特色鲜明的“哈军工文化”。在学校50周年校庆和国防科工委“一提三优”工程实施过程中，经过深入研究，对哈军工的办学宗旨、发展战略、办学理念、育人理念以及校风、学风等进行了系统总结和凝练。这些思想、理念、作风等构成了哈军工文化的核心，成为校园文化核心价值体系的根基。同时，学校通过编辑出版《漫游中国大学》等对其进行广泛宣传，使哈军工成为师生员工最骄傲的光荣历史，哈军工传统成为师生员工最自豪的文化基因，哈军工精神成为师生员工最崇尚的价值追求，哈军工文化成为学校军工文化教育基地建设的灵魂。

二是把传承和弘扬哈军工文化与凝练形成大学文化核心价值体系有机结合，引领“哈军工文化园”建设的发展方向。为了传承和弘扬哈军工文化，学校近年来凝练推出了“大工至善、大学至真”校训、“三海一核”特色办学理念、“以祖国需要为第一需要、以国防需求为第一使命、以人民满意为第一标准”的大学精神和“以国家利益为最高追求、以支撑‘三化’为核心责任、以服务国防为特色使命、以人民满意为根本标准”的大学使命以及“忠诚、坚韧、团结、创新”的校风等，形成了“以‘忠诚’为灵魂、以‘工学’为境界、以‘海防’为特色”的校园文化核心价值体系。这个核心价值体系成为“哈军工文化园”建设的统领，在建设的全过程中得到了全面贯穿和践行。

二、坚持整合资源与分区建设的方针，将“哈军工文化园”建设与校园环境建设有机结合，实现了“哈军工文化园”建设理念的先进性与可操作性的统一

军工文化教育基地建设，必须要定位准确、思路清晰。我校在“哈军工文化园”的建设过程中，提出了“整合资源、分区建设、突出特色、开放运行”的建设方针，将“哈军工文化园”建设与校园环境建设有机结合，充分利用哈军工历史遗存，对已有文化资源和新建、拟建文化设施进行充分整合，实现了校园文化设施建设的可持续发展，实现了“哈军工文化园”建设理念的先进性与可操作性的统一。

一是把分区建设“哈军工文化园”与整合校内文化资源有机结合，突出“哈军工文化园”的历史文化、景观文化与船海特色文化，实现了建设理念的先进性与可操作性的统一。为了更广泛地传播哈军工文化，学校经过对校内文化资源进行整合，系统打造了“哈军工文化园”，现已基本形成了历史景观区、文化景观区、船海特色区和哈军工纪念馆的“三区一馆”格局。历史景观区主要通过历史原貌展示哈军工高速度、高标准创建的历史与高起点、跨越式发展的辉煌；文化景观区主要通过反映哈军工历史与海防特色的新建景观以及对原有景观的重新命名，展示对哈军工创建者的怀念与景仰及其今天学校所肩负的神圣使命与光荣任务；船海特色区主要通过哈军工文化中的船海特色与标志部分，展示学校为国家海防事业做出的重大贡献及其坚持特色办学、发展祖国船海事业的信心与决心；哈军工纪念馆主要通过有关历史图片、实物等展示哈军工筹建、发展、分建改建的历史及其继承者取得的辉煌办学成就与为国家培养的大批杰出人才。2009年7月，“哈军工文化园”通过国防科技工业军工文化教育基地现场评估。

二是把“哈军工文化园”内的景观建设、设施建设等与校园环境建设有机结合，依托现有校园文化设施建设军工文化教育基地，实现了基地建设与校园建设的统一。近年来，学校把“哈军工文化园”建设与校园整体建设规划统一起来，5年直接投入经费××多万元，建设了哈军工首任院长陈赓铜像、陈赓受命创建哈军工铜像群雕、哈军工首席顾问奥列霍夫铜像等文化景观和中国“十大名船”展、船舶博物馆等文化设施；在哈军工时期的“共和国第一”诞生地和国家领导人来校视察地等文化遗址悬挂了标志牌；以学校历史上的重要人物、与学校特色相关的著名历史人物以及与“海”字、“水”字相关、体现学校特色和师生高远追求与精神境界的词命名了校园道路；正在积极筹备建设哈军工纪念馆。这些文化景观、文化设施等既是“哈军工文化园”的重要内容，也是校园环境建设的有机组成部分。通过文化景观建设、文化设施建设与校园环境建设的有机结合，逐步探索出一条依托现有校园文化设施建设军工文化教育基地的道路。

三、坚持以提升文化育人的能力和水平为目标，将开展特色文化教育活动与开放“哈军工文化园”有机结合，实现了文化教育与社会辐射功能的统一

建设“哈军工文化园”的根本目的是育人。我校在“哈军工文化园”的建设过程中，将开展特色文化教育活动与“哈军工文化园”的对外开放有机结合，充分发挥“哈军工文化园”的文化育人功能和社会辐射作用，使校园文化核心价值体系得以内化于心，实现了文化教育与社会辐射功能的统一。

一是把“哈军工文化园”的校内开放与开展国防教育、军工文化教育等文化教育活动有机结合，学校文化育人的能力和水平得以明显提升。学校结合办学特色，利用“哈军工文化园”的独特教育资源，每年对新生进行入学教育、对学生干部和新教师进行岗前培训的受教育率达到100%。学校还通过新生军训、专业教育、本科生《形势与政策》课等加强对学生进行国防教育，并把每年9月确定为“国防教育月”，集中开展系列国防教育活动。为了弘扬“国家利益至上，竭诚服务国防”的核心价值观，宣传“两弹一星”精神和“载人航天”精神，展示哈军工文化的建设成果，学校还把每年10月确定为“军工文化月”，积极开展系列军工文化宣传教育活动。这些活动贯穿了“以‘忠诚’为灵魂、以‘工学’为境界、以‘海防’为特色”的校园文化核心价值体系，利用园内资源开展活动的受教育率超过30%，文化育人的能力和水平明显提升，“哈军工文化园”已成为学校文化育人的核心基地。

二是把“哈军工文化园”的对外开放与开展省内中小学生爱国主义教育和市民军工传统教育等活动有机结合，“哈军工文化园”的社会辐射力和对外开放能力不断增强。学校主动加强与省市有关部门的沟通与协调，把“哈军工文化园”与学校周边旅游资源进行整合，努力使“哈军工文化园”成为市红色旅游线路的重要一站。2007年5月，“哈军工文化园”被批准为省级爱国主义教育基地，学校以此为契机，积极推动“哈军工文化园”的对外开放，现已被市委列为每年的“牵手逛新城”大型参观宣传活动的重要组成部分，成为加强省内青少年学生爱国主义教育和军工传统文化教育的重要基地，每年来园参观的省内中小学学生、新生及家长、市民及社会游客等约5万人次。时任市委书记在参观后说：“哈军工文化园”的建设，对提升整个城市的文化品位起到了积极作用。新华网、光明网、中国教育报、科技日报、中国军工报、黑龙江日报、哈尔滨日报、黑龙江电视台、哈尔滨电视台等40多家媒体曾对“哈军工文化园”的展示教育和对外开放情况进行了宣传报道，充分体现了“哈军工文化园”的社会辐射作用和对外开放能力。

建设哈军工文化园，是学校大力推进军工文化建设的重要举措，是为国防科技工业培养“可靠、顶用”人才的必然要求。面对走中国特色新型工业化道路的新形势和新任务，学校党委将以成为首批国防科技工业军工文化教育基地为契机，进一步加大军工文化建设力度，不断提升学校文化育人的能力和水平，为更好地服务国家工业化、信息化和国防现代化培养“可靠、顶用”人才做出新的更大贡献。

案例七 | 党建创优工程评估特色项目报告

思路思语

总结凝练这一特色项目以及起草文本时需要考虑的因素主要有：一是党建创优工程作为“一提三优”工程最后评估的一优，按照评估要求，学校需要提交自评报告，且要有一到两个特色项目；二是作为特色项目，就要做到人无我有、人有我优、人优我特，需要认真思考在党建工作中，我们什么地方优、什么地方特、什么是别人没有；三是对特色项目的总结凝练，必须符合特色本身的规律和要求，即特色是什么、特色是怎么形成的、特色产生了什么成效。在对这一问题的研究过程中，学校党委基于3方面的认识，一是党建工作的根本就是培养社会主义合格建设者和可靠接班人；二是文化在人才培养过程中发挥着极其重要的作用；三是学校继承了哈军工的优秀文化传统，具有深厚的文化积淀，近年来在文化育人环境的建设上做了大量卓有成效的工作，特别是系统打造的哈军工文化园成为首批国防科技工业军工文化教育基地和首个省级爱国主义教育基地，为此，把党建工作的这一特色项目定位在《以哈军工文化园建设为载体，系统构建特色文化育人环境》，并从特色是什么、怎么形成的、产生了什么效果这一基本逻辑出发，将这一特色项目的基本框架确定为哈军工的历史遗存与哈军工文化园建设、文化育人环境的建设与实践、文化育人环境建设的水平与成效3个方面。特色项目报告与一般的经验交流相比还不完全一样，它要求更加完整、系统。

作为特色项目报告的起始部分，一是要将确定这一特色项目的缘由阐述清楚，即需要在特色与党建工作之间建立起紧密的支撑关系，说清楚为什么确定这一特色而不是其他；二是要对建设这一特色项目后的直接效果做一个直观的形象介绍，使阅读报告的专家在没有更多时间的情况下，只需读完起始部分即可认定这一特色成立。事实上，特色项目报告的起始部分相当重要，它需要起到读完全篇报告后才能达到的效果。作为特色项目报告的第一部分，一是要把哈军工的历史遗存有什么阐述清楚，二是要把学校在对待这些历史遗存上都做了什么阐述清楚，三是要把建成的哈军工文化园总体是什么样阐述清楚，使专家读完这一部分对我们的特色是什么有一个基本的了解。作为特色项目报告的第二部分，是整个报告的主体，这一部分符合经验的基本要素要求和概括提炼经验的方法与原则。该部分的起始段落，回答了学校构建文化育人环境的思路和理念；主体部分将文化育人环境建设与实践的经验概括提炼为 4 个方面：一是以传播文化标志和文化故事作为哈军工文化园建设的先导，把文化标志的确定与传播、文化故事的挖掘与传播同育人环境建设相结合，构建育人的精神文化环境；二是以建设文化场馆和文化景观作为哈军工文化园建设的重点，把文化场馆与文化景观建设规划同校园整体建设规划相结合、文化场馆与文化景观建设同校园环境建设相结合，构建育人的物质文化环境；三是以拓展文化育人空间作为哈军工文化园建设的新阵地，把建设党建与思想政治工作网络教育平台、哈军工历史与哈军工文化网络展示平台、××大学特色文化网络展示平台同育人环境建设相结合，构建育人的网络文化环境；四是以开展文化活动和文化赛事作为哈军工文化园运行的重要抓手，将开展具有国防特色、诚信教育文明教育与科技创新、体现军工特色等文化活动与文化赛事同育人环境建设相结合，构建育人的行为文化环境。作为特色项目报告的第三部分，主要从 3 个方面对成效进行了阐述，一是文化育人环境成为特色品牌，二是文化环境建设育人成果明显，三是文化环境建设产生广泛影响，这 3 个方面都是有明显标志性成果的。报告最后的结尾部分，与起始部分进行了呼应，还表达了未来的决心。

整篇文本仍然属于经验类文本，而且也是运用经验性的管理语言进行概括和提炼的，它与一般经验交流文本的不同之处主要有两个方面：一是文本的起始部分，比一般的经验交流文本要系统完整；二是文本的一、三部分，对经验的内涵和经验的标志性成果的论述比一般的经验交流文稿要丰富充实，也是一个相对系统完整的部分。而文稿的第二部分是主体，其结构与一般的经验交流文本基本一致，形成其整体框架的思考方法和基本思路与一般的交流文本也是一致的。

以哈军工文化园建设为载体系统构建特色文化育人环境

2010 年 6 月 25 日

××大学是一所有着光荣历史传统和深厚文化积淀的大学，其光荣传统与文化积淀始源于前身哈军工。哈军工办学 13 年间，不仅创造了一系列辉煌的成就，也形成了底蕴深厚、内涵丰富、特色鲜明的哈军工文化。哈军工文化作为××大学文化的根基，始终鼓舞和鞭策着××大学人在为国防科技工业和国民经济建设服务、办人民满意大学的征程中不断前行。作为哈军工的后继者之一，作为在国家“三海一核”战略性领域肩负着重要使命的高校，一直以来高度重视党建和思想政治工作，深刻理解高校在培养社会主义合格建设者和可靠接班人上的历史责任，学校党委深刻认识到：把培养中国特色社会主义合格建设者和可靠接班人这个根本任务抓住了，高校党的建设工作就抓住了要害、抓到了点子上，就能产生最大的价值和意义；文化环境的熏陶和感染在人才培养中具有极其重要的作用，必须始终站在服务学生成长成才的使命高度，把文化环境建设作为一项长期的基础性、战略性工作抓实抓好；哈军工为后继者留下了宝贵的物质遗存与精神遗存，必须充分利用哈军工的文化资源，系统构建育人的文化环境。

为此，学校党委作出了在哈军工原址建设哈军工文化园的重要决策，并以哈军工文化园建设为载体，投入大量的精力、人力和财力，系统构建特色鲜明的文化育人环境。经过多年的建设，特别是党建创优工程实施以来的系统构建，哈军工文化园现已初步形成历史景观区、文化景观区、船海特色区和哈军工纪念馆的“三区一馆”格局。置身于哈军工文化园，传扬哈军工文化与体现××大学特色的理念标志会不断冲击师生的思想、视觉标志会不断映入眼帘、听觉标志与文化故事会时常传入耳边；走进展示哈军工历史与办学成就、体现××大学办学特色的文化场馆，师生会一次次受到震撼；站在一处处反映历史传统与办学特色的文化景观前，服务国防现代化的使命感、责任感会油然而生；贯穿哈军工与××大学文化价值观的文化活动与文化赛事，会不断荡涤师生的心灵、陶冶师生的情操。这就是利用哈军工历史文化资源系统构建的特色文化育人环境，它不断地熏陶和感染着一代代、一批批哈军工后人，激励和鼓舞着一代代、一批批哈军工后人，为服务国家工业化、信息化和国防现代化做出新的更大贡献。

一、哈军工的历史遗存与哈军工文化园建设

哈军工作为新中国历史上第一所综合性高等军事科学技术学府，留下了许多底蕴深厚、内涵丰富的历史遗存。学校十分珍视哈军工的历史遗存，充分利用哈军工的物质遗存，研究挖掘哈军工的精神遗存，对哈军工文化进行深入总结凝练，在哈军工原址系统打造哈军工文化园。目前，哈军工文化园建设已经初具规模，

成为传扬哈军工文化的重要载体。

1. 哈军工的历史文化遗存

哈军工成立于1953年，毛泽东主席为学院成立颁发《训词》，并为校报题写报名《工学》。陈赓大将任首任院长兼政委，院党委执行大军区级党委权限。以奥列霍夫中将为首席顾问的苏联顾问团为学院的发展做出了重要贡献。哈军工创建之初按军兵种设置了空军、炮兵、海军、装甲兵和工兵5个工程系。后来，为了更好地为国防事业做贡献，1959年，陈赓向中央军委提出了“尖端集中、常规分散”的哈军工分建、改建的战略思想。1966年，哈军工退出军队序列。在哈军工13年的办学历程中，共培养了包括两弹元勋在内的30多位两院院士、100多位省部级领导、200多位将军、1 000多位所（校、厂）长（总工）和1万多名高级技术骨干，完成国家下达的科研课题500余项，产生了数十项“共和国第一”，为国家建设和国防科技事业做出了卓越贡献。哈军工的创建，是以毛泽东为核心的党的第一代中央领导集体果断而有远见的决策，以陈赓为代表的哈军工创建者为此做出了永远值得赞颂的历史性贡献，它是中国高等军事技术教育的一个重要里程碑，对后来我国高等军事技术教育的格局产生了深远的影响，是中国高等院校跨越式发展的一个典范，被誉为中国乃至世界高等教育史上的一个奇迹。

在哈军工的历史文化遗存中，可以触摸到的是物质遗存。哈军工原址就是哈军工留给后继者的重要物质遗存，这其中包括哈军工空军工程系、炮兵工程系、海军工程系等各系独立的5栋大气磅礴、中西合璧的教学大楼，每栋教学大楼的飞檐上均有代表所在系的相应标志，如空军工程系大楼的飞檐上是一排飞机的雕塑、炮兵工程系大楼的飞檐上是一排大炮的雕塑、海军工程系大楼的飞檐上是一排军舰的雕塑、装甲兵工程系大楼的飞檐上是一排坦克的雕塑、工兵工程系大楼的飞檐上是一排工程车的雕塑；其中还包括党、国家和军队领导人等来哈军工视察过的教学、科研、服务等设施，诸多代表了当时国防科技前沿水平的“共和国第一”诞生的实验室，哈军工学员接受党、国家和军队领导人检阅的军工操场，等等。这些物质遗存不仅是一个生存和发展的空间，而且凝聚着哈军工创建者们的心血与汗水、党和国家领导人对哈军工的关怀与支持、哈军工人的智慧与创造以及哈军工发展的历史足迹与不朽传奇。在哈军工的历史文化遗存中，不可触摸却可以感知的是精神遗存。哈军工在办学过程中形成的反映当时历史条件下国防科技工业高等教育发展的思想、理念、目标和战略等，是哈军工留给后继者的精神遗存。这些精神遗存不仅是当时哈军工在办学和育人上的行动指南以及取得一系列辉煌办学成就的重要前提，也体现出今天国防科技工业高等教育系统的价值追求和精神境界，与今天办人民满意大学的要求完全一致。

所有这些遗存，是学校校园文化的源头，是学校文化建设的根基，是学校文化发展的核心资源，已成为学校文化育人的宝贵财富。因此，系统构建特色文化育人环境，必须充分挖掘哈军工的历史文化遗存，总结凝练哈军工文化的核心价值体系。

2. 哈军工文化的总结凝练

文化的积淀在于对历史文化传统的坚守，学校从哈军工到今天的××大学一直都坚守着一个信念，那就是哈军工的光荣传统不能丢。二次党代会以来，特别是党建创优工程实施以来，学校在深入研究的基础上，对哈军工文化进行了系统总结和凝练：哈军工文化体现在办学治校上，就是以“国家利益至上”为最高准则的办学宗旨、以“高起点、跨越式”为基本模式的发展战略、以“善之本在教、教之本在师”为根本的办学观念和以“一中、二主、三严”（以教学为中心，以教师为主、以学生为主，治学严谨、组织严密、要求严格）为主要内容的办学理念；体现在教育教学上，就是以“教书教人”为基本原则的育人理念；体现在科学研究上，就是以“成为军事科学技术思想的研究中心”为基本目标的科研定位；体现在学科建设上，就是以“尖端集中、常规分散”为核心的特色理念；体现在人才队伍建设上，就是以“两老（老干部、老教授）办院”为主要标志的人才建设思想；体现在学生工作上，就是以“一切为了学员”为根本宗旨的学生工作思想；体现在学校风气上，就是“忠诚奉献、坚韧拼搏、艰苦奋斗、团结协作、求实创新”的校风和以“严谨、严密、严格”为基本要求的“三严”作风。这些思想、理念和作风构成了哈军工文化的核心价值体系。在这个体系中，办学宗旨、发展战略、特色理念、科研定位与人才建设思想等，不仅在学校的决策集体和教师群体中得到了传承、弘扬和创新，对今天大学的办学行为产生影响，也通过教书育人、管理育人和服务育人的全过程对广大学生的思维方式和思想观念产生重要影响；办学观念、育人理念、学生工作思想、校风以及“三严”作风等，不仅在学校教育教学、学生管理和师德师风建设中得到了直接继承和弘扬，对学校今天的育人工作继续发挥着重要作用，也通过教育教学、管理服务等各方面工作对广大学生为人与为学的观念、态度、方法等产生直接影响。这两方面的影响，在广大学生世界观、人生观、价值观的形成过程中起着重要作用。哈军工文化的总结与凝练，为哈军工文化园建设奠定了深厚的文化基础。

3. 哈军工文化园建设概貌

为了更好地传扬哈军工文化，充分发挥文化的育人功能，学校党委按照“整合资源、分区建设、突出特色、开放运行”的方针，将已有文化资源和拟建文化设施进行整合建设“哈军工文化园”，现已初步形成历史景观区、文化景观区、船海特色区和哈军工纪念馆的“三区一馆”格局。学校党委还专门成立了哈军工文化园建设领导小组，党委书记任组长、主管学生工作和文化建设的校领导任副组长，下设文化园管理办公室，办公室设在党委宣传部，党委宣传部部长任办公室主任，出台了《哈军工文化园管理办法》，对“哈军工文化园”的规划、建设和管理进行综合协调。

历史景观区主要包括哈军工时期的大楼、国家和军队领导人等来校视察地、“共和国第一”诞生地等哈军工历史上的原址原貌等，向世人展示出哈军工高速度、高标准创建的历史，面向世界、面向国防建设的历史，为建设现代化国防而走高起点、跨越式发展的道路。

文化景观区主要包括军工操场、陈赓受命创建哈军工群雕、陈赓院长铜像、奥列霍夫广场及奥列霍夫铜像、世昌园及邓世昌铜像、郑和园及郑和铜像、济海湾、校友林、启锚广场、导航广场等继承哈军工历史与反映海防特色的原有和新建景观，向世人展示出哈军工后继者对哈军工创建者陈赓院长与首席顾问奥列霍夫的怀念与景仰，对哈军工创建者历史功绩的高度评价，成为哈军工后继者今天××大学师生所肩负的神圣使命与光荣任务。

船海特色区主要包括中国“十大名船”展与船舶博物馆，学生特色科技作品陈列展厅，东海路、南海路、西海路、北海路、世昌路、郑和路等路名，船海特色实验室等体现哈军工文化中的船海特色与标志部分，向世人展示出哈军工以及作为继承者之一的××大学为国家海防事业做出的突出贡献，坚持“三海一核”办学特色与服务面向、发展祖国船海事业的信心与决心。

筹建中的哈军工纪念馆包括基本陈列和主题展览两个部分。基本陈列以哈军工筹建、发展过程为线索，展示哈军工从筹建到分建的全过程；主题展览分陈赓院长纪念展、哈军工院士展、哈军工将军展、社会精英展、科技成果展等，向世人展示哈军工及其所有继承者取得的辉煌办学成就，哈军工及其继承者为国家培养的大批杰出人才，哈军工精神与哈军工文化对今天××大学办学及其学生成长的重要意义。

二、文化育人环境的建设与实践

学校特色文化育人环境建设，坚持以传扬和践行哈军工文化与××大学文化价值观为宗旨，以服务“可靠顶用”的行业精英人才培养为目标，以哈军工文化园建设为载体，以系统构建校园精神文化育人环境、物质文化育人环境、网络文化育人环境和行为文化育人环境为重点，把构建特色文化育人环境与践行社会主义核心价值体系有机结合起来，不断完善特色文化育人环境建设的管理体制和运行机制，着力打造特色文化育人环境建设品牌，着力提高特色文化育人效果和水平，着力扩大特色文化育人环境的社会影响，为创建特色鲜明的高水平研究型大学不断做出新贡献。

1. 以传播文化标志和文化故事作为哈军工文化园建设的先导，构建育人的精神文化环境

文化标志和文化故事在文化环境中处于引领地位，是特色文化环境建设的灵魂。学校党委坚持以传播文化标志和文化故事作为哈军工文化园建设的先导，将哈军工文化园内文化标志的确定与传播同构建育人环境结合起来，将哈军工文化园内文化故事的挖掘与传播同构建育人环境结合起来，实现了文化标志与文化故事的广泛传播同校园精神文化育人环境的构建相统一。

一是通过理念标志的确定与传播营造特色文化氛围，构建育人的精神文化环境。近年来，学校确立了由校训、特色办学理念、大学精神、校风等构成的理念标志。在深入研究哈军工历史与文化的基础上，学校通过对哈军工精神与文化的传承和弘扬，凝练出了以毛泽东主席为哈军工题写报名“工学”二字构造的“大

工至善、大学至真”校训，以船舶工业、海军装备、海洋开发、核能应用为主要服务面向的“三海一核”特色办学理念，“以祖国需要为第一需要、以国防需求为第一使命、以人民满意为第一标准”的大学精神，“忠诚、坚韧、团结、创新”的校风等，形成了“以‘忠诚’为灵魂、以‘工学’为境界、以‘海防’为特色”的校园文化价值观。学校通过邀请×××为全校师生解读校训内涵及精神的报告会，在学校正门前竖立校训墙，在《工学》周报刊发解读文章等，使广大师生深入理解校训的深刻内涵并逐步形成广泛认同，进而达到自觉遵循；学校在中国教育报发表文章《“211工程”让特色思想升华》，对特色办学理念的凝练与建设进行了系统梳理，2006年光明日报在综合要闻版连续刊发了我校“三海一核”特色办学方略及其实践的成功经验，特色办学理念得到了“十五”“211工程”验收专家的高度评价，专家认为“三海一核”特色办学理念结合了学校的优势特色，找准了发展的目标方向，产出了累累硕果，极大地增强了师生的凝聚力，在社会上产生了广泛影响；2006年，光明日报头版头条以《在忠诚的旗帜下》为题，大篇幅报道了我校追求“三个第一”大学精神的办学实践与办学成就，报道引起了广泛关注和良好反响，“三个第一”的大学精神已经成为××大学人在创办特色鲜明的高水平研究型大学进程中更加鲜明的旗帜、更加坚定的目标追求和更加清晰的行动指南。每当置身在这个校园，无论是有感于校训的深刻，还是有感于大学精神的崇高，或者是有感于广大师生对特色办学理念的执着，这些理念、精神都深深地影响着每个人的一举一动，激励着广大学子为祖国的海防事业而发奋图强、勤奋为学。

二是通过听觉标志与视觉标志的确定与传播营造特色文化氛围，构建育人的精神文化环境。近年来，学校确立了由军号、校歌等构成的听觉标志，由校标、校旗、校园道路及广场、大楼、园林命名等构成的视觉标志。从哈军工到×××时期，再到××大学，一直沿用从哈军工创建伊始就使用的军号声，作为学生起床、上下课、午间休息、晚上就寝等的铃声信号。学校50周年校庆前夕，一位远在上海的校友给母校老师打电话，正巧赶上学生上下课时间，当他从电话听筒里依稀听到那熟悉的军号声时，激动得声音哽咽，说不出话来。2006年，学校党委聘请海政歌舞团著名词曲作家创作的校歌正式推出，“当年军工圣殿，今日精英摇篮，……成长在军号声中，……丹心铸剑何惧大洋深和远，热血熔金固我海疆坚如磐。……”，每当课间校歌响起，每个师生的心灵都会受到一次洗礼和震撼。2006年以来，学校每年都组织学生校歌合唱比赛，新生入学军训第一课首先要学会唱校歌，每当学校有大型集会都要唱校歌。学校在50周年校庆前夕确定的新校标，成为学校文化最直观、最形象的体现。学校还将校标广泛运用于教职工名片、办公室门牌、电梯指示牌等的视觉识别设计中，充分发挥视觉识别系统在文化建设中的作用。学校还通过广泛征集确定了校旗方案，校旗由蓝色旗面和反白校徽、校名组合而成，体现了学校的办学特色和服务面向，目前，校旗已广泛应用于学校各类场合与对外交流活动，并在重大集会、节庆活动时举行升校旗仪式。学校还以发展历史上的重要人物、与学校特色相关的著名历史人物和与“海”字、“水”字相关、体现学校特色和师生高远追求与精神境界的词对校园道路、广场、楼宇、园林等进行了命名，如兴海路、拓海路、智水路、善水路、陈赓路、世昌路、居英路、林毅路、奥列霍夫广场、工学广场、水声楼、动力楼、济海湾、校友林等。每年新生入学前，校有线电视台都会制作系列专题节目《师哥师姐带你逛校园》，通过轻松的主持人导游形式，向新生介绍学校这些道路、广场等命名的由来和其所蕴含的文化内涵。每当漫步在这样的校园里，穿梭于楼宇和广场之间，这些名称早已深深地铭刻在广大师生的心中，激励着全校师生为实现国防现代化而拼搏奉献的热情和斗志。

三是通过文化故事的挖掘与传播教育和感染学生，构建育人的精神文化环境。学校通过编辑出版《××大学50年通鉴》、《××大学校史》（学生读本）、《共和国军事教育家陈赓传略》、编写《漫游中国大学》等，深入挖掘、广泛传播承载了哈军工文化与××大学校园文化价值观的文化故事。在挖掘和传播的文化故事里，有哈军工时期，以×××为课题组长，平均年龄只有25岁的科研团队研制出共和国第一台军用电子计算机，充分展示哈军工以“国防需求为第一使命”、创造出数十项“共和国第一”的文化故事；有哈军工时期，只有初中一年级文化的×××，在补习期间测验功课全都不及格的情况下，以“人在阵地在”的精神攻克文化堡垒，最终以全优成绩毕业，成长为共和国将军，充分展示了哈军工学员以“祖国需要为第一需要”，刻苦勤奋、顽强拼搏，夺取学习科学文化知识最后胜利的文化故事；有×××时期，有着“中国潜艇之父”美誉的×××教授没有以“我国第一艘常规动力试验潜艇的总设计师”“第一艘核潜艇的总体顾问”两个“共和国第一”安享余生，主动请战“智能水下机器人”项目，充分展示了×××时期的科研工作者勇担使命、奋勇前行，为国防现代化建设甘于奉献的文化故事；有×××时期，×××教授忠诚于党的教育事业，在教学工作中积极实践先进的教育理念，在科研工作中不断追求突破前人的创新成果，充分展示了全校大学师生为实现创建研究型大学的奋斗目标、服务“三化”事业发展而努力奋斗的文化故事。通过拍摄并播出“哈军工文化园”电视专题片、集中展播大型电视专题片《哈军工》与历史文献纪录片《揭秘哈军工》、上演以哈军工学员为原型的话剧《奔流》与诗歌朗诵《云山风范，松柏精神》、校报《工学》连载《漫游中国大学》等，使这些文化故事在校园里得到广泛传播。每当徜徉在哈军工文化园里，就会通过各种方式经常听到这些文化故事，或是看到这些文化故事的电视片与以这些文化故事为原型的话剧等节目，经过四年或是更长时间的熏陶，这些文化故事深深地感染着广大学生，影响着广大学生人生观、价值观的形成。

2. 以建设文化场馆和文化景观作为哈军工文化园建设的重点，构建育人的物质文化环境

文化场馆和文化景观在文化环境中处于基础地位，是特色文化环境建设的基础。学校党委坚持以建设文化场馆和文化景观作为哈军工文化园建设的重点，将哈军工文化园内文化场馆与文化景观建设规划同校园整体建设规划结合起来，将哈军工文化园内文化场馆与文化景观建设同校园环境建设结合起来，实现了文化场馆与文化景观建设同校园物质文化育人环境的构建相统一。

一是通过文化场馆的规划与建设打造特色文化设施，构建育人的物质文化环境。2006年，学校启航活动中心建成投入使用，主要为学生各项文化活动提供服务，是广大学生经常聚集的地方。为此，学校以启航活动中心为依托，建设了校史展厅、陈赓院长纪念展厅、学生特色科技作品陈列展厅、船舶博物馆，举办了中国十大名船展、哈军工——哈工程院士展等。其中，校史展厅以翔实的史料和丰富的内容充分展示了哈军工筹建、发展、分建改建的历史，作为哈军工后继者之一的××大学取得的辉煌办学成就，展示了学校坚持和发扬哈军工精神，始终

将为国家、国防服务作为自己的神圣职责，负重奋进、追求一流的办学历程；陈赓院长纪念展厅以大量的资料和图片集中展示了陈赓院长戎马生涯、开放办学的一生，使人们全面了解陈赓院长一生的传奇经历，全面了解陈赓院长作为一个军事教育家的思想风范，全面了解陈赓院长为哈军工办学做出的卓越贡献；学生特色科技作品陈列展厅，集中展示了我校学生在历届国际、国内科技竞赛中获奖的课外科技作品，展示了学校“工学并举，实践与理论并重，培养学生创新精神与实践能力”的办学特色，从一个侧面体现出哈军工“一切为了学员”的学生工作思想和“工学并举”的教育思想在今天得到了较好的继承和弘扬；船舶博物馆是我国高校第一个船舶博物馆，以新颖的形式、现代化的手段浓缩展示了船舶的发展历程，展现了我校船海科研领域的核心技术和创新成果，集中反映了我校“三海一核”办学特色；中国十大名船展集中展示了建国以来我国船舶工业自主创新的辉煌成就，代表了船舶工业不同历史时期的创新成果，激励广大师生奋发图强，学习造船人自强不息、勇于创新的精神，为把我国建设成为造船强国，为捍卫蓝色国土做出应有的贡献；哈军工—××大学院士展通过展出哈军工以来学校培养和聘任的45位两院院士的照片、手记和传略资料，充分展示了院士们的大家风范，展示了哈军工人才培养的辉煌成就，引导全校师生继承哈军工传统，加速推进创建特色鲜明的高水平研究型大学，为国家培养更多优秀的杰出人才。

2008年，学校党委制定了《哈军工文化园2008—2012建设规划》，并决定在原哈军工仅存的一个食堂旧址建设哈军工纪念馆。2009年，完成了哈军工纪念馆展览的指导思想、目标定位、方针原则、整体框架与基本要求的总体方案论证。2010年，已正式启动哈军工纪念馆建设实物、史料的征集工作。建成后的哈军工纪念馆馆藏将更加丰富，特色也将更加鲜明。无论是规划和筹建中的哈军工纪念馆，还是已经建成的船舶博物馆等文化设施与文化场馆，当置身其间，就会不自觉地为哈军工的历史和文化感到震撼，为哈军工和××大学的发展成就感到骄傲，为哈军工与××大学所肩负的历史使命感到自豪，广大师生矢志不渝为国防事业服务的使命感与责任感就会油然而生。

二是通过文化景观的规划与建设打造特色文化景区，构建育人的物质文化环境。学校耗资××多万元对哈军工留下的重要物质遗存——空军工程系所在地11

号楼、炮兵工程系所在地21号楼、海军工程系所在地31号楼、装甲兵工程系所在地41号楼等四座大楼的屋顶进行了全面维修，恢复和保持了哈军工时期的原样，使哈军工留下的重要物质文化遗存得以更好地保护，让人们感受到哈军工建筑的与众不同与独特魅力，更感受到哈军工文化的深厚底蕴与丰富内涵。

2005年，学校在军工操场、哈军工海军工程系原址31号楼前为陈赓院长树立了全身铜像；2006年，在世昌路和郑和路分别树立了民族英雄邓世昌铜像与航海家郑和铜像；2007年，在21B教学楼靠陈赓路一侧树立了哈军工原苏联顾问团首席顾问奥列霍夫铜像；2009年，“陈赓受命创建哈军工”铜像群雕在拟建哈军工纪念馆前广场落成，再现了当年陈赓大将受命创建哈军工的光辉历史瞬间，成为哈军工文化园的重要标志性景观。每年清明，学生会、社团等学生群团组织都会自发组织学生到陈赓院长铜像和受命群雕前敬献鲜花、缅怀先辈，哈军工文化的种子在后学者心中不断孕育和播撒。

以各个雕塑为中心，学校分别建设并命名了陈赓广场、世昌园、郑和园、奥列霍夫广场、受命广场等。在11号楼西侧、逸夫馆南侧建设了启锚广场，在办公主楼西侧建设了导航广场，分别安放了体现学校特色的“锚”和“舵”。行政办公楼前广场，因与工学桥相对，被命名为工学广场；图书馆前广场因与学海路相邻，被命名为学海广场。为了更好地传扬哈军工文化，使校园文化价值观外显于物质环境，学校在办公楼、新图书馆等建设中，始终注意保持哈军工原有建筑的风格和特色，使学校校园与哈军工文化园浑然一体。2009年，学校制定了《“十二五”校园文化建设专题规划纲要》，对于拟建文化设施和文化景观的规划均注重融合哈军工文化元素和彰显学校“三海一核”办学特色。2009年，学校启动了徐寿铜像、郑成功铜像的设计与铸造，今年8月正式落成。无论是“十二五”校园文化建设专题规划与正在制定的校园文化景观规划，还是已经建设完成的文化景观，抑或是正在建设的文化景观；无论是学生在军工操场打球锻炼，还是围绕着军工操场跑步，抑或是在工学桥、济海湾、校友林散步，又或者是在郑和园、世昌园赏花，在工学广场、学海广场休闲、晨读，无论是在规划还是在这现时的校园环境里，广大学生都会经常想起哈军工的创建者及其他们的历史功绩，感受到学校所肩负的为船、为海、为国防的神圣使命与无限荣光。×××中将在参观校园时说：走在母校的校园里，比海军院校的“海味”还浓。

3. 以拓展文化育人空间作为哈军工文化园建设的新阵地，构建育人的网络文化环境

网络环境是学生成长过程中不可或缺的新空间，在文化环境中占据着重要位置，是特色文化环境建设的重要内容。学校党委坚持以拓展文化育人空间作为哈军工文化园建设的新阵地，把建设党建与思想政治工作网络教育平台同构建育人环境结合起来，把建设哈军工历史与哈军工文化网络展示平台同构建育人环境结合起来，把建设大学特色文化网络展示平台同构建育人环境结合起来，实现了拓展哈军工文化园建设新阵地与校园网络文化育人环境的构建相统一。

一是通过建设党建与思想政治工作网络教育平台拓展文化育人空间，构建育人的网络文化环境。2005 年，校党委宣传部成立了网络宣传中心，作为学校开展网络思想政治教育的主体机构，系统开展了党建与思想政治工作网络教育平台建设。经过五年努力，建设了集内容管理系统、论坛、博客、社会网络软件、网络即时通信软件、电子邮件、调研和竞赛平台等 8 类技术载体于一体，包括思想道德教育、政治教育、舆情教育、形势政策教育、爱国主义教育、国防教育、综合素质教育、校园文化教育、心理健康教育、法治教育等 10 类主题网站的综合型党建与思想政治工作网络教育平台。与全国高校同类网站相比，这一网络教育平台具有载体部署更全面、教育内容更全面、总体结构更完备的特点。2006 年，开通了党建研究网站，上传文章近 2 000 篇，现已成为全校各级党组织展示党建工作的窗口、交流党建研究成果的园地和分享党建实践经验的平台；同年，又开办了网上党校，现已成为积极分子、党员和干部学习党的理论知识的课堂、交流思想心得的沙龙和了解党情的读本，每篇文章平均点击量超过 5 000 次；2007 年，还建设了“一提三优”专题网站，集中展示了学校本科教学优秀工程、研究生教育优秀工程、党建创优工程和办学水平提升工程的各项举措和成就；2009 年，又建设了“深入学习实践科学发展观”专题网站，现已成为传达中央精神、解读理论政策、交流学习心得、展示工作动态、开展科学发展观解放思想大讨论的重要平台。由于相关内容紧密联系广大学生的思想和实际，贴近广大学生的学习和生活，满足广大学生的兴趣和爱好，符合广大学生了解时事、拓展知识、提升素质的需求，

因而广大学生经常自觉来到这些专题网冲浪。

二是通过建设哈军工历史与哈军工文化网络展示平台拓展文化育人空间，构建育人的网络文化环境。自2006年以来，学校陆续建设了“工程纵览”主题网站和校园文化建设成果展览、哈军工文化园建设成果展览两个专题网站。工程纵览主题网站用500余篇文章以及大量的历史图片将学校自哈军工以来的历史瞬间、历史沿革、历史人物、杰出校友、研究成果和历史荣誉等内容进行了汇集，以微型“百科全书”的形式对学校五十多年来办学历程与辉煌成就进行了展示，对广大学生开展了校史教育，增强了学生爱校、荣校、强校的自豪感和责任感。校园文化建设成果展览专题以大量的图片展示了文化研究、文化标志等精神文化研究成果，文化景观、文化设施等物质文化建设成果，文化活动、文化赛事等行为文化建设成果，生动再现了近年来学校在校园文化建设中对哈军工历史与文化的继承、创新和发展。哈军工文化园建设成果展览专题以图片和文字的形式，将哈军工文化园“三区一馆”的内容、功能等通过网络平台得以形象再现，使广大学生通过校园网方便快捷地游览哈军工文化园，领略哈军工文化园景观，进而理解和认同哈军工文化。由于这些专题网站与哈军工文化园的物质环境相比内容更加充实、形式更加丰富、游览更加节省时间，因此许多学生愿意游览这一网络新空间。目前，这一哈军工历史与哈军工文化的网络展示平台已“接待”来访读者逾百万人次。

三是建设具有大学特色的文化网络展示平台拓展文化育人空间，构建育人的网络文化环境。学校建设了国防教育网站，开设了纪念抗日战争六十周年、庆祝海军建军六十周年、多彩军营、国防影视等18个专题专栏，通过展现军威国威、传播军政要闻、开设军事课堂，营造浓厚的网络国防教育氛围，开展具有大学特色的网络国防教育和军工文化教育，进一步增强广大学生服务国防的使命感和责任感，进一步坚定广大学生建设国防的理想和信念。目前，各类国防教育文章已达3 000余篇，总阅读量超过270万人次。2008年，学校还建设了“三海一核”专题网站，展示学校在船舶工业、海军装备、海洋开发和核能应用等领域的研究成果和优势资源，解析国家海防、能源方面的热点、焦点问题，提高广大学生主动为“三海一核”等国家战略性需求领域服务的热情和激情。2009年，该网站以排名第一的优异成绩入选中国大学生在线十佳网站。学校还建设了人文教育主题网站，拓展“海核”特色鲜明的网络文化空间，开设了名师学者、精英学子、科技赛场、工学讲坛等栏目，设立了感动校园、海军节、创新之路等300多个各类专题，充分展示了学校在“三海一核”等领域培养的杰出人才、取得的重要成果和做出的突出贡献。这些专题网站的内容与哈军工文化园内的船海特色文化相互呼应，每当学生置身于工学网，就会被其浓浓的特色文化氛围所感染，广大学生愿意在这一网络环境里畅游，品味和感受这一网络新空间的特色文化。

4. 以开展文化活动和文化赛事作为哈军工文化园运行的重要抓手，构建育人的行为文化环境

文化活动和文化赛事在文化环境中处于中坚地位，是特色文化环境建设的核心。学校党委坚持以开展文化活动和文化赛事作为哈军工文化园建设的重要抓手，将开展具有国防特色的文化活动和文化赛事同构建育人环境结合起来，将开展诚信教育、文明教育活动与科技创新赛事同构建育人环境结合起来，将开展体现军工特色的文化活动与文化赛事同构建育人环境结合起来，实现了文化活动和文化赛事的蓬勃开展同校园行为文化育人环境的构建相统一。

一是广泛开展具有国防特色的文化活动和文化赛事，把爱国主义教育与学校办学特色相结合，构建育人的行为文化环境。自哈军工以来，学校的发展始终与国防紧紧联系在一起，关心国防、热爱国防、建设国防是学校的一贯传统。学校结合办学特色，加强学生国防教育，专门安排那些为国防事业做出突出贡献的专家、教授就学校学科专业的国防特色、在国防领域的最新研究成果、为国防工业服务做出的重大贡献对新生进行入学专业教育；在学生的《形势与政策》课中开设“增强海洋观念、捍卫蓝色国土”专题，系统讲解我国船舶工业、海军装备、海洋开发的发展现状及学校肩负的历史使命。在学生的日常教育中，学校把每年9月确定为“国防教育月”，集中开展“心系国防、建设国防”系列活动，建立起了以国防教育为切入点的爱国主义教育长效机制，通过邀请部队领导、国防系统专家、校内著名专家等作国防专题报告，举办国防科技作品设计、国防知识、国防演讲、国防征文等竞赛和军事定向赛、无线电测向赛等活动，举行爱国主义题材的影视展播，组织学生参观哈飞、731部队遗址、东北烈士纪念馆、烈士陵园，

擦洗烈士纪念碑、举行国防日升旗仪式以及纪念“一二·九”文艺汇演、“读经典”“诵经典”“唱红歌”等文化活动，进一步增强了学生的国防观念，弘扬了爱国主义精神。这些国防特色鲜明的、丰富的爱国主义教育活动，始终贯穿以“海防”为特色的校园文化价值观，广大学生在参与这些文化活动与文化赛事的过程中，会受到船海特色鲜明的国防文化的深刻影响，进而在学习、工作和生活中自觉遵循和践行这一价值观。

二是广泛开展诚信教育、文明教育活动与科技创新赛事，把学风建设与社会主义荣辱观教育相结合，构建育人的行为文化环境。学校十分重视学生诚信素质、文明素质与创新素质的培养，把学风建设作为开展社会主义荣辱观教育的重要内容，通过广泛开展诚信教育、文明教育活动与科技创新赛事，引导广大学生牢固树立“严谨、求实、勤奋、创新”的良好学风。近年来，学校在开展诚信活动、树立诚信意识、完善诚信档案、建设诚信文化、构建诚信评价与监督机制等方面进行了大胆实践与探索。目前，诚信教育已做到经常化、规范化，学校把每年4月确定为“诚信教育月”，集中开展以“信赖源自诚信，诚信创造未来”为主题的系列宣传教育活动，通过为学生建立诚信档案、组织诚信讨论、开设诚信讲座、开展诚信签名、举办诚信主题团日与主题征文、组织诚信教育图片展与诚信宣誓、宣传诚信典型等活动，学生的诚信意识得到进一步增强，诚信素质得到明显提升，诚信理念更加深入人心，“诚信为人、诚信做事”的良好风气基本形成。学校还把每年5月确定为“校园文明月”，以美化校园环境、净化校园风气为重点，广泛开展“为老师倒杯水”、清除小广告、文明礼仪漫画展、图书漂流以及校园文明演讲比赛、寝室美化大赛等活动，形成了清新、高雅的校园风尚与整洁、优美的校园环境。这些文明教育、诚信教育活动，始终贯穿以“学风”为重点的校园文化价值观，文化的育人功能得到了充分发挥，成为构建行为文化育人环境的重要抓手。通过诚信教育、文明教育活动的广泛开展，学风建设取得明显成效，考试违纪率大幅度降低，学生学习成绩普遍上升，学生贷款还贷率全省最高。同时，学校还以阳光论坛、启航讲坛、科创沙龙、船海揭秘等系列品牌活动为载体，邀请知名学者、校友等来校作学术、科技、文化报告；每年在启航中心举办“五四杯”大学生科技创新竞赛及作品展览，在军工操场开展航空模型竞赛、在济海湾开展航海模型竞赛、船舶物设计与水利竞赛等科技创新竞赛及近百项科技创新活动，引导广大学生积极践行以“工学”为境界的校园文化价值观，对培养广大学生的创新素质，牢固树立“严谨、求实、勤奋、创新”的学风起到了重要的推动作用。

三是广泛开展体现军工特色的文化活动和文化赛事，把军工文化建设与践行校园文化价值观相结合，构建育人的行为文化环境。为了进一步弘扬“国家利益至上、竭诚服务国防”的军工文化价值观，更加深入地宣传“两弹一星”精神和“载人航天”精神，更加丰富地展示我校哈军工文化的建设成果，更加自觉地践行我校的校园文化价值观，学校把每年10月确定为“军工文化月”，积极开展了一系列军工文化活动和文化赛事。每年组织一次新生唱校歌合唱比赛、毕业生唱校歌文艺演出、校史知识竞赛、“为××大学喝彩”主题演讲比赛、“我心中的母校”主题征文比赛、弘扬军工文化专题文艺演出，以丰富学生的校园文化生活，提高师生员工的文化素养和文化追求；经常组织哈军工优良传统研讨会、座谈会，以增强哈军工文化对学生的凝聚力和感召力；经常组织开展哈军工校友报告会、哈军工纪录片与影视展播，组织学生参观校史馆与陈赓院长展厅，举办“哈军工—×××时期”院士展、科技成果展等活动，以增强学生对学校历史文化与未来发展的信心和力量；每年集中面向毕业生组织重点军工企业推介会，以增强毕业生服务工业化、信息化和国防现代化的自觉性和责任意识，提升军工企事业单位对毕业生的吸引力和影响力；组织建立学生讲解队，负责学校校史展厅、陈赓院长展厅、船舶博物馆、十大名船展等展馆的讲解工作，以广泛宣传哈军工历史、传扬哈军工文化；组织学生社团编演主题话剧《奔流》，以哈军工学员×××为原型，塑造了刻苦勤奋、顽强拼搏、夺取学习最后胜利的优秀学子形象，以引导广大学生传扬哈军工精神，树立良好学风；组织学生社团“校友驿站”策划展出“哈军工图片展”、“鹿鸣文学社”开展“读《哈军工传》”等活动，详细介绍哈军工各个历史时期发生的历史事件，以帮助广大学生了解哈军工历史，传承哈军工文化。这些特色鲜明的系列军工文化教育活动，始终贯穿以“忠诚”为灵魂的校园文化价值观，广大学生在参与这些文化活动和文化赛事的过程中，会受到哈军工历史的不断洗礼与哈军工文化的不断熏陶，进而促进这一文化价值观的广泛传播，增强践行这一文化价值观的自觉性和坚定性。

三、文化育人环境建设的水平与成效

虽然文化育人环境建设不是一朝一夕之事，建设成效也不是短时间内可以达到的，但是，多年来，学校党委始终如一地围绕培养中国特色社会主义合格建设者和可靠接班人这个根本任务，坚持把文化环境建设作为一项长期的基础性、战略性工作来抓，以哈军工文化园建设为载体，充分利用哈军工的文化资源，以精神文化育人环境、物质文化育人环境、网络文化育人环境和行为文化育人环境为重点进行特色文化育人环境的系统构建，实现了特色文化载体建设与特色文化育人环境构建的统一，初步打造了“哈军工文化园”这一特色品牌，特色文化的育人效果逐步显现，哈军工文化园的社会影响力不断扩大。

1. 文化育人环境成为特色品牌

多年来，学校以哈军工文化园建设为载体，生动再现了哈军工建设和发展的辉煌历史，彰显了哈军工文化在国防科技工业军工文化体系中的独特地位，展示了××大学特色文化对哈军工传统的继承、弘扬和创新。

2007年12月，哈军工文化园经省委宣传部批准，命名为“省级爱国主义教育基地”。2009年7月，哈军工文化园通过国防科技工业军工文化教育基地的评估验收，成为首批22个国防科技工业军工文化教育基地之一。在2009年10月召开的国防科技工业军工文化建设工作会议上，我校作为唯一既是军工文化教育基地建设经验交流单位，又是军工文化建设工作的大会发言单位，在会上作了《传扬哈军工价值体系，推动文化型校园建设，着力培养“可靠顶用”的行业精英人才》的大会发言和《传扬哈军工价值体系，系统打造哈军工文化园，进一步提升军工院校文化教育的能力和水平》的经验交流。以哈军工文化园建设为载体，系统构建特色文化育人环境，在部属高校中打造了一张国防科技工业军工文化教育基地的文化名片。目前，哈军工文化园已被市委列为每年“牵手逛新城”大型参观活动的组成部分，成为加强省内青少年学生爱国主义教育和军工传统文化教育的一个基地。

2. 文化环境建设育人成果明显

多年来，学校以哈军工文化园建设为载体，广泛开展贯穿哈军工文化和××大学文化价值观的校园文化活动和文化赛事，推动校园文化建设向文化型校园发展取得明显成效，广大师生员工的文化认同感明显增强，哈军工成为学生最骄傲的光荣历史，哈军工传统成为学生最自豪的文化基因，哈军工精神成为学生最崇高的价值追求。

通过将校园文化价值观固化于制、外化于形，进而内化于心，为国家工业化、信息化和国防现代化建设事业培养了大批“可靠顶用”的行业精英人才。2006 年以来，我校船舶与海洋工程学科领域有 5 篇论文获得全国优秀博士学位论文或提名，占该学科全部优博或提名论文的 50%，居全国高校第一；我校学生在亚太大学生机器人大赛等国际、国内各类竞赛中摘金夺银、捷报频传，每年获得各类奖励 150 余项，每年获奖超过 1 000 人次；涌现出了中国青少年科技创新奖获得者、“全国优秀学生干部”“全国大学生年度人物候选人”“全国自强之星优秀大学生”提名奖获得者等优秀学生典型。在哈军工精神与文化的鼓舞和激励下，在 ×× 大学特色文化的熏陶和感染下，我校毕业生牢固树立服务国防的价值取向、献身海防的理想信念，积极主动选择到国防工业系统就业，到条件艰苦的地方就业。2006 年以来，到国防系统就业的本科生和研究生分别超过 40% 和 45%，提前两年完成了向国防系统输送毕业生的任务。目前，已向国防工业系统输送毕业生 6 485 人，占“十一五”期间总任务的 161%。自 ××× 时期以来，学校有超过 300 名毕业生在我国船舶工业系统的 140 多家单位担任领导职务，部门领导和技术骨干近 1 000 名；在中物院、大亚湾和秦山核电站的管理和技术骨干中有我校毕业生近 100 人，“可靠顶用”成为用人单位对 ×× 大学毕业生的赞誉。

3. 文化环境建设产生广泛影响

多年来，学校以哈军工文化园建设为载体，广泛传播哈军工文化和 ×× 大学文化，学校文化对广大师生、校友的教育、引导、凝聚和激励作用不断增强，哈军工文化园的影响力和辐射力不断增强，哈军工文化园对外开放的力度和广度不断增强。

学校将哈军工文化园分为“军工操场”“启航中心”“军工纪念馆”3 个游览区进行对外开放，除春节等重大节日外，实行全天开放，周六、周日实行预约开放。学校每年承办的市高考咨询大会、招生咨询校园开放日有数万人来校咨询的同时参观园内设施；每年市委宣传部组织的“牵手逛新城”活动，集中来校参观的市民1 000多人；2009年2月，参加第24届大冬会体育科学大会的300余名中外代表和2010年2月参加ACM/ICPC国际大学生程序设计大赛全球总决赛的近800名中外来宾在参观哈军工文化园后，都对学校文化环境表示赞许。据不完全统计，每年约有省内中小学生、市民及社会游客、新生及家长等5万人次来园参观，参观者对哈军工文化园及其校园文化环境都给予了很高评价。在参观人群中，有上级有关部门和省市有关领导，他们对“哈军工文化园”的建设给予了充分肯定。2006年，×××上将来校视察期间，亲自为陈赓院长铜像敬献了花篮。省委领导×××在来园参观后说：“哈军工文化园的建设，对提升整个城市的文化品位起到了积极作用！”迄今，新华网、光明网、中国教育报、科技日报、中国军工报、黑龙江日报、哈尔滨日报、黑龙江电视台、哈尔滨电视台等40多家国家级媒体和省内媒体曾对哈军工文化园的建设成果、教育活动及其对外开放情况给予报道。

以哈军工文化园建设为载体，系统构建特色文化育人环境，体现了学校党委坚持把育人作为党建与思想政治工作的重点，把文化育人环境建设作为实施党建创优工程的重要抓手并形成了特色，为培养“可靠顶用”的行业精英人才营造了良好的文化氛围。在今后的党建与思想政治工作中，学校党委将继续坚持这一特色，为提升党建与思想政治工作的科学化水平做出新的贡献。

案例八 ‖ 全国文明单位现场评估考察汇报

思路思语

这次汇报以及起草汇报文本时需要重点考虑的因素主要有：一是学校自2009年晋升全国精神文明建设工作先进单位以来，一直以晋升全国文明单位为目标，专门制定了精神文明建设三年规划，提出了推进5项工程11项计划的建设任务；二是学校自晋升全国精神文明建设工作先进单位以来，有些什么新的建设思路、建设理念与建设成效可以总结，向评估专家进行现场汇报，需要认真思考；三是高校与机关、企业以及其他事业单位不同，其根本任务是培养人，经验的总结提炼需要充分思考和研究这一特殊性；四是这几年来学校工作的一个亮点就是文化建设，这在党建创优工程评估中进行了充分总结，也得到了评估专家的高度认可。

经过认真思考，确定了《推进“五项工程”，建设“五型校园”，把文明单位创建工作推进到新的深度和广度》的汇报主题，并将建设经验概括提炼为“深入推进‘五项工程’、着力建设‘五型校园’”：一是深入推进科学理论武装工程，着力建设学习型校园；二是深入推进思想道德与法律素养提升工程，着力建设德治、法治型校园；三是深入推进文明单位创建工程，着力建设校风优良型校园；四是深入推进校园文化建设工程，着力建设文化型校园；五是深入推进文明校园建设工程，着力建设节约、关爱型校园。整篇文本以上级组织的要求为依据提出学校建设全国文明单位的思路和理念起笔，以建设后促进中心工作发展取得的标志性成果与文明建设的体会和继续推进文明建设的决心收尾，以满足经验文本的基本要素要求和概括提炼的方法与原则。

在总结提炼的过程中，遇到的一个难题就是对于推进“五项工程”的目标表达，如果只是说按照文明建设的三年规划，推进了“五项工程”的建设，而没有以“五型校园”作为建设目标，那么很显然，对这一经验的总结提炼就不够，因此，学习型校园、德治法治型校园、校风优良型校园、文化型校园、节约关爱型校园等“五型校园”的提出，是这次汇报总结提炼的一个重要思想创新，它与此前制定实施的文明建设三年规划提出的推进五项工程相吻合，使文明建设的目标与建设的任务一致起来，成为一个完整的建设系统。

推进“五项工程” 建设“五型校园”
把文明单位创建工作推进到新的深度和广度

2011年7月

2009年，学校被授予“全国精神文明建设先进单位”。根据文明创建的新形势，校党委按照全国文明单位标准和省《文明单位建设条例实施细则》的要求，对建设一个什么样的国家级文明单位和怎样建设这样的文明单位这个根本问题进行了深入思考，总的思路是：符合高等学校特点，遵循人才成长规律，发挥大学文化优势，以文明规划为统领，以“五项工程”为载体，以“五型校园”为目标，推动文明建设不断向广度和深度发展。学校党委将文明创建工作作为实现高水平研究型大学奋斗目标的重要组成部分，摆上重要议事日程，进一步完善文明创建工作领导体制和工作机制，制定了精神文明建设三年规划，同时根据每年实际情况，制定年度工作计划。通过深入推进科学理论武装工程、思想道德与法律素养提升工程、文明单位创建工程、校园文化建设工程、文明校园建设工程等“五项工程”，着力建设学习型校园、德治法治型校园、校风优良型校园、文化型校园、节约关爱型校园，开拓了文明工作的新局面，师生员工的思想道德素质、科学文化素质和文明健康素质明显提高，“三个文明”建设相互推动、协调发展，学校的凝聚力、综合实力和社会影响力显著增强。

一、深入推进科学理论武装工程，着力建设学习型校园

学校党委以科学理论武装工程为牵动，引导师生员工树立坚定的理想信念和高远的价值追求，师生员工政治理论素养、科学文化素质进一步提高，引领和带动了文明建设不断向深度发展。

1. 以学习型党组织建设为重点，探索科学理论武装的新模式

学校党委制定了学习型党组织建设方案，在坚持中心组学习等行之有效的传统学习模式基础上，不断创新和探索项目式学习等互动互融的组织化学习新模式。

一是提升中心组学习辅导的层次。制定了党委中心组学习专题辅导制度，先后邀请中央教科所、教育部社科中心、国务院研究室、中央党校等高层次专家学者分别就学习型党组织建设、学习贯彻教育规划纲要、2011年政府工作报告解读、十七届五中全会精神和党史第二卷学习等做专题辅导报告。二是提高中心组学习的研讨深度。通过寒暑假工作会议就提升办学水平和人才培养质量、大学的国际化进程、谋划“十二五”规划等进行专题研讨，6年多来，寒暑假工作会议已发展成为中心组学习的稳定模式。三是积极构建新的学习模式。以项目式学习为载体，不断活化学习形式，支持各级党组织和广大党员参与“基层文明单位创建”项目、“党建工作创新计划”、“三育人”课题立项、“学风建设项目”等，不断提高研究能力和工作的创新力，8年来，年均实施各类项目达200余项。四是抓好党支部的学习。在基层党组织中大力开展学习一本党史、研究一个问题、开展一项调研、研读一本好书等系列活动，实施了“研究计划”“调研计划”“读书计划”等“十项计划”。通过中心组学习，把科学发展观转化为具体的办学观，促进办学理念“本土化”；通过寒暑假工作会专题研讨，促进办学理念和目标具体化、操作化；通过项目创建，使各项基层党组织的学习活动更为系统，实现党建活动项目化。

2. 以学习实践活动为切入点，用科学发展理念武装干部师生

在学习实践科学发展观活动中，学校党委提出了“强化体制机制创新、加快内涵式发展；突出‘三海一核’特色，创建研究型大学”的实践载体，并围绕这一载体，制定了专项学习计划，就“加快内涵式发展、实现发展新跨越”等专题进行了集中学习研讨；成立了8个专题调研组，针对影响学校发展的突出问题，形成了高质量的调研报告和分析检查报告。充分利用工学网、《工学》周报、有线电视台等，及时报道活动动态，并在科学发展观专题网站开设思想大讨论区。学习实践活动达到了“党员干部受教育、科学发展上水平、人民群众得实惠”的总要求，顺利通过上级主管部门学习实践活动整改落实后续工作的现场评估。特别是通过学习实践活动，对2005年二次党代会以来的办学理念进行了系统集成，进一步统一了推动科学发展的思想共识，理清了办学思路，为科学筹划学校第三次党代会召开，加速推进研究型大学转型升级，奠定了坚实思想基础。

3. 以思想政治理论课建设为主渠道，用马克思主义中国化最新成果武装学生

学校党委在致力于抓好规定任务落实的同时，致力于抓准、抓好自身优势和特色，不断提高思政课教学的质量和效果。学校独立设置了思政课教学研究部，积极推进思政课“十二五”规划制定，以建设大学生“真心喜欢、终身受益、毕生难忘”的优秀课程为目标，紧紧抓住师资队伍建设关键环节，大力支持教师攻读学位，积极选派教师出国进修。紧紧抓住思想政治理论课育人功能这一中心环节，不断更新教学理念，以案例教学改革为突破口，有效激活了思想政治理论课课堂，案例教学经验在全省高校推广，在教育部组织的案例教学研讨会上，学校教授作了典型发言；“形势与政策”课坚持课程建设与特色教育相结合，产生显著教学效果，被学生视为“思想政治理论课中最受欢迎的课程”，在2011年教育部“东北片区思想政治理论课教师座谈会”上，学校青年教师作为省唯一代表就“形势与政策”课教学做了大会发言。学校把为思政课教学服务作为重要任务，大力加强学科建设，为思政课教学提供了有力支撑。2010年9月，学校成功举办了“第五届全国高校马克思主义学科博导论坛”；在2011年5月结束的全省思想政治理论课评估中，省教育厅检查组对学校思政课建设给予了高度评价。

二、深入推进思想道德与法律素养提升工程，着力建设德治、法治型校园

学校党委从提高师生员工的思想境界入手，将思想道德建设与法治建设有机结合，切实提高了师生员工思想道德素质和法律素养，引领了校园文明新风尚，营造出力争上游、和谐共进的文明创建氛围。

1. 以思想政治工作先优表彰和工作研究为抓手，不断提升思想政治工作科学化水平和师生员工思想道德素质

学校党委坚持“服务大局、凝练特色、育人为先、提升水平”的理念，加强和推进思想政治工作。2010年，评选表彰了一批校内思想政治工作先进集体和个人，并组织召开了思想政治工作经验交流会。2002年以来，坚持举办了四届思想政治工作研究会年会，共征集论文500余篇。2009年，学校党委确立了“把握方向、面向问题、自主创新、做出精品”的研究工作理念，进一步加强年会的制度化、规范化建设，产出了《“案例教学法”在邓小平理论概论课中的应用实践与经验》等一批有价值、有影响的研究成果，提出了“四个一切”（一切为了学生、一切服务育人、一切服从科学、一切务求实效）的学生工作基本理念和“有需求

就有服务、有服务就有质量"的学生综合服务体系建设理念等，有效破解了思想政治教育实践中的难题，思想政治工作的科学化水平以及师生员工的思想道德素质均得到提升。

2. 以爱国主义教育为重点，进一步弘扬民族精神、增强爱国意识

学校党委坚持把爱国主义教育与学校办学特色相结合，利用国防教育的传统优势，大力开展学生爱国主义教育。每年均安排为国防事业做出突出贡献的专家、教授就学校学科专业的国防特色、在国防领域的最新研究成果等对新生进行入学专业教育；在《形势与政策》课中开设"增强海洋观念、捍卫蓝色国土"专题，系统讲解我国海运、海防、海洋的发展现状及学校肩负的历史使命。把大学生军训列为新生入学教育第一课，每年都用近一个月时间进行严格的军政训练。在学生日常教育中，把每年9月确定为"国防教育月"，每年10月确定为"军工文化月"，集中开展"心系国防、建设国防"以及军工文化系列教育活动，推动了学校独具特色的爱国主义教育和国防教育，进一步增强了学生的国防观念，弘扬了爱国主义精神。

3. 以公民道德教育为基础，引导师生员工自觉遵守道德规范

学校党委以"道德风尚好"为标准，以"知荣辱、尚和谐"为主题，将社会主义荣辱观作为加强大学生思想道德建设的重要内容，在思政课教学主渠道中凸显社会主义荣辱观教育，在"三下乡"、志愿服务活动等实践过程中也彰显社会主义荣辱观教育。学校把每年3月确定为"志愿服务月"、每年4月确定为"感恩诚信教育月"、每年5月确定为"校园文明月"、每年11月确定为"爱心奉献月"，集中开展一系列主题宣传教育活动。这些活动以践行社会主义荣辱观为导向，以感恩诚信和爱心教育为主线，以净化校园风气为重点，推动了校园清新文明风尚的形成。学校自2008年起，连续开展了两届"感动校园人物"评选活动，以先进典型引路，用身边人和身边事对广大师生进行道德教育，向道德模范和先进典型学习活动不断深入。

4. 以法治教育、宣传、实践活动为主要途径，进一步提高全校师生员工的法律素养

学校党委全面落实普法规划，以师生需求为导向，突出法律教学"第一课堂"

与网络“在线课堂”相结合、“第一课堂”与法治实践活动相结合、法治教育与舆论宣传相结合，形成了网络普法、主题教育活动普法等品牌特色。“工学法律网”日文章阅读量达5 000篇，成为全国高校同类网站中影响最大、覆盖面最广的网络普法阵地之一。“普法宣传月”系列主题活动针对性、实效性不断增强，大学生法律知识竞赛坚持举办8届，148法律咨询服务持续开展10年，成为学生法治宣传活动的重要品牌。学校以大学制度建设为主线，紧紧抓住教学、科研等中心工作和招生、基建、采购等关键领域，依法治校、依法治教、依法治学的能力不断提升。2011年，学校第四次获评“全国法制宣传教育”先进单位称号。

三、深入推进文明单位创建工程，着力建设校风优良型校园

学校党委以基层文明单位项目创建为牵引，以群众性文明单位创建活动为载体，以创先争优活动为契机，以校风建设为重点，引导师生员工自觉参与到文明创建活动中。

1. 以基层文明单位项目创建为牵引，辐射带动群众性文明创建活动不断向广度发展

2003年，学校党委在全国高校率先提出了以项目方式推动文明建设的新模式，至今已实施7期、185个基层文明单位创建项目，分别涉及和谐校园（院系、部处、室）建设、校风（教风、学风、班风、寝风）建设等多个领域。其中，重点支持项目70个，60个创建项目获得优秀评价（每个项目给予×××元或×××元不等的经费支持，获得优秀的项目再给予×××元奖励）。2010年11月，学校启动了八期基层文明单位创建工作，申报项目多达80项，立项并正在实施45项，基层单位和广大师生对文明单位项目建设的关注度、参与度明显提高。通过项目实践，形成了指导项目建设的“七化”（目的目标化、目标操作化、行动理念化、活动系统化、成果标志化、经验普适化、评估横比化）理念，建设了一支掌握“七化”理念的骨干队伍，产生了一批较高水平的文明创建成果，牵引和带动了基层文明单位创建活动广泛开展。与此同时，学校党委积极组织开展群众性文明单位创建活动。2009年，进行了第6次校内文明单位和文明单位标兵评选，共有10个单位被评为文明单位标兵，16个单位被评为文明单位。在基层单位中，积极推动文明班级、文明公寓、文明寝室等的评选，广泛开展“讲文明、树新风”

活动，逐渐形成全员共建文明校园的良好氛围。

2. 以文明共建活动为载体，不断增强文明建设的辐射力和影响力

学校积极响应各级党委和政府号召，认真履行社会责任和社会义务，注重发挥高校科技、教育、文化优势，以坚持开展“三下乡”、“四进社区”等服务活动为载体，主动参加文明城市、文明村镇等创建活动和军民共建等多种形式的共建活动，在抗震救灾、西部支教、新农村帮建等各项公益事业中提供无私帮助，在大冬会体育科学大会、“平安龙江”等志愿服务活动中树立良好形象，为社会文明建设做出了新贡献。学校师生参加各类志愿服务工作近200项，累计参与人数达10 000人，学校连续18次被评为“全国社会实践优秀组织单位”。

3. 以网络文明建设为新载体，不断拓展文明建设的新空间

学校党委以“工学网”建设为依托，通过统一规划和建设覆盖思想道德教育、政治教育、舆情教育、文化素质教育等思想政治教育核心内容的网站传播平台，打造“三海一核”科普网、工学学习网、国防生园地等一批精品特色网站，整体提升了传播社会主义先进文化和精神文明成果的能力。通过加强网络道德和网络法制教育等，动员师生广泛、积极参与到网络文明建设的新空间中，引导了健康用网、文明上网的新风尚。工学网被教育部中国大学生在线评为“全国高校百佳网站”第四名。

4. 以创先争优活动为契机，为群众性文明创建活动深入开展营造浓厚的创争氛围

学校党委以推动发展、促进和谐为目的，对创先争优活动准确定位，设计了“人才培养上水平、服务‘三化’当先锋”的活动载体。在基层党组织和教职工党员中，以增强教学能力和科研能力为着力点，狠抓教师队伍建设，引导教师党员争当教学尖兵和科技创新先锋；在学生党员中，以增强学习能力和创新能力为着力点，实施以思想引领、学习引领、创新引领为主要内容的“先锋引领工程”，引导学生党员争做学习标兵和成才表率。各分党委、党总支在完成公开承诺、上评下议等“规定动作”的同时，创造性地开展了一系列“自选动作”。如机关党委开展了“比学习、比创新、比作风、比工作、比团结”的“五比五创五提升”和“比学习、比工作、比服务、比勤廉、比干劲”的“五比五创五争当”活动，有效激发了党员干部的积极性和创造性；动力学院党委坚持“抓重点、抓特色、

抓突破”，着力在加强学科建设、提升科研水平、培养精英人才中创先争优，为学院发展注入了新动力。创先争优活动的扎实开展，进一步发挥了党组织优势和党员先锋模范作用，涌现出获得2010年国家技术发明二等奖以“先锋教科团队”为代表的一批先进典型，选树了一批教学能力强、教学效果好、深受学生欢迎的教学尖兵和一批科研能力强、科研成果突出的科技创新先锋。学校拿出××万元重奖在教学工作中表现突出的优秀教师和院系，并在《工学》周报、工学网、工学TV开办专题、专栏，对“先锋教科团队”等进行大力宣传报道，在广大党员中引起了强烈反响，营造出学有标杆、比有榜样、赶有方向的创争氛围，有效促动了群众性文明创建活动取得新成效。中央、教育部、省委、省委高校工委创先争优工作简报分别对学校创争活动经验进行了报道。

5. 以教风、学风、机关作风建设为重点，不断培育优良校风

学校秉承“善之本在教、教之本在师”的育人理念，广泛开展“三育人”立项课题研究、研讨会、交流会以及“师德建设月”系列活动，大力弘扬和培育高尚师德。积极探索学风建设项目化推进模式，逐步完善学风建设评价考核机制，通过有效教育、规范管理、完善服务、具体指导相结合的“四位一体”工作体系，引导学生树立正确的学习观、成才观、就业观。积极推进机关优良作风建设，以“五型”（学习型、创新型、服务型、勤廉型、和谐型）机关建设为载体，着力提升机关干部的“五种能力”（事业谋划力、工作创新力、基层服务力、决策执行力、师生亲和力），进一步修订完善了机关干部联系学生班制度，明确了机关干部在联系学生班工作中的调研员、解说员、宣讲员、支持者的“三员一者”定位；开展了为机关作风建言活动，在机关部门开展查找服务接触点工作，已在9个部门查找出26个可检验、可监督的一级服务接触点，为服务师生找到了有力抓手，促进了机关作风的进一步改善。

四、深入推进校园文化建设工程，着力建设文化型校园

学校党委按照“文化氛围浓厚”的创建标准，以文化育人为根本，以文化传承和创新为原则，以传播和践行校园文化价值观为核心，以文化场馆和文化景观建设为重点，以文化活动和文化赛事为载体，着力推进文化型校园建设，师生员工文化素质显著提高。

1. 以传播和践行校园文化价值观为核心，积极推进“文化型”校园建设

近年来，学校在推出校训、校旗、校歌，“三海一核”特色办学理念，“以祖国需要为第一需要、以国防需求为第一使命、以人民满意为第一标准”的“三个第一”大学精神等基础上，凝练形成了“以‘忠诚’为灵魂，以‘工学’为境界，以‘海防’为特色”的校园文化价值观，成为“文化型”校园建设的重要引领。通过编写《漫游中国大学》，利用校园媒体广泛宣传学校贯彻“三海一核”特色办学方略的举措、成就，以及涌现出的先进典型等，促进了校园文化价值观广泛传播和积极践行。在“党建创优工程”评估中，学校“文化型”校园建设得到专家组高度评价。

2. 以文化场馆和文化景观建设为重点，积极推进“文化型”校园建设

2006年起，学校党委系统打造了哈军工文化园，初步形成历史景观区、文化景观区、船海特色区和哈军工纪念馆的“三区一馆”格局。制定了哈军工文化园2008—2012建设规划，完成哈军工纪念馆总体方案论证，今年正式启动了纪念馆的筹建工作。新建了陈赓受命创建哈军工群雕、民族英雄郑成功和“中国近代造船第一人”徐寿铜像等一批标志性景观，成为校园文化价值观的有形承载。哈军工文化园成为省级爱国主义教育基地和首批22个国防科技工业军工文化教育基地之一。

3. 以文化活动和文化赛事为载体，积极推进“文化型”校园建设

学校以阳光论坛、启航讲坛等为载体，经常邀请“三海一核”领域知名专家、学者来校作学术、科技报告；每年均组织开展舰船知识竞赛、海洋知识竞赛等贯穿校园文化价值观的船海特色鲜明的科技创新活动和赛事，对增强学生献身海防的责任意识起到了重要推动作用。近三年来，学生参加的科技创新活动千余项，受益学生两万余人次。在亚太大学生机器人大赛等国际、国内各类竞赛中，每年获得奖励150余项，每年获奖超过1 000人次。举办校园原创音乐大赛、话剧大赛等文化活动50余项，吸引了5万多人次的学生参与。2009以来，学校成功承办了大冬会体育科学大会、ACM国际大学生程序设计竞赛全球总决赛，并连续三届成功举办了国际大学生雪雕比赛。

4. 以文化传承和创新为己任，积极推进“文化型”校园建设

学校党委认真学习贯彻胡锦涛总书记在清华大学百年校庆上的重要讲话，把

文化传承创新作为大学的重要功能，在学校发展的战略层面对文化建设进行定位和规划，正在制定的“十二五”校园文化建设规划，提出了以项目方式推进文化建设的全新思路，拟将校园文化分为文化研究、文化设施、文化景观、文化活动、文化赛事、文化传播等六类项目予以建设，其将更好地继承、传扬和践行哈军工文化和××大学校园文化价值观。

五、深入推进文明校园建设工程，着力建设节约、关爱型校园

学校党委以“百年校园”为标准，以花园式、节约型、关爱型为重点，从环境的外显度、师生的满意度“两个维度”进行考量和推进文明校园建设，提高了校园文明程度，促进了和谐校园建设。

1. 以环境优化活动为载体，努力构建环境友好型校园

学校科学规划百年校园，近年来，通过大规模的基本建设、设施建设，已初步形成布局合理、功能完善、格调高雅、富有特色的现代化校园。与此同时，按照“百年校园”标准和绿化、美化、净化、亮化要求，大力加强校园环境建设和校园环境监管力度，清理整顿并规范校园饮食、书报等售货摊点，进一步提高公共场所的卫生质量，初步建成了花园式校园。学校连续多年获得“省高校校园绿化美化先进单位”荣誉称号。

2. 以节能环保教育为重点，努力创建资源节约型校园

学校将“节约型”校园建设纳入整体发展规划，不仅强调以规划指导建设，而且要求购置使用率高、性能可靠耐用、节能环保的设备设施。加快建立公共资源有偿使用机制，压缩行政办公经费，控制和减少服务成本。积极开展节约型后勤建设，建立了以预算管理为核心的经费管理模式，在全校范围开展了“节约一滴水、节约一度电、节约一张纸、节约一粒米”主题实践活动，学校食堂全面停止使用一次性木筷，后勤部门年均节约成本××余万元。学校每年均以世界水日、环境日、地球日等为契机，广泛开展节能环保宣传教育系列活动，节约正逐渐成为师生健康科学的生活态度和自觉的生活方式。

3. 以“师生满意工程”为载体，着力建设“关爱型”校园

学校党委充分发挥民主管理作用，推行了教代会代表列席校长办公会等制度，民意诉求表达渠道进一步畅通。全面实施教职工医疗保险和年度体检，自筹资金

为教职工兑现阳光工资，自筹经费建设了两栋周转住房；广泛开展了“真挚关注学生学业”“真情关心学生生活”“真切关爱学生心理”为主要内容的系列活动，成立了全国高校第一个学习指导中心，连续6年承办了“我供自己上大学”勤工助学双选会，建立了“奖助贷、勤补免”的多位一体助学工作体系，已有近万名学生获得贷款资助，家教服务中心每年为学生介绍近1 800个岗位；进一步完善了心理危机干预体系，取得了抗击甲型H1N1流感工作的胜利。

近年来，学校以推进“五项工程”、建设“五型校园”为牵动，推动了精神文明、物质文明、政治文明协调发展，促进了中心工作实现科学发展新跨越：在人才培养方面，全面推进“创新推动、打造品牌”战略，着力构建精英教育体系，本科生四级通过率、考研率显著提高，就业率连续多年保持在95%以上，稳居省高校前列，毕业生以“可靠顶用”受到社会各界广泛赞誉。在科学研究方面，坚持“顶天立地”科技工作理念，着力构建科技自主创新体系，“三海一核”特色全面彰显；科技经费以30%速度增长，2010年达×亿元。在学科建设方面，新增一级学科博士点5个、本科专业10个、博士后流动站3个。主体学科特色继续强化，相关学科逐步深度融入船海核领域，初步形成以“三海一核”为核心的特色学科专业体系框架。在师资队伍建设方面，大力实施人才强校战略，专任教师博士化率达到50.1%，引进了一批海内外高端领军人才，“三海一核”学科的6支团队入选国防科技创新团队，两个创新引智基地入选国家“111计划”，师资队伍层次水平进一步提高。

近年来，学校党委先后荣获全国先进基层党组织、全国师德建设先进集体等荣誉称号，取得了“四方”共建协议签署，研究生院正式建院等一批标志性成果，并以“全优”成绩，高质量完成本科教学工程、研究生教育工程、党建创优工程和办学水平提升工程建设。2011年，学校成功跻身国家“优势学科创新平台”建设高校，使学校发展进入了一个新的层次。

文明创建的实践使学校认识到：文明创建工作既是学校发展的重要动力，也是实现发展目标的重要标志。学校将以全国文明单位争创为契机，进一步拓展文明创建领域，提升文明创建层次，强化文明创建实效，不断把文明单位创建工作提升到更新水平！

案例九 ‖ 高校校园文化建设优秀成果申报

思路思语

这是学校申报教育部高校校园文化建设优秀成果的经验材料。这次成果申报以及起草文本时需要考虑的因素主要有：一是教育部关于校园文化建设优秀成果的评选主要强调主题教育活动、校风建设实践、文化艺术活动、文化建设新载体、实践育人方法经验等；二是学校近年来在校园文化建设上做了大量工作，但是在上述每一单项上都很难拿出特别突出的重大标志性成果；三是按照学校主管领导的要求，相关职能部门共同研究后认为，成果申报工作应紧紧围绕学校“三海一核”办学特色，最后一致锁定在“海防”文化建设上。

为此，确定了以海防文化价值观建设为先导、以海防环境文化建设为依托、以海防思想文化建设为重点、以海防科技文化建设为抓手、以海防创新人才培养为根本，推进特色鲜明的海防文化建设的经验框架。整篇文本满足经验的基本要素要求和概括提炼的方法与原则，在概括提炼过程中，最难的是在一堆杂乱无序的材料中，如何从一个系统结构的角度，概括提炼出这 5 个方面，并使之成为一个完整的系统，且把学校海防文化建设工作中散落在方方面面的亮点都能够覆盖到。

“海防”特色文化建设的实践探索

2011 年 9 月

××大学诞生于“哈军工”海军工程系，是一所船海特色鲜明、有着光荣历史传统和深厚文化底蕴的大学。作为在国家“三海一核”战略性领域肩负重要使命的高校，学校始终以“建设海防文化、培养海防人才”为目标，通过积极推进海防文化价值观建设、海防环境文化建设、海防思想文化建设、海防科技文化建设和海防创新人才培养，逐步探索出一条与学校行业特色型大学办学定位相一致，与行业“可靠顶用”精英人才培养目标相契合的海防特色文化建设之路。自哈军工诞生起融于师生血脉的军工情、×××组建时萦绕师生心头的海军情、××大学新时期扎根师生心中的国防情，在蓝色海防文化建设中得到了更好的传承与创新，以海防为特色的校园文化价值观得到了更好的诠释与践行。

一、以文化价值观建设为先导，建设特色鲜明的海防文化

建设特色海防文化，需要有体现学校海防特色的校园文化价值观统领，这既是建设社会主义核心价值体系的必然要求，也是建设特色校园文化的首要任务。学校在深入总结军工传统、船海情结等宝贵历史文化资源的基础上，凝练形成了以船舶工业、海军装备、海洋开发、核能应用为主要服务面向的“三海一核”特色办学理念和“以忠诚为灵魂、以工学为境界、以海防为特色”的校园文化价值观。以海防为特色的校园文化价值观与“三海一核”特色办学理念一脉相承、相互呼应，是学校特色文化在理念标志上的集中体现，为不断拓展船海特色文化的实践领域和内涵深度指明了方向。除理念标志外，学校在听觉标志和视觉标志的确立上，也充分体现了海防文化的独特元素与浓重色彩。2006年，学校聘请海政歌舞团著名词曲作家创作了校歌《海魂》，“当年军工圣殿，今日精英摇篮，……成长在军号声中，……丹心铸剑何惧大洋深和远，热血熔金固我海疆坚如磐”，不仅唱出了学校师生的高远志向，也唱出了情牵海防、胸怀海天的赤胆执着。学校在50周年校庆前夕确定的新校标，以三种不同色阶的蓝色围成一个整体的圆，紧扣学校“三海一核”办学特色，蓝色由中心向外由浅变深，寓意着学校肩负着中国船海事业由近海走向远海的历史重任。确定的校旗方案，由蓝色旗面和反白校徽、校名组合而成，充分体现了学校的办学特色和服务面向。多年来，新生入学学校歌、学校课间播校歌、大型集会唱校歌，节庆活动升校旗，主楼广场每天挂校旗、对外交流用校旗。学校还不断挖掘和传播体现服务海防的文化故事，如×××时期，有着“中国潜艇之父”美誉的×××教授没有以“我国第一艘常规动力试验潜艇的总设计师”“第一艘核潜艇的总体顾问”两个“共和国第一”安享余生，而是主动请战“智能水下机器人”项目，为后来该领域代表国家站在世界前沿开创了先河，这充分展示了学校一代代科研工作者勇担使命、为国防现代化建设甘于奉献的价值追求。通过学生自编自演将这样的故事搬上舞台和银屏，使贯穿海防文化价值观的文化故事在校园里广泛传播，深深地感染广大学生的心灵，深刻地影响广大学生志在海防的人生观、价值观的形成。

二、以环境文化建设为依托，建设特色鲜明的海防文化

建设特色海防文化，必须以体现学校海防特色的文化环境为依托，这既是承载海防文化价值观的需要，也是提升海防文化品质与形象的重要举措。学校建设了全国高校第一个船舶博物馆，以新颖的形式、现代化的手段浓缩展示了船舶的发展历程，展现了学校在船海科研领域的核心技术和创新成果；举办的中国十大名船展集中展示了建国以来中国船舶工业自主创新的辉煌成就，代表了船舶工业不同历史时期的创新成果；塑立的甲午海战英雄邓世昌、伟大航海家郑和、民族英雄郑成功铜像和“中国近代造船第一人”徐寿铜像，无声地激励着广大师生奋发图强，学习民族英雄精忠报国和航海人、造船人自强不息、勇于创新的精神，为把祖国建设成为造船强国，为捍卫蓝色国土作出应有的贡献。学校还建设了导航广场和启锚广场，分别安放了体现学校船海特色的“锚”和“舵”；还以与办学特色相关的历史人物和与“海”字、“水”字相关的词对校园道路、园林等进行命名，如北海路、南海路、西海路、东海路，拓海路、兴海路、志海路、学海路，善水路、智水路、灵水路、静水路，世昌园、郑和园、济海湾等。置身于被船海特色景观环绕的校园，无论是学生在工学桥、济海湾附近散步，亦或是在郑和园、世昌园赏花，在导航广场、启锚广场休闲、晨读，广大学生就会自觉想起曾经的民族英雄、海战英雄以及航海家、造船人与他们的历史功绩，感受到学校和自身所肩负的为船、为海、为国防的神圣使命与无限荣光。××中将来学校视察时说：走在母校的校园里，比海军院校的“海味”还浓。这种比“海味”还浓的校园文化环境，也好似无形的“营养液”，将它所蕴含的海防文化价值观“物化”到学生身上，内化为学生为祖国船海事业不懈奋斗的坚定信念与执着追求。

三、以思想文化建设为重点，建设特色鲜明的海防文化

建设特色海防文化，必须以加强思想文化建设为重点，这既是践行社会主义核心价值体系，加强学生理想信念教育和爱国主义教育的根本要求，也是体现校园先进文化建设方向的重要表征。学校坚持把新生军训作为加强海防思想文化建设的重要阵地，以“增强海防意识，强化海防使命”为目标，从海洋迷彩的军训服装，到《我爱这蓝色海洋》的嘹亮军歌，再到聆听海防知识的专题讲座，“军”的精神与“海”的味道锻造和培养了学生的思想品质与过硬作风，引导学生树立和坚定投身海防的情怀与献身海防的意志。从这个特殊的“海军军营”里起航，已成为贯穿海防文化价值观的生动实践。学校注重挖掘重要节日蕴藏的宝贵文化教育资源，以每年4月23日中国人民解放军海军建军纪念日为契机，坚持9年举办“海军节”系列文化活动，组织了海防教育论坛、海防知识竞赛、海军图片展等，先后邀请海军部队领导、海防科技专家登上海防教育讲台，加强学生携笔从戎为海防的思想教育，使广大学生更加积极主动地将人生价值融入海防需要、国防需求中；在形势与政策课中，专门开设“捍卫蓝色国土、增强海洋观念”等专题，系统介绍我国海防、海洋、船舶工业现状，帮助大学生思考为船、为海、为国防的人生追求；同时，开设船舶工程概论、海洋工程概论等专业必修课，设置船舶工程概论、海洋工程概论、海洋经济学等特色类通识教育选修课，以加强对广大学生的海防观念教育。通过军训教育、活动教育、专业教育、通识教育、特色教育相结合的海防思想文化建设，进一步增强了学生热爱国防、献身海防的责任感和使命感。

四、以科技文化建设为抓手，建设特色鲜明的海防文化

建设特色海防文化，需要有体现海防特色的科技实践活动为支撑，这既是坚持贯穿和践行海防文化价值观的需要，也是不断提升海防文化的渗透力和影响力的重要途径。学校坚持将海防文化价值观贯穿于学生科技活动和科技赛事中，通过广泛开展船海特色鲜明的科技活动和科技赛事，营造出有利于增强学生投身海防意识、贡献海防能力的文化氛围。每年100场的“阳光论坛”学术报告，50%以上的内容与海运、海防、海洋有关；每周一期的“船海揭秘”学术讲坛，既讲解船舶科普知识，又对航空母舰、海上幽灵船等进行“探秘”，激发学生对舰船与海洋世界求知探索的热情；大力支持和引导建立与海防特色相关的学生社团，至今已成立航母俱乐部、声呐技术社团、救援机械人协会、水火箭社团和国防爱好者协会等5个海防类社团，吸引了越来越多的学生关注海防、热爱国防，广大学生凭借共同的志趣爱好深入交流船舶海洋知识与国防军事动态，延伸了求知领域，自觉培养了热爱海洋、护我海疆意识。每年开展的船海知识竞赛、船舶与海洋结构创新设计竞赛、航海模型竞赛等海防类科技创新竞赛有10余种；每年组织的“大学生科技创新训练计划”课题有50%以上与船海有关；每年一届的“五四杯”科技作品竞赛等活动70%内容与海运、海防、海洋有关。2011年，成功主办了首届中国大学生航母设计大赛，吸引了众多高校和单位报名参赛，在全国高校率先点燃了青年学子航母设计的火焰，为更多青年学生了解航母知识、增强海防意识、提升海防能力搭建了平台。通过船海特色鲜明的科技文化建设，进一步提升了海防文化对学生的渗透力和影响力，培养了广大学生的海防科技意识和海防创新能力。

五、以创新人才培养为根本，建设特色鲜明的海防文化

建设特色海防文化，根本目的是要培养大批海防创新人才，这既是我国海防事业发展赋予学校的神圣使命，也是学校培养“可靠顶用”行业精英人才的根本任务所在。2001年，学校与海军政治部签订协议，成为东北地区唯一一所为海军培养后备军官的大学。学校始终将“打牢从军报国思想基础、坚定献身海防理想信念”作为海军国防生培养工作的基本要求，逐步探索出一条独具特色的海军国防生培养之路，在校园中打造了海防文化建设的一道亮丽风景线。学校制定了海防军事专业理论教学计划，构建了海军国防生创新实践支持体系，支持海军国防生开展科技创新实践活动。通过航海实习、渡江训练、渡海登岛训练等一系列符合海军特点的正规化军政训练，提高了海军国防生的军政素质。通过安排学生到海军部队训练，体验海军军旅生活，打牢了国防生服务海防的思想根基。在海防特色文化的长期熏陶和感染下，国防生献身海疆的理想信念进一步增强，蓝色军魂意识逐渐融入青春的血脉，已毕业的7届海军国防生成为海军部队最受欢迎的人才群体之一。2006年，学校成为全军17所、海军唯一一所受到表彰的国防生培养工作依托院校，国防生培养质量得到了海军领导的高度赞扬，海军××中将在检阅国防生方队后，连连称赞：“这些海军国防生是个顶个的好！”。

海军国防生只是学校海防创新人才培养的一个缩影。学校将海防特色文化建设贯穿于学生成长成才的全过程，潜移默化地融入学生的身体和灵魂，使学生在耳濡目染中接受海防特色文化的熏陶和感染，并逐渐内化为为船、为海、为国防的信念追求，增强了广大学生服务国防、建设海防的能力和素质。一批批优秀学子从这里进入海防、踏入海疆，以“分得去、留得住、用得上、干得好”而受到用人单位的普遍赞誉，成为保卫祖国蓝色疆土的中流砥柱。建校以来，学校已为我国船舶工业、海军装备、海洋开发等“三海”领域输送了3万余名毕业生，他们已成为这些行业的科技精英和管理精英。在我国船舶工业系统的140多家单位中，技术和管理领军人才我校毕业生占40%，其中担任高层领导职务的有300多名；“九五”以来，学校为“三海”领域输送的高素质毕业生占毕业生总数近50%，在海军系统就业的近10%。连续创造我国载人深潜新纪录的潜航员叶聪、唐嘉陵，就是学校21世纪以来毕业生的杰出代表，他们在给母校的回函中不无感慨地写到：我们向前迈出的每一步都离不开母校的栽培、教导，离不开哈军工精神的鼓舞，离不开海防特色文化的熏陶。×××上将称我校为“不穿军装的海军院校。”

思索思语

经验类文本是管理实践中又一常用文本，所用语言为典型的管理语言，掌握运用这类文本的关键就在于科学思维、系统思维和工程思维等多种思维方式的综合以及思考问题的方法运用，这既是对管理人员素质和能力的考验，也是对管理工作水平和质量的检验。

写到这里，对本篇感受最深的还是思维方式的问题。对于经验类文稿，最重要的还是要对某一方面工作进行系统思考，尤其是在面对一大堆杂乱无章的事实材料，或者在看似有联系实则找不到内在必然性的各种做法面前，如何从一个完整的系统出发，提炼出经验框架，或者补全经验框架，确定经验的结构，这是在系统思考基础上的一个创造性过程。一个领导干部在管理实践中，必须具有这样一种系统思考的能力，不仅在进行经验概括时需要这种能力，而且在面对复杂问题想要理清头绪，面对复杂形势需要作出判断，面对各种场合需要讲话时等等，都需要这种系统思考的能力。

最后再强调一点，在本篇《思想思语》中所述关于经验的基本要素以及提炼经验的方法与原则，都是最基本的，并非是一成不变的东西，需要在管理实践中活学活用。关于经验类文本所涉及的范畴，本篇也不可能穷尽，也需要读者在管理实践中去不断感悟和体会。

☆ ☆ ☆

第4篇 媒体——评论之思

思想思语

媒体，是现代化的产物。从层级上划分，有国家层面的媒体、地方媒体、社会媒体以及一个组织系统内部的自办媒体；从形式上划分，有纸质媒体、电视媒体、广播媒体与网络媒体；从产生的历史划分，有传统媒体和新兴媒体，传统媒体主要指报纸、杂志、广播、电视等，新兴媒体有网络媒体、手机媒体，有博客、微博，等等。

无论是媒体的形式还是内容都越来越丰富，媒体对人们的影响也越来越大，因此，一个具有现代思维、符合时代要求的管理者，都会十分重视媒体的作用，都会自觉运用并善于运用媒体来为自身的管理实践服务，帮助达成管理意愿，实现管理目标。就媒体登载的内容而言，从实践来看，评论无疑是影响最深远的一种形式，代表着传统媒体的最高水平，尤其对报纸而言，是报纸的宝塔尖。评论的内容，体现了一个组织系统内最高领导者的管理思想和管理理念；评论的好坏，代表着一个组织系统运用媒体进行管理的能力和水平。因此，本篇选择评论来阐释媒体在管理实践中的作用，尤其是一个组织系统内部的自办媒体，管理者应如何运用好这一载体来实现其管理职能呢？当然，这个组织系统，可以是一个国家、一个城市，也可以是一个企业、一所学校。

对于具有引导管理方向、指导管理实践的评论，与我们平时见诸各类大报报端的评论或社论既有共同的特征，又有明显的区别。最重要的是，具有管理性质的评论必须具有很强的针对性，读者定位要十分清晰明了，要让预设的读者对象能够读得懂、看得明白，能够以此引导组织系统内某一方面的具体工作或某一阶段的实际工作。从评论在管理实践中的实际运用来看，一般来讲，一篇评论或社论至少应包含以下5个方面的基本要素：一是用简洁明了的概述性语言对所要评的基本事实是什么进行阐述，即述；二是用实事求是的论述性语言对基本事实的认识和体会进行评析，即评；三是用客观准确的概括性语言表达出本篇评论的主要观点是什么，即点；四是用逻辑严密的论述性语言对所表达的观点进行论述，即论；五是用整齐对仗的激励性语言表达出本篇评论所要达到的目的是什么，或者用假言判断表达只要坚持评论所持观点或做法，就能够实现某一目标的信心和决心。

事实上，针对不同主题或议题发表的评论或社论，目的不同、定位不同、要求不同，评与论的模式与架构、评与论的方法与语言等都会有所不同。但既然是评论，其关键就在于评和论，评什么、论什么，如何评、如何论，前提就在于所用语言必须做到客观准确、实事求是，目的就是要通过评论的语言与严密的逻辑思维方式去引导并影响读者对相关问题的思考，进而达到评论所要发挥的管理功效，通过评论实现领导者对所属部门和人员的引导作用以及对组织系统内相关工作的指导作用。

对所要评的基本事实的阐述，即“述”必须从要评论的会议、报告、讲话、总结中找出最重要、最关键的事实，并用尽可能精练的语言表述出来，这是“评”

的基础。如果“述”的事实不是最重要、最关键的，那么“评”就会抓不住中心、抓不住重点，整篇评论就会主题不明确、方向不清楚。

对所评基本事实的认识和体会，即“评”必须做到实事求是，既不能夸张，说过头的话，说大话、空话，甚至不着边际的话；又不能认识不到位，体会不深刻，评价不充分；还要紧密结合当前的实际和工作的实践，评价性的语言要与现状相符、与实际相符、与实践相符，不走板、不走样。

对本篇评论主要观点的表达，即“点”必须紧扣本篇评论的主题，既不能与“述”和“评”脱节，另起炉灶谈观点，所谈观点与“述”和“评”没有任何关系；还必须在“述”和“评”的基础上有所升华，通过观点的表达明确本篇评论的主旨是什么，能够引导读者思考并逐渐明白领导者的管理意图是什么。

对本篇评论所要表达观点的论述，即“论”必须做到逻辑严谨，不说过头话，一是回答清楚为什么要坚持这一观点，论证可以从回顾历史事实来证明，可以从当前面对的形势任务来证明，可以从未来发展的目标要求来证明；二是回答清楚怎样坚持这一观点，论证采用直截了当、一目了然的方式，直接告诉读者要做什么、怎么做，这也是管理者的根本意图。

无论是“评”还是“论”，一般都是针对一个事实一评、一个事实一论，做到事实清楚、说理透彻，让读者清楚地知道是在评什么、论什么。“评”一般简明扼要，点到为止。“论”则要有理有据，论证充分。要做到这些，至少应具备以下4个方面条件：一是对本组织系统的历史发展脉络十分了解，取得的历史成就与经验十分清楚，“论”的过程中对历史事实的回顾能够作到清晰、准确；二是对本组织系统现阶段面临的各方面形势能够作到科学判断、准确把握，对本组织系统现阶段正在开展的重点工作、正在推进的重点任务十分清楚、明白；三是对本组织系统下一步的发展目标、发展道路能够做到理解透彻；四是对本组织系统的中心工作或者中心任务有深刻的理解和把握，包括国内外竞争者的现状、相关工作或任务的发展规律等。

评论作为媒体中最有力量的工具，对今天的管理实践具有重要作用，本书把它作为实现管理的第三种形式。因此，这里所述的评论，不是从新闻学角度来谈的，虽然作者多年从事新闻宣传的管理工作，也认真拜读过艾丰的《新闻写作方法论》，但关于新闻学里评论的基本要素和评论的写作方法以及有关注意事项，作者不敢轻言。这里所述的评论，是从管理实践的角度来谈的，是从如何运用评论来为管理者服务、引导管理方向、指导管理实践这一目的出发来谈的。这里所谈的评论，首先考虑的是对读者对象要有引导力，要能够引导他们去思考工作，对管理要有真正的指导力，要能够指导他们去具体实践。因而，作好评论的关键是要紧密结合工作实际和管理实践，不需要用多么华丽的语言，也不是让人读后飘飘然，很新鲜、很好听、很好看，但却不知所云，不知要干什么，与管理实践与工作实际更是没有多大关系。对于管理者而言，华丽但不管用的评论可有可无。

对于一个系统的内部组织来说，运用内部媒体实现管理的目标，评论就一定要不空不虚不浮，就必须要实要真要能够落地，不仅语言要实，说理要真，而且管理者及其所属部门和人员要能够按照评论指引的方向去推进某项事业的“工程化”。只有这样，有关的政策、思想才可能变得可操作可实践，才可能推动有关事业、有关工作向深度发展，这也是评论的最终目的。在“评”和“论”的过程中，读者会发现经常采用排比句这种形式，这使得“评”和“论”具有很强的逻辑力量，这既是高层管理者更好地引导和指导下属和下级单位的工作，促进下属和下级单位更好地理解有关工作、推动有关工作的要求，也是进行“评”和“论”的基本方法。但是，要做到恰如其分地运用排比进行“评”和“论”，需要对所评和所论事物的内在规律有深刻的认识和准确的把握，对一个系统内的各子系统之间的相关关系有清晰的观察和准确的定位，对事物发展所面临的内外形势有正确的理解和科学的判断，是作好评论必须具备的重要能力。

这里，我们选取了系列评论、专题评论和节庆评论3个类别进行剖析，选择了作者2005年至2012年初起草和修改完成的19篇社论和评论员文章，希望读者通过阅读这些评论，可以从中体会和理解一篇为管理服务的评论都包含哪些基本要素，一篇好的为管理服务的评论是如何产生的，这些评论对管理实践是如何发挥作用的。

第7章

系列评论

思考思语

系列评论，一般是一个组织系统内部召开了某一重要会议，或者是一个组织系统作出了某一重大决策，需要通过媒体连续刊发评论来对会议精神或重大决策进行解读，帮助组织系统内部成员学习领会某一重要会议精神，了解并坚决贯彻执行某一重大决策。

系列评论的特点就是连续刊发，连续刊发的目的指向是一致的，但同时每篇评论又各有侧重，各自回答组织系统内部成员关心的某一方面问题，最终形成一个“拳头”，发挥系列评论的整体力量，对组织系统内的下属单位和人员产生引导和指导作用。

这里，我们以党代会为例，对系列评论进行剖析。共产党作为执政党，党代会是一个组织系统里的最高决策性会议，一般 5 年召开一次，党代会通过的大会报告至少要管 5 年，甚至更长时间。为此，对党代会精神的学习贯彻十分重要。在一个组织系统内部媒体连续刊发评论的目的，就是为了引导内部成员更好地学习理解和把握党代会的精神实质，更好地在今后的工作中贯彻落实党代会精神。

那么，党代会后的系列评论都“评”什么呢？一是大会的召开本身有什么重大意义；二是学习贯彻党代会精神有什么重要意义；三是党代会报告确定的主题，上次党代会以来的成就，党代会确定的目标、理念、战略等有什么重要意义。

这一系列评论都“论”什么呢？一是学习贯彻党代会精神从总体上要注意些什么以及如何学习贯彻，二是从总体上如何去把握党代会的主题、取得的成绩以及党代会确定的目标、理念、战略等；三是如何按照党代会确定的发展目标、发展理念、发展思路、发展战略等去推进工作，抓好具体的贯彻落实。

作为系列评论，一般来说，是由若干篇评论共同完成以上“评”和“论”的任务，先总评，后分评，分评的重点是党代会确定的未来发展目标、发展理念、发展战略以及战略举措等。

对于一个组织系统而言，党代会后媒体评论的质量和水平，代表着党委决策层对党代会精神理解和把握的深度，某种意义上也决定着引导组织内部成员学习贯彻党代会精神的程度，进而影响着党代会精神最终贯彻落实的效果。

这里，选取了作者 2005 年至 2011 年起草和修改的学校二次党代会和三次党代会后刊发的系列评论作为案例，对上述讨论进行说明。

案例一 ‖ 校二次党代会社论

思路思语

学校二次党代会是2005年1月召开的。这次会议面临的背景形势主要有3个方面：一是上级主管部门对学校的主要领导进行了调整，新班子面临着如何带领全校师生往何处去的重大课题；二是“十五”即将结束，学校正处于总结“十五”取得的成绩与存在的问题，如何更好地谋划“十一五”发展的关键时期；三是高等教育国际国内竞争加剧，学校面临着确定一个什么样的发展目标来凝聚师生、促进发展的重大考验。

在这样一个背景下，大会通过的《求真务实、与时俱进、蓄势期远，为创建特色鲜明的高水平研究型大学而努力奋斗》的报告，得到了与会代表、上级有关领导以及全校师生的高度认可。之所以得到各方面的高度认可和良好评价，主要基于报告3个方面的亮点：一是报告确定了创建特色鲜明的高水平研究型大学的奋斗目标与“三步走”的战略步骤；二是报告系统总结凝练了“三海一核”特色办学理念与蓄势期远的战略思维；三是报告提出了“人才强校”战略、“主体超越、整体升级”的学科发展战略、“创新推动、打造品牌”的人才培养战略、“高端引领、集成优势”的科技发展战略等四大战略。那么，用“具有里程碑意义”来评价大会是实事求是的评价，并非大话套话。会后校内媒体刊发社论的目的，也就是要让全校师生都来认真学习贯彻大会精神，把思想都统一到大会精神上来。

为此，社论确定了《贯彻落实党代会精神，建设高水平大学》的定位，并首先对大会召开的背景、意义、大会取得的成果进行了“述”和“评”，并在此基础上提出了本篇社论的观点“要贯彻落实大会精神”；然后从贯彻落实大会精神的前提是让广大干部和师生员工正确把握和深刻领会大会的中心思想、关键是加强执行力、各级领导干部和广大共产党员要发挥先锋模范作用3个方面进行了“论”，从总体上阐明如何学习贯彻这次党代会精神；最后从学校当前面临的形势出发阐述了贯彻落实党代会精神从总体上要注意些什么、要怎么做，并用具有鼓动性和激励性的语言表达了贯彻落实党代会精神的决心。

贯彻落实党代会精神　建设高水平研究型大学

2005年2月28日

学校第二次党代会胜利闭幕了，大会取得了圆满成功。这次大会是在我校全面落实“十五”计划、谋划“十一五”发展的关键时期召开的，是一次承前启后、继往开来的大会，是我校发展史上具有重要里程碑意义的大会。大会系统总结了“三海一核”特色办学理念，正式提出了“创建特色鲜明的高水平研究型大学”的中长期奋斗目标，以及实现这个目标的“三步走”战略步骤和“人才强校”“主体超越、整体升级”“创新推动、打造品牌”“高端引领、集成优势”四大发展战略，并确立了蓄势期远、走可持续的特色发展之路的战略思维。大会报告是动员和团结全校共产党员和师生员工努力实现学校跨越式发展的纲领性文件，大会精神是学校今后一个时期的行动指南。贯彻落实大会精神，推进学校各项工作全面快速发展，是全校各级党组织和各单位、各级领导干部和广大共产党员的神圣职责与使命，也是2005年全校一项首要政治任务。

贯彻落实大会精神，前提是让广大干部和师生员工正确把握和深刻领会大会的中心思想。党代会精神是学校今后一个时期发展的纲领，学习宣传要覆盖学校工作的各个方面，各个方面的工作都要服从、服务于这个纲领。各级党组织、各单位要把学习宣贯大会精神作为当前头等大事认真抓好。各级干部首先要通过认真研读大会报告和有关文件，全面、准确把握和深刻领会大会精神。各单位要通过各种方式，及时、迅速地组织广大师生员工学习领会大会精神。有关部门和新闻媒体要大力度、全方位、多角度对大会精神进行宣传报道，形成氛围。要通过及时有效的学习宣贯，让大会精神深入人心、凝聚人心，鼓舞和振奋人心，同时高度统一全校上下思想，同心同德为实现党代会确定的目标而奋斗。

贯彻落实大会精神，加强执行力是关键。党代会提出了一个可以期待的美好目标，以及实现这一目标的清晰的发展战略和思路。在正确把握和深刻领会大会精神的前提下，执行便成为关键。各部门领导要拿出足够的时间和精力，结合本部门实际，认真思考和筹划大会精神的贯彻落实措施，一心一意谋划改革、发展问题，迅速推出切实可行的规划和可操作的执行计划。各院系要按照党代会提出的战略部署，认真思考和谋划建设一个什么样的院系和怎样建设的问题，认真思考和谋划学科和人才队伍建设问题，认真思考和谋划教育教学改革问题，认真思考和谋划科研发展问题。要有与时俱进的精神和开拓创新的勇气。要进一步解放思想，出新思路、新举措、新办法，以改革开拓和敢为人先的精神推进本单位工作，切实解决发展面临的关键问题。各单位和各部门之间要深度沟通、高度协作、密切配合，以确保规划和计划的执行工作得以顺利推进。

贯彻落实大会精神，各级领导干部和广大共产党员要发挥先锋模范作用。学校发展正处在向研究型大学转型的关键历史时期，各级干部和共产党员要发挥中流砥柱作用。要带头认真学习大会精神，向群众积极宣传大会精神，身体力行贯彻落实大会精神，率先垂范，团结和带领广大师生员工积极投身学校发展建设，为加速推进学校发展战略、胜利实现党代会确定的宏伟目标贡献力量。要结合保持共产党员先进性教育活动，把自己在学校新的伟大进军中的表现和对学校发展作出的贡献作为衡量自身“先进性”的重要标准。

2005年是“十五”最后一年，是谋划“十一五”工作的关键一年，也是贯彻落实党代会精神、向新的宏伟目标迈进的开局之年，做好这一年的工作尤为重要。以贯彻落实大会精神为主题、全面筹划2005年工作的寒假工作会议上周已经召开，按照大会精神确定的年度工作要点下周将正式出台。各单位各部门要以大会精神为指针，牢牢把握发展这个第一要务，迅速抢抓一切机遇，按照工作要点确定的任务迅速行动，抓住主要矛盾，突出重点、全面推进、扎实做好2005年各项工作，打好这个开局，为全面实现党代会确定的奋斗目标奠定坚实的基础。

带领全校师生员工为实现学校宏伟发展目标团结奋斗的新一届校党委已经产生。让我们在上级党组织的正确领导下，紧密团结在新一届校党委周围，高举邓小平理论伟大旗帜，全面贯彻“三个代表”重要思想，珍惜并紧紧抓住当前的历史机遇，牢固树立和认真落实科学发展观，坚持特色办学理念，求真务实，与时俱进，蓄势期远，创造并保持人气旺盛、精诚团结的良好局面，同心同德，奋发图强，以崭新的精神面貌，创造性地开展工作，为实现学校新的历史性跨越而努力奋斗！

案例二 一论认真学习贯彻校二次党代会精神

思路思语

这是二次党代会后系列评论的第二篇，根据学习的要求首先要对报告的主题进行学习，学习要能够把握住重点，学习的目的是狠抓落实。为此，本篇评论确定了《围绕主题、把握重点、狠抓落实》的定位，开篇即对学习贯彻二次党代会精神有什么重要意义进行了“评”，并在此基础上提出了本篇评论的观点“学习贯彻党代会精神，最重要的是围绕主题、把握重点、狠抓落实”；然后对大会的主题进行了“总述”“总评”和分层次的“述”和“评”，并从学校历史发展的角度分别进行了“论”，并对如何贯彻落实党代会的这些精神分别提出了要求；最后对狠抓落实进行了“论”，并就如何分别落实党代会精神对广大干部师生提出了明确具体的要求。

围绕主题　把握重点　狠抓落实

2005 年 3 月 4 日

校党委在关于认真学习宣传贯彻校第二次党代会精神的通知中强调指出，认真学习宣传贯彻校第二次党代会精神，是学校当前和今后一个时期重要的政治任务。各级领导干部和全体共产党员要深刻认识到，用党代会精神统一全校师生员工的思想，激励全校师生员工开拓进取、奋发图强，致力于开创学校发展建设的新局面，对我校在新一轮大学的分层次建设中抢抓机遇，在高等教育的跨越式发展中紧跟步伐，确保实现创建特色鲜明的高水平研究型大学的奋斗目标，具有重要的现实意义和深远的历史意义。

当前，一个学习宣传贯彻党代会精神的热潮正在兴起。学习好党代会报告，贯彻好党代会精神，最重要的是要围绕主题，把握重点，狠抓落实。

党代会的主题是，认真贯彻党的十六大和十六届四中全会精神，全面落实科学发展观，坚持特色办学理念，求真务实、与时俱进、蓄势期远，为创建特色鲜明的高水平研究型大学而努力奋斗，实现学校新的历史性跨越。这一主题，深刻阐明了我校的办学理念、奋斗目标和发展战略等重大问题。党代会报告的全部内容都是围绕这一主题展开的。这一主题清楚地表明：在新时期新阶段，我校办学理念的灵魂就是“三海一核”特色办学理念；校党委带领全校师生员工在21世纪头二十年要实现的奋斗目标就是创建特色鲜明的高水平研究型大学；要实现奋斗目标，就必须加速推进“人才强校”战略，大力推进“主体超越、整体升级”战略，全面推进“创新推动、打造品牌”战略，重点推进“高端引领、集成优势”战略。党代会的这一主题，与高等教育发展的趋势相适应，与国防科技工业发展的战略相符合，与师生员工的心愿相一致，体现了学校事业不断发展的客观要求。紧紧围绕这一主题，认真学习党委工作报告，就能够全面准确地把握党代会精神，统一思想，凝聚力量。

大会深刻总结了“211工程”十年以来校党委带领全校师生员工在办学过程中取得的有益经验。这些经验，同大会确定的办学理念、奋斗目标、发展战略一样，对学校的跨越式发展具有重要的指导意义。大会对“三海一核”特色办学理念的系统总结，是这次党代会的一个历史性贡献，是学校办学指导思想的进一步深化。学习贯彻党代会精神，就要抓住学习贯彻“三海一核”特色办学理念这个重要环节，全面深入准确地领会“三海一核”办学理念的内涵和本质，牢牢把握“三海一核”特色办学理念对学校发展提出的根本要求，进一步增强贯彻落实“三海一核”特色办学理念的自觉性和坚定性。大会把创建特色鲜明的高水平研究型大学确定为学校的奋斗目标，是这次党代会具有里程碑意义的重要标志，是学校审时度势作出的必然选择，实现了学校在发展目标上的与时俱进。学习贯彻党代会精神，就要紧紧围绕创建研究型大学这一奋斗目标，深刻领会研究型大学的内涵和实质，准确把握创建研究型大学的思路和要求，进一步增强创建研究型大学的信心和力量。大会决定实施的四大发展战略，是这次党代会为实现奋斗目标提出的新的重大战略举措，是学校贯彻落实科学发展观的内在需要，体现了蓄势期远的战略思维。学习贯彻党代会精神，就要重点抓住“四大”战略提出的新思路，深刻把握“四大”战略的内在联系和本质要求，进一步增强实施“四大”战略的主动性和创造性。

围绕主题，把握重点，深入学习贯彻党代会精神，要落实到把全校广大党员干部和师生员工的思想和行动统一到党代会精神上来，把智慧和力量凝聚到实现党代会提出的各项任务上来，确保我校在新时期新阶段奋斗目标的顺利实现。各级党组织和全校师生员工要毫不动摇地坚持“三海一核”特色办学理念，以特色求发展，不断强化特色，使特色更特、优势更优、竞争力更强。坚持以创建特色鲜明的高水平研究型大学为目标，找准发展的参照系，不断超越，超越前人，超越自我，超越对手。坚持贯彻落实科学发展观，实施四大发展战略，不断蓄积发展的能量，增强全面协调可持续发展的能力。以与时俱进的精神不断推进各项改革，更新观念，不断增强我校发展的动力和源泉。加强和改进党建与思想政治工作，繁荣校园文化，不断增强师生员工的凝聚力和向心力。认真学习贯彻党代会精神，要紧密联系学校发展的实际，联系各单位的工作实际，联系党员干部和师生员工的思想实际，着眼于学校的跨越式发展，着眼研究型院系的建设，着眼于和谐校园的构建，把运用党代会精神指导、推动各方面工作作为学习的出发点和落脚点，作为衡量学习成效的重要标准。

案例三 ║ 二论认真学习贯彻校二次党代会精神

思路思语

这是二次党代会后系列评论的第三篇，是对二次党代会确定的目标进行评论。开篇即用简洁明了的语言对这一目标进行了“述”和“评”，在此基础上主要通过“评”和“论”回答了以下 4 个方面的问题：一是确定这样一个目标的背景是什么、距离实现这一目标有多远，二是确定这样一个目标有什么重大意义、这一目标是如何确定的，三是这是一个什么样的目标、如何理解这一目标的深刻内涵，四是这一目标对我们提出了什么样的要求、怎样做才能实现这一目标。通过对这 4 个方面问题的回答，使广大干部师生对这一目标的内涵有一个正确的理解和准确的把握，真正明白二次党代会确定的目标是一个科学的目标、实事求是的目标，经过广大干部师生的不懈努力是完全能够实现的目标。评论的最后用激励性语言描绘了实现目标后的壮丽前景，并表达了实现目标的决心。

努力实现高水平研究型大学的奋斗目标

2005 年 3 月 11 日

创建特色鲜明的高水平研究型大学，是校第二次党代会确立的 21 世纪头二十年的奋斗目标。这个目标展示了我校未来发展的壮丽前景，具有极大的感召力和凝聚力，鼓舞人心，催人奋进。

经过全校师生员工的共同努力，学校抓住了“211 工程”建设的重大历史机遇，进入了“211 工程”首批重点建设院校的行列，这是学校发展史上一个重要的里程碑。经过“211 工程”十年建设，学校发生了巨大变化。但必须看到，我校目前的办学实力和办学水平与研究型大学的要求相比还有较大差距，处于国内领先水平的学科较少，在国内外有重大影响、对国防工业和区域发展有重大贡献的标志性成果不多，缺乏具有战略思维和国际视野的学科带头人、高水平的创新团队。要实现创建特色鲜明的高水平研究型大学的奋斗目标，还需要全校师生员工进行长期的艰苦努力和不懈奋斗。

创建特色鲜明的高水平研究型大学目标的确立，意义十分重大，对学校未来的生存和发展影响深远。回顾学校50多年的发展历程，应适时根据发展的形势，把学校事业发展的需要与师生员工的意愿相结合，提出具有感召力的目标，并团结全校师生员工为之奋斗。校第二次党代会提出的创建特色鲜明的高水平研究型大学的奋斗目标，是基于对形势、机遇和国内外大学发展趋势以及我校历史和现状的判断，对第一次党代会提出的“建设国际知名的高水平大学”目标进行了认真审视和深入思考，并结合研究型、开放式、国际化的发展趋势而提出来的，符合学校校情与发展建设的实际，符合全校师生员工的利益和愿望，其必将激励全校师生团结一心、奋发图强。

创建特色鲜明的高水平研究型大学的目标，是与我国加快建设世界一流大学与高水平研究型大学战略相统一的目标，是与国防科技工业发展战略要求相一致的目标。这个目标是一幅宏伟蓝图，实现这个目标是一项伟大而艰巨的任务。我们对实现这个目标充满必胜的信心。但是也要清醒地看到学校面临的一系列严峻挑战，清醒地看到前进道路上所面对的重重困难。全校各级领导干部和广大共产党员，一定要深刻理解创建特色鲜明的高水平研究型大学，必须坚持以人为本的科学发展观，最广泛地动员全校师生员工，把所有力量都凝聚到研究型大学的建设上来；深刻理解创建特色鲜明的高水平研究型大学，必须紧紧抓住创建研究型大学的办学基本线索，使学校的各项事业都根据这一线索来调整和校正，各方面资源都以这一线索为最高准则进行配置，所有工作都按照这一线索为基本目标去开展；深刻理解创建特色鲜明的高水平研究型大学，最根本的是坚持“三海一核”特色办学理念，不断强化学科特色和优势，使特色更特，优势更优，竞争力更强；深刻理解创建特色鲜明的高水平研究型大学，重要的是按照“985工程”的规格和标准去建设，不断增强学校的科技创新能力和社会贡献能力，构建人才培养和科学研究之间高层次的良性互动机制；深刻理解创建特色鲜明的高水平研究型大学，实现学校新的历史性跨越，就是要进一步深化教育教学改革，不断增强发展的能力，加速推进“四大”战略，不断促进学科建设、人才培养、科学研究和产业开发等全面、协调、快速、可持续发展。

目标已经确定，任务已经明确，关键在于落实。全校各级领导干部和广大共产党员，要认真学习贯彻校第二次党代会精神，根据创建特色鲜明的高水平研究型大学的奋斗目标和战略部署，从各部门各院系的实际出发，扎实工作。主动谋划发展的新思路，积极探索改革的新突破，不断推出工作的新举措。有条件的院系可以发展得更快一些，在建设研究型学科和院系的基础上，率先实现高水平和国际化。要积极引导全校师生员工通过学习校第二次党代会精神，胸怀学校发展全局，立足个人工作本职，为创建特色鲜明的高水平研究型大学，加快推进开放式、国际化进程而勤奋工作。

创建特色鲜明的高水平研究型大学，既是我们这一代××大学人的责任，也是我们的光荣。可以肯定，实现了创建特色鲜明的高水平研究型大学的目标，就能够实现学校新的历史性跨越，我校的整体实力必将显著增强，办学的国际化程度必将明显提升，师生员工的生活质量必将进一步提高。让我们立即行动起来，积极投身于这一宏伟事业中，为创建特色鲜明的高水平研究型大学贡献智慧和力量，共同缔造幸福美好的和谐校园。

案例四 三论认真学习贯彻校二次党代会精神

思路思语

这是二次党代会后系列评论的第四篇，是对党代会系统总结凝练的特色办学理念进行评论。开篇从二次党代会的贡献角度切入，对什么是特色理念、什么是“三海一核”特色办学理念进行了“述”和“评”；然后提出了“学习贯彻党代会精神，就必须认真学习、深刻把握‘三海一核’特色办学理念的内涵与实质”的观点，并阐述了其重要意义；第三，对如何坚持和贯彻“三海一核”特色办学理念，分层次、分主体、分类别进行了“论”，观点和论证都紧密结合学校实际；最后，从特色理念形成的历史过程和发展规律出发，对继续坚持这一理念及其坚持这一理念对贯彻落实党代会精神的重要意义进行了“论”。

毫不动摇地坚持特色办学理念

2005年3月18日

校第二次党代会的一个历史性贡献，就是紧密联系学校50年的办学实践，系统深刻地总结了我校必须长期坚持的特色办学理念。

特色理念是办学理念的灵魂。坚持特色办学理念，走特色办学之路，是学校历史发展的必然选择，是我们现实生存的迫切需要，是实现我校办学目标的必由之路。归结起来，就是我们必须坚持以特色求生存，以特色求发展，以特色取得竞争力，以特色获取可持续发展的能力。

“三海一核”是对我校服务主体领域的高度概括。“三海一核”特色办学理念，就是把“三海一核”作为我校服务主体领域的理念，就是以这些主体领域人才培养和科学研究的需求为牵引来构筑主体学科的理念，就是以这些主体学科率先发展、进而带动其他学科共同发展的理念，就是把“三海一核”服务领域作为学校立身之本的理念。这个理念，联系学校50年的办学历史，特别是近十年来的发展，充分体现了我校特色办学理念的核心，体现了学校党委对“办什么样的大学”和“怎样办这样的大学”所进行的深入思考，标志着我校对基本定位的认识进一步深化。

学习贯彻校第二次党代会精神，必须认真学习、深刻把握特色办学理念的内涵和实质，这对于我校创建特色鲜明的高水平研究型大学，实现新的历史性跨越，具有极其重要的现实意义。特色就是竞争力，特色就是战斗力。坚持特色办学理念，就要坚持有所为、有所不为，坚持有所先为、有所后为，围绕特色做文章，做大文章。坚持特色办学，不只是科学研究，也包括人才培养；不只是主体学科，也包括通用学科、基础学科。要紧紧围绕“三海一核”特色，把学科建设、人才培养和科学研究的文章做足、做大、做强，使我校在“三海一核”领域涌现出更多处于引领地位的高端人才和重大标志性成果。所有院系都要找准特色、发展特色，以特色为突破口，集成内外资源，不断以差异化取得竞争优势，争取异峰突起，以特色创一流，以特色超一流，在“三海一核”等特色优势领域形成高峰，代表国家站到该领域的世界高端。各院系、各部门都必须从实际出发，加深对特色办学理念的认识，在办学实践中长期坚定地坚持特色办学理念，并创造性地加以运用，坚持走特色办学之路，理清特色发展的思路，推动学科建设、人才培养和科学研究的协调发展，在实践中不断丰富和发展特色。

“三海一核”特色办学理念是对我校50多年办学实践的科学总结。自“211工程”建设以来，我校结合自身发展的历史优势和实践经验，对服务领域和办学特色进行了准确定位和系统凝练，最终形成了“三海一核”的特色办学理念。特色是发展的，特色理念是与时俱进的，必须根据形势与环境的变化，不断从国家战略需要的高度和国际竞争的视野来思考特色、发展特色，丰富特色办学理念，不断增强学校的核心竞争力和可持续发展能力。贯彻校第二次党代会精神，完成党代会提出的各项任务，确保我校在新时期新阶段奋斗目标的实现，关键在于毫不动摇、一以贯之地坚持特色办学理念。我们相信，在校党委的坚强领导下，全校师生员工认真学习特色办学理念，坚持运用特色办学理念，就一定能够贯彻落实好校二次党代会精神，求真务实，与时俱进，蓄势期远，创建特色鲜明的高水平研究型大学，实现学校新的历史性跨越。

案例五 四论认真学习贯彻校二次党代会精神

思路思语

这是二次党代会后系列评论的第五篇，从本篇开始对二次党代会提出的发展战略进行评论，这里选取了对人才强校战略的评论。开篇即对这一战略的地位以及实施这一战略的重要意义进行了“评”；然后从推进这一战略的要求出发进行“论”，并分别从三个层次展开：一是提出要“更新理念，认清人才队伍建设的形势和挑战，统一思想认识，强化人才观念”这一论点，从人才的总量、结构、高端存在的问题和未来学校的人才需求进行了论证，并以反证形式提出了明确要求；二是提出要“找准人才队伍建设的突破口，探索人才建设的新模式，形成人才队伍建设的新机制”这一论点，从人才、学科、科研等的相互关系角度进行了论证，并对我们怎么做提出了具体要求；三是提出要“统筹兼顾、协调发展”这一观点，从如何统筹现有、培养与引进之间，培养、使用与评价之间，主体、通用与基础学科之间，科研、管理与技能人才之间的关系进行了论证，并对形成良好的人才软环境提出了明确要求。最后从推进这一战略的必要性与坚定信心出发进行了“论”。

加速推进“人才强校”战略

2005 年 3 月 25 日

在校第二次党代会确定的“四大战略”中，“人才强校”战略居于首要位置，体现了科学人才观在学校发展战略思维中的核心地位。

国以才立、政以才治、业以才兴、校以才强，人才资源是第一资源，人才战略是其他战略的基础。人才战略的实施，与我校的发展理念相契合，与建设研究型大学的趋向相协调，与学校发展的阶段相联系，与现实问题的求解相呼应。

推进“人才强校”战略，要求我们进一步更新理念，认清我校人才队伍建设面临的形势与挑战，统一思想认识，强化人才观念。2004年学校出台的人才引进和培养的新政策已取得初步效果，但相对于我们的发展速度，我们的人才队伍总量还不足；相对于我们的发展目标，我们的人才结构还不合理；相对于我们的自身定位，我们的高质量、高水平、高层次、高成就的高端人才还相当缺乏。我们需要具有顶层设计能力和战略眼光的学术大师和学科带头人，需要能起到承上启下作用的杰出的学术骨干，需要拥有发展潜力与创新活力的精锐团队和优秀群体。我们要高速度、高效率地进行3支队伍的建设：素质优良的高层次管理人才队伍，锐意创新的高质量教学科研队伍，技术过硬的高水平技能人才队伍。我们必须清醒地认识到，落后的人才观念、僵化的体制机构、客观的地缘障碍、主观的人为影响，都会导致我们在激烈的人才竞争中处于被动、不利的地位，进而影响学校的跨越式发展。

推进“人才强校”战略，要求我们必须找准人才队伍建设的突破口，探索人才建设的新模式，形成人才队伍建设的新机制。党代会提出的“四大战略”是一个相互促进、相互制约、密不可分的完整体系，其中人才与学科互为因果。人才成就学科、学科成就人才；学科是人才的平台，人才是学科的支撑。同时，学科是人才培养和科学研究的根基，培养人才和进行科研必须依托学科进行，有高水平的学科、学科群，才会有高质量的人才培养和高水平的科研成果。而人才培养和科研成果作为学校的最终产品是学科水平最直观的表现，又是对人才才智、成就与贡献的最直接检验。在这个体系中，人才战略处于关键地位。我们说要以超常规的举措进行人才队伍建设，超常规就意味着必须有突破。原有的用人机制、传统的基层学术组织制度已不能适应人才队伍跨越式发展的需要。要超越常规、寻求突破，就必须突破原有的体制障碍，就必须在学术组织模式上实现创新和超越。

我们必须消除原有组织模式壁垒形成的消极影响，搭建一种独立的人才起飞新平台，建立有利于建设研究型大学的人才评价机制，以切实提高、增强学科体系、组织模式吸纳人才的能力。人才都有理想实现的需求，人才的价值在于创造、创新，我们要善于用事业远景凝聚人才，坚持用积极地精神鼓励人才，努力用诚挚的感情关爱人才，注意用恰当的物质待遇吸引人才。引进人才、培养人才、用好人才是全校上下的大事，要引得进、留得下、用得上、干得好。各级领导要具有爱才、求才、惜才的胸怀，各单位、各部门要有支持人才、服务人才、关心人才的良好氛围。“人”好找，“才”难求。“求才”难，“留才”更难。找对人就能创造出更高层次的发展空间，就能产生更高水平的成果，就能使产学研以此为依托获得空前提升。

推进“人才强校”战略，还要求我们必须统筹兼顾、协调发展。要科学地统筹协调现有人才、培养人才和引进人才之间的关系，以充分调动各类人才的积极性，科学地统筹协调人才的培养、使用与评价之间的关系，以激励人才保持不断学习进取的势头；科学地统筹协调主体学科、相关通用学科和基础学科人才间的关系，以发挥各类人才的最大效益；科学地统筹协调高层次创新人才队伍、高水平人才管理队伍、高素质技能人才队伍之间的关系，以形成政通人和、团结协作的良好氛围，创造有利于各类人才发挥才干、愉快工作的优良软环境。

发展吸引人才，人才实现发展；事业召唤人才，人才推动事业。我校要实现建设高水平研究型大学的目标，就必须有高水平人才队伍。建设这样一支优秀队伍任重道远，我们必须上下同心、全力攻坚。我们坚信，通过艰苦努力，我校一定会出现人气旺盛、人才辈出、人尽其才、才尽其用的大好局面。

案例六 ‖ 一论认真学习贯彻校三次党代会精神

思路思语

学校三次党代会是2011年7月召开的，大会通过了《着力改革创新，加速转型升级，把创建特色鲜明的高水平研究型大学宏伟事业推向新高度》的报告。这次会议面临的背景形势主要有4个方面：一是国家近两年连续颁发了中长期教育改革与发展规划纲要、人才建设规划纲要、科技发展规划纲要等三大规划纲要；二是胡锦涛总书记在清华大学百年校庆大会和纪念建党90周年大会上分别发表了重要讲话；三是学习实践科学发展观活动结束，学校对办学思想、办学理念体系进行了系统梳理；四是“一提三优”工程全部评估验收，学校自二次党代会以来虽取得较大发展，但与兄弟院校相比还有不同程度的差距。

近年来，广大师生不仅十分关注学校未来的发展，而且对有些问题开始产生怀疑：一是创建研究型大学的目标还要不要坚持、我们提出的高水平到底是一个什么样的水平？二是特色办学道路还要不要坚持、我们的特色建设到底应该怎样做才能实现新的突破？三是学校提出要向研究型大学转型升级，到底应该转什么、怎样转？四是建设研究型大学、实现转型升级目标的关键在哪里、如何推进改革创新？这些问题不仅是广大师生关注的问题，也是全校各级领导干部十分困扰的问题。在上述大背景下，学校第三次党代会对这些问题作出了回答。但是，对这些问题的回答，还不能完全消除广大干部师生的疑虑，为此，从学校高层管理者的角度，希望通过充分发挥媒体的作用，以评论的形式对相关问题予以进一步的阐释，使广大干部师生的思想认识进一步统一到学校党委的决策部署上来，进一步坚定创建研究型大学的信心，进一步坚定特色办学与内涵发展的道路，更好地推进转型升级和改革创新。

一论确定了《始终坚定研究型大学奋斗目标》这一主题，一是要对“坚定”这一目标进行评论，二是要对“始终”坚定这一目标进行评论。开篇在对这一目标的具体发展指标进行“述”的基础上，对这是一个什么样的目标、确定这样一个目标有什么重要意义进行了“评”；然后从二次党代会以来发展历程的回顾切入，通过阐述对研究型大学的新认识、新判断、新论断，对确定这一目标的正确性进行了“论”，并在段尾以“评”的方式，对这是一个什么样的目标作出结论；第三，紧紧抓住具体发展目标中的关键词进行“述”，并对其重要意义进行“评”，从高等教育面临的形势入手，对这一目标要求我们应该怎么做进行“论”；第四，从我们的使命与责任出发，对于坚定这一目标，我们每一个师生应该怎样做进行了分层次的“论”；最后，从学校60年发展的事业出发，对于坚定这一目标，我们需要怎样做、党员应该怎么做进行了“论”，并表达了决心。

始终坚定研究型大学奋斗目标

2011年9月9日

学校第三次党代会提出：未来5年，要显著提升学校人才培养、科学研究的业界贡献力、学界影响力以及社会服务能力，力争5个一级学科达到国家重点学科水平，在具有研究生院的高校中位次前移，在具有优势学科创新平台的高校中进入上游，初步建成高水平研究型大学；到建校100年时，全面建成特色鲜明的高水平研究型大学，成为我国“三海一核”相关领域参与国际竞争的重要力量。这一目标，既是一个方向明确，看得见、摸得着、够得上的具有可检验性的目标，又是一个符合上级要求和学校发展实际的具有可操作性的目标，对于进一步激励和鼓舞师生员工士气、挖掘和调动师生员工潜能具有重要意义。同时，这一目标又描绘了学校未来的发展愿景和宏伟蓝图，体现了师生的美好愿望和价值追求，是一个既立足现实又着眼长远的目标，既振奋人心又引领事业发展。

二次党代会学校党委作出了建设特色鲜明的高水平研究型大学的科学决策，开启了创建研究型大学的新里程。6年的建设实践，我们进一步深化了对研究型大学基本特征和建设规律的认识，进一步明确了研究型大学建设的核心任务和阻碍我们更好更快发展的关键问题所在。据此，三次党代会作出了“学校仍处于研究型大学发展初级阶段”的基本判断，这一新判断回答了学校创建研究型大学的长期性和艰巨性问题，是学校未来所有决策部署和办学行为的根本基础。同时，提出了“拥有研究生院和优势学科创新平台的行业特色型大学是我校最贴近、最现实的参照系”的基本论断，这一新观点回答了学校应该在什么层次上办出特色与提高水平的问题。报告对学校所处的位置、面临的形势和机遇作出的科学研判，深刻回答了学校未来发展面临的新形势、新问题、新机遇和新要求，并在此基础上对二次党代会提出的发展目标进行了实事求是的修正，修正后的目标更加科学、更加符合学校实际，是一个既满足师生员工期待与愿望，又与学校发展的阶段性特征相一致的目标，是一个经过努力能够实现的科学发展目标。

在三次党代会提出的未来五年的发展目标中，“能力提升”“位次前移”“进入上游”等新概念，与二次党代会相比明显体现出一种竞争超越的思想，这一思想对我们进一步坚定发展目标，实现科学发展新跨越具有重要意义。作为教育资源有限的教育大国，我国的高等教育始终以分级分层的方式进行着集中资源、分级分类、重点建设的进程，当前，这种分级正呈现出加速态势。在这样一个国内外大学激烈竞争的时代，如果我们不加速向前跑，如果我们没有能力加速跑，那么在竞争中高层次的机会、优质的资源我们就不可能得到，我们就不可能实现更好更快发展，我们就有可能在新一轮分级、分类、分型过程中沦为二流甚至三流大学。为此，我们必须对形势变化、对竞争对手保持高度警醒，必须主动加压、努力在自己所处的圈层中不断向上提升、不断前移位次，必须以竞争超越的思想推进学校各项工作。

创建研究型大学既是国家需要，更是我们自身发展的需要，是我们××大学人经过深入思考后作出的主动选择，是我们××大学人的理想夙愿和价值追求。我们必须树立事业兴衰、人人有责的使命意识，每一位师生员工都要肯于担当、勇于担当、善于担当，都要有担当使命的主动性，坚决杜绝事不关己、狭隘小我的思想，我们每一个人都是主人翁、建设者；都要有担当使命的积极性，坚决破除安于现状、故步自封的思想，我们每一个人都要自加压力、主动追求；都要有担当使命的能力，坚决防止不思进取、骄傲自满的思想，我们每一个人都要主动对照研究型大学建设的标准和要求，不断提升能力，着力推动发展。

作为一所有理想有追求的大学，一代代人在近60年的历程中主动谋求发展、矢志追求卓越，励精图治、坚定前行，学校的各项事业不断发展壮大。坚定研究型大学目标，是我们这一代人对学校事业的最好继承与发展，全校上下必须进一步统一思想认识，使学校的各项工作、各种资源都集中于、服务于、贡献于研究型大学建设，各级党组织和广大党员必须充分发挥战斗堡垒作用和先锋模范作用，从我做起、从现在做起、从每一项具体工作做起，以更加广阔的视野、更加开放的姿态、更加执著的努力，把所有工作的力点都集中到创建任务上、落实到创建行动中。“上下同欲者胜，风雨同舟者兴”。我们坚信，只要××大学人团结一心、众志成城，坚定信心不动摇，鼓足干劲不懈怠，攻坚克难不退缩，耐住寂寞不浮躁，特色鲜明的高水平研究型大学目标就一定能够实现，××大学的未来就一定会更加美好。

案例七 ║ 二论认真学习贯彻校三次党代会精神

思路思语

二论确定了《奋力实现特色建设新突破》这一主题。开篇在对如何强化特色办学理念的基本要求进行“述”的基础上，对这是一个什么样的办学思路、坚持这一办学思路有何重要意义进行了“评”；然后从二次党代会以来“三海一核”特色办学理念如何发展为特色办学方略切入，通过对在这一特色办学方略指引下6年办学实践取得的系列标志性成果的论述，以证明坚持这一特色办学方略的正确性和继续走特色办学道路的坚定性；第三，以特色建设上存在的问题切入，在对未来坚持走特色办学道路的战略途径与战略方针进行“述”和“评”的基础上，对我们如何认识战略方针的方向性意义与战略途径的政策导向，以及我们应该如何按照战略方针与战略途径的要求去做进行了“论”；最后，从“三海一核”特色的提出到特色办学方略的形成这一历史发展过程切入，表达了实现特色建设新突破的坚定信心和坚强决心。

奋力实现特色建设新突破

2011年9月16日

三次党代会报告明确指出：必须大力强化特色理念在办学理念中的核心和主导地位，坚定特色办学道路，强化和拓展已有特色，培育和打造新特色，努力实现特色建设的新突破。这一思想既是对二次党代会提出的“三海一核”特色办学理念的继承和弘扬，又是在进一步深化认识特色办学规律基础上，对“三海一核”特色办学方略的创新和发展，对于我们更加坚定地走特色办学道路，更加主动地抢抓特色办学机遇，更加自觉地推进特色办学实践，进一步深化内涵建设、增强学校的核心竞争力，显著提升学校在“三海一核”领域的业界贡献力、学界影响力和社会服务能力，更好地树立和打造学校的品牌形象具有重要意义。

二次党代会以来，学校在特色办学道路上进行了深入的实践探索，把“三海一核”特色办学理念上升为特色办学方略，进而全面指导我们的办学实践。六年来，学校成立了国内高校第一个核学院，核动力安全与仿真学科创新引智基地入选“111 计划”，参与了国家核能开发专项，建成了国内首个具有自主知识产权的全范围全数字核电仿真系统；在船舶工业领域，承担了一批高技术新船型研究任务，研发的“船舶压载水处理系统”通过国际海洋环境和保护委员会认证，取得我国船舶进入他国港口的环保通行证；在海军装备领域，参与了我国绝大多数海军舰船的研制工作，获得总装备部国家重大基础研究的 5 项技术首席；在海洋工程领域，承担了国防科技工业重大专项深海空间站 6 个子系统中的 4 个抓总任务，以及海洋平台、海洋工程装备等重大项目研究，在“三海一核”领域突破了一批关键技术，形成了技术创新引领能力和重大工程装备研发能力，这一系列研究成果是学校党委按照“三海一核”特色办学理念主动谋划的结果，标志着学校“三海一核”特色得以全面彰显。这不仅为我们正确把握特色办学规律，进一步践行好特色办学思想奠定了基础、积累了经验，也为我们更加坚定地走特色办学道路进一步增强了信心、指明了方向。

同时，报告还实事求是地深入总结了二次党代会以来学校在特色建设上存在的突出问题，并据此作出了“继续实施‘主体超越、整体升级’战略，强化和拓展已有特色，着力打造以‘三海一核’主体学科专业为核心的特色学科专业体系”和“按照部党组‘强化特色、继承创新’的要求，在强化已有特色的基础上，培育和打造新特色，将服务‘两化融合’作为特色学科专业体系建设新的重要使命”的战略决策和战略选择，这是学校在特色办学道路上未来的目标和方向。

我们必须按照报告提出的“通过提升主体学科上游的原始创新能力，进一步增强‘三海一核’主体学科的自身成长力；通过提升主体学科与相关学科的集成创新能力，进一步增强主体学科对相关学科的学科带动力；通过提升相关学科对‘三海一核’特色领域战略需求的贡献能力，进一步增强‘三海一核’领域前沿方向对相关学科的直接牵动力；通过强化基础、通用和相关学科的自我发展能力，进一步增强非‘三海一核’领域新兴方向对这些学科的直接拉动力”等强化和拓展已有特色的4条战略途径；按照“充分延伸‘三海一核’领域的传统优势，大力推进主体学科与信息类学科的交叉融合，在服务国防现代化上打造新特色；主动适应信息产业发展需求，积极支持信息类学科专业建设，在服务信息化上打造新特色；积极面向国家和龙江区域发展需求，在服务新能源、新材料等战略性新兴产业上打造新特色”等3条战略方针的要求，进一步细化和分解各相关职能部门、各有关院系的目标和任务，用报告中提出的战略路径和战略方针进一步统一各个学院、研究团队和广大教师的思想认识，把报告中提出的战略途径和战略方针作为我们政策取向和政策制定的根本基础。

我们必须深刻认识4条战略途径的方向性意义，抓住强化主体学科的创新能力这个关键力点，着力解决特色学科专业体系建设的深度、广度，特别是系统性不够的问题，协调统筹我们对行业的贡献力和对学界的影响力，真正把主体学科创新能力的增强作为打造特色学科体系的战略重点，不断强化和拓展已有特色；必须深刻认识3条战略方针的政策导向，继续坚持有所为有所不为，更加强调基础、通用和相关学科要深度融入主体学科、主动融入主体服务领域，不断凝练形成自身的特色方向，培育和打造新特色；各相关院系必须进一步明确特色建设方向、找准特色发展力点，努力形成支撑学校“三海一核”特色优势领域站在世界高端的竞争力；各相关部门必须进一步深化和加强特色办学理念的指导作用，着力在办学实践中推动学科建设、人才培养和科学研究实现特色发展；各研究团队、教授以及广大青年教师必须在特色办学理念的指引下，认真思考自己的研究定位，找准自己的研究方向，形成自己的研究特色。通过各个层面对特色理念的深入思考、主动选择和积极践行，着力实现“三海一核”特色的全面突显和超越，着力实现特色学科专业体系整体质的全面提升和飞跃，着力实现特色建设水平的全面提高和特色发展能力的持续增强。

从我们提出“三海一核”到今天成为指导学校办学实践的核心方略，正好十年。已有特色是学校几代人历经艰苦卓绝的努力积累而成的，对学校办学特色的继承和创新是我们这一代人的重要使命。只要我们始终坚定特色办学道路，正确选择特色建设方向，更加明确特色建设目标，准确把握特色建设力点，全校上下进一步形成推动特色发展的思想共识和合力，不断提升特色发展的能力和水平，我们就一定能够实现特色建设的新突破，就一定能够形成学校不可替代的核心竞争力，就一定能够打造出××大学独特的更加优秀的品牌形象。

案例八 ‖ 三论认真学习贯彻校三次党代会精神

思路思语

三论确定了《全力推进转型升级工程的实施》的主题。开篇在对报告作出的“大力实施转型升级工程”这一决策进行“述”的基础上，对这是一个什么样的决策以及作出这一决策的重要意义进行了“评”；然后在对五大转型升级工程的相关关系进行“评”的基础上，对五大转型升级工程在系统中各自的作用和地位进行了“论”，并对应该如何处理其相互之间的关系提出了要求；第三，在对师资队伍、学科建设、科技工作与国际化等转型升级工程都要转什么或怎么转分别进行“述”和“评”的基础上，对应该如何转提出的具体要求进行了“论”；最后，从具体操作和行动层面对在转型升级过程中每一个干部师生应该怎么做进行了“论”，并表达了如何打赢转型升级攻坚战的决心。

全力推进转型升级工程的实施

2011 年 9 月 23 日

三次党代会作出了“未来五年要继续推进‘四大战略’，完善‘六大体系’，大力实施转型升级工程，加速推进研究型大学建设步伐”的重大决策。这一决策，是基于学校二次党代会以来的办学实践和当前发展的阶段性特征作出的科学决策，是学校党委坚定不移走内涵式发展道路、紧抓提高办学质量这条“生命线”作出的战略部署，是我们集中力量对建设研究型大学征程中的发展难题进行工程化破解的重大举措，这对于我们进一步转变发展方式、提升发展内涵，早日实现创建特色鲜明的高水平研究型大学奋斗目标具有极其重要的战略意义。

报告提出的实施师资队伍建设转型升级工程、学科建设转型升级工程、人才培养转型升级工程、科技发展转型升级工程和大学国际化转型升级工程等五大转型升级工程，是一个全面提高办学质量和水平的系统工程，是一个相互关联、相互支撑、功能耦合的完整体系。师资队伍建设是转型升级工程的重中之重，没有师资队伍的转型和升级，没有师资队伍的活力和竞争力，就不可能实现其他的转型和升级；学科建设是转型升级工程的核心任务，没有学科建设的转型和升级，就不可能建成一流水平的学科，高水平研究型大学建设的目标就不可能实现；人才培养是转型升级工程的根本任务，没有人才培养的转型和升级，就不可能真正培养出精英人才和拔尖人才，就不可能真正打造出我们的人才品牌；科学研究是向研究型大学转型升级的先行军，没有高水平的科研产出，就不可能建成一流水平的学科和高水平的师资队伍，也不可能培养出精英人才和拔尖人才；国际化是向研究型大学转型升级的战略途径，没有开放的办学思维和办学环境，没有国际化的办学理念和战略路径，就不可能有国际化的人才培养和高水平的师资队伍，也不可能产出高水平的科技成果、建成世界一流水平的学科。因此，五大转型升级工程的最终结果都将体现在学科建设这个核心和人才培养这个根本上，我们必须紧紧围绕学科建设这个核心和人才培养这个根本，全力推进转型升级工程的实施。

报告提出，未来5年师资队伍建设要实现向“提升重点学科方向上高端人才的引领能力、注重优秀拔尖青年人才的培养、注重体现制度设计的校际竞争力”三方面转型，这既是我们继续坚持“研究型衡准、超常规举措、特色竞争力”人才工作理念的根本要求，也是我们实现师资队伍建设转型升级的根本目标，为我们破解如何建设高水平师资队伍这一难题指明了方向。我们必须按照实现师资队伍建设转型升级“三个着力”的要求，真正把“人才强校”战略作为“第一战略”、作为“主战略”加以贯彻落实，必须全校上下一盘棋、一条心、一股劲，始终致力于院士、长江学者、国家杰青、千人计划入选者等在学界和业界有影响力的高端领军人才队伍建设的突破和重点学科方向上高端人才引领能力的提升，始终致力于优秀拔尖青年人才的培养和广大教师学术竞争力的提升，始终致力于激发教师队伍的活力和动力、增强制度设计的校际竞争力，努力实现师资队伍建设的转型升级。

报告提出，实施学科建设转型升级工程必须从学科发展观念、学科发展牵引模式、学科发展动力机制、学科评价方式等4个方面实现学科发展方式的转变，更加注重我们在学界的影响力，更加注重科学需求的拉动，更加注重制约、竞争和评价机制的作用，更加注重对学科团队的评价。这4个转变是紧密结合我校当前学科发展实际提出的具有很强针对性的、科学的学科建设观，对于进一步提升全校上下对学科建设重要性的认识和对学科建设规律的理解与把握；对于进一步理顺学科建设管理体制和运行机制，更加明确学科负责人、方向负责人、机关职能部门等分别在学科建设中的职责和任务；对于进一步调整学科布局、优化学科结构、集中力量办好优势学科具有重要的认识论意义和方法论价值，为我们破解如何进一步提升特色学科体系的整体实力与重点学科建设水平这一难题指明了方向。我们必须按照实现学科建设转型升级"六个着力"的要求，真正把学科建设作为五大转型升级工程的核心加以贯彻落实，必须牢牢把握和紧紧抓住学科建设转型升级的重点和难点，把统筹好业界的贡献力和学界的影响力作为实施转型升级工程的中心线索来全力推进，以凝练和建设特色学科方向作为学科建设的基本点和师资队伍、人才培养、科技发展转型升级的结合点，始终致力于国家重点学科数量的突破和学界影响力的不断增强，始终致力于以"三海一核"主体学科为核心的特色学科体系的形成、学科结构的进一步优化与学科布局的调整完善，始终致力于以激发学科发展与教师发展双重动力为关键的体制机制创新和以学科建设为核心的竞争与评价机制创新，始终致力于学科可持续发展能力与竞争能力的增强和学科上、中、下游的有效贯通，努力实现学科建设的转型升级。

报告指出，科技工作要遵循"顶国际领先之先，立行业需求之地"的理念，实现向"产出优先、兼顾投入"、向"创新推动"、向团队及团队之间联合承担重大项目、向"学校为主导、学院为主体、校院所有机结合"的4个转变，这4个转变是在系统总结"十一五"学校科技发展经验和不足，深刻分析学校未来面临的发展机遇和严峻挑战的基础上，对科技工作模式转型作出的重要决策，对于进一步增强基层学术组织主动谋划发展的意识和广大教师树立竞争超越的思想，对于进一步解决科技发展的结构性矛盾和投入产出的不协调问题，对于进一步激发广大教师开展学术交流的积极性、主动性，不断完善科技发展管理体系和运行机制具有重要的现实针对性，为我们破解如何进一步提升科技创新能力和创新水平，不断产出高水平科研成果这一难题指明了方向。我们必须按照实现科技发展转型升级工程“四个着力”的要求，切实把科学研究作为向研究型大学转型升级的先行军，真正把科技工作转到支撑学科发展和人才培养上来，始终致力于高水平科技创新成果产出等体现创新水平的标志性成果有更大的突破以及国家重大项目首席科学家与高水平创新团队的更大突破；始终致力于通过核心能力建设实现国家级重点实验室与工程中心等体现创新能力的标志性成果有更大突破，以学校“十二五”科技工作会议为契机，积极参与国家即将实施的高等学校创新能力提升计划；始终致力于为学校未来发展争取和创造更大的发展空间、积累和奠定更加雄厚的发展实力。

报告指出，要把国际化作为向高水平研究型大学转型升级的战略途径，实现国际交流与合作由自发向自觉、由被动向主动、由零散向系统、由盲目向有序、由借鉴向创新的转型。实施大学国际化转型升级工程这一重要战略决策，体现了学校党委对建设高水平研究型大学规律的深刻认识与准确把握，是对二次党代会以来办学实践深度思考与经验总结的结果，这对我们以更加开放的心态和更加广阔的视野审视研究型大学建设的“高水平”，加快师资队伍、学科建设、科技发展和人才培养的转型升级必然会起到重要的促进和支撑作用。我们必须按照实现大学国际化转型升级“四个着力”的要求，把提升学科建设能力作为推进国际化转型的根本目的，以师资队伍国际化为突破口，紧紧抓住人才培养国际化和国际科技合作这个重点，逐步形成全方位、多层次、重实效的国际交流与合作新格局，显著提升我们国际合作与交流的深度和广度。

打好“转型升级”这场硬战，是一个积小胜为大胜、积跬步致千里的过程。我们不仅要系统思考、明确目标，以最迅速的行动、最有力的措施、最务实的作风，一个环节一个环节地紧抓不放，一个步骤一个步骤地盯住落实，一个项目一个项目地实现突破，还要求各职能部门之间、机关和院系之间加强沟通、形成合力，坚决杜绝各自为政、造成政策障碍、产生转型升级的制度阻力，坚决杜绝独自为战、形成工作夹角、影响转型升级的工作阻力。只要我们全校师生员工都能守土有责、协调合作，各职能部门分工负责、合力推进，各院系积极行动、全力落实，紧紧围绕转型升级的战略目标、战略任务和战略路径系统推进，我们就一定能够打赢向研究型大学转型升级这场攻坚战，实现我们几代人的理想和夙愿！

案例九 四论认真学习贯彻校三次党代会精神

思路思语

四论确定了《大力推进人才培养转型升级》的主题。三论对其他四个转型升级工程转什么、怎么转进行了“评”和“论”，由于实现转型升级工程的最终结果都将体现在人才培养这个根本上，所以对“这个根本”的转型升级问题单独进行评论。开篇在对人才培养的地位进行“述”的基础上，对认识这一地位的重要意义进行了“评”；然后在对培养精英人才的目标内涵进行“述”的基础上，对界定这一内涵有什么重要意义进行了“评”；第三，在对本科生人才培养、研究生人才培养分别向哪里转进行“述”和这种转有什么意义进行“评”的基础上，对应该怎样转以及这种转对不同主体提出什么样的具体要求进行了“论”；第四，在对报告提出的“全员、全方位、全过程和全面发展”的目标要求进行“述”和对其产生的作用进行“评”的基础上，对应该如何去贯彻落实这一目标要求进行了“论”；最后，运用典型的假言判断表达了对实现人才培养转型升级的决心和信心以及实现转型后的结果。

大力推进人才培养转型升级

2011 年 9 月 30 日

三次党代会报告强调指出：人才培养是办学的核心使命，是转型升级工程的根本任务，是学校一切工作的出发点和落脚点。这是学校党委在深刻认识现代大学本质特征的基础上，对办一所什么样的大学不断深入思考和探索实践的结果，进一步指明了我校创建研究型大学、坚持内涵发展的根本目的，进一步强调了人才培养在办学实践中的根本地位。

报告指出，未来五年的人才培养工作要继续实施“创新推动、打造品牌”战略，按照培养学术精英、技术精英和管理精英的目标要求，大力推进人才培养的转型升级。这是学校自2005年提出精英教育理念以来，首次对精英人才培养目标内涵进行明确界定，是自二次党代会提出培养船舶工业一流工程师和企业家这一定位后，对“培养什么样的人”和“怎样培养人”这一根本问题进一步作出的科学回答，是未来指导、衡量和检验我们贯彻落实精英人才培养理念、培养模式和培养目标的最高衡准，对我们始终坚定精英教育理念，不断探索精英人才培养模式，全面提高精英人才培养质量和水平具有重要的方向性意义。

报告指出，未来五年本科人才培养工作要遵循“强化基础、注重创新、突出特色、以人为本”的方针，从培养观念、培养机制和培养模式入手，实现向更注重提升学生的整体素质，更注重构建全员育人的大教育格局，更注重满足精英人才的个性化、多元化需求的转变。这3个转变是着眼于解决当前影响和制约学校本科人才培养质量和水平提升的关键问题提出的明确要求，更加清晰地体现了学校精英人才培养目标的价值取向和考量准则。学生整体素质的提升需要有适宜的阳光、土壤和水分，大教育格局的构建需要有完善的体制机制，学生个性化、多元化需求的满足不仅需要尊重学生的主体地位、因材施教，还需要为学生成长提供更多的机会和更大的舞台。我们必须按照实现本科人才培养转型升级“5个着力”的要求，以深化专业内涵建设为突破口，以优质教育资源建设为重点，以大力推进教育教学改革和教学管理体制改革为动力，以实验教学条件建设为保障，更加致力于以国家级重点专业建设为引领的专业内涵建设，更加致力于课程建设水平的显著提升，更加致力于以国家教学名师为代表的高素质教师队伍建设，更加致力于一批高水平实验教学与学生科技创新平台建设，更加致力于完善教学质量监控与评估机制，推动本科人才培养向全面实现精英教育转型升级。

报告指出，研究生培养要遵循“特色鲜明、优化结构、深化改革、提高质量”的方针，抓住培养质量、导师队伍建设和培养类型这三个关键症结，向更注重提升博士生培养质量，更注重高水平导师团队建设，以及学术型研究生与专业型研究生培养并重的转变。这3个转变是着眼于解决标志研究型大学建设水平的关键问题和应对国家高层次人才培养模式改革带来的严峻挑战而提出的学校研究生培养转型升级的目标和方向。我们必须深刻认识博士生是高水平科研创新的主力军，是高质量学术成果和创新工作的主要承担人，是提升学校学术话语权的重要支撑，是衡量研究型大学人才培养质量的重要标志；只有建设高水平的导师团队，才可能开展高水平的科学研究，才可能培养出高水平的人才，才可能真正提高研究生培养质量；专业型学位研究生的培养是国家适应社会经济发展需要、优化人才培养结构、满足行业发展需求作出的重大教育改革决策。学校各有关院系、相关职能部门必须按照实现研究生培养转型升级“4个着力”的要求，不断创新研究生培养管理体制和运行机制，深入推进多元化培养模式改革，始终致力于提高研究生特别是博士生培养质量，始终致力于提高导师队伍建设水平，着力实现全国百篇优秀博士论文、高水平导师团队等标志性成果的新突破，全力推进研究生培养的转型升级。

报告指出，要进一步完善全员、全方位、全过程育人的体制和机制，坚持以学习为中心，以学风建设为主线，以学生创新能力培养为重点，以促进学生全面发展为目标，合力打造人才培养品牌。这充分体现了学校党委坚持育人以学生为本、人才培养是学校的根本使命这一办学思想，使抓学习、抓学风、抓创新成为全校上下的共识，使打造人才培养品牌的方向和力点更加清晰。我们必须深刻理解和把握“全员、全方位、全过程和全面发展”的目标要求，进一步形成以精英人才培养为驱动的协同培养机制，以有利于拔尖创新人才成长为导向的资源配置方式，以提高人才培养质量与打造人才培养品牌为标准的考核评价体系。

高等教育的根本任务是人才培养，学校一切办学成果都集中体现在所培养人才的质量上。只要我们牢固树立人才培养的中心地位，始终把培养可靠顶用的学术精英、技术精英和管理精英作为办学的根本目标，始终把促进学生的全面发展和适应社会需要作为衡量培养质量的根本标准，我们就一定能够实现人才培养的转型升级，为国家工业化、信息化和国防现代化建设输送更多更优秀的可靠顶用的精英人才。

案例十 ║ 五论认真学习贯彻校三次党代会精神

思路思语

五论确定了《持续不断为转型升级注入新动力》的主题。开篇在对报告提出“必须通过改革创新为科学发展、转型升级注入新动力”这一判断进行“述”以及如何作出这一判断进行“评”的基础上，对为什么会作出这一判断进行了“论”；第二，分别对为科学发展注入新的观念引领力、新的制度驱动力和新的文化自动力进行了论证：一是从创新发展观念的关键词切入，在对这些关键词进行“述”和对以上观念创新的重要意义进行“评”的基础上，进一步对观念创新提出的具体要求进行了“述”，以及应该怎样按照这些要求去做进行了深入的“论”；二是从近年来体制机制创新取得的成果切入，在对今天创新体制机制提出的具体要求进行“论”的基础上，进一步从制度设计、体制改革、机制创新角度，分别对应该如何按照创新体制机制的要求去做进行了深入的“论”；三是从“论”文化创新与其他改革创新的关系切入，在对学校凝练形成的校园文化价值观进行“述”和对这一校园文化价值观有什么意义进行“评”的基础上，对应该如何践行这一校园文化价值观以及有什么具体要求进行了“论”，并进一步对报告中提出的“把学术文化自觉作为大学文化的内在品质去养成、去培育、去建设”进行了“述”，对作出这一判断的重要意义进行了“评”，对应该如何通过学术文化建设产生新的文化自动力进行了“论”；最后，以典型的假言判断表达了对通过改革创新为科学发展注入持久的新动力、实现转型升级目标的信心和决心。

持续不断为转型升级注入新动力

2011 年 10 月 14 日

三次党代会提出，推动学校发展转型升级，把研究型大学事业推升到新的高度，必须把改革创新贯穿于学校各项事业的全过程，通过改革创新为科学发展新跨越注入新动力。这是学校党委深刻把握研究型大学建设规律，全面总结二次党代会以来的办学经验与教训，准确分析当前学校发展建设中面临的突出问题和矛盾后作出的科学决策和重要部署。转型升级是一个突破原有发展范式、创新发展模式的过程，必须要有新的发展动力来推进。要实现转型升级的目标，就必须把改革创新贯穿于学校各项事业的全过程，通过发展观念、体制机制和大学文化等各方面的改革创新，为科学发展新跨越持续不断地注入新的动力。

报告指出，要通过创新发展观念，为科学发展新跨越注入新的观念引领力。发展观念的创新是各项改革创新的重要基础和根本前提，没有观念的创新，就不可能实现体制机制和大学文化的创新。报告提出，要把我们的发展观念提升到"更高更强""竞争超越""蓄势竞发""追求卓越"。这些新观念体现了学校党委对我们当前发展所面临的严峻形势作出的科学判断，对我们当前发展所面对的竞争对手的清醒认识，对我们自身蓄积的发展能量的准确把握，对当前全校师生精神状态提出的明确要求，是我们在今后的办学实践中必须不断强化、加速内化、实现固化的重要观念。报告提出要"更加强化办学理念的上下贯通，既要在战略上起到方向性引领，也要在战役上得到工程化推动，更要在战术上得到操作化破解"。这是当前学校发展建设中迫切需要解决的重大瓶颈问题。如果学校层面的办学思想、理念没有对我们的政策制定、制度设计、战略规划等起到正确的方向引领，没有对有关职能部门和院系的工作形成具体有效的指导，没有具体转变为一项项工程、一项项计划、一项项举措去推进落实，没有得到广大师生的正确理解和把握进而在思想和认识上产生共鸣，广大师生的目标定位和实际行动没有同学校办学思想、理念的要求相吻合、相一致，推动转型升级就成为一句空话，我们的目标就不可能实现。为此，必须在办学实践中深化和发展办学理念体系，使之真正成为广大师生参与发展、推动发展的价值尺度和行动纲领，成为引领前进方向的动员力量。

报告指出，要通过创新体制机制，为科学发展新跨越注入新的制度驱动力。学校近年来相继推进的人事分配制度改革、教育教学改革、干部任用改革、基层学术组织改革等所取得的每一个成效，推动学校发展所取得的每一个进步，都源于对原有体制机制卓有成效的改革和创新。我们要实现转型升级的目标，就必须对现有的制度体系进行全面系统的梳理，清晰和准确地把握是哪些制度因素促进和推动了学校办学水平和质量的提升，是哪些制度因素阻碍或延缓了我们发展的步伐；就必须按照党代会提出的紧紧围绕破解发展难题的要求，建立起与转型升级相适应、相配套、相协调的大学制度体系。为此，要更加注重以结果为导向的制度设计，对现有制度进行补充修正，着力构建更加完善的组织制度、管理制度和工作制度相互协调的大学制度体系，形成更加有利于产出高水平人才、高水平成果和高水平学科的制度环境；更加注重以目标为导向的体制改革，对现有的管理模式进行调整完善，着力构建学校、院系和基层学术组织顺畅高效的三级管理体系，形成各层次主体责权利关系更加明确清晰，更加有利于增强各层次主体办学活力的管理体制；更加注重以发展为导向的机制创新，着力推进激励与约束、竞争与合作、考核与评价等机制的不断完善创新，形成更加有利于激发广大师生的主动性和创造性，更加有利于师生的学术成长和建立良好学术生态的运行机制，为实现科学发展推动转型升级注入强劲持久的驱动力。

报告指出，要通过创新大学文化，为科学发展新跨越注入新的文化自动力。大学文化创新是学校各项改革创新的动力源泉，没有大学文化的创新，各项改革就没有动力，发展观念和体制机制的创新就没有保证。近年来，学校高度重视大学文化建设，凝练形成了“以忠诚为灵魂、以工学为境界、以海防为特色”的校园价值文化观，这是学校几十年发展建设的真实写照，体现了学校的办学使命和崇高理想，体现了××大学人的精神境界和价值追求。报告提出，要使这一校园文化价值观内化于心、固化于制、外化于形，使体现这一校园文化价值观的先进典型不断涌现，这既是今后大学文化建设的重要任务，也是大学文化创新的根本要求。只有我们每一位师生都把校园文化价值观内化于心，我们每一项决策执行、每一项制度设计、每一项工作实践都贯穿校园文化价值观，都符合校园文化价值观的要求，校园文化价值观所代表的学校“理想文化”才能转化为“实存文化”，文化的自动力才能得以爆发、才能得以持久、才能得以发挥作用。

报告要求，要把学术文化自觉作为大学文化的内在品质去养成、去培育、去建设，着力营造向学术本位回归的学术文化环境。这充分体现了学校党委对学术文化是大学文化建设核心的深刻认识，对学术文化是大学文化创新重点的规律把握，对建设优秀学术文化的坚定决心。学术文化的荒漠滋长不出研究型大学的参天大树，没有学术文化自觉就难以建成研究型大学。只有广大师生把学术创造作为第一追求，把学术研究作为第一使命，把广大师生的学术成果作为评判的第一标准，逐步实现向学术本位的回归，我们的大学文化才能不断产生蓄积深厚、持续强化的自动力。

改革创新始终是我们不断发展的动力源泉。只要我们始终坚持以改革创新的精神，不断推动发展观念的创新、体制机制的创新和大学文化的创新，把广大师生中蕴藏的发展潜能激发出来、积极性主动性调动起来、智慧和力量凝聚起来并充分释放出来，就一定能不断形成推动科学发展的强大合力，就一定能为研究型大学建设注入新动力，就一定能实现转型升级的目标，使我们的事业乘风破浪、扬帆远航，实现学校几代人的辉煌理想！

第8章

专题评论

思考思语

专题评论，是对某一专项工作或专门会议进行的评论。对某一专项工作，往往通过召开专题工作会的形式进行研究和讨论。一般来说，研究的都是与一个组织系统的中心工作直接相关的重要问题，或者是事关一个组织系统发展大局的某一方面的重要工作。对于召开专题会议研究的工作，不仅是研究的问题重要，会议之后的贯彻落实更重要。如果是会中刊发评论，往往是研究的问题本身就很重要，管理者希望广泛发动更多的人参加到会议的学习和讨论中来，为会议取得成功、产生更多成果提供保障。如果是会后刊发评论，往往是会议的精神很重要，管理者希望广泛宣传会议精神，使会议精神能够得到更好的贯彻落实。

如果是会中评论都评什么、论什么呢？一般来说，有以下 3 个方面：一是“评”确定这样一个会议主题有什么重要意义，二是“评”解决会议研究的关键问题有什么重要意义，三是“论”如何解决会议要研究的关键问题，四是从组织系统的管理者角度提出要求“应该怎么做”。

如果是会后评论都评什么、论什么呢？一是“评”会议研究的内容，二是“评”会议取得的成果，三是“论”学习会议精神有什么要求，四是“论”贯彻落实会议精神“应该怎么做”。

就“评”和“论”的方法而言，基本的思想方法已在本篇的《思想思语》中阐明，只是在不同类型的评论中需要灵活处理和灵活运用，并非千篇一律，要紧密结合每篇评论的主题和内容，紧密结合管理者想要贯穿的思想和要求。

无论是就某一专题进行会中还是会后评论，都代表着决策层对会议的态度或者说是对贯彻落实会议精神的态度，也就是对会议或者说是对贯彻落实会议精神的重视程度，这种态度和重视程度会对下属和下级单位的心理产生影响，影响下属和下级单位对会议和贯彻落实会议精神的态度和重视程度。

案例一 2009 学习实践科学发展观评论

思路思语

2009 年 3 月中旬，按照中央的统一部署，学校党委正式启动学习实践科学发展观活动。学习实践活动能够达到预期目标的一个重要因素就是科学确定学习实践活动的载体。如果学习实践的载体确定得不好，假、大、空，那么学习实践活动就没有针对性，就不可能真正解决问题，也就不可能取得好的效果。因此，学习实践载体的确定十分重要。

学校党委确定学习实践载体考虑的背景因素主要有：一是中央开展学习实践科学发展观活动的目的，就是要解决各单位如何实现科学发展上水平的问题，二是学校提出走内涵式发展道路，各项改革已逐渐进入深水区，体制机制创新成为掣肘的关键问题；三是学校在创建研究型大学的进程中，要不要突出“三海一核”特色的问题，部分干部师生开始产生怀疑。为此，学校党委确定了“强化体制机制创新，加快内涵式发展；突出‘三海一核’特色，创建研究型大学”的学习实践载体，这一实践载体把学校科学发展上水平的关键要素锁定在了创新和内涵式、特色和研究型上。

为了让广大干部师生充分认识到学校党委确定这样一个学习实践载体的正确性，不仅需要决策层通过会议讲话去引导广大干部师生的认识，还需要发挥媒体的作用去帮助广大干部师生理解，为此，刊发评论是十分必要的。评论开篇以学习实践活动启动大会切入，在对学校党委确定的实践载体进行“述”的基础上，对这是一个什么样的实践载体进行了“评”；然后对确定实践载体的重要性和确定这样一个实践载体的重要意义进行了“评”和“论”；第三，紧紧抓住这一学习实践载体的一对关键词“创新和内涵式”，对“创新”和“内涵式发展”的必要性以及应该怎样强化体制机制创新、怎样加快内涵式发展进行了深入的“论”；第四，紧紧抓住这一学习实践载体的另一对关键词“特色和研究型”，对“特色”的作用与突出特色的必要性以及应该如何突出“三海一核”特色，对在“三海一核”特色下创建研究型大学的必要性以及应该如何创建有特色的研究型大学分别进行了深入的“论”；最后，对全校干部师生理解、把握实践载体的实质以及应该如何围绕这一实践载体开展学习实践活动并达到最终的目标提出了要求。

准确把握实践载体的深刻内涵

2009年3月20日

我校深入学习实践科学发展观活动于昨天正式启动，校长在动员大会上对我校的学习实践活动进行了全面动员和部署，提出我校学习实践科学发展观活动必须紧紧围绕“强化体制机制创新，加快内涵式发展；突出‘三海一核’特色，创建研究型大学”这一实践载体进行。这一实践载体，充分体现了“科学发展上水平”是学习实践科学发展观活动的重中之重这一核心目标，充分体现了我校贯彻落实科学发展观的基本思路和重大举措，符合科学发展观的要求和我校当前发展的阶段性特征。准确把握这一实践载体的深刻内涵，是确保我校学习实践科学发展观活动深入开展、取得实效的关键所在。

凝练和确定既符合实际又有特色的活动载体，是我们在学习实践科学发展观活动中，能不能集中精力、集中智慧、集中力量真正解决学校发展过程中存在的突出问题的关键。我校确定的“强化体制机制创新，加快内涵式发展；突出‘三海一核’特色，创建研究型大学”这个实践载体，锁定在学校科学发展的模式和科学发展的目标上，突出了我校科学发展上水平的关键要素——创新和内涵式、特色和研究型，充分体现了校党委对影响学校科学发展的关键问题的深刻认识，对实现学校科学发展的目标和道路的深刻把握。确定这样一个实践载体，将更加有助于推进制度创新，构建符合研究型大学建设的现代大学制度体系，加快学校的内涵式发展步伐，提升学校的人才培养质量、科学研究水平和社会服务能力；更加有助于突出办学特色，增强学校在“三海一核”领域的核心竞争力，加速推进特色鲜明的高水平研究型大学建设。一句话，就是更加有助于集中精力、集中智慧、集中力量解决学校发展上水平过程中的关键问题。

创新是大学发展进步的强大动力。大学的发展，归根结底取决于大学人、大学人的行为模式，而制度是决定行为模式最直接、最现实的因素。强化创新，以改革创新精神继续推进发展模式的转换，是实现科学发展的根本保障。站在新的历史起点上，只有按照科学发展观的要求，不断强化体制机制创新，才能更有效地解决学校发展过程中遇到的困难和突出问题，加快学校内涵式发展的步伐。强化体制机制创新，就是要在科学总结我校十年来管理体制与运行机制改革中取得的成功经验的基础上，更科学地界定我校内部组织结构中各权力主体的责、权、利关系，建立健全符合科学发展观要求的、与创新发展相适应的完善的管理制度体系，构建满足研究型大学建设需要、能够加快推进学校内涵式发展的工作制度。内涵式发展，是学校贯彻落实科学发展观的本质要求，是我们实现科学发展的根本途径。加快内涵式发展，就是要加速推进以提高精英人才培养质量、科学研究水平和社会服务能力为根本目的的发展，就是要加速推进以不断蓄积学校人才之势、学科之势、可持续发展之势为根本要求的发展，就是要加速推进以构建研究型大学基本框架的“六大体系”建设为重点的发展。我们要始终按照科学发展观的要求，进一步增强使命感、责任感和紧迫感，不断强化体制创新、机制创新和管理创新，以基层学术组织改革为突破口，积极构建现代大学制度，充分调动广大师生员工的积极性和主动性，激发蕴藏在广大师生员工中的内在潜力和活力，不断增强创新发展的动力，加快内涵式发展的步伐，使学校建设步入科学发展的快车道。

特色是大学的核心竞争力所在。我校自哈军工以来，在船舶工业、海军装备、海洋开发和核能应用等国家战略性领域作出了独有的重大贡献，产生了独特的竞争优势，形成了“三海一核”办学特色。突出特色，以特色发展促进跨越式发展，是实现科学发展的核心目标。站在新的历史起点上，只有按照科学发展观的要求，进一步突出“三海一核”特色，才能不断增强学校的核心竞争力，推动学校跨越式发展，实现创建特色鲜明的高水平研究型大学的奋斗目标。突出“三海一核”特色，就是要继续突出“三海一核”在我校服务领域中的主体地位，就是要继续坚持把“三海一核”特色办学理念作为学校的办学方略，就是要继续坚持把“三海一核”特色建设与创新型学科体系建设结合起来，进一步增强我们在“三海一核”领域的核心竞争力，不断提升我校学科（专业）体系的整体实力，实现学校的跨越式发展。创建研究型大学，是学校发展的奋斗目标，这个目标是在“三海一核”特色下的目标，离开了“三海一核”特色，我们的研究型就会迷失方向，成为没有目标的研究型；就会丧失优势，成为缺乏竞争力的研究型，我们就不可能建成高水平的研究型大学。我们要始终按照科学发展观的要求，把创建研究型大学作为实现科学发展的标志，在追求整体实力提升的同时，更加主动地面向“三海一核”领域的国家需要和社会需求，聚焦特色能力和核心竞争力，着力打造一支“三海一核”领域的高端人才队伍，着力创造一批显示“三海一核”领域科学研究能力的标志性成果，着力培育“三海一核”领域的行业领军人才，为创建特色鲜明的高水平研究型大学奠定坚实基础。

我校学习实践科学发展观活动的实践载体的内涵，可以更简略地表述为“以创新发展促内涵式发展，以特色发展促跨越式发展”。全校各级党组织和广大党员干部，要准确理解这个实践载体的深刻内涵，牢牢把握这个实践载体的根本要求，每一个阶段的学习实践活动都要紧紧围绕这个实践载体来展开，充分发挥这个实践载体在整个学习实践活动过程中的重要作用，确保学习实践活动高标准、高质量开展，确保学习实践活动取得实实在在的效果，切实把学习实践活动的成果和科学发展观的要求转化为体制机制创新、加快内涵式发展的强大动力，转化为突出“三海一核”特色、创建研究型大学的政策举措，为实现工业化、信息化和国防现代化做出新的更大贡献。

案例二 2010 寒假工作会评论

思路思语

这次工作会是 2 月下旬召开的，会议专题研究了如何推进办学国际化问题。每年的寒暑假，学校都要拿出两天时间来，就办学中的某一重要问题进行专门研讨。为了引导广大干部师生进一步深入学习和正确领会假期工作会精神，更好地贯彻落实假期工作会精神，会后校报都要刊发评论，这已形成惯例。

学校发展历史上在国际化办学方面取得过一定的成绩，这次假期工作会专门研讨办学国际化问题，实际上是学校党委对这一问题有了新的思考和认识，会议成为学校推进办学国际化的一个新的起点，为此，评论确定了《开启国际化办学的新里程》的主题。

评论开篇即对会议为什么要研究这一问题进行了“论”，这涉及学校党委对这一问题认识的高度和深度，虽然语言简洁凝练，但认识必须准确到位；然后在对党委书记和校长讲话或报告的主要思想分别进行“述”的基础上，分别对讲话或报告的主要思想进行实事求是、客观准确、符合各自身份定位的“评”；同时，对会议发言和讨论情况进行客观的“述”和有针对性的“评”。

第二，从学校国际化办学的历史发展进程切入，对加快推进国际化办学的必要性和重要意义进行了“评”；从大学面临的国际国内竞争和学校国际化办学存在的问题切入，对进一步推进国际化办学的必要性和基本要求进行了“论”。

第三，从 4 个方面对开启国际化办学新里程应该做些什么进行了论证：一是提出了“要紧紧抓住学科专业建设这个核心问题，把提升学科专业建设的能力和水平作为推进国际化办学的根本目的”的论点，并对应该如何抓住学科专业这个核心推进国际化办学，提升学科专业建设的能力和水平进行了深入的“论”；二是提出了“要紧紧抓住师资队伍国际化这个突破口，把打造高水平师资队伍作为推进国际化办学的关键环节”的论点，并对广大教师自身和各学院应该如何抓住师资队伍这个突破口推进国际化办学，打造一支具有国际化水平的师资队伍进行了深入的“论”；三是提出了“要紧紧抓住人才培养国际化和国际科技合作这个重点，着力破解大学国际化进程这一难题，通过项目化运作实现国际化办学持续健康发展”的论点，并对应该如何抓住人才培养和科学研究这个重点，通过项目化运作推进国际化办学，着力培养具有国际竞争能力的高素质创新人才、培育代表世界先进水平的科技成果进行了深入的“论”；四是提出了“要把国际化办学提升到学校战略层面，加快制定推进国际化进程的发展规划，构建满足国际化办学需要的体制和机制”的论点，并对应该如何把国际化办学提升到战略层面、应该如何使规划落地以及构建什么样的体制机制和怎样构建这样的体制机制进行了深入的“论”。从战略层面上讲，这 4 个方面是对推进办学国际化的一个系统思考，构成了本篇评论的核心内容。提出这 4 个方面的论点，既是系统思维和工程思维共同作用的结果，还需要准确把握大学的办学规律和国际化办学的目的、科学判断学校面临的形势和当前的实际状况。最后，评论从新的一年肩负的主要任务切入，表达了对学习贯彻本次会议精神、做好当年工作应该怎么办的信心。

开启国际化办学的新里程

2010 年 3 月 5 日

刚刚闭幕的寒假工作会议，从高水平研究型大学建设重要标志和内涵建设与内涵式发展重要组成部分的战略高度，专题研究了我校推进办学国际化进程的问题。这次会议上，党委书记强调，各级领导干部要进一步提高干事创业的能力，加快推进我校办学的国际化进程，不断开创国际交流与合作的新局面。这是学校党委立足高等教育国际化这一大背景、大趋势，从创建高水平研究型大学的迫切要求和推进国际化办学可持续发展的高度作出的重要决策。校长所作的专题报告，从国内外、校内外高等教育国际化发展的历程和经验，从借鉴与创新的角度，深入分析了大学国际化的基本特征和发展规律，明确提出了进一步推进我校国际化办学进程的理念、目标、思路和举措，为我校开启国际化办学的新里程奠定了重要的思想基础。

在这次会议上，×××、×××还分别就人才培养国际化和国际科技合作作了专题发言，2 个机关职能部门、15 个院（系）的负责人作了关于国际化办学及相关工作的汇报，提出了许多有价值的意见和建议。这些发言和汇报，既充分总结了学校近年来在推进国际化办学进程中卓有成效的实践和取得的成绩与经验，又深刻分析了我校在办学国际化进程中面临的困难和挑战，体现了学校各有关负责人对办学国际化的深度思考，标志着校院（系）两级领导班子驾驭研究型大学建设的能力提升到了一个新的水平。

大学的国际化是增强高等学校自身办学实力和核心竞争力的必然要求，加快推进办学国际化进程，也是我校研究型大学建设真正实现高水平的必由之路，是学校深化内涵建设、走内涵式发展道路的必然选择。

学校在“哈军工”时期，在苏联顾问团的指导下，将苏联的办学模式与具有时代特征的中国元素相结合，汇聚大批留学苏联的教师和一批有海外留学经历的大师，使学校迅速发展成为一所享誉海内外、为国家发展和国防科技事业做出突出贡献的一流大学。“×××”时期，学校派出了一批中青年骨干教师出国学习，培育了一批高水平的学术带头人，为学校今天的发展奠定了重要基础。××大学时期，学校进一步加大了国际交流与合作的力度。近年来，特别是二次党代会以来，学校在师资队伍、人才培养、科技合作、学术交流、干部培训等方面大力推进国际化进程，对学校深化内涵建设、促进内涵式发展起到了重要的支撑作用。这些成绩和经验，对于我们进一步理清国际化办学的思路，加快推进国际化办学进程，具有重要的意义。

面对国家层面对高等教育国际化的新要求，学校应对新一轮高等教育分级化趋势和国际、国内大学之间激烈竞争的新形势，以及进一步增强我校综合办学实力和核心竞争力的新任务，我们在推进国际化办学的思想理念、目标定位、组织管理、体制机制等方面还存在许多制约国际化进程持续健康发展的问题。这就需要我们在看到学校国际化进程中取得诸多成绩的同时，还要看到学校与国外大学以及国内一流大学之间的差距。解决这些问题，还需要我们拿出一种拼劲儿和干劲儿，对国际化办学作更深刻的理性思考和更深入的实践探索，以这次寒假工作会议为新的起点，做好推进国际化办学进程的规划，采取切实有效的措施，各机关职能部门、各院系和全体师生密切配合，共同开启学校国际化办学的新里程。

开启国际化办学的新里程，要紧紧抓住学科专业建设这个核心问题，把提升学科专业建设的能力和水平作为推进国际化办学的根本目的。大学的国际化，核心是学科专业建设的国际化。要把我们的学科专业放到国际水平这个大坐标系中去衡量，特别是“三海一核”领域的特色优势学科专业，必须以国际一流水平作为参照系，瞄准国际学术科技前沿，以国际上该领域学科专业的最高水平为目标，认真思考我们在学术水平、教育理念、课程体系、教学方法等方面与竞争对手的差距以及这些差距具体是什么、有多大，要缩小与国际水平的差距我们要解决哪些问题，进而明确我们在国际化进程中应该做些什么，如何通过若干年的艰苦努力、埋头苦干，借助国际化这个大平台，使我们以“三海一核”为核心的特色学科专业体系真正达到国内一流乃至国际一流的水平，真正实现能力和水平的整体升级。

开启国际化办学的新里程，要紧紧抓住师资队伍国际化这个突破口，把打造高水平师资队伍作为推进国际化办学的关键环节。大学的国际化，离不开师资队伍的国际化，教师是大学国际化进程的最终承担者。我们广大教师要以强烈的责任感和使命感，把学校国际化的进程作为发展自己、提升自己的重要机遇，充分利用国际化这个大平台，凝魂聚气、强基固本，不断增强在国际舞台上与国际一流大师交流对话的信心和勇气，努力争取在国际同行中的话语权，进而赢得我们自身发展的主动权。学校各相关部门、各院系都要为广大教师走向国际大舞台提供更多的信息和资源，创造各种有利的条件，着力打造一支满足研究型大学建设和内涵式发展要求的国际化师资队伍。

开启国际化办学的新里程，要紧紧抓住人才培养国际化和国际科技合作这个重点，着力破解大学国际化进程这一难题，通过项目化运作实现我校国际化办学的持续健康发展。大学的国际化，就是要实现人才培养和科学研究的国际化。一所高水平、国际化的大学，就应该培养出具有国际视野和国际竞争力的学生，产出代表国际科技水平的研究成果。我们要在人才培养和科学研究的国际化进程中，把工作的思路变成一个个可操作的项目去落实，通过国际科技合作项目、“111 计划”创新引智基地、国际教育合作项目、举办国际会议等，集成各方面资源，集中各方面力量，集聚各方面优势，形成全方位推进国际化办学的整体效应，着力培养具有全球视野、开放姿态、跨文化沟通和国际竞争能力的高素质创新人才，进一步通过国际科技合作提升学校引进消化吸收再创新以及集成创新直至原始创新的能力，着力培育代表世界先进水平并满足国家和国防战略需求的科技成果。

开启国际化办学的新里程，要把国际化办学提升到学校战略层面，加快制定推进我校国际化进程的发展规划，构建满足国际化办学需要的体制和机制。大学的国际化，已成为国际国内一流大学发展战略的重要组成部分。当前，我校国际化进程正处于初级阶段，我们要从创建高水平研究型大学的战略高度，抓紧制定国际化办学规划，不断总结近年来学校在国际化办学中的新实践，提炼学校在国际化办学中的新经验，进一步深化对国际化办学规律的认识，将学校在国际化办学进程中零散的突破系统化、感性的认识理性化、成熟的做法制度化，使规划成为学校进一步推进国际化办学的行动指南，成为从理念、战略层面向思路、举措和战术层面转移的纽带。国际化不是全盘西化，我们要逐步构建以学校为主导，院系、基层学术组织和广大教师为主体的国际交流与合作新格局。学校层面主要把握国际化办学的发展方向，机关部门要在具体工作上及时指导，在政策上对院系、教师给予大力支持，要坚持眼睛向下、重心下移，要加大力度、加快速度，要重点突破、全面推进，探索一条具有××大学特色的国际化发展道路，实现学校办学国际化进程的持续健康发展。

新的一年赋予新的任务，新的起点承载新的使命。2010年，是学校全面完成“十一五”规划任务的决胜之年，是完成“三步走”战略第一步战略目标、构建研究型大学基本框架的收官之年，也是制定“十二五”规划、为今后发展奠定重要基础的关键一年。今年的工作任务十分繁重。让我们在校党委的坚强领导下，认真贯彻落实这次寒假工作会议精神，以更加积极的姿态，更加科学的方法，更加扎实的作风，更加坚定的信念，尽心竭力做好2010年的各项工作，奋力前进、自我加压、只争朝夕，着力推动学校各项事业迈出科学发展新步伐，不断开创研究型大学建设的新局面。

案例三 2010暑假工作会评论

思路思语

这次工作会是2010年8月下旬召开的，会议对学校如何深入学习贯彻《国家中长期教育改革和发展规划纲要》进行了专门研讨。学校曾多次对提升办学水平、提高人才培养质量进行过研究，这次假期工作会就学习贯彻国家中长期教育改革和发展规划纲要进行专题研讨，始终将目光聚焦在提升办学水平和人才培养质量上，为此，评论确定了《始终坚持以提升办学水平和人才培养质量为根本》的主题。

评论开篇从会议研讨内容切入，分别对党委书记在会上的讲话和校长的报告进行了高度概括性的“述”和客观准确、实事求是、符合身份定位的“评”；同时，对会议研讨情况进行了客观的“述”和符合学校发展实际状况的“评”。

第二，提出了“人才培养是高等学校办学的根本使命，提高人才培养质量是高等学校办学的根本任务”与“人才培养质量的高低也是衡量高等学校办学水平的根本标志，是形成大学办学品牌的最核心要素”的观点。从学校已经取得的成绩和提升办学水平与人才培养质量始终是我们的终极目标和不懈追求切入，对我们面对提升办学水平和人才培养质量这一复杂的系统工程下一步应该做什么、怎么做进行了深入的“论”，并得出结论：通过系统梳理找出促进和制约“提升”的所有因素，并对制约因素予以坚决排除，这是我们贯彻落实《规划纲要》，进一步“提升”的基础和前提。

第三，提出了“提升办学水平和人才培养质量，要把《规划纲要》落到实处，做到‘规定动作要狠、跟进动作要快、续行项目要实、创新项目要准、特色项目要重’”的观点，并结合学校实际对如何做到规定动作要狠、跟进动作要快、续行项目要实、创新项目要准、特色项目要重进行了深入的“论”，并得出结论：这是我们贯彻落实《规划纲要》，进一步“提升”的基本思路和方法路径。

第四，提出了“提升办学水平和人才培养质量，关键在教师、根本靠教师”的观点，并结合学校教师队伍建设实际，对从学校层面应如何提升教师队伍素质和教师自身层面、应如何把自己培养成为优秀教师以提升办学水平和人才培养质量分别进行了深入的“论”，并得出结论：这是我们贯彻落实《规划纲要》，进一步“提升”的主要抓手和关键所在。

最后，从提升办学水平和人才培养质量对广大干部师生的要求出发，对应该如何做进行了“论”，表达了对实现目标的信心和决心。

从总体上看，本篇评论的关键在于提出的三个核心观点。第一个观点回答了对“主题”提出的“提升”的认识，即“是什么?”，以及基于这样的认识要“做什么?”；第二个观点回答了实现“主题”提出的“提升”要“怎么做?”，即“提升”的思路、方法、路径；第三个观点回答了实现“主题”提出的“提升”的“着力点在哪里?”，即“提升”的抓手和关键。能够把这三个核心观点解析透了，以评论促管理的目的也就达到了。

始终坚持以提升办学水平和人才培养质量为根本

2010年8月27日

刚刚结束的2届14次全委会和暑假工作会，站在进一步提升办学水平和人才培养质量的使命高度，就如何深入学习贯彻《国家中长期教育改革和发展规划纲要（2010－2020）》进行了专题研讨。党委书记强调，要把学习贯彻全国教育工作会议精神和《规划纲要》作为当前和今后一个时期的重要战略任务，始终坚持以提升办学水平和人才培养质量为根本，进一步谋划好学校未来5年、10年的发展。这是学校党委为贯彻落实中央决策部署、继续深入推进内涵式发展、坚定不移研究型大学发展目标向全校师生发出的政治号召。校长所作的专题报告，紧密联系高等教育的发展形势和分级化趋势，紧密结合学校多年的办学实践、取得的办学经验和所作的深入思考，站在实现高水平研究型大学宏伟目标的战略高度，对如何进一步提升我校办学水平和人才培养质量的理念、目标、思路和举措进行了系统梳理，为贯彻落实《规划纲要》奠定了基础、指明了方向。

在这次会议上，×××、×××还分别结合各自的学习体会，就如何打造学校人才培养品牌、教学工作如何贯彻落实《规划纲要》作了专题发言，5个机关职能部门、7个院系的负责人围绕“提升办学水平、提高人才培养质量”这一主题作了发言和汇报，全体副处级以上干部分成5个小组进行了认真研讨和交流，提出了许多有价值的意见和建议。这些发言、汇报、研讨和交流，既充分总结了学校近年来在提升办学水平和人才培养质量方面卓有成效的实践和取得的成绩与经验，又深刻分析了我校在提升办学水平和人才培养质量方面存在的问题和面临的困难与挑战，体现了学校各有关负责人对办学规律与人才培养规律的深度思考，体现了校院（系）两级领导班子始终坚持以提升办学水平和人才培养质量为根本的高度使命感和责任感，标志着学校领导班子抢抓战略机遇的意识和能力显著提升。

人才培养是高等学校办学的根本使命，提高人才培养质量是高等学校办学的根本任务。人才培养质量的高低也是衡量高等学校办学水平的根本标志，是形成大学办学品牌的最核心要素。学校自二次党代会以来，按照研究型大学目标、“三步走”战略步骤，着力推进“人才强校”等四大战略，着力构建精英教育体系等六大体系，学校的办学水平和培养质量不断提升。但是，无论是着眼于当前还是长远，提升办学水平和培养质量始终是我们的终极目标和不懈追求，也是我们学习贯彻《规划纲要》的根本目的。面对提升办学水平和人才培养质量这一复杂的系统工程，需要我们从《规划纲要》的战略目标和工作方针出发，对提升办学水平和质量这一核心任务有更加系统全面的认识和把握；需要从学校到机关职能部门、各院（系）等不同层面，对这一系统工程有深刻的规律性认识和把握；需要对影响我们办学水平与人才培养质量提升的所有因素进行深入研究和系统梳理。通过深入研究和系统梳理，找出是哪些因素促进了水平和质量的提升，在今后的办学过程中对这些因素要进一步加强；是哪些因素制约或阻碍了水平和质量的提升，在今后的办学过程中对这些因素要坚决消除。学校各层次人员必须在一项一项系统排查的基础上，对影响水平和质量提升的促进因素和制约因素做到心中有数，并制定出明确的目标任务分解图和障碍排除时间表，无论是学校哪一层级的制约与阻碍因素，都要坚决予以逐一排除。这是我们贯彻落实《规划纲要》，进一步提升办学水平和人才培养质量的基础和前提。

提升办学水平和人才培养质量，就要把《规划纲要》落到实处，使之在学校落地生根，真正指导我们的办学实践。贯彻落实《规划纲要》，我们必须做到“规定动作要狠、跟进动作要快、续行项目要实、创新项目要准、特色项目要重”。规定动作要狠，就是《规划纲要》明确的如“教授为本科生授课”等一系列规定动作必须作为制度得到坚决贯彻执行；跟进动作要快，就是对《规划纲要》中提出的如“实施中西部高等教育振兴计划、支持建设一批高等学校产学研基地”等一系列重大项目，必须要在密切关注的基础上快速跟进；续行项目要实，就是《规划纲要》中明确要继续实施的“211工程”“本科教学质量与教学改革工程”“研究生教育创新计划”“高层次创新人才计划”等一系列工程或计划，必须要做实，要对以往的实施过程进行系统反思，一个项目一个项目去落实，务必保证每一个项目都能真正产生实际效果；创新项目要准，就是《规划纲要》中提出的“创新人才培养体制、教育管理体制”等要找准创新的力点和作用点，使我们的每一项改革和创新能够真正解决问题，能够最终消除制约办学水平提升和人才培养质量提高的制度性障碍；特色项目要重，就是《规划纲要》中提出的“优化结构办出特色”要具体体现到学校、学院的不同层面，要在全校形成特色办学的共识，得到师生员工的普遍重视，对已明确的特色项目出拳要重，要下真功夫，如“可靠顶用”是我校人才培养目标的特色定位，这一定位不能仅仅停留在学校理念层面，要系统分解并落实到各个操作层面，要有具体的可操作性标准，要在我们的培养方案和培养过程中体现出这一特色。这是我们贯彻落实《规划纲要》，进一步提升办学水平和人才培养质量的基本思路和方法路径。

提升办学水平和人才培养质量，关键在教师、根本靠教师。教师是办学水平提升与培养质量提高的最终决定因素，也是办学诸要素中最具活力的要素。只有有了一流的教师，才会有一流的学科（专业），才会有一流的大学，才能培养出一流的人才。我们必须把师资队伍建设放到更加突出的位置抓紧抓好，既要着力解决高端领军人才匮乏的问题；又要加快推进学校的人事与分配制度改革，切实解决现有教师的工作积极性和主动性问题，把广大教师的业务能力提升上来，工作潜能激发出来。同时，广大教师更要自觉承担起教书育人的神圣使命，始终把提升办学水平和提高人才培养质量作为自己的根本职责，把个人发展与学校的发展、学生的成长紧密结合起来，自觉践行以“忠诚”为灵魂、以“工学”为境界、以“海防”为特色的校园文化价值观，把自己锻造成为满足研究型大学建设和高素质创新型人才培养的优秀教师。这是我们贯彻落实《规划纲要》，进一步提升办学水平和人才培养质量的主要抓手和关键所在。

师资队伍建设绝非一朝一夕之功，提升办学水平和人才培养质量不可能一蹴而就，高水平研究型大学更不可能在短时间内建成，这些都需要我们付出艰苦的努力，踏踏实实、一步一个脚印，既要有敢打攻坚战的决心，也要有善打持久战的恒心，更要有能打胜利仗的信心；要着力在办学理念的工程化上得到破解，着力在队伍建设的关键点上实现突破，着力在改革创新的根本点上向前推动。只要我们全校师生员工以“求真”的精神和“求善”的境界，咬定青山不放松，“可靠顶用”的精英人才培养品牌、创建研究型大学的宏伟事业，十年乃成、百年必成！

案例四 ║ 2011 寒假工作会评论

思路思语

这次工作会议是 2011 年 2 月下旬召开的，会议对“十一五”发展情况进行了总结、对“十二五”发展规划进行了研究。2011 年这次会议的主要背景是，学校“十一五”虽然取得了较大的发展成绩，但在上级主管部门办学水平提升工程评估中，与部属 7 校相比仍处于下游，一些办学的关键性指标仍有较大差距。在会议研讨过程中，部分干部师生明显产生了信心不足、对建设研究型大学产生怀疑的情绪，甚至有个别领导干部也是看到问题多、不足多、差距大，对学校未来何去何从产生了困惑。在这种情况下，利用媒体刊发评论的目的，就是要以评论的形式，进一步统一干部师生的思想认识，进一步坚定干部师生的信心，为此，评论确定了《坚定信心、蓄势奋进，矢志追求研究型大学目标》的主题。

开篇从会议面临的形势和研讨的内容切入，对党委书记和校长在会上的讲话和报告的中心思想进行了高度概括和高度凝练的“述”和适应当前形势、满足当前要求、符合身份定位的实事求是的“评”。同时，对会议发言、研讨、交流的情况进行了客观的“述”，并站在两个 5 年发展交汇点的角度和怎样办大学以及各级领导班子办学兴校能力的高度进行了深刻的“评”。

第二，对学校“十一五”以来发展的总体状况以及从顶层设计、实际行动、建设成效等方面对“十一五”以来取得的成绩进行了实事求是的充分的概括性总结，并以此证明“十一五”以来学校确定的研究型大学目标和内涵式发展道路是正确的，对应该坚定信心、矢志追求这一目标，对有信心、有决心实现这一目标进行了结论性的“论”。

第三，从 3 个方面对未来应该如何矢志追求研究型大学目标进行了论证：一是提出了“矢志追求研究型大学目标，就要紧紧抓住‘十二五’这个重要战略机遇期，努力实现科学发展新跨越”的观点，从学校及各院系正在制定和完善“十二五”规划切入，对如何实现校院规划、总规划与专项规划的衔接和应该如何促进规划的落地以及在这一过程中对各方面、各层次人员应该有什么具体的要求进行了深入的“论”。二是提出了“矢志追求高水平研究型大学目标，就要紧紧抓住特色学科专业体系建设这个核心，不断提升学校内涵发展的能力”的观点，从学校学科规划的实际状况切入，对已经完成这一规划的意义从学科建设的前景与困难角度进行了“评”；从学科建设的瓶颈问题与关键症结切入，对要解决推进学科建设的核心问题就应该加强师资队伍建设以及如何加强进行了深入的“论”。三是提出了“矢志追求高水平研究型大学目标，就要继续坚持蓄势期远的战略思维、牢固树立只争朝夕的进取精神和争先进位的发展情怀，不断增强建设研究型大学的内在动力”的观点，从研究型大学建设是一个漫长过程切入，对坚持蓄势期远的战略思维和树立只争朝夕的进取精神的必要性分别进行了“论”。

最后，从本年面临的形势和任务切入，表达了对实现研究型大学目标、完成本年发展任务的信心和决心。

从总体上看，本篇评论的关键在于回答三个问题：一是回答学校在研究型大学建设这条道路上都“做了些什么”、“做得怎么样”，这是要回答“为何能够坚定信心”，即“信心来自哪里”的问题；二是回答学校在研究型大学建设这条道路上“还要做什么”、“怎么做”，这是要回答“如何坚定信心”与“如何矢志追求”的问题；三是回答学校在矢志追求研究型大学目标的过程中，接下来“最为重要的问题是什么”，即“抓机遇、提能力、振精神”的问题。对这三个问题的回答，是学校在研究型大学建设中实施有效管理的迫切需要。

坚定信心　蓄势奋进　矢志追求研究型大学目标

2011 年 3 月 4 日

刚刚闭幕的寒假工作会议，站在“十一五”与“十二五”、二次党代会与三次党代会两个交汇点上，就深入总结“十一五”、科学谋划“十二五”进行了专题研讨。党委书记在会议的总结讲话中强调，要用科学发展观审视过去、谋划未来、推动工作，科学认识学校发展的成绩与问题、科学谋划学校发展的蓝图与模式、科学设计学校发展的动力机制和评价体系。这是学校党委站在新的历史起点上，为加快学校科学发展新步伐、实现科学发展新跨越向全校师生提出的政治要求。讲话贯穿了科学发展观思想，为学校即将召开的第三次党代会奠定了重要的政治思想基础，对学校未来发展具有纲领性指导意义。校长所作的专题报告，紧密结合学校发展的历史进程和兄弟院校的发展状况，紧密结合学校“十一五”以来的办学实践、取得的办学成效和所作的探索与思考，以高度的政治责任感和历史使命感，对学校未来五年的发展目标、发展模式和主要任务进行了系统阐释，对今年的工作进行了全面部署，为学校加快创建高水平研究型大学进一步指明了方向。

在这次会议上，×××等5位校领导还分别结合各自分管的工作，就“十一五”取得的成绩、存在的问题和“十二五”工作的思路、举措等作了专题发言。5个学院院长围绕“总结‘十一五’、谋划‘十二五’”作了发言和汇报，全体副处级以上干部分成5个小组围绕会议主题进行了广泛、深入的交流和研讨。这些发言、汇报、研讨和交流，既充分总结和肯定了学校过去5年卓有成效的办学实践和取得的成绩与经验，又实事求是地指出了学校与兄弟院校之间存在的差距和不足，认真查找了学校发展进程中存在的问题和面临的困难与挑战，深刻分析了问题的成因和解决问题的思路和办法。这是学校站在“两个交汇点”上对“办什么样的大学”和“怎样办好这样的大学”这一根本问题的再认识和再思考，充分体现了校院两级领导班子和广大干部的危机意识和发展意识，体现了校院两级领导班子和广大干部的高度使命感和责任感，体现了校院两级领导班子和广大干部对影响办学水平提升这一核心问题的深度思考和理性追问，标志着校院两级领导班子和广大干部抢抓战略机遇、驾驭研究型大学建设的能力不断提升。

“十一五”以来，学校按照二次党代会确定的目标和方向，加速推进人才强校等四大战略，着力构建精英教育体系等六大体系，研究型大学框架基本形成，三步走战略第一步目标基本实现。经过5年来坚持不懈的探索和实践，在顶层设计上，学校对发展蓝图的描绘更加清晰、对办学规律的理解和把握更加准确、研究型大学建设的思路更加成熟；在实际行动上，对“三海一核”特色学科专业体系的建设更加自觉，精英人才培养体系的构建更加主动，发展顶天立地的科学研究更加明确；在建设成效上，与“十五”相比，国家级教学名师、国家级精品课、国家级实验教学示范中心、全国优博论文（含提名）等表征办学水平和人才培养质量的标志性成果取得历史性突破，专任教师数量及博士化率迅速攀升；与兄弟院校相比，在国家自然科学基金立项、授权发明专利、科研经费到款、学位留学生人才培养等诸多方面均取得了明显的相对进步，发展的速度和水平都有了显著提升。“十一五”的发展实践证明，二次党代会提出的创建特色鲜明的高水平研究型大学奋斗目标是完全正确的，学校确定的内涵建设与内涵式发展道路是完全正确的，建设高水平研究型大学是我们必须坚定信心、矢志不渝的追求；“十一五”的发展成就证明，尽管在研究型大学建设进程中还面临许多困难和一系列亟待解决的问题，但只要我们始终坚定不移，团结一心、众志成城，建设高水平研究型大学的目标就一定能够实现，我们有这个信心，也有这个决心。

矢志追求高水平研究型大学目标，就要紧紧抓住“十二五”这个重要战略机遇期，努力实现科学发展新跨越。当前，学校有关部门正在制定“十二五”各专项规划、各院系也正在完善各自的“十二五”规划。这些规划是推进未来五年各方面工作的指南针和领航图，必须同学校“十二五”事业发展的总体规划和学科建设规划实现有效衔接，使学校的总体规划和学科建设规划在本科生和研究生培养、师资队伍建设、科学研究等专项规划中得以落地，在各院系制定的“十二五”规划中得以落地，使这些规划在广大干部师生中得以落地，成为指导广大干部师生未来行动的路线图，指引并调整干部师生的思想和行动。这就要求我们在制定各专项规划和完善各院系规划时，要对学校“十二五”事业发展总体规划进行认真分解，准确把握学校对各专项工作和学院工作的具体目标要求是什么，清楚地了解自身在发展进程中面临什么样的形势和机遇，我们面对的竞争对手的情况怎样，我们的优势有哪些，促进发展和阻碍发展的因素分别是什么，需要着力解决的瓶颈问题和思路举措是什么，只有这样，我们的规划才能转化为可行的行动方案，才能转化为师生的具体行动，才能抓住“十二五”这个重要机遇期，实现学校科学发展的新跨越。

矢志追求高水平研究型大学目标，就要紧紧抓住特色学科专业体系建设这个核心，不断提升学校内涵发展的能力。当前，学校已经完成“十二五”学科建设的规划工作，提出了以一级学科进行建设的思路、重点建设“5+1”项目、以学科方向为着力点，建立校、院和学科方向团队的三级管理体制。这个凝聚着学校上下多年思考、探索和实践的学科规划，既让我们看到了学校特色学科专业体系建设的光明前景，同时也让我们看到了特色学科专业体系建设的复杂性、长期性和艰巨性。在我们的特色学科专业体系建设过程中，所有问题最终都将聚焦于高水平领军人才和高水平创新团队缺乏这一瓶颈问题，都将指向高水平原创性科技成果产出乏力这一关键症结，这些问题和症结的核心是师资队伍建设问题。这就要求我们在深化内涵建设、推进内涵式发展进程中，必须始终抓住师资队伍建设这个牛鼻子，牢固树立并创造性地践行“人才资源是第一资源”的理念，通过引培并举，加速推进实施“兴海人才工程”“智海提升工程”“碧海创新工程”三大工程，始终致力于解决高端领军人才短缺问题，始终致力于解决高水平科研成果产出问题，只有这样才能不断提升学校内涵发展的能力。

矢志追求高水平研究型大学目标，就要继续坚持蓄势期远的战略思维、牢固树立只争朝夕的进取精神和争先进位的发展情怀，不断增强建设研究型大学的内在动力。研究型大学建设是一段漫长历程，不可能一蹴而就，也没有现成的经验可以照搬照抄，需要我们不断在探索中前进。这就要求我们必须继续坚持蓄势期远的战略思维，科学研判、准确把握当前学校发展的阶段性特征，一步一个脚印扎扎实实向前推进，不断蓄积学科之势、人才之势和跨越发展之势。同时，我们还必须牢固树立只争朝夕的进取精神和争先进位的发展情怀，坚定必胜信心，以××大学人特有的精神和毅力攻克一个又一个难关，加速推进研究型大学建设进程，以奋发有为的精神状态，不断超越自己，赶超别人，为研究型大学建设提供不竭的发展动力。

2011年，是国家全面实施教育改革和发展中长期规划的第一年，是“十二五”的重要开局之年，也是我校建设研究型大学第二步走战略的起步之年，发展的任务十分艰巨。让我们在校党委的坚强领导下，坚定信心、矢志追求、刻苦攻关、迎难而上，按照“四个坚定不移”的要求，以更加执着的努力，创造更加辉煌的业绩，向建党90周年献礼，迎接学校第三次党代会的召开。

案例五 ║ 2012 寒假工作会评论

思路思语

这次工作会于 2012 年 2 月下旬召开，会议研究了大学如何推进协同创新问题和国家即将实施的 2011 计划。这次会议的主要背景是，为了贯彻落实胡锦涛总书记在清华大学百年校庆大会上的重要讲话精神，教育部正会同财政部等部委即将实施“2011 计划”，以总书记讲话的年份命名计划名称，目的是大力推进协同创新，切实增强我国的自主创新能力，产出一批重大标志性创新成果。实施这一计划，对高校而言，是继“211 工程”“985 工程”之后面临的又一次重大战略机遇，如果抓住了这次机遇，就能够使学校的发展再上一个新台阶；如果丧失了这次机遇，学校就必然会在新一轮高等教育的激烈竞争中处于劣势。学校召开这次假期工作会，专门研究这一问题，一方面，希望以此为契机把学校与其他大院、大校、大厂、大所的合作提高到一个新的层次，把合作推进到一个新的深度，使合作水平迈上一个新的高度；另一方面，通过深化合作共同构建协同创新中心，为进入国家“2011 计划”做准备。在这种情况下，通过媒体刊发评论的目的，就是要让全校干部师生很好地理解国家实施“2011 计划”的重要意义，充分认识学校积极争取进入“2011 计划”的重要意义，真正明白进入“2011 计划”的关键在于学校自身推进协同创新的水平和层次，能否构建起大平台、产出大成果。为此，评论确定了《在更高水平更深层次上推进协同创新》的主题，以此来统一思想、凝聚共识。

开篇即用体现学校党委的认识高度到位的精炼、准确的管理语言，对召开这次会议的目的进行了精辟的“论”，这种概括需要有对形势的科学判断和对全局的准确把握。在对党委书记讲话和校长报告抓住其中心思想进行“述”和结合形势作出适应学校发展实际、符合各自身份定位、与讲话报告内容相符的“评”的基础上，还对这次会议发言、汇报、研讨和交流情况进行了客观的“述”，并从学校在协同创新方面取得的成绩、经验、教训以及各级领导班子对这一问题的认识、驾驭能力等角度，对会议交流研讨情况进行了实事求是的“评”。

第二，提出了开展协同创新必要性的观点，在对学校开展校内、校校、校企与学科协同的历程与成就进行“述”，对开展协同创新取得的成绩与经验的重要意义进行“评”的基础上，从发展面临的形势与制约协同创新持续发展的问题切入，提出了应该怎样做才能在更高水平更深层次上推进协同创新的观点。

第三，从 3 个方面对应该如何在更高水平更深层次上推进协同创新进行了“论”：一是提出了“在更高水平更深层次上推进协同创新，就要着眼于解决重大科学问题、满足国家重大战略需求”的观点，并对作出这一观点判断的重要性进行了“评”，对学校应该如何按照这一观点的要求去做进行了深入的“论”，并在此基础上得出结论：这是在更高水平更深层次上推进协同创新的重要基础，也是学校进入“2011 计划”的根本前提；二是提出了“在更高水平更深层次上推进协同创新，就要着眼于提升创新能力、培养创新人才”的观点，并对作出这一观点判断的重要性进行了“评”，对学校应该如何按照这一观点的要求去做进行了深入的“论”，并在此基础上得出结论：这是在更高水平更深层次上推进协同创新的重要标志，也是学校进入“2011 计划”的根本追求；三是提出了“在更高水平更深层次上推动协同创新，就要着眼于创新体制机制、激发创新潜能”的观点，并对做出这一观点判断的重要性进行了“评”，对学校应该如何按照这一观点的要求去做进行了深入的“论”，并在此基础上得出结论：这是在更高水平更深层次上推进协同创新的重要保障，也是学校进入“2011 计划”的力量源泉。

这里需要特别强调指出的是，无论是对作出以上 3 个方面观点判断的重要性进行“评”，还是对学校应该如何按照以上 3 方面观点的要求去做进行“论”，都需要对国家实施 2011 计划的形势背景、重大意义和根本目的，对协同创新的内涵及其规律，对学校当前的发展现状及其发展目标等有深刻的认识和把握，从这 3 个方面提出观点性判断本身也需要对协同创新与 2011 计划这两个事物的运行规律及其相互关系有深刻的认识和把握，需要对这两个方面的问题有系统的思考和实践经验的考量。否则，所“评”和所“论”都难以到位，甚至可能会说错话。

最后，仍然从本年面临的形势与任务切入，表达了对实现目标、完成任务的信心和决心。

从总体上看，本篇评论的关键在于回答三个问题：一是回答学校在开展协同创新上都“做了些什么”“取得了什么样的成绩”“还存在哪些问题”，并以此为基础进一步回答“为什么”还要继续推进协同创新，以及在一个“什么层次”上推进协同创新；二是回答学校在继续推进协同创新上“应该做什么”，以及“应该怎么做”；三是回答学校在继续推进协同创新上，从着重强调满足上层系统需求与本级系统需求出发，需要“做什么”“怎么做”才能满足这些需求。对这三个问题的解读，是满足学校在这一发展阶段上管理实践的需要，也是学校领导层继续推进这一工作、满足国家战略需求的需要。

在更高水平更深层次上推进协同创新

2012 年 3 月 2 日

刚刚闭幕的寒假工作会议，从全面贯彻落实三次党代会精神，加快推进向研究型大学转型升级，及时抢抓高等教育发展机遇的战略高度，专题研究了如何在更高水平更深层次上推进协同创新和即将实施的《高等学校创新能力提升计划》。党委书记在会议总结讲话中强调，协同创新是学校更好更快发展的必然选择，要紧紧抓住国家实施高等学校创新能力提升计划的重大战略机遇，使学校在较短时间内实现向更高层次迈进，完成向高水平研究型大学的转型升级。这是学校党委立足高等教育质量提升的根本要求和学校更好更快发展的迫切愿望作出的重大战略选择和重要战略决策。校长所作的专题报告，深入分析了国家实施高等学校创新能力提升计划的背景、目的和意义，系统阐释了协同创新的内涵与目标，以及高校在推进协同创新中的作用与定位，全面回顾了我校开展协同创新的历程、取得的经验和存在的问题，对我校争取进入国家高等学校创新能力提升计划进行了部署，为学校在更高水平更深层次上推进协同创新指明了方向。

在这次会议上，×××、×××分别就人才培养和大学科技产业如何推进协同创新作了专题发言。××教授和 2 个机关职能部门、4 个院系负责人分别作了协同创新及相关工作的汇报，全体副处级以上干部分成 5 组进行了研讨与交流，提出了很多有价值的意见和建议。这些发言、汇报、研讨和交流，既充分总结了学校近年来在协同创新方面卓有成效的实践和取得的成绩与经验，又深刻分析了我校在协同创新方面存在的问题和面临的困难，体现了学校各级领导干部和广大师生对进一步推进协同创新的深度思考和抢抓战略机遇的主动意识，标志着学校各级领导班子驾驭复杂形势、抢抓战略机遇、推动科学发展的意识和能力有了新提升。

协同创新是提高高等教育质量的根本要求，是提升高等学校创新能力的根本途径，也是建设创新型国家的必由之路，是学校加快向研究型大学转型升级的必然选择。

近年来，学校从自身发展实际出发，积极推进与大院、大所、大企业建立长期稳定的战略合作伙伴关系，大力推进协同创新，为人才培养、科学研究、师资队伍建设等做出了重要贡献，既推动了校内的协同创新，又提升了学校的办学实力、建立了良好的合作信誉，特别是通过整合校内资源、加强校内协同，“现代舰船与深海工程”平台成功跻身国家优势学科创新平台建设；通过整合校外资源、加强校校协同，与11所知名行业特色型大学联合成立了“北京高科大学联盟”；通过加强行业协同和学科协同，发起成立了“船舶与海洋工程大学联盟”，为学校进一步推进协同创新搭建了良好平台、奠定了重要基础。这些成绩和经验，对于我们抢抓国家实施高等学校创新能力提升计划这一重大战略机遇，在更高水平更深层次上推进协同创新，主动融入国家创新体系建设，具有重要意义。

面对建设创新型国家和高等教育强国的新要求，学校应对新一轮高等教育分级化趋势和国际、国内大学之间激烈竞争的新形势，以及学校加快向研究型大学转型升级的新任务，我们在协同创新的思想观念、目标定位、组织管理、体制机制、合作程度、融合深度等方面还存在着制约协同创新在更高水平更深层次上持续发展的问题。这就要求我们在看到学校推进协同创新取得成绩的同时，还要看到学校与国外大学和国内一流大学之间、与国家要求和自身发展定位之间的差距。解决这些问题需要我们对协同创新作更深刻的理性思考和更深入的实践探索，以这次寒假工作会议为新起点，把协同创新作为向研究型大学转型升级的主要途径，作好顶层的规划和设计，采取切实可行的措施，机关职能部门、院系和广大师生应密切配合，以尽早进入国家高等学校创新能力提升计划为目标，在更高水平更深层次上推进协同创新。

在更高水平更深层次上推进协同创新，就要着眼于解决重大科学问题、满足国家重大战略需求。这是国家实施高等学校创新能力提升计划的根本要求，也是我们进入这一计划的根本条件。我们必须更加充分地整合学校的学科优势、人才优势和平台优势，特别是发挥学校在“三海一核”特色领域的综合优势，更加积极地与大院、大厂、大所联系，更加主动地面向行业发展的核心技术问题、“三海一核”领域的重大前瞻性问题，更加自觉地紧跟相关学科的国际前沿，瞄准国家相关战略性研究，深入思考学校在国家创新体系中应该承担什么职责，在解决国家战略需求的重大问题上能够做出什么贡献。这是我们在更高水平更深层次上推进协同创新的重要基础，也是学校进入高等学校创新能力提升计划的根本前提。

在更高水平更深层次上推进协同创新，就要着眼于提升创新能力、培养创新人才。这既是国家实施高等学校创新能力提升计划的根本目的，也是我们进入这一计划的根本目的。我们必须始终立足于学科发展能力、学术研究能力和解决重大科学问题、满足国家战略需求能力的提升，特别是学校在“三海一核”特色领域的战略建议能力和技术引领能力的提升；必须始终立足于高层次创新人才的培养，特别是在“三海一核”特色领域形成学科、项目、人才的高层次良性互动，在显著提升重大科技创新能力和深层次产学研结合能力的同时，显著提升高层次创新人才培养水平。这是我们在更高水平更深层次上推进协同创新的重要标志，也是学校进入高等学校创新能力提升计划的根本追求。

在更高水平更深层次上推动协同创新，就要着眼于创新体制机制、激发创新潜能。这是国家实施高等学校创新能力提升计划的根本任务，也是我们进入这一计划的根本保证。我们必须以更广阔的视野和更宽广的眼界，深入思考协同创新的目标定位、资源配置与实现路径，深入研究协同创新的利益分配、考核评价与交流合作，在打破校内条块分割、建设校内跨学科平台、促进校内创新资源无障碍流动的基础上，探索在更大的范围、更大的空间和更大的舞台上实现校政协同、校企协同、校所协同和校校协同的体制机制，不仅把蕴藏在广大师生员工中的创新潜能充分激发出来，更要把蕴藏在各创新主体中参与协同创新的愿望充分调动起来，把蕴藏在各类创新人才中的创新智慧全部凝聚起来。这是我们在更高水平更深层次上推进协同创新的重要保障，也是学校进入高等学校创新能力提升计划的力量源泉。

新的一年孕育新的生机，新的机遇带来新的挑战。2012 年，是学校贯彻落实三次党代会精神、全面实施五大转型升级工程和“十二五”规划的攻坚之年，学校发展的任务十分繁重。让我们在校党委的坚强领导下，全力抢抓机遇，主动赢得先机，科学谋划、坚定信心、团结一致、迎难进取，创造更加美好的光明前景和辉煌的发展业绩，迎接党的十八大胜利召开。

第9章 节庆评论

思考思语

节庆评论包括元旦、五一、七一、十一等重大节庆日刊发的社论，也包括一个组织周年庆典刊发的社论，还包括一个组织在发展过程中取得某些重大标志性成果后刊发的祝贺评论等。

元旦社论，顾名思义，是从媒体角度为祝贺新年的到来刊发的评论。一般而言，开篇都要用一句话来对过去一年的结束和新一年的到来进行富有一定文学色彩的描述，对一个组织系统内部成员给予美好的祝福和祝愿。周年庆典社论或其他祝贺评论，顾名思义，是从媒体角度对节日或成果的取得进行祝贺，其开篇或如同元旦社论一样用一句话道出祝福或祝愿，或直接道出获得了什么重要成果，并对获得这一成果的重要意义进行“评”。

无论是元旦社论还是其他祝贺评论，其主体构成主要有4个方面：一是对过去一年或者过去几年、几十年取得的成绩通过客观全面的总结进行“述”，或者对取得某一重大标志性成果的过程与成绩进行“述”；二是对取得这些成绩的原因、经验、启示及其重大意义进行实事求是、恰如其分、准确到位的“评”；三是在对当前面临的形势作出分析和判断的基础上，对未来发展有什么要求以及应该做什么进行

"论"；四是对下一步应该怎么做提出鲜明的观点，并对按照这一观点的要求应该如何去做的思路、方法、举措等进行深入的"论"。

这里，需要特别强调3点：一是对过去一年或者若干年成绩的"述"，既要用精炼、准确的概括性管理语言进行总的"评述"，还要从系统的角度做到对过去成绩的"述"尽量完整充分；二是对过去取得成绩的原因、经验、启示等的"评"，既要从"讲政治"的高度做到对历史的充分认可，又要以促发展的眼光对未来有重要启迪；三是对形势的分析判断与下一步应该做什么、怎么做的"论"，既要紧跟本组织系统所处领域的发展大形势，又要紧密联系组织系统自身的发展现状，做到形势分析透彻，形势判断准确，提出的发展思路正确，举措可操作，目标可实现。

这里，重点选取了2010年至2012年作者提出思路并修改完成的4篇元旦社论和祝贺评论进行剖析。

案例一 2010元旦社论

思路思语

在过去的一年里，部党组对学校领导班子进行了调整，深入开展了学习实践科学发展观活动。评论开篇即让读者感觉到了新年的到来，并代表媒体表达了对广大师生的美好祝愿。

首先，评论以一个排比的形式对过去一年进行了高度凝练的概括性“评述”，这一“评述”要求必须准确、客观，表达有说服力、感染力，能够引起广大干部师生的共鸣。

第二，从3个方面对过去一年的工作分别进行了“述”和“评”，也即分述和分评：一是以校级领导班子的调整配齐和学习实践科学发展观活动取得的成效为重点，对一年来的工作成绩进行“述”和“评”；二是以六大体系建设中的制度体系建设为主线，以研究型大学基本框架的构建为重点，对一年来的工作成绩进行“述”和“评”；三是以学校推进内涵建设取得的一系列标志性成果为重点，对一年来的工作成绩进行“述”和“评”。

第三，学校计划本年度将召开三次党代会，作为元旦社论，对未来一年应该做什么、怎么做的“论”不仅不能离开这个背景，恰恰应该对三次党代会的召开从舆论引导上营造出应有的思想氛围。通过对学校当前所处的阶段、面临的形势、拥有的机遇、面对的挑战等进行科学分析，提出了“必须以只争朝夕的精神状态，蓄势竞发的发展态势，实现科学跨越的发展目标”的论点，并对“蓄势竞发”与“只争朝夕”是什么含义进行了符合学校发展实际的解读，这也成为本篇评论《蓄势竞发、科学跨越、只争朝夕》主题的由来。

第四，评论从新的一年承担的使命与任务切入，对这一年乃至今后若干年学校应该怎么做提出了“四个坚定不移”的思想，并进行了深入的“论”。这“四个坚定不移”表达了学校三次党代会后仍将继续坚持的目标、理念、道路和模式等，从舆论上在这样一个特殊的时点提前为三次党代会营造了思想氛围。

最后，以表达信心和决心切入，对实现目标要求学校应该怎么做进行了“论”，呼应了“蓄势竞发、科学跨越、只争朝夕”的评论主题。

蓄势竞发　科学跨越　只争朝夕

2009年12月31日

满载坚持与奋进的2009渐行渐远，充满期待与希望的2010即将到来。值此辞旧迎新之际，我们向一年来忠诚坚守在学校创建研究型大学征程中，以满腔热忱与豪迈激情在各条战线上不断创造优良业绩的全校师生员工致以崇高的敬意和美好的祝愿！

2009年，是为实现创建研究型大学第一步战略目标奠定坚实基础的关键一年；是深入学习实践科学发展观活动取得显著成效、向着科学发展新跨越的目标团结奋进的重要一年；是学校持续推进内涵建设与内涵式发展不断取得标志性成果的丰收之年。

这一年，部党组对学校领导班子成员进行了调整、补充并全部配齐，一个团结、和谐、奋发、进取的领导集体，为学校在新的历史起点上实现发展新跨越注入了新的生机与活力。在校党委的坚强领导下，我校深入学习实践科学发展观活动取得显著成效。在为期半年的学习实践活动中，凝练了“强化体制机制创新，加快内涵式发展；突出‘三海一核’特色，创建研究型大学”的实践载体，提出了破解学校发展难题的具体思路和举措，全校上下对创建研究型大学的战略目标形成了新的思想共鸣，对如何实现这一目标的思考跃升到了一个新的水平。一个符合科学发展观要求、结构清晰完整的办学理念体系基本形成，成为引领学校科学发展的重要思想力量，为第三次党代会的召开奠定了重要的思想基础。

这一年，以推进学校制度体系建设为重要标志，六大体系建设加速向前推进，为构建研究型大学的基本框架奠定了基础。年初召开的寒假工作会议专题研讨了学校制度体系建设，提出了我校制度体系建设的依据、原则和重点，暑假工作会议和二届十一次全委会又专题讨论了人事分配制度改革和人才队伍建设，这标志着研究型大学建设“六大体系”之一的制度体系建设进入了一个主动谋划、全面推进的新阶段。第四轮机构改革和干部竞争上岗工作完成，院系二级办学实体化步伐加快，管理重心进一步下移，干部队伍活力不断增强，管理体制和运行机制改革取得新的进展；以全面贯彻精英教育理念为核心的新版人才培养方案正式启用，具有××大学特色的人才培养规格得以基本确定，精英教育体系建设迈出实质性步伐；在保持科技经费持续适度增长的同时，若干国防重大专项及国防重点型号研制工作取得新突破，国防“973”、国防技术等基础研究不断加强，水声技术国防重点实验室通过运行和绩效评估，水下智能机器人技术国防重点实验室通过竣工验收，支撑国家重大科技创新的能力显著增强；学科建设领导小组正式成立，学校2008—2012学科规划完成批复，若干国防特色紧缺学科和紧缺专业建设通过审批进入实施阶段，特色学科专业体系建设取得新成效；积极探索产学研发展新模式，充分发挥船海特色优势，组建了“海洋装备科技有限公司”，提升了支撑行业和区域发展的能力，我校承制的龙江彩车“龙腾盛世”精彩亮相国庆60周年大典，受到省委省政府的高度赞扬；一批校园基本建设重点工程竣工，新图书馆工程获“鲁班奖”，《受命》群雕正式落成，哈军工文化园通过现场评估验收成为首批国防科技工业军工文化教育基地，校园环境和办学条件持续改善。

这一年，学校持续推进内涵建设，在许多重要领域取得了一系列标志内涵式发展的重要突破。研究生教育优秀工程顺利通过专家组现场评估，研究生教育工作受到专家组的充分肯定；5篇论文获得全国百篇优秀博士论文提名，创历史新高，覆盖了船海一级学科的全部二级学科和核学科领域；获国家级教学成果奖2项，入选国家级教学团队2个，新增国家级实验教学示范中心1个，毕业生一次就业率继续保持省高校前茅；科技工作在海军装备若干传统优势领域的领军地位进一步巩固，同时一举拿下两项海洋工程方向具有重要战略意义的重大基础研究项目，我校教授首次代表国家在国际谈判中为中国造船业争取了主动，在核能应用领域不断取得新的突破和新的进展。学校获国家科技进步奖特等奖1项、二等奖1项，申请和授权发明专利呈大幅上升态势。这不仅标志着学校抢抓战略机遇的能力进一步增强，更标志着学校在“三海一核”及其相关领域正在形成新的竞争优势和竞争能力，在进一步彰显“三海一核”办学特色的同时，学校在其他领域实现异峰突起的能力呈现出不断攀升的态势。时任省长两次来校检查指导工作，为推动“四方共建”协议的落实给予了有力的支持。×××院士获航海教育贡献奖，×××教授获“全国优秀教师”称号，3名教师入选教育部新世纪优秀人才支持计划，4团队入选第二批国防科技创新团队，专任教师博士化率达42.96%，师资队伍建设总体水平不断提升。大冬会体育科学大会等高水平国际会议成功举行，学校获国家级“国际科技合作基地”称号，国际知名度和影响力进一步提高。面对严峻的甲流防控形势，全校上下在校党委的坚强领导下，反应迅速、令行禁止、执行到位，各级党组织和广大党员不畏艰险、冲锋在前，全校师生员工同心协力、密切配合，取得了防控工作的重要阶段性胜利。

当前，我们正处在创建研究型大学的攻坚阶段和谋划“十二五”发展的关键期。服务国家工业化、信息化和国防现代化的新使命和“两化融合、军民结合”的新要求，为我校在更高的层次上、更广的空间里，更好更快地实现科学跨越提供了难得的历史性机遇。同时，高等教育新一轮的分级化趋势，高校之间的国内国际竞争格局，对我们保持自身特色和优势，提升科学跨越的能力形成了挑战。在重大历史机遇和严峻挑战面前，及时抢抓机遇，就能乘势而上；主动迎接挑战，就能知难而进。我们必须以只争朝夕的精神，蓄势竞发，努力实现学校发展的科学跨越。蓄势竞发，就是通过我们坚持不懈、持之以恒的努力，使学校多年来蓄积的学科之势、人才之势、特色发展之势得以竞相迸发，使蕴藏在广大师生员工中的主观能动性得以充分调动，使蓄积在广大师生员工中的强校智慧和发展能量得以充分释放。只争朝夕，就是全校各级党组织、各级领导干部、广大师生员工要以服务国家工业化、信息化和国防现代化的高度责任感和使命感，以机遇难得、稍纵即逝，挑战严峻、稍安即失的高度紧迫感和压力感，更加主动、更加自觉地投入到创建研究型大学的事业中。

2010年是三次党代会的开局之年，是走向学校发展新里程的重要一年。这是一个新的开局、一个关键的开局，一个关系到研究型大学建设成败的开局。我们必须坚决打好这个开局，全面贯彻落实三次党代会精神，牢固坚持特色办学方略，着力强化体制机制创新，聚精会神抓好内涵建设，千方百计破解发展难题，坚定不移地坚持创建研究型大学这一战略目标不动摇，以此凝聚人心、汇聚力量，引领学校发展实现新跨越；坚定不移地坚持“三海一核”这一办学方略不动摇，并通过不断提升在“三海一核”等领域人才培养的影响力、科研成果的贡献力和决策咨询的威信力，推动学校发展实现新跨越；坚定不移地坚持内涵建设与内涵式发展不动摇，着力推进“四大战略”的工程化，通过实施人才强校工程、学科攀登工程、科技引领工程、品牌打造工程等促进学校发展实现新跨越；坚定不移地坚持改革创新不动摇，并通过发展理念创新、体制机制创新、大学文化创新等为学校发展实现新跨越注入新的动力。

新使命、新愿景将与我们一起迎来2010年这个新的起点，我们有决心、有信心，更有能力将研究型大学的宏伟事业推升到一个新的高度。让我们在校党委的坚强领导下，以党的十七大和十七届三中、四中全会精神为指针，高举中国特色社会主义伟大旗帜，深入贯彻落实科学发展观，以蓄势竞发的责任感、科学跨越的使命感、只争朝夕的紧迫感，以更加广阔的视野、更加开放的姿态、更加执着的信念和更加努力的工作，迎接第三次党代会的召开，共同创造学校更加辉煌灿烂的明天。

案例二 2011元旦社论

思路思语

在过去的一年里，国家颁布了《教育改革与发展中长期规划纲要》，学校完成了“三步走”战略的第一步，完成了党建创优工程和办学水平提升工程的评估验收。评论开篇即表达了一个十年即将结束，一个值得期待的新年即将到来，并代表媒体表达了对广大师生的美好祝愿。

首先，评论仍然以一个排比的形式对过去一年进行了概括性的“评述”，然后再以回顾的形式概括性地总结了过去五年的工作，对五年来取得的成绩从总体上进行了“述”，这是由于即将结束的这一年，为过去五年画上了一个句号，为此，评论需要从总体上作一个基本的交代。

第二，从两个方面对过去一年的工作分别进行了“述”和“评”：一是从“一提三优”工程全面丰收切入，对各项工程评估验收的过程及其产生的结果性状态进行“述”和“评”；二是以内涵发展的重要转折切入，对在影响办学水平和质量提升的关键领域取得的一系列标志性成果进行“述”和“评”。

第三，由于原定在过去一年召开的三次党代会被延期到新的一年召开，新的一年又是新的一个五年计划的开始，作为元旦社论，仍然需要对新的一年将要召开的党代会和未来五年的发展从舆论上营造合适的思想氛围。通过对形势的分析与判断，用过去五年的发展实践予以证明的方式，论证了学校所选择的内涵建设与内涵式发展道路是正确的道路、研究型大学目标是正确的目标，以此传递出学校未来将要继续坚持走这一道路、坚定这一目标的强烈信号。

第四，对于未来应该如何做，提出了“只有始终坚持改革创新，不断丰富和提升内涵，加快向研究型大学的转型升级，才能最终实现我们的理想和追求”的观点，并对“坚持改革创新”“不断提升内涵”“加快转型升级”的基本内涵进行了符合学校发展实际的“论”，再次传递出即将召开的三次党代会的思想基调。

第五，评论仍然从新的一年承担的使命与任务切入，对这一年学校应该怎么做提出了“三个始终”“三个着力”的要求，并进行了深入的“论”，再次表达了学校三次党代会后仍将继续坚持的目标、理念和道路以及努力的方向是什么。通过这“三个始终”“三个着力”，传递出对学校未来的发展充满信心。

最后，将通篇评论始终围绕的主题《新起点、新航程、新希望》以排比的形式表达出来，表示出对未来充满了强烈的信心，并以此切入到对应该怎么做的态度和思路进行深刻的“论”。

新起点　新航程　新希望

2010 年 12 月 31 日

瑞雪纷飞，新世纪的第一个十年，学校历史上又一个重要节点 2010 即将转身离去，一段充满期待也更具挑战的未来向我们走来。在这个辞旧迎新的时刻，我们为全校师生携手共创的突出业绩欢欣鼓舞，我们向一路同行共洒汗水的广大师生员工致以新年的问候和祝福！

2010 年，是学校实现“三步走”战略第一步、围绕构建研究型大学基本框架取得丰硕成果的一年，是全面完成“一提三优”工程和“十一五”发展各项任务的收官之年，是科学谋划“十二五”发展蓝图、深入推进内涵建设与内涵式发展的重要一年。

回望过去的五年，全校师生员工在党的十七大精神指引下，在部党组、省委的正确领导下，紧密团结在校党委周围，以“一提三优”工程为统领，深入贯彻落实学校第二次党代会精神，坚持科学发展，深化内涵建设，取得了一系列重大标志性成果，开启了学校各项事业发展的崭新一页。

5 年来，以创建高水平研究型大学为奋斗目标，学校抢抓每一个重要战略机遇，不断完善顶层设计，全面实施“四大战略”，着力构建具有精英教育特征的人才培养体系、适应研究型大学发展的科技自主创新体系、产学研齐头并进的高层次社会服务体系、以“三海一核”为核心的特色学科专业体系、符合现代大学特征的大学制度体系以及面向百年校园的现代化校园公服体系，学校人才培养取得丰硕成果、科研工作实现重要突破、产学研合作扎实推进，师资队伍整体水平进一步提高，学科专业发展呈现良好态势、体制机制改革不断深化，办学条件显著改善，初步构建了研究型大学的基本构架，实现了“三步走”战略第一步目标，一个充满活力、快速发展的××大学呈现在世人面前。

2010年，我们迎来了研究型大学的统领工程“一提三优”工程的全面丰收。继本科教学“优秀”评价之后，研究生教育优秀工程、党建创优工程先后获优秀评价。12月，办学水平提升工程顺利通过专家组评估验收。以“一提三优”工程为统领，学校及时抢抓战略机遇，各项事业取得了显著进步和快速发展，整体面貌发生了重大变化，服务工业化、信息化、国防现代化，特别是服务“三海一核”战略领域的能力得到显著增强，办学水平明显提升。我们在自己的定位层次上办出了特色和水平，形成了学校独有的核心竞争力。“一提三优”工程成为学校突出行业特色、增强核心能力、提升办学水平、实现科学发展的重要引领工程。

2010年，我们在影响办学水平和质量提升的关键领域迎来了内涵式发展的重要转折。学校全面完成“十一五”建设任务，固定资产总值已达×亿元，基本办学条件得到根本改善，夯实了全面推进内涵建设的基础条件；指引学校未来发展的行动纲领“十二五”规划编制完成，以学科规划为核心，13个专题规划为支撑，学校事业发展的蓝图进一步清晰；人才队伍建设“三大工程”启动实施，“人才强校”战略加速推进；寒假工作会议专题研讨国际化办学问题，校党委印发了《关于进一步加快推进国际化进程的意见》，开启了学校国际化办学的新里程；暑假工作会议专题研讨贯彻落实《教育规划纲要》精神，教学质量工程建设向纵深挺进……这一年，学校科技经费到款额突破×亿元，“三海一核”领域基础研究能力持续增强；国家级实验教学示范中心再添新丁，实验教学条件全国领先；校友叶聪、唐嘉陵“五洋捉鳖”告捷，我校精英人才培养品牌进一步彰显；学校成功举办ACM/ICPC2010全球总决赛，大类培养首次转专业完成，新版人才培养方案实施进入实质阶段……当我们即将从“十一五”迈进“十二五”时，一系列标志性成果的取得，不仅让我们对学校未来的发展前景充满信心，更对美好的发展蓝图充满期待。

今天，站在内涵式发展的新起点上，展望“十二五”——创建高水平研究型大学承上启下的关键五年，谋划2011——形成研究型大学框架向纵深发展的新的历史关口，我们必须更加深刻地重新认识昨天所走过的道路，更加精准地把握现在所处的发展阶段，更加科学地判断未来的目标和前进方向。二次党代会以来的发展证明，我们所选择的内涵建设与内涵式发展道路是完全正确的，我们必须坚定不移地走下去；研究型大学基本框架的构建还只是初步的，向研究型大学转型的任务还十分艰巨，我们必须坚决一以贯之地向前推进；创建特色鲜明的高水平研究型大学目标，与服务工业化、信息化和国防现代化的崇高使命完全一致，是我们坚定的选择和一贯追求，我们必须坚持不懈地奋斗下去。

面向未来，我们只有始终坚持改革创新，不断丰富和提升内涵，加快向研究型大学的转型升级，才能最终实现我们的理想和追求。坚持改革创新，就是要把改革创新贯穿于学校发展的全过程，贯穿于学校各项事业的全过程，通过发展观念的更新、体制机制的改革、大学文化的创新，为加快向研究型大学的转型升级注入理念的引领力、制度的驱动力和文化的自动力。不断提升内涵，就是要持续高效地推进“四大战略”的贯彻落实，通过实施学科建设、队伍建设、人才培养和科技发展等内涵提升工程，为加快向研究型大学转型升级蓄积更多更高更强的学科之势、人才之势和特色发展之势。加快转型升级，就是要坚定不移地走内涵式发展道路，实现学科专业体系建设向更加科学的学科发展模式转型，人才队伍建设向人力资源管理转型，人才培养向精英人才品牌打造转型，科技工作模式向更加注重质量和水平转型，最终实现向研究型大学的整体转型升级。

2011年是全面实施“十二五”规划的开局之年，我们将迎来建党90周年纪念和学校第三次党代会的召开。这是一个不同寻常的开局，一个具有重要历史意义的开局，一个关系到如何加快向研究型大学转型升级的开局。我们必须坚决打好这个开局，同时我们也有信心有能力打好这个开局。××大学人不仅有承担历史使命的夙愿和传统，更有完成艰巨任务的激情和毅力。只要我们全体师生员工团结一心，始终坚定研究型大学发展目标不动摇，始终坚守“三海一核”特色办学方略不动摇，始终坚持内涵式发展道路不动摇，着力破解发展难题，着力提升发展能力，着力加快发展步伐，把我们的夙愿和激情转化为追赶跨越的创造力，把我们的目标和理念转化为脚踏实地的执行力，就一定能够推动学校各项事业实现更好更快更强的发展。

新使命蕴含着新机遇，新起点意味着新航程，新目标孕育着新希望。站在2011这个新的历史起点上，我们信心满怀。让我们在校党委的坚强领导下，以党的十七大和十七届三中、四中、五中全会精神为指导，深入贯彻落实科学发展观，以超越自我、超越现在、超越对手的精神状态和自我加压、主动追求、顽强拼搏的精神动力，坚持改革创新、不断提升内涵、加快转型升级，坚定不移地沿着我们既定的目标和方向，不断创造新业绩、走向新辉煌！

案例三 ║ 祝贺学校成为国家优势学科创新平台建设高校评论

思路思语

2011年6月初，学校“现代舰船与深海工程”平台通过教育部、财政部正式立项，成为国家优势学科创新平台建设高校。开篇在对这一事件进行客观的“述”的基础上，对这一事件的标志性及其重大意义分别用排比句进行了深度的“评”，并在对这一事件进行“评”的过程中呼应了本篇评论的主题《高水平大学建设的重要标志》。同时，对这一事件重大意义的认识，也正是确定本篇评论主题“高水平大学建设的重要标志”的缘由。

第二，对国家实施“优势学科创新平台”项目的背景、历程、意义以及学校为争取进入这一平台所做的努力、能够进入这一平台的原因等进行了客观的“述”，对进入这一平台后对学校的重大意义及其所产生的重要影响进行了“评”。

第三，在对当前面临的形势进行客观分析与科学判断的基础上，对这一平台建设的重要作用及其对学校下一步工作的具体要求用“三个紧密结合”和“三个更加”，对未来努力的目标方向用“三个标志”等排比分别进行了深刻的“论”。

最后，以实践证明的方式，表达了××大学人的决心，并进一步通过“论”表达了对实现未来目标的信心。

高水平大学建设的重要标志

2011年6月17日

“十二五”开局之际，我校“现代舰船与深海工程”平台获得教育部、财政部建设立项，成功跻身国家“优势学科创新平台”建设高校。这是我校继进入“211工程”建设序列、获准建设研究生院以来，办学历史上的一次重大跨越，是办学实力和办学水平进一步提升的重要标志，是创建特色鲜明的高水平研究型大学道路上的一个重要里程碑。实现这一重大跨越，是我们始终坚定不移地坚持“三海一核”特色办学方略的重要成果，是学校党委善于抢抓机遇、敢于迎难而上、勇于追求一流的重要成果，是学校历届领导班子带领全校师生艰苦奋斗、努力拼搏的重要成果，是全校上下期盼已久的历史夙愿得以实现的重要一刻，对全体师生员工更加坚定信心、振奋精神，共同致力于向特色鲜明的高水平研究型大学转型升级具有巨大的激励作用。

2006 年，教育部和财政部开始试点建设“优势学科创新平台项目”，以国家和行业发展急需的重点领域和重大需求为导向，围绕国家科技发展战略和学科前沿，充分发挥部分高校学科的综合优势，重点建设一批优势学科创新平台，大力提高创新人才培养能力、科技创新能力和解决制约经济社会发展的重大瓶颈问题的能力。为全面贯彻落实全国教育工作会议精神和《国家中长期教育改革和发展规划纲要（2010－2020 年)》，加快建设一流大学和一流学科，国家决定继续实施“985 工程”和“优势学科创新平台”建设。由于“优势学科创新平台”与“985 工程”建设统筹衔接、同步实施，因此，“优势学科创新平台”，作为建设“有特色、高水平”大学的重要载体，成为带动高校办学实力整体提升的重大牵引工程，也成为全国“211 工程”重点建设高校争相“升级进位”全力抢抓的重大战略机遇。我校是全国唯一举全校之力服务于船海核领域的重点高校，也是“三海一核”领域国家和国防战略寻求支撑的重点高校。经过三期“211 工程”建设，学校已经成为我国“三海一核”领域最主要的高层次创新人才培养基地、若干主要学科学术水平的标志、若干重要科技成果转化的源头，为我国“三海一核”领域的人才培养和科学研究做出了不可替代的重大贡献。近年来，学校形成了一批以工程院院士、国外学术大师、知名专家领衔，站在船海核学科高端的创新团队；先后主持完成了“三海一核”领域数十项填补国内空白的重大科研项目，创新人才培养能力、科技创新能力和学科整体水平都有了明显提升，“三海一核”办学特色得到进一步彰显。学校正式成为国家“优势学科创新平台”建设高校，正是国家对学校“三海一核”特色办学方略的高度肯定，对创建特色鲜明的高水平研究型大学的重大支持，体现了上级组织对学校办学实力和领导班子办学治校能力的充分认可。这预示着我们将在更高的平台上迎来更好的历史机遇和更大的发展空间，也将在更加激烈的竞争中肩负起更艰巨的历史使命与重大责任。

“十二五”是学校研究型大学建设承前启后、攻坚克难的关键阶段。在这个阶段，我们既要完成向研究型转型的任务，又要完成在我们所属的圈层结构中实现高水平升级的任务。优势学科创新平台建设，为加速推动我校完成转型升级“双重任务”提供了重大机遇、注入了强大动力、汇聚了宝贵资源。用好这一战略机遇，要求我们必须把优势学科创新平台建设与实施好学校“十二五”事业规划紧密结合起来，把落实平台建设任务与破解转型升级难题紧密结合起来，把实现平台建设目标与提升办学水平紧密结合起来，将发展的核心任务更加聚焦于特色学科专业体系建设，将发展的根本动力更加锁定于体制机制创新，将发展的直接目标更加指向于自主创新能力的提升。登上更高平台，瞄准更强对手，不断增强高层次人才培养能力，加速提升我国“三海一核”领域自主创新能力，攻克一批严重制约我国“三海一核”领域发展的重大瓶颈技术，努力建成标志我国“三海一核”领域若干学科高层次创新人才培养能力的精英摇篮，标志我国“三海一核”领域若干重大关键技术创新能力的研发基地，标志我国“三海一核”若干科技领域参与国际竞争能力的学术重镇，为加快推进向特色鲜明的高水平研究型大学转型升级注入新动力，为建设创新型国家做出新的更大贡献。

实践证明，××大学人具有承担历史使命的夙愿与传统，也有完成艰巨任务的激情和毅力。让我们在上级组织的正确指导、亲切关怀和大力支持下，在学校党委的坚强领导下，高举特色办学旗帜，满怀信心、乘势而上，找准力点、借势跨越，向着研究型大学的百年梦想，从优势学科创新平台上起飞，以优异的建设成果，完成历史赋予我们的光荣使命。

案例四 2012元旦社论

思路思语

在过去的一年里，学校最重大的事件是召开了三次党代会，最重大的标志性成果是跻身国家优势学科创新平台高校。因为这样两个重要的标志性事件，即预示着新的一年学校必将以这两个重大事件为契机踏上新的征程，也必将以这两个重大事件为起点走向新的高度，这就是本篇评论的主题《踏上新征程，走向新高度》。评论开篇即用富有诗意的语言表达了迎接新年的到来以及站在媒体角度对广大干部师生、校友与各界人士的新年祝福。

第一，评论仍然以排比的形式对过去一年的工作进行了高度概括性的“评述”，并用三个“这一年”形成排比形式，对过去一年的工作进行了分述、分评和分论：一是“这一年成功召开三次党代会，描绘了一幅未来发展的壮美蓝图”；二是“这一年成功抢抓‘升级进位’重大战略机遇，谱写了一曲特色发展的激昂乐章”；三是“这一年在内涵建设的道路上坚定前行，取得了一系列内涵发展的可喜成果”。通过概括性评述和分述、分评、分论，使读者对过去一年的工作有一个较为充分的、系统的全景式把握，进而使广大干部师生对学校未来的发展充满信心，对各级领导班子的办学兴校能力充满信心，对继续做好各自岗位的工作充满干劲儿。

第三，在对2012年面临的形势、责任与使命进行概述的基础上，对2012年“我们”要“踏上新征程，走向新高度”应该做什么，即2012年“我们”的任务是什么，用“必须紧紧抓住深化内涵建设、坚持特色发展这个主题和向研究型大学转型升级这条主线”以及“六个始终牢牢把握”进行了深刻而又系统的“论”。

第四，如何才能完成“我们的任务”？提出了“必须加快改革创新的步伐”的观点和“改革创新是‘我们’2012的主旋律”的论点和判断，用“只有加快改革、勇于创新”“只有主动改革、善于创新”“只有依靠改革、不断创新”形成的排比对提出这一论点和作出这一判断的原因及其必要性进行了“论”，并得出结论：改革创新理应成为“我们”“踏上新征程、走向新高度”的基本生存方式，然后进一步对“我们”应该怎么做进行了“论”。

最后，十分豪壮地表达了对2012年充满了信心，对实现新目标、新远景充满了新的期待。

踏上新征程　走向新高度

2011 年 12 月 31 日

当新年的晨曦笼罩大地，××大学发展史上浓墨重彩的一年即将离去，在带着对 2012 美好憧憬踏上新的征程之前，让我们向倾洒汗水、破棘前行、稳健成长的 2011 郑重作别，向全校师生、海内外校友以及支持学校改革发展的各级领导、各界友人致以新年的问候和祝福。

2011 年，是学校取得“十一五”丰硕成果、阔步迈向“十二五”的良好开局之年，是吹响向研究型大学转型升级号角、实现“第二步走”战略目标的重要起步之年，是全面贯彻落实三次党代会精神、加快推进五大转型升级工程的谋篇之年。

这一年，我们成功召开学校第三次党代会，描绘了一幅未来发展的壮美蓝图。大会基于二次党代会以来 6 年办学实践的理性抉择，有力地回答了我校研究型大学建设这趟列车“现至何处”“将往何方”与“如何达之”的重大问题，作出了坚持特色办学、深化内涵建设、着力改革创新、破解发展难题，大力实施转型升级工程的重大决策，提出了把创建特色鲜明的高水平研究型大学宏伟事业推向新高度、实现在行业特色型大学圈层中位次前移的战略目标。在三次党代会精神的指引下，全体共产党员、广大师生员工的思想更加统一、认识更加深化、思路更加清晰、实践更加自觉。在这一转型的重要节点，新一届校党委领导集体坚定地承担起了引领学校踏上转型新征程、走向升级新高度的历史使命。一幅团结一心、蓄势竞发、百舸争流的建设图景铺展眼前。

这一年，我们成功抢抓“升级进位”重大战略机遇，谱写了一曲特色发展的激昂乐章。学校“现代舰船与深海工程”平台获得教育部、财政部建设立项，跻身国家“优势学科创新平台”建设高校。这是学校创建特色鲜明的高水平研究型大学道路上的一个重要里程碑，是“三海一核”特色办学方略实践的又一标志性成果，为新时期带动学校办学实力整体提升注入了新的牵引力。学校积极联合知名行业特色型大学成立了“北京高科大学联盟”，同时又发起成立“船舶与海洋工程大学联盟”，加速推进在特色领域的协同创新，与“三海一核”领域大厂、大所、国际组织联合攻关国家重大科技专项、建设高水平研发平台、开展前沿应用基础研究……一系列实质性举措的推进，进一步提升了学校在学界和业界的品牌影响力。跃升新台阶让我们特色办学的视野更加开阔，实现新联合让我们特色发展的道路更加宽广，面向新目标让我们内涵建设的动力更加强劲。

这一年，我们在内涵建设的道路上坚定前行，取得了一系列内涵发展的可喜成果。科技发展模式正在经历深层调整，“十二五”科技工作会确立了“强化基础、拓展特色、强军扩民、协调发展”的16字方针，绘就了科技发展转型升级路线图；××万重奖一线教师让更优质的教学资源流向课堂，标志着以人才培养为中心的政策导向和制度设计更加完善，吹响了新一轮人事分配制度改革的号角；在高端领军人才队伍建设上，“千人计划”、教育部创新团队取得突破，多人入选国家863顶层专家组、教育部新世纪人才等，标志着实施人才强校战略、推动师资队伍转型升级的步伐进一步加快；“5+1”重点学科建设计划开始启动建设，一批学科、专业入选省重点标志着以学科建设为核心的思想正在深入人心，为学校在新一轮高等教育的激烈竞争中赢得先机奠定了重要基础；学校连续4年在船舶与海洋工程一级学科获得全国“优博”论文提名，优秀硕士论文评选位列全省之冠，本科生、研究生一次就业率继续保持全省高校首位，标志着精英人才培养质量得到社会广泛认可；全国实验室开放和大学生科技创新工作现场交流会在校举行，学生科技创新呈现国际化、品牌化、普及化、系统化趋势，支撑人才培养质量提升的实验室建设与管理体系、学生科技创新体系更加完善，《中国教育报》头版头条报道了相关经验，标志着我们的工作走在了全国前列；学校荣膺全国文明单位、全国法制宣传教育先进单位，《光明日报》头版头条报道大学生形势政策教育经验等，标志着学校党建与思想政治工作在许多方面已成为全国的典型。我们的2011，可以说精彩纷呈、喜讯不断。我们创造了一个漂亮的开局、一个良好的开篇。

2012年，是我们全面贯彻落实学校三次党代会精神的重要一年。我们已经踏上了转型的新征程，我们正在走向升级的新高度。向研究型大学转型，实现在行业特色型大学圈层中的位次前移，既是我们这一代××大学人的庄严承诺，更是我们全校师生共同的崇高责任。

面向2012，踏上新征程，走向新高度，要求我们必须紧紧抓住深化内涵建设、坚持特色发展这个主题和向研究型大学转型升级这条主线，始终牢牢把握提高人才培养质量这个根本，始终牢牢把握提升学科建设水平这个核心，始终牢牢把握打造高水平人才队伍这个关键，始终牢牢把握产出高水平科研成果这个突破口，始终牢牢把握国际化、开放式办学这一战略途径，始终牢牢把握改革创新这一强大动力，着力实施五大转型升级工程，着力内涵建设与特色发展，着力推进改革创新，着力构建和谐校园。

面向2012，新目标、新愿景、新期待，要求我们必须加快改革创新的步伐。改革创新是我们2012的主旋律。实施五大转型升级工程需要改革创新，内涵建设与特色发展需要改革创新，改善民生、构建和谐校园需要改革创新。我们只有加快改革、勇于创新，才能破解我们在转型升级进程中不断出现的各种难题，找出解决问题的办法和举措；我们只有主动改革、善于创新，才能在高等教育竞争不断加剧的大环境中，走出一条适合我们自己的内涵建设与特色发展道路；我们只有依靠改革、不断创新，才能在解决纷繁复杂的各种矛盾、满足师生正当利益诉求的过程中改善民生、建设和谐校园。“改则进，不改则退”，没有改革就没有创新，改革创新理应成为我们踏上新征程、走向新高度的基本生存方式。转型是趋势，发展是必然，改革创新是基础。转型升级目标的实现，需要我们××大学人创新的智慧和改革的勇气，并始终把改革创新贯穿于学校发展的全过程，贯穿于各项事业的全过程。

面向2012，我们更加信念坚定、信心百倍，我们更加豪情满怀、执着追求。让我们在学校党委的坚强领导下，以十七届六中全会精神为指导，深入贯彻落实科学发展观，全面贯彻落实三次党代会精神，团结一心、众志成城、奋力拼搏，不断谱写出一曲曲向研究型大学转型升级的精彩华章！

思索思语

写到这里，感觉还有些话没有说完。在一些专题评论的开篇里，既提到党委书记的讲话、又提到校长的报告，有些读者可能不太明白，会产生疑问：这是为什么呢？事实上，这是评论者出于一种“政治考量”的原因。在中国，中国共产党作为执政党，各级政府部门里，党委书记都是绝对的一把手，这是坚持中国共产党的领导这一基本原则所决定的，是中国“官场”里的基本运行规则，这一点读者应该是明白的。但是，可能唯一例外的就是中国的大学。虽然中国的大学不是官场，但因为中国的大学有“副部级”“正厅级”“副厅级”等行政级别，于是就有了与官场类似的地方。说大学例外，是因为从“法”上讲，中国的大学实行的是党委领导下的校长负责制，一方面党委领导，另一方面校长负责，代表党委领导的是党委书记，因此，大学里有两个一把手，他们的思想对办大学同样重要。作为大学里的媒体刊发评论，一方面，需要在党委书记和校长之间作一些“政治平衡”，避免在干部师生中引起只听谁的不听谁的，给大学的管理实践带来不必要的混乱；另一方面，需要对党委书记和校长的管理思想共同予以“展示”，让广大干部师生充分认识和理解他们的管理思想和管理理念，为实现大学的管理目标发挥更好的作用。为此，无论是出于“政治考量”还是“政治平衡”，都是媒体在刊发评论时需要特别注意的，也是媒体是否具有高度的政治敏感性和较强的舆论引导能力的具体体现。

无论是元旦社论中对一年工作进行“述”时所用的概括性排比，还是对标志性事件的重大意义进行“评”时所用的概括性排比，都需要从全局角度对过去一年的工作甚至历史发展的步伐有全面深刻的认识，从战略角度对未来发展的目标和态势有十分清醒的把握，从系统角度对学校发展的总体状况及其各子系统之间的相关性有准确深入的了解，只有这样，才能做到“评述”的客观、准确。

无论是元旦社论中关于未来工作的思路所提出的“四个坚定不移”“三个始终”“三个着力”“六个牢牢把握”，还是在评论学校跻身国家优势学科创新平台时对未来的工作要求提出的“三个紧密结合”“三个更加”以及未来努力的目标方向所表达的“三个标志”，都需要对学校的中心工作和职能部门的业务工作有深入了解和系统把握，这就需要学习，不断完善我们的知识结构，不断提升我们的学习能力，这也是作者在分析会议讲话、经验文本等的思想方法时多次反复强调的。

☆　　☆　　☆

后记

Postscript

历时一年半，本书终于要出版了。本著作选取的案例文本，除大部分由本人亲自起草，并对这些案例文本进行修改外，张石梅、高峰、王锐、武艳君、隋鹏飞、万健、杨振、王春晖、曹良涛、郭峰、杨国庆、霍萍等同志曾参与过部分案例文本的起草，杨冶同志曾对部分案例文本进行过修改或提出过修改意见。在此，对他们付出的劳动和智慧表示感谢！

本书定名为“管理之思”，关键在“思”上。每篇开始的“思想思语”，旨在向读者揭示如何依托会议这一管理的实现形式运用讲话这一特殊载体进行管理实践的基本规律，如何依托文件这一管理的实现形式运用规划、经验等载体进行管理实践的基本规律，如何依托媒体这一管理的实现形式运用评论这一特殊载体进行管理实践的基本规律，力图回答运用三类管理实现形式的基本方法。每章开始的“思考思语”，是对某一类别会议讲话的共性特征及其运用这一载体进行管理实践的共性规律的解析，是对某一类别规划与经验的共性特征及其运用这一载体进行管理实践的共性规律的解析；是对某一类别评论或社论的共性特征及其运用这一载体进行管理实践的共性规律的解析，力图找出其中在某一类事物中带有普遍性的共识。每个案例前的“思路思语”，是对如何形成某一次会议讲话的思路、如何形成某一个规划文件的思路、如何形成某一个经验文件的思路、如何形成某一篇评论或社论的思路进行的深度剖析，力图挖掘其中某些带有规律性的东西。书中“思语”一词，是作者“新造”的一个词汇，意为表达思想的语言、进行思考的语言、阐释思路的语言，将其放在“思想、思考、思路”之后，成为本书的三个关键词“思想思语”“思考思语”“思路思语”，不仅在语气语感上显得更加温馨和谐，也更加突显出本书的重点在“思”、关键在“思”、核心也在“思”。

事实上，能够有时间完成本书的写作，是因为本人于去年4月末调往西南大学任教，一个既曾经熟悉今又陌生的城市，一个既有所了解又需要重新认识的大学，一个环境幽雅而又充满好奇的校园。初来之时，因为没有课，也没有学生，所以时间便相对自由和充分；更重要的是，卸下了曾在一所大学坚守多年的管理担子，便没有了肩上那份沉甸甸的责任和压力，不自觉地想起了临行前几位曾与我合作过的年轻好友的话：“你的离开，让我们失去了思想的引领”。虽然这一席话说得过重了，我深知自己还没有那样的成就和地位，那只不过是朋友们的抬爱罢了。然而，在这样一种轻松、自在的环境下，便有了时间和精力来对过去的工作进行回顾和思索，自然而然地拿出过去曾写过的一些文本来读，再与朋友们的话联系起来，突然觉得是不是可以将形成这些文本的思想方法写下来，找出其中规律性和方法性的东西，或许对我的那些今天仍身在“官场”、身在“职场”的“老友们”会有所帮助。于是，便开始了一段没有干扰的思考，一段难得的思想沉淀。

就这样，每天过着“三点一线”的生活，没有节假日，从早上八点到办公室，除了吃饭时间去食堂外，一直到晚上十点回陋室。因为每天差不多最后一个离开办公楼，于是与新办公楼值班的大哥大姐也相识了，虽然不知道他们的名字，但见了面都会相视一笑。到了周末，值班大姐见了我：周末了哟，还要加班呀?！我很自然地“嗯”了一声，其实，她不知道我不是在加班，而是在享受着思想放飞与沉淀的快乐！就在这样的快乐中，我完成了有生以来第一部在写作过程中没有任何参考书的著作。这部著作不完全是我目前所在学科的研究，而是我多年思考积累的结果，是一部关于如何在管理工作实践（也涉及了一些研究工作实践）中正确思考的方法总结，是一部关于思维方式与思考方法的实践探索。

写作过程是快乐的，因为能够将自己多年实践的所思所想用文字记录下来。如果我的这些思考还能对别人有所启发，那更是快乐的！在写作期间，我过去的两个学生来学校看我，他们现今都是大型国企的高管。席间，他们问了我一个十分老套的问题：老师回来这段时间都在忙什么？我便把我对管理实现形式的认识以及对相关问题的思考和正在进行的写作与他们进行了交流。没想到的是，他们居然说：老师，你的这些思想不仅对大学的管理有用，对企业也有用。他们的话给了我很大的鼓励，我曾想到过对大学、对机关及其事业单位有用，但不曾想过会对企业有用。巧合的是，没过多久，我一个在某大学管理学院做了副教授的学生知道我回了家乡任教便打电话来问候，也问了我同样的问题“老师在忙什么”，我也作了同样的回答，但没想到的是，这位学生接着问：老师，你的书什么时候出版，可以给 MBA 的学生做案例教材吗？我下学期要给他们讲管理课。虽然我觉得这不合适，但再一次给我了鼓励，至少他们分别从学习和实践两个方面认可了我对管理实践的一些思想方法。后来，我主动给原来学校的一位“老友”打电话，谈起这本书的写作，没想到他更是兴奋，直接对我说：这本书对我及其有着同样需求的人都太重要了，我先预定几百本作为干部培训的教材。虽然我知道，他们都不乏有对我的鼓励，但其中更多的是真诚。我相信，他们是真的觉得这本书有用，这在后来我与其他的一些老师或同志谈起这本书时也得到了印证。

这本书到底有什么用呢？我曾经的一位老领导，也是我能够在这条路上不断探索的启蒙老师在得知我写这本书时，更是鼓励我说“想法很好，不亚于再做一篇博士论文，不仅是对学校、机关、事业单位、国企有用，对民企以及其他组织也有用，关键是看对一般性规律的抽象程度，写好了这本书能‘大卖’！”

其实，能不能大卖不是我所追求，只要能对有需求者有所帮助，便是我写作的初衷了。正好在这期间，重庆北碚区委宣传部邀请我去给宣传战线的干部搞一次培训，希望我讲得“实”一点，说太“高”了大家听不懂，其实我理解所谓的“实”就是要管用，要解决问题，当然这也是我一贯的作风。在准备这次讲座期间，我就在想，他们最需要的还是做好工作的思想方法。于是我把讲座的题目定为“做好基层宣传思想工作的方法性思考”，重点放在讲工作中的思考方法、能力培养上。一方面，我向参加培训的基层宣传干部们提出了“善于抓重大活动、重点工程、重要项目，即工作要找准着力点，找准抓手；善于抓重要节点、重点阶段、重大机遇，即工作要找准切入点，瞅准时机；善于抓关键问题、热点问题、难点问题，即工作要找准要害点，瞄准目标；善于抓队伍建设、能力建设、条件建设，即工作要找准制约点，看准问题”的工作思路和工作方法；另一方面，在向参加培训的基层宣传干部强调增强政治敏感性、培养主动策划能力、凝练提升能力、工作落实能力、切入和驾驭中心工作的能力等时，关键强调如何养成科学的思维方式和系统思考的习惯，要培养“系统化”的思维方法和“工程化”的操作能力，而这些方法性的思考在本书中都得到了充分体现。

一年多来，许多朋友打来电话询问本书是否已出版，表现出对本书出版的关心和厚爱，但由于在与有关出版社沟通的过程中出现了一些问题，使得本书未能及时与读者朋友见面，在此深表歉意！本书最终能够得以出版，一是因为有西南大学引进人才计划基金项目“组织文化视阈下大学管理实践的方法性问题研究”的支持，二是因为得到了母校出版社的鼎力相助，为此，对学习工作多年的母校——哈尔滨工程大学和现在工作的学校——西南大学表示衷心感谢，同时也感谢沈红宇社长的支持！

永友

2013 年 9 月西大桃园马院南楼 411 室